쟁점
한국 현대사

일러두기

■ 사진 번호와 함께 서술된 사진 설명 중 " "안의 내용은 원본 사진에 기록되어 있는 것을 인용한 것이다.

첩보 한국 현대사

해방 이후 한반도에 암약한 미군 방첩대의 대활약극

고지훈 지음

앨피 Long Playing Book

머리말

미국 메릴랜드주 칼리지 파크College Park에 있는 국립문서기록청NARA: National Archives and Records Administration(이하 NARA)은 미국이 생산한 역사 관련 기록들을 모아 두는 곳이다. 그 자체로 '20세기의 세계사'라고 할 수 있을 만큼 어지간한 주요 사건 관련 기록들이 모두 이곳에 보관되어 있다. '어지간한 주요 사건 관련 기록'들이 보관되어 있다는 것은, 어지간한 주요 사건에 모두 미국이 관련되어 있다는 의미이기도 하다. 대한민국 관련 자료만 보더라도, 신미양요(1871) 당시 미국 선원들의 활약(?)을 담은 사진부터 2007년 대선에서 암약(?)했던 정보원들의 기밀 정보까지, 고종 황제가 직접 서명한 조미수호통상조약(1882)부터 이명박 전前 대통령이 후보 시절 "스스로를 묘청"에 비유하면서(그는 묘청의 인생이 어떻게 마감되었는지 잘 몰랐던 게 분명하다) 반드시 선거에서 승리하자고 다짐했던 17대 대통령 선거 준비모임[1]까지, 다양한 사건 기록들이 NARA에 보관되어 있다.

이런 자료들은 NARA의 2층 대형 열람실에서 열람할 수 있으며, 복사와 스캐닝도 가능하다. 기록을 찾기 위해 방문한 전 세계 연구자들이 대부분 이곳에서 하루 종일 자료를 뒤적인다. 한데 2012년 3월 국사편찬위원회 파견근무

자로 일할 때 나는 2층 열람실이 아니라 5층 사진자료실Still Picture Research Room
에서 일했다. 사실 문서자료가 워낙 유명해서 그렇지 NARA는 엄청난 양의 사
진자료와 동영상자료, 지도자료 등도 보유하고 있다.[2]

이 책은 내가 그곳에서 접한 다양한 사진들을 정리하여 소개하는 사진집이
라고 할 수 있다. 제목과는 좀 다르지만 말이다. 출간을 앞두고 보니 처음에
'아마 이런 글이 되겠지?'라고 생각했던 그런 종류의 책과는 좀 멀어진 것도 같
다. 대개는 슬픈(?) 사진들이지만 재미있게 읽을 수 있도록 쓰고 싶었고, 그래
서 100부 정도는 더 잘 팔리는 책을 만들고 싶었는데…. 여러모로 아쉬움이 남
고 유머 감각도 나이를 먹어 간다는 생각에 좀 슬프기도 하다. 그렇게 수집된
사진 1만여 장 가운데 눈길을 끌 만한 사진들이 2013년 신문사의 특집기사로
소개된 바 있고 국사편찬위원회에서 사진자료집도 간행했지만, 굳이 따로 책
을 내는 이유는 상세한 자료를 바탕으로 사진 속 이야기를 좀 더 흥미진진하
게 전달하고 싶었기 때문이다.

이 책에는 원고를 처음 집필하던 2013년 무렵 등장한 이런저런 뉴스들, 예
를 들어 이명박 전 대통령의 성차별 발언이랄지, 박근혜 전 대통령의 업적(?)
혹은 NLL 공개와 관련한 논란거리 등이 담겨 있다. '역사 전공자가 게다가 공
무원이 웬 정치 이야기?'라고 마뜩찮게 여길 것 같아서 최대한 그런 내용들을
덜어 내려 했으나, 그래도 집필 당시의 흔적을 남기기 위해 몇 가지는 살려 두
었다. 아울러 주로 다루는 시기가 미군정기(1945~1948)와 한국전쟁 기간이기
때문에 불가피하게 미국의 이야기가 많을 수밖에 없다. 그리고 왜 그런 일들

이 벌어질 수밖에 없었는지 "한 걸음 더 들어가기 위해" 유럽의 이야기들도 등장한다.

이 책에는 특히 미군 방첩대CIC: Counter Intelligence Corps가 자주 등장한다. 우리 역사에 관심이 있는 독자라면 방첩대를 다루고 있는 역사서가 거의 없다는 것을 알 것이다. 한국군 방첩대 관련 논문이 몇 편 있기는 하지만, 한국에서 활동했던 미군 방첩대에 대해서는 참고할 만한 국내서적을 찾기가 쉽지 않다.[3] 그 이유는 하나다. 기록이 거의 남아 있지 않기 때문이다. 남한을 점령했던 미군들은 많은 기록을 남겨 놓았는데, 방첩대 업무와 관련된 기록은 거의 없다. 왜냐고? 알 수 없다. 아주 극비리에 업무를 진행했기 때문인지 모르겠지만, 방첩대 관련 기록은 몇 가지 사서史書들을 제외하고 대부분 사라져 버렸다. 이런 문제점(?)에도 불구하고, 이 책에서는 미군 방첩대의 탄생 배경과 국제적·국내적 상황들을 두루 짚고 있다.

"한 번은 비극으로 다음은 소극笑劇으로 반복된다"는 경구처럼 간첩 관련 비극들은 지금까지도 재현되고 또 반복된다. 마치 한 편의 코미디처럼, 서울시 공무원 간첩 조작 사건 같은 해프닝이 신문 사회면을 장식하곤 한다. 이 책에서는 간첩 잡는 부대인 방첩대가 어떻게 만들어져 어떤 활동을 펼쳤으며, 실제로 그런 활동을 통해 얼마나 많은 간첩을 체포했는지 여부를 살펴볼 것이다. 기록의 한계 때문에 '한국 방첩대의 역사'라는 제목을 고민만 하다가 붙이지는 못했지만, 이 책을 통해 방첩대 활동이 대한민국 반공 체제 구축에 적절한 역할을 했다는 점이 그럭저럭 이해된다면 좋겠다. 또한 반공 체제 구축과 관련하여 남한은 물론이고 유럽 그리고 아시아 지역에서 펼친 미국의 활동도 등장할 텐데, 미국 국내에서도 이런 반공 분위기가 FBI 활동에 매우 중요한 역힐을 하게 되었다는 점도 아울러 설명되길 기대한다.

좀 더 일찍 출간됐어야 할 책이 5년 정도 늦어지면서 미안한 분들도, 감사의 말씀을 드려야 할 분도 많다. 가장 먼저 NARA 사진열람실에서 언제나 친절하게 웃는 얼굴로 천천히 그리고 쉬운 단어만 사용하여 8개월간 충실한 안내자 역할을 해 준 미국인 스태프에게 감사를 전한다. 매일 인사를 나누고, 가끔 "점심 맛있는 것 먹었어요?" 묻기도 하고, 때로는 잘 알아듣지 못하면서 알아듣는 척 농담 따먹기를 하며 즐겁게 웃었던 기억도 나는데, 그분의 얼굴은 희미하고 이름도 잊어버리고 말았다. 예순을 훨씬 넘긴 흑인 여성이었던 그분은 지금은 돌아가셨을지도 모르고, 또 설혹 살아 계신다 하더라도 이 책을 볼 일은 전혀 없겠지만, 현재 국사편찬위원회에 수집된 사진자료들의 첫 번째 안내자 역할을 충실하게 해 주셨다.

NARA에서 자료를 찾는 사람들 중 아마도 가장 많은 정보를 가지고 있으며 위안부 문제에 아무도 관심을 갖지 않았을 때부터 추적해 왔던, 한국 관련 자료에 대해서는 그 어떤 아키비스트보다 잘 이해하고 계시던 방선주 선생님께도 고맙다는 말씀을 드린다. 이제 연로하셔서 매일 NARA에 나오지는 못하셨지만 선생님 댁에서 또 한국 식당에서 때론 미국 음식점에서, 공무원이 홀로 나와 고생이 많다며 토닥거려 주시던 모습이 선명하다. 최근까지도 자료를 찾아 NARA는 물론이고 독일과 영국 등을 방문할 계획을 세우고 계시는 걸 보면, 사무실에 조용히 앉아 인터넷 자료나 뒤지면서 '내가 자료는 많이 보지' 생각했던 나의 어리석음을 새삼 깨닫게 된다. 사모님과 함께 늘 건강하시기만 바랄 뿐이다.

열악한 대한민국 출판업계에서 주로 인문학 서적을 출간하는 출판사가 이렇게 오래 버틸, 아니 유지될 줄은 몰랐다. 계약금 물어 내지 않아도 되도록 기다려 준 출판사에 감사 드린다. 이왕 버틴 거 10년만 더, 그럼 다음 책도 앨피에서 출간할 테니 그때까지만… 네? 그리고 '이제 학위논문을 써 볼까?'라면서 바쁘게(?) 공부하는 후배에게 "그 김에 우리 사이트에 연재나 하자"고 제안해 준 정종권 선배에게도 감사의 말씀을 드린다. 한참을 연재하다가 갑자기 글을 못 쓰게 되었을 때도 별 탓하지 않고(이제 고백하지만 사실 나는 '그까이 꺼 논문이 대수냐 건강이 최고지'라면서 혼자 즐겁게 잘 지내기도 했다) 기다려 준 형의 인내심에 늘 감사한다. 이 형에게는 오랜 빚이 좀 있는데 언젠가 좋은 시절이 오면 갚아 줄 생각이다. 그런 시절이 오지 않을 것 같아서 약간 걱정은 되지만. 아무튼 이 책은 '레디앙www.redian.org'과 앨피출판사가 아니었으면 조용히 사장되었을 그런 책이다.

어쩔 수 없는 공무원 신분이기 때문에 책을 쓰면서, 또 인터넷 매체에 연재할 때도 늘 조심했고, 원고료도 받지 않으면서 혹시나 하는 마음에 존경하는 분의 이름을 가명으로 빌려 썼다. 책으로 출간할 준비를 하면서 가급적 내용도 객관적이고 중립적으로, 아니 중립적이라는 말은 빼고 최대한 공무원의 입장에서 쓰려고 노력했다. 이 책은 더 많은 참고문헌을 검토하지는 못했지만 있는 그대로의 자료와 사진의 힘을 바탕으로 한 '기록의 산물'이다. 자료와 참고서적은 대부분 미국 학자들, 미국 군인들이 쓴 것들이다. 이 기록들은 내가 맡은 업무로 인해 어쩔 수 없이 매일 보아야 하는 자료들 속에서 하나씩 골라 낸 것임을 밝힌다. 다시 한 번 '술이부작述而不作'이란 말을 생각해 본다.

국사편찬위원회에도 감사의 말씀을 드려야겠다. 해외 파견근무 제도 덕분에 오랜 시간 NARA에서 사진자료와 문서자료를 열람할 수 있는 기회를 얻었다. 개인적으로 이미지 시대에 부합하는 사진자료와 영상자료를 더 많이 수집했으면 좋겠다고 일찍부터 생각했는데, 국사편찬위원회에서 사진자료 수집에 관심을 기울이기 시작하여 2012년 미국 파견근무자가 사진자료들만 따로 검토하여 목록 작성과 샘플 사진 수집 작업을 하기로 결정했다. 그 이후 최근까지 NARA에 보관된 한국 관련 사진들을 추가로 수집한 결과, 2019년 현재 약 2만여 장의 현대사 사진들을 제공하게 되었다. 대부분 저작권이 없는 사진들로 강의·출판·연구자료로 활용할 수 있게 원본사진을 그대로 제공하고 있으니 누구든 나와 마찬가지로 책을 쓰는 데 참고는 물론 인용·삽입할 수 있다(일부 사진(RG 306)은 저작권이 출판사나 신문사 등에 귀속되어 있는 경우가 있다). 이미 이 자료들을 바탕으로 여러 서적이 출간되었다. 정부기관에서 기관의 역사를 정리하면서 활용하기도 했고, 사진 촬영을 주 업무로 하는 미국 통신부대원들의 역사를 정리한 책도 최근 출판되었다.[4] 국사편찬위원회 전자사료관의 사진들은 시민들의 세금으로 수집한 것이고, 그런 의미에서 시민의 재산이다.

그동안 내가 바라본 나는 밝고 활달하고 또 잘 노는 사람인 줄 알았는데, 되돌아보니 그렇지 못했던 것 같다. 전화도 잘 안 하고, 일부러 누굴 찾아가지도 않고, 술도 못 마시며, 술자리를 만들어서 이야기를 나눌 줄도 모르고 살았다. 그래서 그간 잊고 있던 많은 고등학교, 대학교, 대학원 친구들에게 이 책을 통해 잘 지내냐고, 나도 잘 지낸다는 안부를 전한다. 혹시라도 이 서문을 본다면 '아, 저놈은 잘살고 있구나' 생각해 주면 좋겠다.

원고를 검토해 준 김수향 씨와 영어 자료 번역에 도움을 주신 아놀드 킴 선생님께도 감사 인사를 드린다. 그리고 아내와 아들에게 항상 고맙다는 말과 특히 형님과 어머니께 그간 고생 많았다고 위로의 말을 전한다.

2019년 11월
고지훈

차 례
contents

10 화이트 타이거 '폐기' 작전

오른쪽 사진은 내가 NARA 파견근무를 마치고 귀국하기 직전인 2012년 10월 말쯤에 촬영한 것이다. 처음 이 사진을 보았을 때는 미군 병사들이 귀국 선박에 몸을 싣고 꿈에 그리던 고향으로 돌아가는 순간을 담은, '내가 한국전쟁에 참전했었지'라고 회고하는 일종의 추억용 사진이려니 생각했다. 그때는 미국을 떠날 날이 가까워 오고 있어서 정신이 좀 없기도 했다. NARA 5층에 있는 사진기록Still Picture 열람실 구석에서 열심히 사진을 촬영하느라 바빴으니까. '파견근무 기간이 8개월이니까 하루에 100장씩만 찍어도 8개월이면… 2만 장?' 그렇다면 적어도 1만 장은 찍어 가겠다는 각오로 부지런히 카메라 셔터를 누르면서 근무 실적을 올릴 즈음이었다. 이 사진에 붙어 있는 캡션은 나중에 한국에 돌아와 사진을 정리하다가 확인했다.

동전 던지기 게임─해군 제1해병사단 소속으로 한국에서 지난 9개월간 전투에 시달렸던 장병들이 고향으로 돌아갈 준비를 하고 있다. 이 장병들이 선상에서 자신들이 가지고 있던 한국 동전을, 항구에서 일하고 있던 부두 노동자들에게 던지고 있다. 배는 곧 출항할 예정이다.

미 제10군 소속으로 인천상륙작전에도 참가했던 해병 제1사단 장병들이 한

사진 000 "제1해병사단, 한국, 날짜 미상, 스미스A. B. Smith 상병 촬영." 출처: NARA

이 사진을 두고 어떤 이야기를 할 수 있을까? 항구에서 뭔가를 잡으려는 듯 빗자루를 들고 뛰어다니는 사람들, 이들을 내려다보는 배 위 많은 얼굴들의 그림자, 한쪽 다리를 구부린 채 살짝 미소 지으며 이 광경을 지켜보는 군인 한 사람, 그리고 구석에 조용히 앉아서 뛰어다니는 사람들을 바라보는 한국인 몇 명. 저쪽 끝에는 배를 향해 손을 내밀면서 '일로 던지세요. 일로 던지라고 임마~' 하는 사람도 보인다.

국을 떠날 때의 모습을 촬영한 사진임을 알 수 있다. '동전 던지기 게임'은 어린 시절 나도 해 봤던 게임이다. 그때 우리는 이 게임을 '콜라'라고 불렀던 것 같다. 왜 그렇게 불렀는지는 모르겠지만 아무튼 그랬다. 땅에 파 놓은 작은 구멍에 10원짜리나 5원짜리 동전을 던져 구멍에서 가장 가까운 곳에 놓은 사람이 이기는 놀이였는데, 이 게임에서 내가 돈을 땄던 적은 거의 없다. 이건 당해 본 사람만 안다. 누구나 공정하게 게임에 참여해서 돈을 딸 수 있다고 하지만 어디 사정이 그런가. 신체 발달도 덜 되었고, 그래서 거리 조정도 잘 안 되며, 게다가 감정 조절은 더 안 되던 시절 아닌가. 대부분 나보다 머리 하나는 더 컸던 동네 형들이 "이거 미안한데, 내가 또 이겼네?" 하면서 일주일치 용돈을 훑어 가곤 했다. 그래도 사진 속 미군들은 동네 형들과 달리 갖고 있던 한국 동전을 부두 노동자들에게 선물하고 있네.

사진 설명을 읽은 다음 다시 사진을 보니 보이지 않던 모습이 보이는 듯도 하다. 우선 그림자 속 미군 사병들의 얼굴이 한결같이 웃고 있는 것처럼 보인다. 한국인에 대한 미군들의 기억이 그렇게 썩 좋지는 않았던 것 같은데…. "평균적인 한국인의 멘탈리티는 미국의 열 살짜리 아이와 비슷해 보인다"라거나 "내 손자보다 약간 나은 정치 능력을 가진 정도"라며 우리를, 아니 그때의 한국인들을 비꼬는 듯한 발언을 접할 때면 '문화적 차이 때문이겠지' 생각했는데, 동전 던지기 게임 광경을 보니 '나라도 그렇게 말하겠구나' 싶기도 하고 '아니, 이런 거까지 꼭 찍어 왔어야 했나' 하는 생각과 함께 웃고 있는 듯한 미국인들의 표정에서 일종의 모욕감 같은 기분도 든다. 베트남전에 참가했던 한국군의 사진들 속에서 저 비슷한 모습을 본 듯도 하다. 어찌 보면 한국전쟁에 참가했던 미군들이 '드디어 이 전쟁에서 탈출하는구나' 혹은 '계속 남아 있어야 하는 동료들에게 신의 가호가 있기를…'이라고 생각하는, 그런 안타까운 모습같기도 하고. 혹시 '저기 가만히 앉아서 구경만 하는 부두 노동자들 저거, 저거 빨갱이들 아냐?'라고 생각하는 분도 계실까? 미군정기 경찰이나 방첩대 정보원들이라면 충분히 그럴 것이다. 그런 일을 하라고, '누구든 빨갱이가 아닌지 의심하라'고 만든 기구였으니.

여러 생각들이 엇갈리는 가운데 한 가지 확실한 것은, 이 사진이 앞으로 전개될 한미동맹의 앞길을 잘 보여 주고 있다는 것이다. 저 사진이 촬영된 이후 몇 십 년 동안 대한민국을 일종의 장기판의 말처럼 생각하던 미국인들을 위해서 한국인들은 그들이 원하는 대로 발을 움직였다. "앞으로 가라"면 앞으로, "옆으로 가라"면 옆으로. 때로 그들은 "너는 이제 최선을 다했으니 여기까지"라며 마치 '신과 같은' 태도로 우리들에게 희생을 강요하기도 했다. 물론, 꼭 말 잘 듣는 사람만 있었던 것은 아니다. 이승만이나 박정희 그리고 전두환처럼 이런 '권고안들'이 마음에 안 든다고 자기 마음대로 군대나 경제정책들을 움직인 사람들도 있었다. 또 저기 사진에서처럼 가만히 앉아 안타깝게 바라보기만 했던 사람들도 많지는 않았지만 몇몇 있기는 했다.

혈맹이니 동맹이니 요란하게 떠들어 댔지만 결국 한미관계의 원형은, 그리고 모든 미국의 대외원조가 지향했던 방식은 항상 저런 식이었다. 달러가 가는 곳으로 누구보다 먼저, 누구보다 빠르게 움직여야 했다. 어떤 정보기관원의 표현처럼 세상에 공짜 돈이 어디 있나. 1950년대 소련이 "아스완댐 건설을 지원하고 나세르에게 군사원조를 한"[1] 이유가 이집트에 각별한 관심과 애정이 있었기 때문인가? 또 1950년에 아무리 엄청난 대기근이 닥쳤다 하더라도 미국이 공산주의자인지 아닌지 불확실한 인도에 구호자금을 거저 줄 수는 없는 일 아닌가. "이러한 식량 지원은 아무런 전제조건 없이" 주는 것이라고 국무부가 큰소리를 쳤지만, "미국인들이 순수한 자비심 차원에서 식량을 제공했다고 믿는 인도 관리는 아무도 없었"으며, 이는 미국과 인도의 관계에 심각한 상처를 남겼다.[2]

아시아와 아프리카, 나아가 유럽을 상대로 한 미국의 대외원조에는 항상 이런 식의 의무 조건이 뒤따랐다. 저렇게 돈을 주우러 다니는 사람들에게는 혜택뿐 아니라 의무도, 미국식 표현을 빌리자면 "권고를 가장한 사실상의 의무 조항"이 항상 붙어 다녔다. 혹은 "민주주의를 명령하고, 자유를 강제하며, 해방을 강요"하는 것까지 포함된다고 할까?[3] 그런 면에서 저 사진은 그전 5년 동안은 물론 이후 수십 년 동안 한미관계가 가야 할 길을 상징적으로 보여 주는 훌륭한 사진이라고 할 수 있다.

1990년대 이후 출생한 사람들은 미국의 대한對韓 원조가 없으면 '국가'도 '국민'도 '가정'도 없어질 수 있다는 위기의식이 우리를 지배해 왔다는 것을 믿기 힘들 것이다. 우리는 그렇게 살아왔다. 왜 아파트 이름을 '래미안'이나 '자이'가 아니라 'AID 아파트'라고 지었는지, 허쉬초콜릿을 보면 '국보급 탤런트 이미연'의 얼굴 대신 낡은 한복을 입은 네 살짜리 여자아이가 떠오르는지, 드럼통을 엮어 만든 자동차만 보아도…, 사실 나도 이 '시발始發택시'는 직접 보지는 못한 나이긴 하네.

우리는 이런 원조와 관련된 이미지들로 가득 찬 시대, 미국의 원조 없이는 '대한민국'이 있을 수 없는 그런 시대를 지나왔다. 그래서 저 사진 속에서 가만히 앉아 지켜보는 사람들보다 열심히 돈의 궤적을 좇는 이들의 모습이 '더 합리적인 인간의 행동'처럼 보인다. 한 닢이라도 더 주우려고 뛰어다니는 사람들은 혹 이런 생각을 했던 건 아닐까? '한 개씩 던지지 말고 왕창 던져 줬으면' '아예 나를 불러다가 왕창 줬으면' '기왕이면 나도 저 배에 싣고 미국으로 같이 데려가 줬으면.' 어쩌면 이런 생각도 했을지 모르겠다. '똥이 무서워서 피하나, 더러워서….' 동전을 던지는 미국인들의 머릿속도 궁금하다.

"우리가 기대치보다는 너무 많은 돈을 던지고 있는 것은 아닐까?" - 로버트 코머
Robert W. Komer 국가안보회의 참모[4]

"그래, 북한이 일으킨 전쟁으로 망할 줄 알았는데, 이 동전으로 함께 일어섭시다!" - 제임스 릴리James R. Lilley 주한 미국대사[5]

옆에서 이 한심한(?) 짓을 조용히 지켜보던 미국인들도 있었었겠지.

"저렇게 돈을 주면 뭐하나. 부패와 부정, 타고난 사기꾼 근성과 그런 자신의 미래를 생각할 때 찾아오는 불안감, 그리고 미국인들에게서나 찾을 수 있는 성실성도 없고. 그저 돈이나 열심히 주우러 다니는 저 국민성을 보고 있노라니. 왓 더…!" - 휴 팔리Hugh D. Farley 국제협력처ICA 한국 책임자[6]

뭐, 여러 사람들이 있었다. 원조를 주되 더 엄격하게 심사를 해서 주자는 사람, 부패와 부정이 판치는 국가에 뭔 원조냐며 아예 빼 버리자는 사람(이렇게 말하고는 나중에 새로운 세력으로 대체해야 한다고 하기는 했지만), 1백 달러를 원조하면 그중 10달러 정도는 나중에 다시 갚는 조건으로 주는 건 어떨까 등.

어쨌든 나를 포함한 우리 세대는 '동전 던지기' 아니 '동전 줍기 시대'를 무려 50년 이상 겪어 왔다. 새로운 시대는 새로운 사람들이 만들어 가야 할 것이다. 저기 구석에 앉아 있는 소년들, 동전 주우러 다니는 어른들을 안타까운(?) 표정으로 지켜보는 듯한 소년들은 돈을 던지는 사람들의 '의도' 혹은 '계획'과는 아마도 다른 삶을 살게 될 것이다. 아무쪼록 동전 주우러 다니는 어른들보다는 더 자유롭게, 또 자주적인 삶을 살게 되기를 바라면서, 마지막으로 마음이 안 놓이는 소심한 나를 위한 안전장치 하나. 이 책의 모든 내용은 거의 대부분 '미국느님'의 시각에서 촬영된 혹은 작성된 이미지와 텍스트를 바탕으로 하고 있음을 밝힌다. 잘되면 내 탓이고 안 되면 미국 놈 탓인 거지 뭐.

1

정지된 역사,
오지 않은 미래

"우리가 쿠바 영공을 침입해서 정찰 활동을 해야 할 만큼 심각한 상황인가요? 쿠바 주변 지역을 비행하는 정찰로는 부족합니까? 만약에 영공침범 정찰을 한다면 심각한 상황이 발생할 가능성은 요?" - 맥조지 번디McGeorge Bundy 국가안전보장회의 보좌관, 백악관 집무실 회의 석상에서, 1962년 9월 10일[1]

"우리 미국인들은 말이지요, 얻고자 하는 것을 가질 수 있는 능력이 있습니다. 결국 우리가 그것, 그러니까 핵무기를 갖게 되었고, 저들, 그러니까 소련 사람들은 핵무기를 갖지 못했어요. 소련 사람들은 앞으로도 상당히 오랫동안 아마 꿈도 못 꿀 겁니다." - 버나드 바루크Bernard Baruch 가 국무부 릴리엔탈Lilienthal에게, 1946년 12월[2]

"그거 불법 아닌가요?"

우리나라로 치면 대원외고나 하나고쯤 될까? 미국의 '스카이 캐슬'에 사시는 분들 혹은 그곳으로 올라가려는 사람들이 다니고 싶어 했던 꿈의 학교 그로턴 스쿨Groton School에 16세의 나이에 수석 입학하고, 대학 시절에는 백지를 들고 마치 리포트를 써 온 것처럼 줄줄 읽어 나가 교수를 속였다는 일화를 남긴, 훗날 케네디가 뽑은 참모들 중 특히 "똘똘한 놈wise man"으로 불렸던 맥조지 번디McGeorge Bundy라는 사람이 있다. 서른네 살에 하버드대학 문리학부Arts and Sciences 학장으로 선임되었고, 이 최연소 학장 기록(이런 기록을 누가 관리하는지 모르겠지만)을 아직도 보유하고 있는, 케네디 정부의 핵심 브레인 중 한 명이다.

케네디 대통령이 그를 국가안전보장회의National Security Council 보좌관으로 임명한 지 2년도 되지 않은 시기에 쿠바 미사일 위기(1962)가 발생하자 백악관 참모실에서는 여러 차례 회의가 열렸다. 존 맥콘John A. McCone CIA 국장의 대리 자격으로(맥콘은 쿠바 미사일 위기 당시 열린 국가안전보장회의 회의에 대부분 불참했다. 이유는 좀 남사스럽긴 한데, 이제 막 환갑잔치를 마친 나이에 하필이면 그때 결혼을 해서 프랑스에서 신혼여행 중이었다. 존 맥콘은 1962년 9월 23일 워싱턴으로 복귀했다) 회의에 참석한 카터Marshall S. Carter CIA 부국장에게 맥조지 번디는 나무라듯 물었다.

"영공침범 정찰이라니, 그거 쿠바 국경선을 넘는 행위 아닙니까?"

엊그제까지 미국 사탕수수 농장이 즐비했던 쿠바를 이제 드나들 수 없게 됐으니 슬프지만 그래도 국제법을 어길 수는 없지 않나. 영공침범은 해당 국가에서 미사일로 대응해도 할 말 없는 엄연한 불법행위다. 우리가 당해 봐서 잘 안다. 맥조지 번디가 카터 장군을 나무라며 저렇게 물었던 것은, 알면서도 모르는 척하는 관리들이 자주 써먹는 대화 방식이다. 맥조지 번디는 알면서도 모르는 척 거짓말을 했다.

미국은 1940년대 후반 이래로, 아니 그전에도 "얼마나 많은 비행기가 영공을 침범해서 정찰활동을 수행했는지 아무도 모를"[3] 만큼 소련을 비롯한 적성국가를 상대로 항공 정찰비행을 진행하고 있었다. 물론 이렇게 미국이 소련의 영공을 불법적으로 침투하여 군사정보를 모을 수 있었던 것은 "1950년대 소련의 레이더 성능을 통한 정보활동 능력이 정확하지 못했고 사실상 엉망진창"이었기 때문이다. "거, 뭐 와서 보라고 한 거 아닙니까?"라고 한들, 소련이나 중국 정부는 눈뜨고 당할 수밖에 없는 상황이었다. 이래서 국력을 키워야 하나 보다.[4] 아무튼, 쿠바 인근은 물론이고 소련, 동독, 헝가리, 사할린, 중국까지! 대통령에게 올리는 '백악관 정보보고서' 작성을 위한 항시적인 정찰 활동에 대하여 과연 누가 그만두라고 할 수 있겠는가? 물론 당시 영공침범 정찰비행의 책임은 CIA에 있었으니까 국가안보보좌관인 맥조지 번디가 잘 몰랐을 수도 있다. 그러니까 거짓말까지는 아니라고 해 두자. 지난 10여 년간 지속적으로 해 온 일상적인 정찰 활동이었지만, 그냥 그런 걸로 해 두자.

잡을 테면 잡아 보라구Catch me if you can!

쿠바를 둘러싼 심상찮은 조짐은 1962년 초부터 발생하고 있었다. 이상하게 생긴 작대기 모양을 한 미사일처럼 생긴 물건들이 관찰되었고, 소련 사람처럼 보이는 일군의 무리들이 모여 있는 정체불명의 풍경도 계속 촬영되었다. 그리고 1962년 10월 25일, 미국은 유엔 안보리 석상에서 세상을 깜짝 놀라게 할 사진을 몇 장 공개했다. 미국의 코앞, 아니 콧잔등이라 할 쿠바에 건설 중인 소련 핵미사일 기지를 촬영한 고고도高高度, 저고도低高度 항공사진들이었다. "쿠바에 널려 있는 흔해 빠진 야자나무처럼"[5] 보이지 않을까라는 소련 측의 기대와 달리, 사진 속에는 누가 봐도 기다란 인공물을 덮어 놓기 위해 연결해 놓은 텐트와 그 안에 가려진 소련제 중거리탄도미사일MRBM: Medium-range Ballistic Missile의 모습이 보였다.

흐루쇼프는 이 야자수를 닮기 바랐던 중거리탄도미사일 지원을 '왼손도 모르게' 추진하려 했다. 그는 배치가 완전히 끝나면 쿠바 내 소련 미사일 기지의 존재를 부인도 시인도 하지 않을 작정이었다. 지난 1991년 완전 철수될 때까지 한반도에 배치돼 있던 수백 기의 전술핵에 대하여 워싱턴 당국이 취했던 태도처럼 말이다. 한데 흐루쇼프는 미국 항공 기술력의 총아였던 U-2기의 위력을 너무 과소평가했다.[6]

25X1   25X1A
2642-67
Page 8

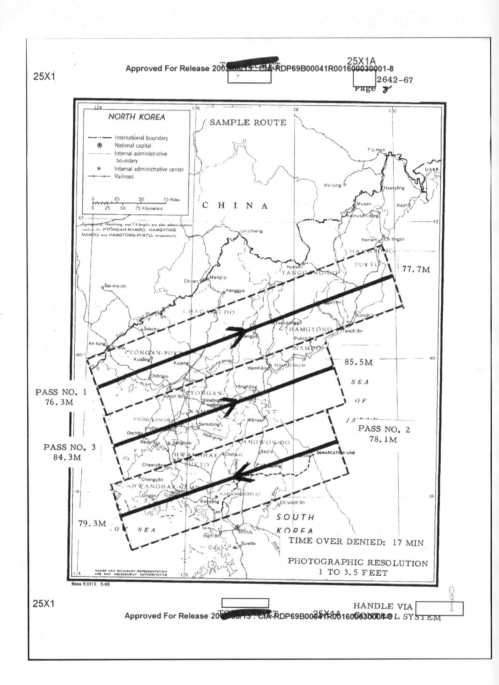

NORTH KOREA

—··— International boundary
⊛ National capital
----- Internal administrative boundary
⊛ Internal administrative center
—+— Railroad

0   25   50   70 Miles
0   25   50   75 Kilometers

SAMPLE ROUTE

CHINA

77.7M

85.5M

SEA

OF

JA

PASS NO. 2
78.1M

PASS NO. 1
76.3M

PASS NO. 3
84.3M

79.3M

SOUTH KOREA

TIME OVER DENIED: 17 MIN

PHOTOGRAPHIC RESOLUTION
1 TO 3.5 FEET

HANDLE VIA ███████ SYSTEM

사진 001 "북한 지역에 대한 옥스카트Oxcart 정찰비행" 출처 : NARA

이 자료는 CIA가 문서 자동비밀해제 시스템을 통해 공개한 북한 지역 정찰지도다. 북한에 대한 항공정찰 계획을 담고 있는 문서들과 함께 공개되었는데, CIA 홈페이지와 국사편찬위원회 수집 자료에서 찾아볼 수 있다.

휴전체제 하에서 미군의 북한 항공정찰 문제는 흥미로운 주제다. 한국전쟁 종료 이후에도 북한에 대한 '불법' 영공침범 항공정찰이 지속되었는데,[7] 1960년 5월 1일 소련 영공 내에서 U-2기가 격추된 직후에는 U-2기보다 인공위성을 통한 항공정찰이 주로 이루어졌다.[8] 물론 불법적인 영공침범이 가능한 지역에서는 여전히 U-2기와 그 뒤에 개발된 블랙버드 SR-71 등을 활용한 정찰 활동이 계속 이루어졌다. 1967년 '블랙쉴드 작전Operational Black Shield'이 그 대표적인 사례다.[9] 1969년 북한 지역에 대한 항공정찰도 마찬가지였다. 당시 작전명인 '대규모Giant Scale' 작전 보고서에는, 이 작전으로 입수된 정보에 대해 "항공정찰 사진은 매우 민감한 내용을 포함하고 있으므로 항상 2급 비밀SECRET로 지정"되며, "군사정보, 목표물 설정, 비상 계획과 관련한 목적에만 사용"되어야 한다고 쓰여 있다. 1960년대 후반에는 정찰을 수행하기는 했지만 좀 더 정확한 사진 촬영을 통해 군사정보를 확인하기 위해서는 이런 정찰비행이 반드시 필요했다. 쿠바 미사일 위기 당시 정찰비행으로 유명해진 록히드마틴사의 U-2기의 뒤를 잇는 A-12가 개발된 이후, 이 비행기를 이용한 항공정찰 계획이 수립되었고 북한 지역도 이 계획의 일부로 포함되었다. U-2기의 뒤를 이어 개발된 A-12, SR-71기는 더 높고 더 빠른 정찰기였다. 당하는 입장에서야 바로 격추시키고 싶었겠지만, 그건 꿈속에서나 가능한 일이었다.

실제로 미국 정보기관에서는 정기적으로 북한 지역에서 항공정찰을 수행하고 이를 바탕으로 보고서를 작성했다. 1965년, 1968년, 1969년, 1970년에 작성된 북한 지역 항공정찰 분석 보고서가 부분적으로 비밀 해제되어 일반에 공개되었다.[10] 특히 푸에블로호 사건이 발생한 1968년 1월경에는 평양 인근 지역 등을 항공정찰하여 상당수의 사진을 촬영했다.[11] 베트남 지역 항공정찰이야 전쟁 중이고 그래서 폭격기도 수시로 들락거리는 곳이니 그렇다고 치지만, 북한 영공침범은 명백하게 불법적인 활동이었다. 이런 "깡패국가"들이나 할 짓을 국가정보위원회United States Intelligence Board(CIA, 국방부, 국무부 등 정보 관련 기관들의 모임)에서 공식 업무로 다루고 있었다니! 이게 모두 60, 70년대에 일어난 일들이다.

당시 쿠바 지역 내부를 항공정찰하는 것은 명백한 국제법 위반이었으므로 미국은 이 작전을 동맹국인 영국이나 프랑스에도 비밀에 부쳤다. 동맹국을 상대로도 합리화하기 어려운 일이었지만 미국으로서는 어쩔 수 없는 상황이었다. 1961년 카스트로 정부를 전복할 목적으로 쿠바 남부를 공격했던 '피그만 침공'이 실패한 이후, 미 행정부의 강경파들은 '어디 뭐라도 한 개만 잡혀 봐라, 이노무 시키들'이라며 굵직한 약점이 걸리기만을 바라고 있었다.[12]

다른 나라의 영공을 침범하여 '항공정찰 활동을 하는 행위Overflight'는 미국이 전 세계 어느 나라보다 먼저 수행한, 일종의 '개척가적' 혹은 '미국주의적' 방식이었다. 미국은 1940년대 말부터 북태평양 북쪽의 베링해를 거쳐 북극해의 콜라Kola반도(핀란드와 접경한 소련 영토로 북극과 맞닿아 있는 지역)에 이르는 광범위한 지역을 내 집 정원마냥 마음대로 드나들었다. 이 정찰 루트는 소련 국경과 맞닿아 있어서 영공침범으로 인한 외교적 불화를 언제든 불러일으킬 수 있었으며, 몇 걸음만 더 나가면 교전 행위로 이어질 위험도 있었다. 아니, 위험이 아니라 실제 교전이 일어나기도 했다.*

쿠바 미사일 위기가 고조되던 무렵에는 이미 중국과 사할린에서 U-2기가 2대나 격추되어 미 국무부는 연일 변명을 하느라 정신이 없었다. U-2기가 사할

—

제2차 세계대전이 종료된 지 불과 10년도 되지 않은 시점에 소련과 "언제라도 전쟁을 촉발시킬 수 있는 위기 상황"을 만들어 낸 것은 다름 아닌 미국 정부였다. 미국의 '전략 공군사령부Strategic Air Command'의 르메이LeMay 사령관은 "우리가 이런 영공침범을 계속해 나간다면, 3차 대전이 곧 일어날 것"이라고 이제 막 소련 영공을 침범해서 사진 촬영을 해 올 조종사(오스틴Austin 대령)에게 농담 삼아 말하기도 했다. 공식적으로 이런 영공침범 비행에서 추락한 조종사의 수는 "최소한으로 잡더라도 252명에 달할 것"이다. Dino A. Brugioni, *Eyes in the sky : Eisenhower, The CIA, and Cold War Aerial Espionage*, Naval Institute Press, 2010, p. 69, 71. 항공정찰 초기 미국의 정찰 관련 정책과 활동에 대해서는 이 책의 3장 "Cold War Overflight" 참조.

린에서 격추된 1960년 5월 1일 이후, 아이젠하워는 "두 번 다시 영공침범 정찰을 하지 않겠습니다"라며 미안해했지만, 세상일이 말대로 되나? 케네디도 "저는 아이젠하워 대통령의 약속을 지키겠다"면서 말과 행동이 달랐던 전임 대통령의 스타일을 그대로 유지해 나갔다. 한마디로 "1950~60년대는 말로는 안 하겠다고 했지만, 여기저기서 사고가 터지는" 냉전의 시기였다(참고로 말하자면, 반대로 소련은 미국에 대해서 단 한 번도 영공침범 정찰을 하지 않았다).[13] 이런 상황이었으니 미국의 앞마당과 다름없던 카리브해에서는 별다른 죄의식도 없이 일상처럼 영공침범 정찰이 이루어졌다.

그때도 지금도 세계 최강의 정찰기술 보유국인 미국이 쿠바 내 소련 군사지원 정보를 알아내는 루트는 다음의 네 가지 정도였다.

쿠바의 입출항 선박 관련 정보

쿠바 피난민들의 증언

쿠바 내에서 활동한 정보원들의 보고서

U-2기의 항공촬영[14]

U-2기의 항공촬영만 빼면, 미국이 남한을 점령했을 무렵 북한 관련 적정수집敵情收集·positive intelligence 과정과 별반 다를 바 없다. 미군정기에 미 제24군단 정보기구에 북한 정보를 가장 많이 가져다준 사람들이 북한에서 월남한 피난민들이었으니까. 물론 쿠바와 북한의 피난민들이 제공한 정보는 "대부분 지어낸 것이거나 쓸모없는 것들이어서 정보 원천으로서는 그다지 유용하지 않"아 큰 도움은 못 되었지만 말이다. 어쨌든 미국은 당시 이 네 가지 정보 루트를 통해 쿠바 내에서 이루어진 소련의 군사원조 관련 정보를 축적하기 시작했고, 그중 "가장 결정적이고 정확한 정보를 제공"한 것이 U-2기의 항공촬영 사진이었다.

1962년 초부터 시작된 U-2기의 항공정찰 결과, 앞서 말했던 야리꾸리(?)한 사진들이 계속 촬영되는 가운데 미 공군은 U-2기의 초고고도 항공촬영으로 쿠바 미사일 기지의 윤곽을 잡았다. 그리고 격추의 위험을 무릅쓰고 영공침범 정찰을 한 결과 "7만 피트 상공에서 지상의 2.5피트짜리 물체까지 식별"[15]할 수 있는, 훔쳐보기를 좋아하는 '변태'들의 로망인 초고화질 사진을 입수하는 데 성공[16]했다(와중에 U-2 정찰기가 쿠바 상공에서 격추되는 사건을 겪기는 했지만[17]).

그러나 미국은 처음에는 쿠바의 미사일 기지 건설 사진을 공개하지 않으려 했다. 소련으로 하여금 미국의 정보 능력을 가늠할 수 있게 해 준다는 이유로 사진 공개에 반대하는 보좌관들이 많았던 것이다. 원자폭탄은 "그것을 가지고 있지만 사용하지 않을 때 누릴 수 있는 이점"[18] 때문에 '군사적 억지 효과'가 있

사진 002   1962년 10월 25일, 유엔 안보리 석상에서 쿠바 내 소련 미사일 기지 항공촬영 사진을 설명하고 있는 CIA 산하 국가사진판독센터 부국장 데이비드 파커David Parker 대령과 아들라이 스티븐슨Adlai Stevenson 미국 대사(오른쪽 아랫줄 안경 쓴 남자). 출처 : 조지워싱턴대학 국가안보기록관

지만, 공중정찰 사진은 정반대다. 핵 관련 기술은 유엔을 통해 철저하게 통제할 수 있지만, 정찰 기술은 공개적으로 하더라도 쉽게 따라할 수 있는 기술이 아니다. 평범한 사람들이야 북한 김정은의 화장실 변기 뚜껑 색깔이 뭔지 전혀 궁금하지 않겠지만, 미국의 정보기관에서는 그걸 알아내려고 연간 수천만 달러를 정찰위성 촬영기술 연구에 투자하기도 한다. 이런 소중한 정보 능력이 적에게 노출될 수 있다는 정보기관의 우려와 반대에도 불구하고, 케네디는 U-2기가 촬영한 쿠바 내 소련 기지 사진들을 공개해 버렸다 사진002.[19]

영변 약산에 소풍 나온 김일성

'자유의 살아 있는 화신'인 미국을 지지하는 국가를 지원하겠다는 미국의 선언은 하도 남발된 탓에 특별히 한 가지를 꼽기 어렵지만, 그래도 그중 사람들이 가장 많이 기억하는 선언은 '트루먼 독트린'(1947)일 것이다. 미국의 이 공식 선언은 그 뒤 오랜 세월 동안 지구본을 정확히 반으로 나누자는 신호였다. 누구를 상대로? 공산주의의 모국母國인 소련을 향해서. 이 선언으로 미국은 여기저기 자유(미국)를 갈망하는 국가들에게 탱크건 빵이건 가리지 않고 지원했다. 사랑을 받고 물질을 주는 것, 제3자의 눈에는 불륜이나 부정으로 보일 수도 있겠지만, 미국 입장에서는 엄연히 '자유세계의 아름다운 로맨스'일 뿐이다.

이런 종류의 로맨스는 전염성이 무척 강한 법. 소련도 따라하고, 중국도 따라하네. 한데 뉴턴의 운동 제1법칙보다 더 잘 들어맞는다는 법칙, 일명 '내로남불(내가 하면 로맨스 남이 하면 불륜)의 법칙'에서 미국도 예외는 아니었다. '이년놈들의 불륜을 두고볼 수 없지!' 자고로 흥신소의 경쟁력은 현장 급습 및 증거 수집 능력 아니던가. 미국의 '로맨스'를 따라하려는 지구상의 모든 '불륜' 현장 고발 작전에는 언제나 이런 종류의 사진들이 동원되곤 했다. '그 짓'이 '그

순간' 발생했음을 증명하는 데 사진만큼 효과적인 수단이 어디 있겠나. CIA 국가사진판독센터NPIC: National Photographic Interpretation Center를 만든 것도 다 이 '홍신소적인 필feel'에서부터 비롯된 것이다. 1990년 걸프전의 원인이 된 이라크의 쿠웨이트 침공(이 무렵부터는 정지된 사진보다 움직이는 영상이 주도권을 장악하기 시작했다) 당시에도 유엔 안보리의 복사 담당 직원은 미국이 제출한 위성사진을 복사하느라 바빴다. 그보다 약간 뒤인 1993년 2월 22일 북한 핵무기 개발 관련 의혹이 제기됐을 때도 마찬가지였고.

1946년 유엔원자력위원회UN Atomic Energy Commission 미국 대표 버나드 바루크Bernard Baruch가 "우리의 핵독점이 이래 좋다니까?"라며 소련을 상대로 "거만한 태도"를 보이며 협상에 나선 지 불과 50년도 되지 않아서 소련 · 중국 · 프랑스 · 영국 · 인도 · 이스라엘 등이 이 무기를 병기창의 햇볕 잘 들어오는 곳에 비치하게 되었지만, 1945년 혹은 1946년만 하더라도 핵무기는 오직 미국만 가질 수 있고, 미국만 통제할 수 있으며, 미국만 사용한 무기였다(맨 마지막 문장은 지금도 적용되는 중이다). 당시 이 핵 독점이 오랫동안 지속될 것이라고 생각한 사람들의 머릿속은 '어떻게 하면 다른 나라가 핵무기를 가지지 못하게 할까'라는 고민으로 가득 차 있었다. 바꾸어 말하면, "만약 어떤 국가가 핵무기 개발을 시작했다면, 그들이 핵무기로 우리를 위협하기 전에 그 핵무기 제조 시설을 깡그리 박살*내 버리고 말겠다는,[20] 일종의 협박 같은 생각들 말이다. 그리고 그 생각은 50여 년 뒤인 1992년 동양의 한 국가를 향하게 된다.

—

* 이 발언을 한 레슬리 그로브스Leslie Groves는 제2차 세계대전 중 미국 육군의 원자탄 개발 계획인 '맨해튼 프로젝트'를 총괄했으며, 독일과 일본에 대한 전략폭격(늑민간인 폭격)을 적극 지지했고, 나아가 나가사키와 히로시마에 대한 원폭 투하 승인 과정을 주도한 대표적인 강경파 군인이다.

2019년 현재 북미 정상회담이 진행되기는 하지만 여전히 째깍거리고 있는 북한의 핵 개발 레이스가 공식 스타트한 날, 국제원자력기구IAEA 이사회 비공개회의가 열린 그날도 어김없이 위성사진이 등장했다. "영변의 약산 진달래꽃" 주변에 만발한 북한 원자로 일대의 건축물 사진이었다. 레슬리 그로브스 장군의 시대를 앞서간(?) 제국주의적 언변, "아주 박살을 낼 거야!"라는 발언을 증명이라도 하듯 영변 핵시설 공습을 둘러싸고 클린턴과 김영삼이 막후에서 논쟁을 벌였던 시점으로 가기 전에, 여기서 잠깐 영변과 약산이 나왔으니 갑작스럽게 한국의 명소로 세계에 이름을 알린 영변의 1949년 가을 풍경 한 자락을 구경하고 가 보자 사진 003 · 004 .

사진 003 1949년 10월 2일, 평안북도 영변의 약산. 출처 : NARA

사진 004 1949년 10월 2일, 평안북도 영변의 약산. 출처 : NARA

소련군과 함께 북한에 들어온 지 3년 정도 되었을 무렵, 가을 소풍을 나온 순진무구한 중학생들에게 공산주의라는 콜레라균을 주입시키고 있는 듯한 김일성의 모습에서 가장 놀라운 점은 급격하게 불어난 체중이다. 적어도 40킬로그램 이상은 늘린 것으로 보인다. "일천만 동포의 피를 빨아 체중이 늘었다"[21]라는 증언도 있지만 의학적으로 가능한 일인지는 잘 모르겠고, 귀국 무렵과 비교해 보면 외형적인 모습은 오늘날 우리가 알고 있는 것과 거의 비슷해졌다. '위대하신 태양'과 비슷한 전형적인 공산국가 지도자의 모습에 많이 가까워졌는데, 김일성 주변 수행원들의 모습은 이후 '1인 독재체제'가 확립된 시절과는 많이 다르다. 가을 소풍 사진과 같은 날 촬영된 단체사진도 비슷한 분위기를 보여 주고 있다. 두 사진은 모두 NARA의 북한 노획문서철에 포함되어 있다.

김일성이 북한에 입국한 지 3년 정도 되었을 무렵인데, 수행하는 사람들의 모습이 어째 지금과는 많이 달라 보인다. 호주머니에 손을 찔러 넣은 양복남, 아무렇게나 걸터앉거나 지팡이에 손을 올려놓고 비석에 한쪽 등을 비스듬히 기댄 군인, 비석 뒤에서 훔쳐보듯 김일성을 쳐다보는 여군과 딴 데를 쳐다보며 엉뚱한 생각을 하는 것 같은 여고생까지. 당시 북한군 군기는 지금이랑 좀 달랐나? 군복을 입고 짝다리라니, 군복 바지에 손을 찔러 넣고 있다니! 김일성이 왔는데? 무척 낯설고 도무지 상상하기 어려운 광경이다.

아, 저때는 아직 '유일수령체제'가 확립되기 전이어서 북한 내각이나 노동당 구성도 정파별로 분산되어 있었고 군부도 마찬가지였지.[22] 그럼 저기 자세 불량자 군인들은 연안파거나 소련파 부류일까? 김일성과 같은 동북항일연군 출신이더라도 아직 '위대한 수령님 어쩌고저쩌고'가 등장하기에는 너무 이른 시기였으니 이런 '불순한' 태도가 일상적인 모습일 수도 있겠다. 여하튼 공장에서 복제된 로봇처럼 딱딱한 표정과 기계적인 동작을 특징으로 하는 '수령과 하수인들'이 연출하는 전형적인 장면과는 거리가 있어 보인다.

공산주의 체제에서 1인 숭배에 대한 건설적인(?) 비판은 이로부터 7년 뒤 흐루쇼프에 의해 처음 제기된다. 1956년 2월 25일, 소련공산당 제20차 당대회 마지막 연설에서 흐루쇼프는 '개인숭배와 그 결과들에 대하여'란 제목으로 알려진 그 유명한 스탈린 체제 비판 연설을 했다. 국내외 인사 1,500여 명이 모인 이 대회는 '비공개'였지만, 미 국무부를 비롯하여 대부분의 국가들이 흐루쇼프의 연설 사본을 곧 입수했고 앞다투어 연설 초고를 책으로 출간했다(막상 러시아에서는 1989년까지 출간되지 못했다). 흐루쇼프는 러시아혁명의 본질적 문제와 관련된 1930년대 대기근과 농업집단화 등은 전혀 언급하지 않고, 스탈린 반대 세력의 숙청 과정에서 빚어진 문제점들을 지목하면서 스탈린 시대의 문제를 "스탈린 개인의 오류와 인격적 결함"[23]으로 치부해 버렸다.

스탈린은 이제 자신이 모든 일을 직접 처리할 수 있고 다른 사람들을 자신의 보조역으로서만 필요하다고, 다른 모든 사람이 오로지 자신의 말에 순종하고 자신을 찬양한다는 전제 위에 그들을 거느리고 있다고 생각했던 것입니다[24]

북한의 어느 시기에 갖다 붙여도 어울릴 것 같은 비판인데, 1949년 촬영된 김일성의 소풍 사진에서는 그런 모습이 잘 드러나지 않는다. "사진은 포착된 경험이며, 카메라는 이처럼 경험을 포착해 두려는 심리를 가장 이상적으로 이뤄 주는 의식의 도구"[25]라고 했던 수전 손탁Susan Sontag의 말에 한 문장을 더 넣어야 하지 않을까? "단, 카메라를 독점할 수 있는 시기까지는!"

김일성의 이미지는 남한에서는 '괴뢰도당의 우두머리'로 북한에서는 '위대한 수령 어버이'로 굳어져 왔지만, 이는 어디까지나 북한과 남한의 공식적인 선전도구일 때 그렇다. 이렇게 사적으로 촬영된 사진에서는 그런 이미지 너머에 있는 사실들이 보이기도 한다. 김일성의 저 사진에서 흐루쇼프적 의미의 '개인숭배와 그로 인한 찌꺼기' 같은 흔적을 발견할 수 있는가?

주한미군 산하 정보기관들이 귀를 쫑긋 세우고 훔쳐 듣던 평양 라디오방송에서는 1946년 여름 무렵부터 "김일성 장군의 지도 하에~"가 심심찮게 들려 왔건만, 아직 그를 감싸고 있는 아우라는 우리의 기대치에 훨씬 못 미친다. 이유는 간단하다. 1949년 10월까지는 북한 정권 내에서 김일성이 '압도적 대주주' 지분을 확보하기에는 아직 부족했으니까. 박정희 정부를 생각해 보면 쉽게 이해할 수 있다. 박 총통, 아니 박정희 전 대통령이 국회의원의 3분의 1을 임명장 수여 방식으로 바꾸기 전, 그러니까 1971년 대선에서 김대중 대통령 후보가 "이번 정권교체가 이뤄지지 않으면 앞으로는 선거조차 없는 총통제 시대"[26]가 올 거라 했던 때와 그 이후를 비교해 보면 된다. 김대중이 약간 과장을 섞어 말하긴 했지만 결국 역사는 그렇게 흘러 갔다. 우리도 한때는 총통제 시대를 살

IT'S ALL DONE WITH MIRRORS

from the weekly publication, MERLO GIALLO, Rome, Italy

사진 005 "이탈리아 주간지 《메를로 지알로Merlo Giallo》에 실린 카툰. 1950." 출처 : NARA

1인 지배체제가 위험한 것은 다른 국가와의 관계에서도 '모국과 속국' 형태의 상하 체제로 옮아 갈 수 있기 때문이었다. 이 카툰에서도 모두 스탈린의 모습을 그대로 닮았다. 여기에 왜 대만이 포함되었는지 모르겠지만, 당시 미국과 대결하고 있던 지역 대부분에서 스탈린과 비슷한 유형의 지도자들, "당과 인민의 위에 서 있는" 그러나 국제질서 속에서는 스탈린 아래에 있는, 그런 유형의 지도자들이 등장했다. 사실상 복제형 인간들 위에서 지도하는 스탈린은 사회주의 체제에서 일종의 '아버지'와 같은 존재였다. 소련 점령 하 북한 지역에서 김일성 초상화와 스탈린 초상화가 함께 등장한 것도 그런 이유 때문이지 않을까?

이탈리아 주간지 《메를로 지알로》를 비롯한 자유 진영의 신문들은 이런 종류의 카툰을 자주 실었는데, 당시 미국은 자유 진영 신문들 가운데 이런 종류의 '미소 간 냉전'을 다루는 카툰을 후원했으며, 한국전쟁을 다룬 카툰 다수가 국무부의 후원으로 제작되기도 했다. 확실하지는 않지만 이 카툰도 미 국무부의 후원을 받았을 가능성이 크다.

지 않았나.

대물림 횟수로는 그쪽과 똑같이 3대째 이어지고 있는 삼성그룹 총수님 일가를 보면 이런 의문도 든다. 김일성과는 비교도 안 되는 지분으로 황제와 다를 바 없는 지위를 누리고 계시는 걸 보면 이게 꼭 지분율 문제만은 아닌 모양이다. 한편, 아직 갈 길이 먼 김일성에게 가이드라도 하려는 것처럼 몇 년 앞서 민정 시찰에 나선 히로히토 일행이 연출하는 장면은 인상적이다 사진 006 . 암, "살아 있는 신"의 아우라라면 이 정도는 돼야지. 철저한 반일주의자였던 김일성이 이런 걸 '전범' 삼았을 리는 없겠지만 말이다. 다시 영변의 원자로와 '도촬 오타쿠'들에게 돌아가 보자.

정책에 대한 정보의 종속

지금은 특별한 면허나 허가가 없어도 구글 어스로 몇 초 만에 영변의 위성 사진을 얻을 수 있지만, 1980년대에는 사정이 달랐다. "하룻 동안의 궤도 비행에서 찍은 필름 뭉치 한 개에 지난 4년간 U-2기가 찍은 것보다 더 많은 소련 영토를 담을"[27] 수 있게 된 위성 및 광학기술 발전의 혜택은 워싱턴의 작은 빌딩(스튜어트 빌딩Steuart Building)에 자리 잡은 CIA 국가사진판독센터의 극소수 마니아들만 누릴 수 있었다. '극소수'라는 말이 이들의 가치나 능력을 보증하는 것은 아니다. 오히려 이들의 사소한 실수가 엄청난 결과를 초래하기도 했다. 미국이 이라크를 상대로 전쟁을 치를 때도 비슷한 일이 있었던 것처럼,[28] 이들의 사진 판독 능력이 그리 특별하지는 않다.

또한 속이는 자나 그걸 캐내려는 자들의 행동양식도 꽤 익숙하다. 위성이 상공을 지나갈 때를 기다려 '보여 주고픈 장면을 연출'하는 수비 진영이나, 그런 수비 진영의 계산을 역이용해 위성에 달린 작은 로켓 분사장치로 위성의

"패전 후 처음으로 민정 시찰 여행에 나선 히로히토 일행이 오사카의 한 피난민 수용소를 돌아보고 있다. 1946년 2월 16일." 출처 : NARA

패전 이후 연합군 총사령부가 설치된 직후, 히로히토는 맥아더의 통치 방식에 따라 "민간인화"되었다. 언론에 자주 노출되었으며 민간인과의 접촉도 늘어났다. 하지만 그가 "민간인화"되었다는 것은 미군의 시각이었고, 일본인들에게는 여전히 천황이었다. 저기 도열해 있는 일본인들, 환영 나온 시민들과 뒤에서 수행하는 수행원들의 모습을 보면 알 수 있다.

궤도를 바꾸어 전혀 다른 시간, 다른 장소의 상공을 지나가도록 하는 것. 야간 자율학습 시간에 정기적으로 복도를 순찰하는 감독 선생과 굳이 그 시간에 짤짤이를 해야만 했던 학생들 사이의 숨막히는 첩보전과 크게 다르지 않다. 무대만 대기권 위로 옮겨졌달까? 이는 기술정보Techint학의 ABC를 굳이 배우지 않아도 터득할 수 있는 것이다. 쿠바에서 촬영된 기다랗게 생긴 물건이 MRBM(중거리탄도미사일)인지 아니면 거대한 '짬통'인지 누가 안단 말인가? 케네디도 흐루쇼프가 핵미사일을 쿠바에 갖다 놓았다고 밝히기 전까지는 확신을 갖지 못했다. 사진판독가(CIA)는 "U-2기에 촬영된 미사일의 길이로 볼 때 확실"[29]하다며 시급히 파괴되어야 한다고 주장했지만 말이다.

물론 좀 더 복잡한 두뇌 활동이 필요한 사례도 있다. 1962년 쿠바 미사일 위기 당시, 미 국방부와 CIA의 사진 분석 전문가들이 쿠바 내 소련 기지의 존재를 확증하는 데 사용한 추론을 보자.

U-2가 찍어 온 항공사진 속에 야구장 없는 군사기지가 하나둘씩 생겨나기 시작했다. 카스트로 없는 쿠바보다 야구 없는 쿠바가 더 불가능한 쿠바의 군사기지에 야구장이 없다고? 그렇다면 결론은, 다이아몬드형 운동장이 없는 군사기지는 소련군의 시설물이다![30]

CIA 역사상 최고 요원이라 평가받던 사람의 정의에 따르자면, "하버드를 졸업했으면서도 선술집 건달들과의 주먹싸움을 피하지 않는 인재들"[31]이어야만 한다던 냉전의 전사들이자, 반공(반소) 전선의 1열에서 냉철하면서도 용감무쌍한 첨병이 되어야 할 최정예 정보기관원들의 논리 연산법치고는 꽤 귀여운 구석이 있네. 기술개발은 과학기술 발전의 도움이라도 받지만, 분류/종합, 분석/비판 같은 대뇌 활동의 발전은 나선형이건 직선형이건 지속적인 상승 곡선을 유지하기 어려운 법이다. 따라서 일종의 착시현상과 같이, 판단해야 할 정보 데이터의 양은 기하급수적으로 늘어 갔지만 이 정보의 바다에서 진실을 읽

사진 007 "1937년 12월 1일, 상하이." 출처 : NARA

쿠바인들의 유별난 야구 사랑은 유명하다. 미국 메이저리그에서 가장 빠른 공을 던지는 특급 좌완투수 아롤디스 채프먼Albertin Aroldis Chapman도 쿠바 출신이다. 2009년 7월, 국제야구대회에 출전하기 위해 유럽 출장을 나왔다가 미국으로 망명한 선수인데 공은 정말 빠르다. 한데 야구 없이 살 수 없는 민족이 아바나에만 있는 것은 아니다. 상하이를 함락시킨 직후 상하이 외곽의 국민당군과 전투 중 짬을 낸 일본 군인들이 야구 시합을 하고 있다. 저 뒤의 유격수는 '불규칙 바운드'를 피할 수 없으리.

어 내는 능력은 상대적으로 퇴보하고 있는 것처럼 보였다. 정보의 수집/분석과 비밀작전으로 대표되는 CIA의 활동 가운데 무엇이 최우선이어야 하는지를 둘러싼 1980년대 CIA 개혁 논쟁에서, '분석'을 좀 더 강조하는 입장에서는 특히 이 점을 비판한다. 하지만 이 분석 능력의 퇴보 문제는 분석가들의 정보 판단보다 '정보 수요자들'(정책가)들의 '욕망'이 더 중요했던 '이데올로기의 전장'에서는 불가피한 측면이 있었다.

"정책에 대한 정보의 종속"[32]은 갈수록 많아지는 정보의 양과 함께 분석가들을 노동으로부터 소외시키기에 충분했다. 그러니 요원들이 거의 아이비리그 졸업생들로 충원되던 1940~50년대와 달리 "랭글리(CIA 본사)에는 더 이상 명석하고 총기가 넘치는 분석가들을 찾아보기 어렵다", 즉 정보부 요원들이 "더 이상 지혜가 아니라 용기를 내세우는*" 일이 많아졌다는 CIA의 자기비판은 좀 과하다. 그들이 머리가 모자라서 그런 것이 아니란 뜻이다. 한국의 국정원 직원들께서 대통령 선거 무렵 추천과 비추천 버튼을 클릭해 대는 고역을 감수했던 것에 비하면, 그들이 마주한 어려움은 훨씬 중요하고 또 가치 있는 도전 과제일 수 있다.

그것이 기호이건 이미지이건 간에 데이터로부터 무언가를 읽어 내는 것의

—

• 정보 부서에서 '어떤 일이 일어났는지'(정보 판단)와 '어떤 일이 일어났으면 좋겠다'(정보 욕구)를 혼동하면서 일어나는 대표적인 사례로 '통킹만 사건'을 꼽는다. 베트남전 당시 통킹만 인근에서 북베트남 군인들이 미국 함선을 공격했다는 보고서에 대해서, "보고서들을 제대로 읽어보기만 했어도 북베트남이 공격 행위를 하지 않았다는 사실이 드러났을 것"이라며, 이 사건을 빌미로 의회가 북베트남 공격을 결의한 것이 잘못되었다는 비판이 제기됐다. 당시 대통령이던 린든 존슨은 나중에 "제기랄! 그 빌어먹을 멍청한 해군들이 한밤에 날치를 상대로 발포를 했잖아!"라면서 통킹만 사건에 대한 보고서가 완전 날조된 것이라는 점에 동의했다. 팀 와이너, 《잿더미의 유산》, 이경식 옮김, 랜덤하우스코리아, 2007, 383~396쪽.

의미는 무엇이며, 혹은 그것을 읽어 내도록 만드는 힘은 누구에게서, 또 어디로부터 오는 것인가? 기호와 이미지는 이미 그 자체로 고정된 실재reality를 담고 있는 것인가? 아니면 시간과 공간을 건너뛰어 그 기호와 이미지들을 마주하는 자의 의지나 능력의 작용으로 비로소 생성되는 일종의 '산물by-product'에 지나지 않는 것인가? 이 문제는 우리 현대사의 몇 장면들을 '정지된 이미지 still picture'를 통해 다소간 경박하게(?) 되짚어 보려는 이 책의 집필 의도와도 일맥상통하는 구석이 있다.

위성사진에 잡힌 영변의 수상한 연기

북미 정상회담으로 다소 완화되기는 했지만, 북한의 핵무기 개발은 25년 이상 한반도를 다시 한 번 전장의 위기로 몰아넣은 주범이었다. 물론 북한이 핵무기를 개발하고자 마음먹은 것은 그보다 훨씬 빠른 시기였을 터, 어떤 학자는 심지어 한국전쟁까지 거슬러 올라가기도 한다.

미국은 '뉴룩New Look 정책'이라는 이름을 내세워 핵으로(!) 공산주의와 대결해 보겠다고 마음먹은 적이 있다. 원래 '뉴룩'은 1947년 봄 패션 디자이너 크리스챤 디올이 발표한 새로운 실루엣을 가리키는 용어였지만, 외교사에서는 아이젠하워의 재정정책 전환을 가리키는 말로 더 유명하다. 대소對蘇 방벽체제 구축을 위해 지나치게 과도한 재정지출을 하다 보면, 미국의 '건전한 경제'를 해치게 되고 결국 이는 다시 전체적인 안보 상황을 위협하게 될 것이라면서, 새로운 대소 방벽체제를 압도적인 핵무기 위주로 새롭게 짜야 한다는 것이다. 우리가 많이 들어 본 '벼랑끝 전술', '대량보복 전략' 같은 용어는 북한이 아니라 미국의 이런 대소 방어체제를 두고 나온 말이다. '내 맘에 들지 않으면 죄다 그냥 핵탄두로 없애 버리겠어', 뭐 이런 '으름장 전술'의 표현이다. 이 새로운 전략

81396A.

사진 008 "고고도 상공의 정찰기에서 내려다보는 경우는 물론이고 저고도 정찰기의 카메라 렌즈에 잡힌 이 '기괴한 물체'는 북한 공산군들이 만들어 놓은 것인데 완전히 실제와 흡사하게 보였다. 공산주의자들이 만들어 놓은 훌륭한 위장 전술이었다. 1951년 12월." 출처 : NARA

사진 008 은 고고도 정찰사진, 사진 009 는 저고도 정밀 정찰사진이다. 사진 속에 비행기처럼 보이는 물체는 정찰비행하는 미 공군을 속이기 위해 만든 것이다. 고고도에서 촬영하는 사진은 사진 008 처럼 착각할 위험이 있었지만, 60, 70년대를 거치면서 과학기술의 발전으로 고고도에서도 이런 종류의 위장을 분명히 확인할 수 있게 된다.

한국전쟁 당시 북한에 대한 미군의 폭격은 이처럼 항공정찰 사진으로 정보를 확인하는 방식으로 이루어졌는데, 실제 비행장의 위치는 지상 정보요원들이 먼저 수집해야 했다. 한국전쟁에서 활약했던 '6006 부대'는 이런 폭격 목표물에 대한 정보 수집 작전을 진행한 부대였다.

46   첩보 한국 현대사

사진 009 "공산주의자들은 이런 종류의 위장 시설을 만드는 데 많은 노력을 들였다. 가짜 제트기가 제방 안에 들어가 있다. 고고도에서 정찰하는 경우 영락없이 실제 비행기로 착각할 수 있다. 참호가 비행기 오른쪽 편에 구축되어 있다. 비행기 오른쪽에 보이는 이상한 물체는 탑승을 하기 위해 비행기로 이동하는 조종사의 모습으로 보인다. 1951년 12월." 출처 : NARA

이 부대는 1950년 8월 중순부터 작전을 시작했는데, 결과가 늘 성공적이지는 않았다. "애국심에 불타는 수많은 학생들이 교육을 끝낸 다음 적 후방 요지와 적의 주요 집결지 및 보급로 부근 등에 뛰어내려 용감하게 각자 맡은 바 특수임무를 수행했으나, 많은 인원이 채 피지도 못한 꽃봉오리로 숨져 가는" 비극이 뒤따랐다. 전쟁 초기 북한 공습 목표물 선정은 이 부대원들의 작전으로 얻은 정보를 바탕으로 한 것이었다.[33] '첩보왕spymaster' 도널드 니콜스Donald Nichols가 한국에서 이 정보들을 '할아버지급' 상관인 워커Walton H. Walker 장군이나 패트리지Earle E. Partridge 장군에게 직보(!)하고, 미국 정보기관인 "CIA를 뒤흔들어 놓을 수 있었던"[34] 이면에는 이런 희생이 있었다. 공군의 공격 목표 사진과 사진에 대한 해석이 중요해진 것은 제2차 세계대전부터였다. 사진 판독 결과 목표물을 결정하고, 결정된 목표물을 폭격하는 공습 결정을 내리며, 공습한 다음 목표물이 제대로 파괴되었는지를 확인하기 위해 다시 정찰기가 상공을 비행하는 방식이다. 한국전쟁에서도 이와 동일한 작전이 공습 때마다 반복되었다.[35]

에 따라 여러 가지 비행기도 개발하고 더 큰 핵무기를 만들고 '누가 감히 미국을 넘보느냐, 아니 세계를 넘보겠는가' 으름장을 놓으며 말이다.

"만약 전면적인 전쟁이 발발한다면, 그곳이 어디든 미국은 최선의 결과를 얻게 될 것"이라고 자신만만하게 주장하는 미군 참모총장(커티스 르메이Curtis LeMay)을 보면 좀 오싹한 느낌이 들 것이다.[36] 미국의 어마어마한 공군력으로 피해를 입은, 예컨대 북한 주민(일부 남한 사람들도 포함하여) 입장이라면 더더욱. "북한 사람들이 미사일과 대량살상무기 개발을 추진할 수밖에 없었던 이유가 이런 '항공 압박'을 더 이상 겪지 않겠다는 의지에서부터 출발"[37]했다는 크레인Conrad Crane(미 육군 헤리티지 연구센터Army Heritage and Education Center 역사부부장)[38]의 말이 좀 과장되기는 하지만 그럴듯해 보인다.

한국전쟁에서 북한에 대한 전략폭격은 그야말로 처참했다.[39] 전략폭격은 말 그대로 특정 지역을 모조리 파괴하겠다는 협박과도 같았다. "비전투원들의 비참함을" 무기로 "군부와 군부 지도자들을 압박"[40]하기 딱 좋은 전쟁 전략이다. 오죽했으면 폭격 임무의 최종 책임을 지고 있던 공군참모총장이 "북한에는 더 이상 폭격 목표물이 남아 있지 않는데…"라고 말했을까.[41] 북한은 이미 1951년 1월경에 깡그리 무너진 상태였다. 그 격렬한 폭격을 이후 2년 6개월이나 더 당했으니, 이런 수모를 두 번 다시 겪지 말자는 각오가 그때부터 만들어지고 있었다는 건데, 이런 발언을 정부기관의 공무원 학자께서 하시는 게 좀 놀랍다. 하지만 미국이니까 이해해야 한다. 거기는 민주주의 국가니까. 어떤 이유에서든 북한이 핵무기를 개발하겠다고 마음먹은 시점을 밝히는 것이 중요하기는 하다. 정말 한국전쟁 직후부터였나? 1958년부터? 아니면 80년대 들어와서? 그게 언제부터였는지는 논쟁이 있지만, 이 문제가 세계인의 관심에 들어온 시점은 확인할 수 있다. '도촬 오타쿠'들 덕분이다.

1993년 2월 22일 비로소 세상에 알려진 북한 핵 관련 시설 위성사진들은 무려 10년 이상이나 CIA 창고에 처박혀 있어야 했다.[42] 미국의 정찰위성이 영변 인근에서 야리꾸리한 사진들을 도촬하기 시작한 게 "1982년 4월부터"였으니 말이다.[43] 도촬 오타쿠들은 사진을 찍고 보는 것만 좋아하는 게 아니다. 그 못지않게 '기억력'의 달인들이었니, 이들은 창고 깊숙이 보관되어 있던 자료를 수시로 꺼내서 다시 보고, 거꾸로 보고, 희미하게 보고, 햇빛에 비춰 보면서 상상력을 키워 나갔다. 사실 이런 작업은 그들이 북한보다 훨씬 더 많은 관심을 기울였던 소련을 타깃으로 한 것이었다. 15년도 더 전에 촬영했던 사진기록을 꺼내 보고서 작성에 계속 활용할 정도로.•

　미국 정보기관에서는 북한 지역에 대한 항공정찰을 강화하여 김일성이 무얼 하고 있는지, 영변에 진달래꽃이 제대로 피었는지 등을 꾸준히 수색했다. 당연히 불법적인 활동이지만 미국이 이를 두려워할 리가. "우리는 북한 영공을 침범하지는 않았고 DMZ에 대한 일상적인 항공정찰일 뿐"이라고 하면 그만이니까.[44] 누가 감히 미국의 활동에 대해 찍소리를 내는 게야? 인공위성이 개발되고 "기밀스러운"[45] 항공정찰이 가능해지면서 북한 관련 이미지들은 더 많이 쌓여 갔다. 그중 영변 지역의 모습도 있었고, 그동안 이 정체불명의 시설물들이 원자로임을 직감한 분석가도 없지 않았으며, "단순한 화학공장일 뿐"[46]이라는 주장도 병렬적으로 제기되곤 했다. 북한이 소련과 경수로 도입 협정을 체결하고 본격적으로 국제원자력기구IAEA의 통제를 받기 시작할 즈음, 이미 CIA의 사진보관실 상자 안에는 수백 장의 영변 위성사진들이 잠자고 있었다.
—

• 소련의 핵 관련 시설물인 '도도노보Dodonovo 핵전력 공장'에 대해 미국은 1956년 1월 항공정찰을 통해 상당한 사진 정보를 확보해 놓았다. 이후 "1971년 새로운 보고서 작성에서도 이 사진들을 활용하여 보고서를 작성"했을 정도로 자료 관리에는 철저한 사람들이었다. CIA 홈페이지, "National Photographic Interpretation Center I, Antecedents and Early Years, 1952-1956", pp. 170-171. (https://www.cia.gov/library/readingroom/docs/CIA-RDP04T00184R000400070001-5.pdf)

이 무렵이면 "북한이 IAEA에 가입한 1992년경 시점부터 국제적 핵 통제를 받아들이는 데 유연한 입장"이었으며, 그러지 않고서야 "IAEA의 안전조치에 서명할 이유도, 재처리 금지를 언급할 이유도 없었다"[47]고 학자들이 입을 모아 설명하지만, 그건 다 지나간 일들이고. 그때까지 10년 이상 상자 안에 잠자고 있던 사진들이 어느 날 갑작스레 '새로운 각도'에서 읽히기 시작했다. 주한 미 공군 하월 에스테스Howell Estes 중장이 "속으로는 우리 모두 전쟁에 돌입하고 있다는 생각"[48]을 했다던 1994년 '서울 불바디 위기'는 CIA가 운용하던 감시위성의 고해상도 카메라가 포착한 사진으로 시위가 당겨진 셈이다. 위기가 중폭되고 전쟁 직전 상태로까지 치닫는 과정에서도, 사진과 사진에 대한 해석은 맡겨진 배역을 충실하게 수행했다.[49]

1993년 12월 CIA가 국가정보평가서에서 "북한이 10kt급 원폭 한두 개를 만들 수 있는 플루토늄을 추출할 가능성이 있다"[50]고 판단한 근거가 된 것은, 1989년에 촬영된 몇 장의 위성사진이었다. CIA는 1989년 영변의 원자로 밀폐용기에서 나오는 연기로 원자로의 가동/중단을 판단했는데, 최장 110일 가까이 이 원자로의 작동이 중지되었다고 결론 내렸다. 이 기간 동안 약 4천여 개의 폐연료봉을 교체할 수 있었고, 이 폐연료봉의 재처리를 통해 플루토늄이 추출되었다는 것이었다. 이 정보 평가는 CIA 국장과 국방장관의 입을 거치며 "벌써 한두 개의 원폭을 보유하고 있을 가능성이 있다"로까지 비약된다.

이미 수십 기의 원자로를 가동하며 수천 개의 폐연료봉을 보유하고 있는 다른 나라들은 내버려두고, 유독 북한에게만 핵무기를 위한 재처리 혐의를 둔 것은, '4, 5년 전에 촬영된' 위성사진 때문이라기보다 그 위성사진의 전후에 놓여 있는 거대한 의미체계가 작동한 결과였다. 한반도라는 이데올로기의 전장에서 총칼 역할을 대신 해 오던 말들, 이를테면 6·25 사변, "뭉치면 살고 흩어지면 죽습네다", 수령체제, 도미노이론, 모스크바의 설탕배급 행렬, 베를린 철

조망을 뛰어넘는 동독 초병, "나는 공산당이 싫어요", 사이공의 마지막 철수 헬기, 판문점 도끼만행, 남침땅굴, "미친개는 몽둥이가 약이다", 캐러비안의 두 털보들, "일하면서 싸우고 싸우면서 일하세", KAL 858기 등. 이런 단어들과 함께 몇 장의 위성사진은 거대한 의미체계에 포섭되었다. 비록 북한의 핵무기 개발 프로젝트보다 훨씬 전부터 남한에는 수백 기의 핵무기들이 미국으로부터 직구(!)되어 있었는데도 말이다.[51]

다양한 미래에 열려 있던 과거들

이 거대한 의미체계는 그 안에 사로잡힌 사람들로 하여금 어떠한 기호와 상징이라도 특정한 방식으로 받아들이도록 만드는 설득의 힘이 있었다. 한데 이보다 더 가공할 것은, 그 같은 해석(과거)이 일시적인 착각이거나 오류였다는 것이 밝혀지더라도 그것이 시스템 전체의 문제로 보이지 않게 만든다는 것이다. "전투에서는 졌지만 전쟁에서는 이겼다"랄지, "전술적으로는 틀렸지만 전략적으로는 옳았다"랄까? '지금'과는 다른 모습일 수도 있는 복수의 '현재들'을 내포하고 있던 과거의 다양한 '기호와 이미지들'은, 단 하나의 현실만이 존재하는 지금의 위치에서 돌아볼 때는 무의미하거나 무가치하다.

훗날 CIA는 "북한의 주장대로 원자로의 가동 중단 기간은 60일에 불과했을 가능성이 컸"고, 이처럼 전제가 바뀌게 되면 그에 따른 결론, 즉 "10kt급의 원폭을 만들 수 있는 플루토늄 추출이라는 결론도 대폭 수정해야 하는 것"이라고 실토했다. 하지만 이미 여러 차례 핵실험을 마쳤고, 조만간 또 다른 핵실험을 할지도 모른다는 전망이 지배적인 '현재'의 시점에서 보면, 1990년대 초반의 저 잘못된 해석이 뭐 큰 대수일까. 전술적 실패가 전략의 수정으로 이어지지 않는, 혹은 전제의 오류가 결론의 무가치 혹은 부정으로 이어지지 않고 그

사진 010 1975년 4월 29일 사이공 CIA 건물 옥상의 철수 장면을 담은 《뉴욕 타임스》 1면.

"베트남에서의 실패에 대한 거대한 은유"라고 불리는 철수 장면이다. 사진을 촬영한 사람은 UPI 통신의 사진기자였던 25세의 허버트 밴 에스Hubert Van es다. 2000년 4월 23일 《뉴욕타임스》 기사[52]에서 밴 에스가 정확하게 설명하면서 수정되기는 했지만, 그전까지 사진 속 장소는 미국 대사관 경내로 알려졌다. 저 마지막 헬기가 내려앉은 곳은 베트남의 CIA 건물 옥상이었고, 그 아래쪽은 미 국제개발처AID 직원들이 아파트로 사용하고 있었다. 미 대사관과는 700미터 정도 떨어진 곳에 위치해 있다. 이 사진처럼 미국 역사는 사진 한 장으로 기억되는 경우가 많다. 일본군과의 치열한 전투를 상징하는 해병대 깃발 사진, 맥아더의 필리핀 상륙 사진, 케네디 암살범인 리 하비 오스왈드가 살해되는 장면, 이라크와의 전쟁을 보도한 CNN의 야간전투 장면을 포함한 동영상에 이르기까지. 우리는 이런 사진들의 이면에 '숨겨진 이야기들', 많은 역사학자들이나 사진가들이 이야기하는 그런 '진실'들을 대체로 알고 있다. 그렇기 때문에 이 사진들을 보면서 이미 알고 있는 '역사'를 좀 더 '이데올로기적'으로 이해하게 된다. 이런 종류의 이미지와 역사적 사실의 관계를 비판하는 것이 우리가 해야 할 일이긴 하다. 그런데 '베트남에서의 실패에 대한 거대한 은유'라는 저 사진을 베트남 사람들은 어떻게 생각할까? '타인의 전쟁'에 가담한 미 제국주의의 초라한 철수 장면에 불과할 것이다. 이처럼 이미지는 다양하게 기억되고 투쟁하며 간혹 우리의 기억을 왜곡시키기도 한다. 이날 헬기에 오를 수 있었던 사람은 베트남 주재 CIA에 협조해 왔던 남베트남의 정치인과 각료 그리고 그들의 가족들이었다. 이들에게 전날 여기로 모이라고 귀띔을 해 준 인물은 베트남 주재 CIA 책임자 토머스 폴거Thomas Polgar였다. 물론 이런 귀띔이 "만약 미국인들만 안전하게 공항을 통해 빠져나가려 한다면, 가는 길이 무사하지 못할 것"이라는 베트남 경찰 총수의 협박 때문은 아니었다. 당시 CIA는 베트남 유력 인물들의 명단인 일종의 '화이트 리스트White List'를 가지고 있었다. 이런 리스트를 토대로 귀에 귀를 거쳐 연락을 받은 인물들이 가족을 데리고 철수 마지막 날 이곳에 모였다. 한데 이런 '타인의 전쟁'에서 난데없이 한국인의 저력이 드러나기도 했다. 저 마지막 헬기 장면이 촬영된 건물에 가장 먼저 모습을 드러낸 사람은 화이트 리스트 1번에 오른 베트남 정치인이 아니라 한국인이었다. 철수 귀띔을 어디서 들었는지는 모르지만, 이 사람은 화가 난 폴거에게 "저리 안 갈래?" 소리만 듣고 헬기에 탑승하지는 못했다고 한다. 폴거는 저 사진에서 흰옷을 입고 지휘하는 사람이 자신이라고 기사에서 밝힌 바 있다.

저 '덮어 두고 지나가는' 일들은 이라크의 대량살상무기를 핑계로 시작된 걸프전에서도 일어났고, 통킹만 사건을 계기로 전면화된 베트남전에서도 반복되었다. 그리고 냉전의 와해는 이 모든 희비극의 대단원 역할을 하면서 그나마 '의미체계' 외곽에서 기껏해야 "거대한 성채를 향해 화살 몇 발을 쏘는 인디언 같은 존재에 불과"[53]했을지도 모를, 거의 유일해 보이던 대안적 미래인 '사회주의 체제'를 넉다운시켰다.

소련 비밀문서가 공개되기 시작한 1990년대부터 등장한 신전통주의 이론은, 냉전이 소련의 팽창 야욕에서부터 시작되었다는 수십 년 전의 이야기를 다시 끄집어냈다. 넓게는 이런 신전통주의, 좁게는 2006년 출간된《해방전후사의 재인식》과 2016년 편찬된《국정교과서》같은 것들은 모두 이 거대한 의미체계의 최종 승리에 대한 '학문적 팡파르'였다. 기분이 좀 나쁘실지 모르겠지만, 따지고 보면 '일베' 같은 새로운 우파 조직 역시 이 팡파르단의 끄트머리에 들어갈 만하다. 이 팡파르단들은 불연속적이고 병렬적으로 전개되면서 다양한 해석의 가능성을 열어 놓고 있던 '과거의 흔적들'을 단 하나의 연속적이면서도 기계적인 인과관계의 틀 속으로 재정렬시키려는 중이다(한국의 역사학자들이 워낙 좌파에 가까워서 쉽지는 않겠지만). 흥겨운 팡파르에 맞춰 여기저기서 진행된 '굿판'은 아직도 진행형이며 당분간 계속될 것이 분명하다. 물론 국가기관에서 이런 활동에 "내가 먼저 아부할거야~"란 식으로 열렬히 참여하는 일은 잠시 보류될 것이다. 아마 몇 년 정도는?

'필기도구 화려하게 갖춘 놈 치고 공부 잘하는 놈 못 없다', 가끔 각종 학용품을 사 달라는 아들의 요청을 무력화시키는 데 동원하는 이 말처럼, 매체가 발달할수록 인간의 특정 기능은 퇴화하기 마련이다. 파편적으로 흩어져 있는 사실들의 조각은 아무리 고성능 메모리 칩 속에 저장하더라도 그 자체로 분류/종합하여 비판적 정보로 재탄생되지 못한다. 이미지로 고착되어 있는 역사적 사건들 역시 그러하다. 텍스트를 부여하고 맥락을 찾아다니고 수면 아래 이어져 있는 다양한 단서들을 연결시키는 것, 이런 작업을 통해 우리를 둘러싼 이 거대한 '의미체계'가 부여하는 것과 동떨어진 하나의 '관념'이나 '해석'을 만들어 보는 것. 이걸 어떤 철학자의 말처럼 "찰나적 섬광"이라 부르건 선승들의 로망인 '갑작스런 깨우침頓悟'이라 하건, 중요한 사실은 그것이 사람들의 직접적인 경험의 매개, 즉 정신적 노동의 작용 없이 그냥 주어지는 일은 없다는 점이다.[54] 그러니 이것은 적극적 체험이자 실천이다. 영화 〈매트릭스〉에서 신세계를 궁금해하던 네오에게 모피어스가 던진 말이 기억 나는가?

"파란 약 먹을래? 빨간 약 먹을래?"

우리를 둘러싼 거대한 의미체계의 방해를 조금이라도 피해 보기 위해서, 의도적으로 시공간적 배경을 흐트러뜨리는 것도 좋다. 예를 들어 오랜 시차와 머나먼 거리를 두고 있지만 같은 장면을 찍은 것처럼 착각을 일으키는 이미지들을 나란히 놓고 보기. 혹은 저들이 엉망으로 섞어 놓은 시공간 배열을 원위치시키는 것도 도움이 된다. 저 "동족상잔의 만행 이전 김일성의 모습"처럼. 모사한 것과 원본을 교차시켜 놓고 보면 누락된 것과 보태진 것의 차이와 의도를 불현듯 깨닫게 될지도 모른다.

현재를 합리화하기 위한 단 하나의 과거가 아니라 다양한 미래로 열려 있던 '과거들', 다른 세상에서였다면 완전히 새로운 의미를 획득할 수도 있는 것들 말이다. '악마(좌익)의 얼굴에 깃든 아이의 미소' 같은 것이랄까? 물론 '찬양 고무'라는, 필자같이 애국충정이 넘치는 모범시민이 절대 넘지 말아야 할 경계에 대한 주의는 절~대 늦추지 말아야 할 것이다. 사실 '정지된 역사'로서 저 지나간 과거의 이미지들을 감상하는 방식을 어떻게든 교란시키려 드는 이 거대한 의미체계에 좌우의 구분은 없을지도 모르겠다. 어쩌면 둘 모두가 방해자일지도.[55]

"1951년 2월 어느 날, 그리스 파트라스Patras의 미 경제협조처ECA 건물 앞에 전시되어 있는 미국의 유명한 카투니스트 허버트 블록(일명 Herblock)의 반공, 반소 카툰을 구경하는 시민들." 출처 : NARA

'할리우드와 맥도날드'로 상징되는 미국의 소프트 파워가 시장경제체제를 앞세워 세계를 석권하기 전까지, 자유 진영의 거대한 이념 체계를 지탱하는 가장 튼튼한 버팀목은 미국 공보처USIS: United States Information Service,[56] 경제협조처ECA: Economy Cooperation Administration, 해외 주둔 미군기지와 같은 "국경을 뛰어넘는 국가기관들"이었다. 제2차 세계대전 후 마셜 플랜의 집행기관이던 경제협조처 입구에 세워진 전시대에서 소비되던 그리스

사진 012 "1951년. 그리스, 아테네. 바트 스테픈스Bart N. Stephens(서 있는 사람) 아테네 주재 미 대외공보처 홍보 비서관과 그리스 홍보영화 조수가 그리스 홍보영화 사무실에서 미 대외홍보처 포스터를 만드는 작업에 열중하고 있다." 출처 : NARA

시민들의 소중한 시간은, 유럽부흥기금(마셜 플랜)으로 지원되던 달러화에 대한 일종의 '대체 지불수단'이었다. 우리(후진국)가 미국에게 돈 대신 줄 수 있는 것은 이런 종류의 관심, 흥미, 갈망 같은 것들이었다. 이런 종류의 부등가교환은 냉전 이후 반공주의적 혹은 권위주의적 저개발 국가들이 경제개발의 입구에서 언제나 겪어야 했던 통과의례였다.

사진 013 김정일의 어린 시절 모습으로 추정되는 사진. 출처 : NARA

이 귀여운 소년은 이제 고인이 된 북한 김정일 국방위원장이다. 김일성이 귀국한 직후 북한에서 촬영된 것으로 보이는 이 사진은 NARA의 노획문서철 속에 포함되어 있다. 사진에 특별한 설명이 붙어 있지 않은데, 아마 김정일의 사진인 줄 몰랐던 듯싶다. 이 순진한 어린이는 따지고 보면 아버지를 잘못 둔 죄 말고는 남한을 상대로 특별한 테러 행위나 '반동 행위'를 한 적이 없다. 물론 김일성 휘하의 군부 강경파들이 남한을 상대로 어거지를 부린 적은 있지만, 그건 국왕 國王인 '어버이 수령님'이 계실 적 일이니 세자였던 김정일에게 귀책 사유를 돌리기 어렵고, 남한을 상대로 핵무기 관련 도발을 한 것 말고는 특별하게 잘못을 한 것도 없다. 한데 이 사진 속 소년이 어린 김정일이라는 걸 알게 되는 순간 어떤 생각이 떠오르는가? '아, 역시 악마적 인간이라 어릴 때 모습도 악마스럽군' 하는 생각이? 아니면 전혀 다른 상상을 하게 되는가?

적을 관통하는 첫 번째 화살,
심리전

"선전이란 적을 관통하는 첫번째 화살이다. 선전이야말로 적을 상대로 하는 작전의 첫 번째 단계여야만 한다." - 윌리엄 도노반William Donovan

"반복해서 말하지만 정보활동의 절차intelligence process 속에는, 다른 수없이 많은 사소한 것들과의 연관성 속에서만 비로소 그 중요성을 발견할 수 있는, 그러한 방식을 통해서만이 전체적인 정보상intelligence picture이 완성될 수 있는, 그런 작은 첩보 아이템들을 수집하는 것도 포함되어 있다." - 벤 헤인즈Ben Haynes 중령의 연설, 1944년 7월 19일 뉴욕에서 열린 전쟁부 정보 관련 회의에서.[1]

열받게 하거나, 쫄게 하거나

우리의 국보급 만화가이자 유머작가인 고故 고우영 화백의 걸작《삼국지》에는 주옥 같은 명장면이 많이 등장하는데, 장비 휘하의 일명 '욕지거리 중대'를 그중 하나로 꼽을 만하다. 장비는 성을 걸어 잠그고 꼼짝 않는 적의 장수 엄안嚴顔을 자극하려고 욕 잘하는 병사를 선발하여 총공세에 나선다. 하루 종일 욕을 쏟아내 입술이 퉁퉁 부어 오른 병사들의 모습이라니! '심리전'을 이보다 코믹하게 시각화하기도 어렵다. 장비의 이 심리전 부대는, 초楚나라의 '올디스 밧 굿디스Oldies but Goodies'를 들은 항우가 전의를 상실했다는 저 유명한 '사면

초가四面楚歌' 고사와 함께 심리전의 두 가지 전술을 잘 묘사한다.

"열받게 하거나, 쫄게 하거나."

미 전략첩보국OSS: Office of Strategic Service의 창립자이자 CIA의 아버지인 윌리엄 도노반William Donovan은 '심리전Psychological Warfare'의 다른 이름인 '선전 Propaganda•'을 일컬어 "적을 관통하는 첫 번째 화살"[2]이라고 표현했다. 윌리엄 도노반, 이분에 대해서는 뒤에서 자세히 살펴볼 테니, 여기서는 대한민국 역대 정보기관의 중시조쯤 되는 분이라는 점만 짚고 넘어가자. 아, 정보기관이라면? 방첩대, 특무대, 중앙정보부, 보안사, 안기부…, 다음 이름을 호명하려니 오금이 저려 오는 것도 같다. 한 가지 분명히 하면, 여기서 다룰 '음지의 전사들'과 그들의 활동은 어디까지나 과거지사일뿐, 지금은 절대 해당 사항 없는 이야깁니다~.

심리전은 전쟁의 역사만큼이나 오래된, 먼지 수북히 쌓인 낡은 교전수단이다. 하지만 심리전이 의지하는 '커뮤니케이션 수단'은 지난 세기, 그러니까 1·2차 세계대전과 한국전쟁 그리고 베트남전을 거치면서 크게 발전하여 전쟁의 양상을 엄청나게 변화시켰다. 어마어마한 양의 찌라시 폭탄, 중단파 라디오 송신기지들, 헬리콥터 공격편대 선두에 장착된 고출력 확성기, 전장의 이동 방송차량과 그 차량에서 찍은 영상을 실시간으로 전송시키는 위성 네트워크, 5대양 6대주를 촘촘하게 가로지르는 광케이블에 이르기까지, 기껏해야 엄안의 성곽이나 항우의 군영을 향하던 장비 부대의 '욕설'과 '초가楚歌'의 범위는

—

•
영미의 관료들은 나치의 커뮤니케이션을 통한 전쟁 정책을 '선전'이라고 명명한 반면, 자신들의 유사한 교전수단에 대해서는 '심리전'이라는 용어를 선호했고 결국 공식 명칭으로 자리 잡았다. '새누리당'과 '자유한국당' 정도의 차이랄까?

이제 거의 무한대로 확장되었다. 또한 그 화살촉들이 적이 아닌 우리 편에도 겨누어지고 있다는 것도 눈여겨볼 만한 점이다.

장비 부대 사병의 '찰진 입술'에서부터 '드루킹'에 이르기까지, "영혼의 총탄 mental bullet"[3] 역할을 하며 적(과 우리 편)의 약점을 관통해 온 이 "첫 번째 화살"과 관련된 사진을 살펴보자.

"달콤하고 부드럽고 섹시한" 도쿄 로즈

상식적인 이야기지만, '전戰 · warfare'이라는 단어는 '전장戰場 · battle field'이라는 공간 안에서 적용되는 것이다. 좁게는 총칼을 맞대고 있는 '전선戰線 · front line', 조금 넓히면 전선을 경계로 마주하고 있는 적대적 군대의 싸움터를 의미하는 '전구戰區 · theater'쯤에 해당하는 공간에서 활용되는 단어다. 보병전에서 기병전으로, 참호전에 전격전으로, 전술전에서 전략전으로 조금씩 전쟁의 규모와 범위가 확장되면서 심리전의 범위도 차츰 넓어지기 시작했다.

1950년 3월, 미 육군 보병 제3사단을 주축으로 한 일단의 미군 연합부대가 푸에르토리코의 한 섬에서 대규모 상륙 기동훈련을 벌였다.[4] 2개월간의 사전 준비훈련에 이어 3일간의 실전훈련까지. 가상의 적이 점령한 카리브해의 주요 섬들 가운데 한 곳을 사흘에 걸쳐 탈환하는 훈련이었다. 수비군 역할을 맡은 푸에르토리코군 지휘는 미군 장교가 맡았다. 그는 상륙하는 공격군(미 보병 제3사단)에 대한 방어 전술의 하나로 "심리전 수단"을 준비했는데, 그중 하나가 뒷간에 스탈린 비스무리하게 생긴 얼굴 그림과 함께 이런 문구를 크게 써 놓는 것이었다 사진 014 .

"빅 브라더가 너희를 다 지켜보고 있다."

이외에도 수비군은 그 섬에는 있지도 않던 "독사나 해충 조심", "맹독성 열대

사진 014 1950년 3월 3일, 미 보병 제3사단의 포트렉스Portrex 기동훈련이 벌어진 푸에르토리코 동부 연안의 작은 섬(비에케스섬Vieques Island)의 화장실. 출처 : NARA

모든 인민들이 어딜 가든 달고 다녀야 하는 배지에 수령님 얼굴이 담겨 있듯, 전능한 omnipotent 지도자는 모든 곳에 존재omnipresent해야 한다. 빅 브라더가 꼭 툰드라 지방에만 있으란 법도 없다. 1980년대까지만 하더라도 대통령 존영이 대한민국의 모든 관공서는 물론이고 청년회나 협동조합 같은 민간단체 사무실에서 늘 우리들을 지켜보지 않았나. 어린 시절 우리 집에도 책장 가장 높은 칸에 박통의 사진이 걸려 있었다. 적어도 복종/지배의 심리학이라는 관점에서 보면, 근엄하신 각하의 눈빛과 CCTV 렌즈가 뿜어내는 아우라에는 질적인 차이가 없다. 그(녀)가 우리를 지켜보고 있으니 행동은 물론이고 생각조차 헛되이 하지 말라!

식물 주의"라고 쓰여진 표지판을 상륙 지점 곳곳에 세웠다. 수비군을 지휘한 시버트Edwin Sibert 장군은 조지 오웰의《1984》에서 모티브를 얻어서, 또 약간은 장난기가 발동하여 스탈린의 사진을 뒷간에 세워 놓았다고 설명했다. 제2차 세계대전 때 오마 브래들리Omar Bradley 장군 휘하 정보참모부G-2에서 참모장을 역임했던 '정치군인'답게 유머 감각도 '정치적'이시다. 혹 군대에서 정보참모를 지냈던 분이 이 글을 본다면 (그런 분이 한가하게 이런 글을 읽을 리는 절대 없겠지만) 정보참모를 '정치군인'이라고 한 것에 불쾌해하실지도 모르겠다. 주로 전술정보tactical intelligence 혹은 작전정보operational intelligence를 취급하며 부대의 작전 임무에 복종하는 정보참모한테 '정치'니 '이데올로기'니 하는 말이 가당키나 하냐고 말이다. 이 문제는 차차 설명될 것이라 믿고.

저 선전물은 수비군이 세운 것이지만, 공격군의 전투 의지를 저하시키기 위한 것도 또 수비군의 사기morale를 진작시키기 위한 것도 아니다. 그럼 왜? 앞으로 있을지도 모를 전쟁, 아마도 소련을 상대로 벌어질 그 전쟁에서 마주할 '주적主敵'을 한시도 잊지 말라는 메시지였을 것이다. 수비군의 포화를 뚫고 섬 해안을 점령하는 데 성공한 공격군들은 한숨 돌리며 미뤄 둔 큰일을 보러 뒷간을 찾았을 때 아마 깜짝 놀랐을 것이다. '아니 ×누는 데까지 와서 눈알을 부라리고 지랄이야…' 적, 혹은 적 체제에 대한 약간의 공포, 경멸, 적의敵意, 비하, 분노 등의 복합적인 감정이 배변 활동을 방해했으리라. 이 '빅 브라더'의 면상을 마주하며 시원치 않은 볼일을 봐야 했던 병사들 대부분은 이로부터 8개월 뒤, 지형은 비슷하지만 기후와 환경은 180도 다른 지구 반대편의 한반도 원산 백사장에 상륙했다(1950년 10월, 미군 제3보병사단은 원산상륙작전 때 참전했다). 그곳의 보이지 않는 적 역시 8개월 전과 마찬가지로 '빅 브라더'였으니, 야자수와 콧수염 아저씨 얼굴만 빼면 기동훈련은 아주 잘 맞아떨어지는 실전 대비 훈련이었던 셈이다.

안녕~하세요, 적군 여러분~. 별일 없나요? 라디오 도쿄의 앤Ann이에요. 이 제부터 〈제로 아워Zero Hour〉 정규 프로그램을 시작할 거예요. 호주와 남태평 양에 있는 우리 친구들을 위한, 그러니까 제 말은 우리의 적敵(!)을 위한 음악, 뉴스 방송 말이에요. 아차, 애들은 들으면 안 된단다. 모두 준비되셨나요? 좋 아요. 이제 여러분들 사기를 떨어뜨릴 우리의 첫 번째 펀치를 날려 드리죠. 보 스턴 팝스 오케스트라가 연주합니다. 〈Strike up the Band〉 띄워 드릴게요. - 1944년 2월 22일 방송

제2차 세계대전 당시 일본 NHK '라디오 도쿄'에서 미군의 사기 저하를 목표 로 방송한 〈작전개시 제로 아워〉의 진행자 멘트이다. '도쿄 로즈'라고 불렸던, 이 프로그램의 주말 진행자 이바 토구리는 제2차 세계대전 당시 전형적인 심 리전 전사 가운데 한 명이다. 미국 이민 2세로 태어나 캘리포니아주립대를 졸 업한 그녀는 진주만 공격이 있기 몇 달 전에 친척 집에 방문하려고 일본에 왔 다가 미국이 선전포고를 하는 바람에 귀국을 포기했다.[5] 이후 도쿄에 머무르 며 이런저런 일을 하다가 유창한 영어 발음 덕분에 심리전 방송에 취직하게 된 것이다. 그녀 입장에서는 고국(미국)에 돌아가지 못하는 동안 잠시 아르바 이트를 한 셈이다.

"나른하고 섹시한" 목소리를 가진 "여러분의 친구이자 적이기도 한" '도쿄 로

—

1941년 설립되어 적국의 라디오방송 감청 임무를 띠고 있던 미 해외방송정보처FBIS: Foreign Broadcast Information Service가 녹음한 자료다. 포틀랜드에 본부를 두고 있던 이 기관은 수천 마일 떨어져 있던 모스크바 라디오방송을 감청하여 북한 및 남한 관련 방송 내용의 스크립터를 작성했다. 주한미군이 1945년에서 1948년까지 38선 이남에서 암약하던 '모스크바-북한-남한' 으로 이어지는 대규모 간첩단 사건'의 그림표를 그리는 데 유용한 정보를 제공하기도 했다.

전범들이 수용되어 있던 수가모Sugamo 형무소에서 출옥하는 이바 토구리Iva Toguri d'Aquino. 출처 : NARA

태평양전쟁 당시 일본 NHK '라디오 도쿄'의 미군 상대 음악 프로그램 진행자로 활동했던 이바 토구리는 1945년 10월 전범으로 미 점령군에게 체포되어 12개월 동안 FBI와 미 육군방첩대CIC의 수사를 받았지만 증거불충분으로 석방되었다. FBI는 미군들이 "도쿄 로즈"라고 불렀던 "달콤하고 부드럽고 섹시했던" 대미 심리전 방송 목소리의 주인공은 단일한 인물이 아니라 여러 명의 일본 여성이라고 결론 내렸다. 한데 이 심리전 방송의 애청자들(미군)은 종전 이후 이바 토구리가 '도쿄 로즈'임을 증명할 수 있다며 앞다투어 증언하겠다고 나섰다. 이런 군바리들 ㅋㅋ. '천황 전범론'이 소리 소문 없이 사그라든 데 반해, '섹시한 목소리에 미스터리하기까지 한 오리엔탈 여성'이 관련되어 있던 이 사건은 언론은 물론 영화 · 음악계까지 합작하여 가십성 기사들을 쏟아낸 통에 미 법무국의 재수사와 함께 미국 내 법원에 다시 회부되었다. 이번에는 전쟁범죄 혐의가 아니라 반역죄로 기소되었으므로 일사부재리는 아니다. 1948년 9월 미 해군의 삼엄한 경호 아래에 샌프란시스코로 호송된 그녀는 '반역죄'로 유죄선고를 받고 징역 8년을 살고 1956년 출옥했다.

즈'는 여행 카탈로그의 사진 속 풍경과 달리 덥고, 습하며, 모기떼가 우글거리는 남태평양에서 고된 하루하루를 보내는 미군들을 살살 약올렸던 모양이다. "긴장을 풀고, 뒤로 편안히 기대어 음악을 즐기세요. 아니면 내 모습을 떠올리며 함께 춤을 춰 보는 건 어때요? 아참 거긴 모기떼밖에 없으니, 아쉬운 대로 모기들하고라도 춤을 춰 봐요. 음악 나갑니다…." 뭐 이런 식이다. 참전 미군들 가운데 그녀가 "사이판은 폭발물로 가득 차 있으니 조심해야 할 거예요"와 같은, 실제 군인들의 작전 수행에 심대한 영향을 미칠 만한 멘트를 했다고 증언한 사람도 있었지만, 그 목소리의 주인공이 이바 토구리인지를 증명하는 것은 쉽지 않았다. 이 때문에 이바 토구리는 점령재판소에서 증거불충분으로 석방됐다.

한데, 그녀의 방송이 "심신이 피곤한 미군들의 사기를 오히려 북돋워 주는" 역할을 했다고 주장하는 이상한 미군들도 있었다. 커뮤니케이션 연구에서 말하는 '부메랑 효과'랄까? "세계에서 내가 가장 열심히 일했다"는 전직 대통령님의 자화자찬 방송을 자주 들으면 들을수록 짜증이 더 증폭되는 것과 같은 이치랄까? 이런 특성, 곧 '효과에 대한 계량의 어려움'으로 인해 심리전은 사악한 의도를 가진 교전 상대국이 정교하게 디자인하여 집행하는 분명한 '교전 수단'임에도 불구하고 확고한 지위를 인정받지 못했다. 아이젠하워의 말마따나 심리전의 효과는 "파괴된 마을이나 돌파한 저지선의 숫자로 증명될 수 없"[7]는 것이었다. 제2차 세계대전 발발 무렵 미군의 정규 편제에 심리전이 끼어들지 못했던 이유를 짐작할 만하다. "심리전? 심리전으로 우리가 죽인 적군이 도대체 몇 명쯤 되는 거지?"

전선 없는 전쟁, '심리전'

그럴 수 있다. 사기가 높건 낮건 적을 굴복시키는 것은 결국 총이거나 칼이어야 한다. 한데 적이 '에놀라 게이Enola Gay'(히로시마에 원자폭탄을 투하한 미육군 항공대 B-29 폭격기의 애칭) 같은 슈퍼 폭탄으로 순식간에 증발시켜 버릴 수 있는 그런 물질적 존재가 아니라면? 적이 어떤 개인이나 집단의 심리 상태나 관념적 형태와 관련된 그런 거라면? 이 질문에 대해 두 가지 답변이 나왔다.

우선 야전에서 잔뼈가 굵은 다수의 군인들은 그렇기 때문에 심리전은 군의 소관이 아니거나 적어도 군대의 상설제도일 수 없다고 주장했다. 이들은 제2차 세계대전이 끝날 무렵 소수파가 되어 있었다. 반면 두 번째 답, 그러니까 심리전은 전장과 후방, 전시와 평시에 모두 중요하므로 군과 민간기구가 협력하여 조화롭게 상시적으로 운영해야 할 '일상적 기능'이라고 답한 사람들은 주류가 되었다. 아울러 "전쟁과 평화가 사실은 동전의 양면"이라는 숱한 성현들의 말을 떠올리게 하는 이 선견지명을 가진 사람들의 혜안은, 적을 향한 활동과 우리 편을 향한 활동의 화학적 결합을 이루어 냈다.

전장의 군인들을 상대로 적의 사기를 떨어뜨려 작전 수행 능력을 저하시키고 아군의 승전 기회를 높이는 기술인 심리전의 영역이, 전선의 이쪽 편 그러니까 아군 측 군인과 민간인으로까지 확대된 것은 무엇보다 냉전이라는 새로운 전쟁, 전선도 총알도 없는 만성적인 전쟁 상태가 소리 소문 없이 시작되었기 때문이었다. 공산주의라는 적은 봉건영주나 파시스트와 달리 군대의 직접적인 동원 없이도 우리 체제를 위협할 수 있는, 소위 '자본주의 붕괴론'이라는 공포스러운 무기를 갖고 있었다. 이 무기는 일찍이 대륙간탄도미사일ICBM이 개발되기 수십 년 전부터 워싱턴 정책가들을 심란하게 만든, 사정거리와 살상(?) 능력 무제한인 최고의 무기였다.

시간적인 제약도, 공간적인 제약도 없는 이 전쟁은, 황태자를 향한 암살범의 총격이나 진주만 기습공격 같은 것으로 시작된 것이 아니기 때문에 "아, 아, 잊으랴 어찌 우리 그날"을 콕 집어 기술할 수 없으며, 그렇기 때문에 개전의 책임을 물어 전쟁으로 야기된 모든 재난과 비극의 원흉으로 몰아가기도 어렵다. 아니 오히려 그 반대다. 냉전은 무수히 많은 냉전의 전사들이 전장에서, 의사당에서, 연구실에서, 편집실에서, 스튜디오에서, 공장에서, 거리에서, 각자 맡은 냉전의 과제들을 조금씩 수행하는 과정에서 성립된 '거대한 체제', 하나의 거대한 '협업 체제'였다. 그리고 심리전을 수행한 분들 역시 전장의 총탄으로부터 후방과 민간을 상대로 한 커뮤니케이션으로 천천히 이동해 가는 데에서 각자의 주특기 영역에서 맡은 바 임무를 다했다. 이러한 진화의 초기 단계에서 중요한 역할을 맡았던 기구와 핵심 인물들이 어떻게, 어떤 곳으로 방향타를 조정해 갔는지를 살펴보는 것은 의미 있는 일이다. 이를 통해 심리전이 다양한 비합법활동(스파이 활동, 첩보 수집, 반혁명, 반란 진압, 정부 전복, 파업 파괴, 민간인 사찰, 여론 조작, 선거 조작, 사상 통제 등)과 어떻게 결합되는지에 대한 힌트를 얻을 수 있을 것이다.

전선 없는 전쟁인 심리전에서 민간 역할의 중요성을 과시하려는 듯, 해방 직후 '서북청년단'이나 '청년방위대' 대원들마냥 '구글링'과 '신상 털기'를 통해 친북좌빨을 발본색원하려는 완장쟁이들께서 애국한답시고 설치고 계시는 이때, 우리 대한민국이 미국의 '피조물'이라는 이 글의 전제가 일종의 '쉴드' 역할을 해 줄 것이라 믿는다. 그렇다. 필자 역시 대한민국의 아버지가 '미국느님'이라고 생각하는 사람들 중 하나다. 평소 생각보다 조금(?) 과장해서 말하면, 우리 대한민국은 99.99퍼센트 'made in USA'다. 중앙정보부처럼 미국 직수입 제품 같은 것들은 특히.

사진 016 "아름다운 아리안 여성을 감싸고 있는 유대주의 뱀. 뉘른베르크 재판
증인심문 과정에서 증거로 제출된 이 신문 삽화는 유대인에 대한 독일인들의 인
종적 묘사 방식을 잘 보여 준다. 율리우스 슈트라이허Julius Streicher가 발행한
신문 《데 슈튀머Der Stürmer》는 독일 여성들이 유대계 마크가 찍혀 있는 뱀의
먹이가 되는 삽화를 실었다. 이처럼 발가벗은 여성의 모습은 인종 간 갈등을 부
추길 목적으로 자주 등장하곤 했다. 독일, 뉘른베르크." 출처 : NARA

괴벨스로 대표되는 나치의 선전술을 일종의 모범[8]으로 삼는 것에 대해 미국 내에서 반대가
매우 심했다. 특히 윌리엄 도노반과 함께 전략첩보국OSS의 반쪽을 책임지고 있던 로버트 셔
우드Robert E. Sherwood는 "만약 우리가 추축국이 쓰는 방식을 모방하고 거짓과 사기에 의
존한다면 해외에서 미국의 이미지가 추락할 것"[9]이라며, 흑색선전black propaganda을 포함
한 전면적인 심리전 적용을 주장하던 도노반과 충돌했다.

사진 017 1944년 1월 11일, 리버풀의 한 선착장에 내리고 있는 미군 병사들. 사진에는 "미군 병사들이 계속해서 이 길을 걸어 내려오는 동안 히틀러는 고생 좀 해야 했다"라고 쓰여 있다. 출처 : NARA

유럽에 상륙하는 모든 미군들이 이런 의식을 거쳤는지는 알 수 없지만, 히틀러의 그림을 밟고 있는 저 사병(볼티모어의 레슬리 하이먼Leslie Highman 병장)이 히틀러의 여러 만행 가운데 유대인 학살에 대해서는 모르고 있었을 것이라는 점은 분명하다. 오늘날 우리가 알고 있는 유대인 학살과 관련된 사진자료들은 거의 대부분 제2차 세계대전 종전 이후에 공개되었다. 이래서 훈련이 필요한 법이다. 앞에서 보았던 것처럼 한국전에 출병할 병사들은 이렇게 발로 밟고 다니지 않았어도 푸에르토리코의 뒷간을 드나들며 스탈린이라는 주적에게 분명한 적의를 품을 수 있었다. 왜냐고? 미군들은 이미 스탈린을 공적으로 규정해 놓고 있었으니까! 장사진을 이룬 뉴요커들의 표정을 보건데, 이들은 아직 영화를 보지 않은 상태임이 분명하

1945년 5월 8일, 제2차 세계대전 독일 승전의 날V—E Day, 뉴욕의 한 극장에 내걸린 기록영화 〈나치의 잔혹상〉. 출처 : NARA

다. 영화를 보고 나면 저런 표정을 짓지 못할 테니까. 간판에 쓰여 있는 "Official Army Signal Corps"라는 문구는 이 영화가 미군이 제작한 것임을 뜻한다. 미국의 통신부대Signal Corps는 소련이 '제국주의 간섭전쟁'(1917)이라 부른 '블라디보스토크 상륙작전'부터 걸프전(1990)에 이르기까지 미국이 겪은 거의 모든 전쟁 및 평화 시의 미군 활동을 영상기록으로 남겨 놓았다. 유대인 학살과 관련된 많은 사진들 역시 이 통신부대에서 나왔다. 그 사진들은 엄격한 검열 절차를 거쳐 일반에 공개되었는데, 내용상 19금 아니 99금쯤 되어야 할 사진들이 공개되는 데에는 특별한 정치적 고려가 작동했다. 전장의 군인들을 전투 행위가 아닌 기록 활동에 복무하도록 편성하고, 그들을 전투부대의 반 보쯤 뒤에 배치하여 생생한 전쟁기록을 남긴 것은 매우 영리한 판단이었다. 한국전쟁 기간 동안 유엔 측이 심리전에서 활용한 상당수의 사진들 역시 이 통신부대에서 나왔다.

정보의 집중/집배기관의 탄생

많은 어머님들과 아버님들께 제가 이전에도 몇 차례 말씀드린 바 있지만, 여기서 다시 말씀드립니다. 여러 차례 반복해서 이 말씀을 드립니다. 여러분의 자식들 가운데 그 누구도 외국의 전쟁에 말려드는 일은 없을 것입니다.[10]

프랭클린 루스벨트가 1940년 대통령 선거를 불과 열흘 앞두고 열린 보스턴 유세에서 한 말이다. 하지만 이 선거 공약은 1년도 채 지나지 않아 빈말이 되어 버렸다. 대공황과의 전쟁을 막 끝낸 루스벨트는 신속하게 전시체제로 전환하기 위해 여러 기구들을 만들어야 했는데, 그중에는 미 연방정부가 그동안 가져 보지 못했던 독특한 기관, 곧 첩보기관이 포함되었다.

대한민국의 '육사 말석 졸업생'께서 적군과 자국 시민을 분간 못 하셨던 것은 학과 공부(특히 '군인과 윤리' 같은 수업!)에는 관심이 없고 축구팀 골키퍼 하느라 바빴기 때문이겠지만, 미국 첩보기관의 아버지인 윌리엄 도노반은 전두환과는 전혀 다른 모범생에 가까운 인물이었다. 도노반은 우수한 성적으로 컬럼비아대학 법대를 졸업했으며, 그 이후에 대공황으로 다우지수가 바닥이 아니라 아예 지하 5층쯤을 구경하고 있을 무렵에 이미 백만장자 변호사로 월스트리트에서 명성을 날리고 있었다. 이래서 학생은 과외 활동도 중요하지만 수업을 열심히 들어야 한다. 이 범상치 않은 이력의 월스트리트 변호사는 1940년 7월, 영국이 나치의 공격에서 살아남을 수 있는지를 비롯하여 유럽의 전황을 점검하라는 루스벨트의 특명을 받고 런던으로 향했다. 공화당원임에도 불구하고 '일방적 개입주의unilateral interventionism'의 지지자였던 그가 이 여행에서 보고 듣고 배운 '팩트'를 한 축으로, 세상을 좀 더 좋은 곳으로 만들어야 한다는 종교적 소명의식을 또 다른 축으로 삼아 내린 결론은 '비밀 활동을 전담할 새로운 무기'가 필요하다는 것이었다.

당대 최고 물리학자들의 협업 프로그램인 '맨해튼 프로젝트'와 비슷한 시기에 시작되었지만, 어떤 의미에서는 핵무기보다 훨씬 더 강렬한 흔적을 남긴 이 야심찬 프로젝트는 거의 순전히 '도노반 메시'의 단독 돌파에 가까웠다. 돈벌이가 보장된 로펌을 떠나 박봉(?)의 공직 생활을 받아들인 도노반이 루스벨트에게 제시한 조건은 여러모로 흥미롭다. 그는 새로운 기관으로 정보조정국 COI:Coordinator of Information 창설을 제안했다.

정보조정국COI 관련 활동은 오직 대통령에게만 직접 보고한다. 의회는 물론 다른 어떤 기관의 감시로부터도 자유로운 비밀자금을 사용할 수 있어야만 한다. 그리고 모든 정부 부처들은 도노반이 원하는 것은 무엇이건 제공해야 한다.[11]

도노반이 내건 조건들을 가만히 살펴보니, 〈중앙정보부법〉이라는 법조문을 가장한 '통지서'에 의거하여 쿠데타 발발 두 달 만에 출현한 우리 정보기관을 쏙 빼닮았네. 아니다, 말은 바로 해야지. 우리 〈중앙정보부법〉이 정보조정국COI 출범을 꼼꼼하게 연구한 덕분이지.[12] 다만, 돈 문제를 뺀 나머지 두 가지 요구 사항이 '관료 체제에 익숙한 워싱턴 체제' 하에서 사실상 무력화되었다는 것이 차이라면 차이랄까? 암, 그래도 민주주의 모범국가인데 우리랑 사정이 같아서야 쓰나. 이렇게 탄생한 정보조정국COI은 이후 전략첩보국OSS과 전시정
—

전략첩보국OSS은 장준하 · 김준엽 등 우리의 독립 활동과 관련해서도 익히 잘 알려진 기관이다. 일본의 빠른 항복 때문에 무산되긴 했지만 전략첩보국은 광복군을 활용하여 국내 진공 작전을 계획했으며, 광복군을 직접 훈련시키기도 했다. 정용욱, 〈태평양전쟁기 미국 전략공작국(OSS)의 한반도 공작〉, 《백범과 민족운동 연구》 제4집, 2006.: Robert Fahs, "Overseas Koreans and the OSS, 1942~1943", 《역사문화연구》 21, 2004.

보국OWI으로 이어진다.[13]

정보조정국의 임무는 간명했다. "병렬적인 부서들이 수집한 정보를 중앙집중화할 수 있는 단일한 기관"을 창설하여 "모든 정보의 집배기관clearinghouse"[14]으로 만들겠다는 것이다. 도노반의 이 프로젝트는 군부와 국무부 그리고 FBI 등과의 경쟁, 시기를 둘러싼 갈등으로 인해 미완인 채 접어야 했지만, 저 두 단어는 잘 기억해 둘 필요가 있다.

'중앙집중' 그리고 '집배기관.'

'정보기관'에게 정보의 '중앙집중' 혹은 '톱다운Top-down' 방식은 유일하면서도 매우 중요한 활동 원리다. 그리고 이는, 정보기관의 수많은 촉수가 수집해 온 방대하면서도 병렬적이고 다원적인 첩보들information이 단일한 프리즘(늘 이데올로기)을 통해 5천 피스짜리 퍼즐 조각을 끼워 맞추듯 한 치의 오차도 없이 '찬탁친소친공=매국', '반탁반소반공=애국' 혹은 '종북좌빨' '애국보수' 등으로 연결시키는 저들의 귀신 같은 능력을 설명해 주는 열쇠이기도 하다.

서두에 인용한 벤 헤인즈Ben Haynes 중령의 연설 내용처럼, 정보의 '수집'과 정보의 '분석' 그리고 정보의 '활용'을 구분해서, 각자 자기가 담당한 부분만 이유를 묻지 말고, 위에서 시키는 대로, 까라면 까면서, 그렇게 각자의 임무를 다해야 한다. 첩보의 수집/분석을 담당하는 부서 혹은 사람들은 자신이 다루고 있는 물건(?)에 대한 가치를 평가해서는 안 된다는 뜻이다. 예컨대, 하루 종일 댓글만 복사해서 붙이는 일을 도대체 왜 정보기관원들이 해야 하는지, 그것이 국가의 안전 보장과 무슨 관련이 있는지, 이게 왜 공산당을 때려잡는 데 필요한 일인지, 이런 일을 해야 하는 사람들은 궁금하기는 하겠으나 그런 업무가 왜 필요한지를 되묻지 말아야 한다. 이외에도 많은 정보 업무들이 있을 텐데, 그저 정보 수집 과정을 제조업 공정과 비슷하게, 하나의 물건(!)을 다루듯 그렇게 하루의 일과를 마치면 된다. 뒤에서 한국 방첩대나 경찰의 가혹함에 대해

논하게 될 텐데, 그들도 아마 이런 심정이었을 것이다. '우리는 사람이 아니라 공산주의라는 악마를 다루고 있다. 그래서 이런 엉뚱한 일들도 해야만 한다' 이런 식으로 스스로를 위로하면서….

정보와 '작전'의 만남

미국 역사상 처음 등장한, 그리고 이를 통해 대한민국 정보기관이 나아가야 할 길을 닦아 주신 미국의 첫 번째 '정보기관'(정보조정국)에는 그 출범부터 지금까지 이어지는 아주 굳건한 직능이 두 가지 부여되어 있었다. 첫째는 앞서 말한 정보의 수집 및 분석 기능, 그리고 두 번째는 작전 임무Operation에 관한 것이었다.

훗날 1963년 12월 22일, 트루먼Harry S. Truman은 자신이 산파 역할을 했던 CIA가 비밀작전을 수행하는 것에 대해 힐난하는 기고문을 《워싱턴포스트》에 실은 바 있는데, 당시 CIA 국장 앨런 덜레스Allen Dulles는 "이게 다~ 댁이 대통령 할 때 만들어진 전통이오!"라고 받아쳤다.* 이 말은 거짓이다. 누구보다 CIA의 전통을 잘 알고 있던, 무엇보다 그 자신이 (CIA의 전신인) 전략첩보국OSS 소

---

* 'Operation Valuable'은 초기 CIA의 가장 악명 높은 비밀작전이자 덜레스가 비판했던 트루먼 시절의 비밀공작 가운데 하나였다. 게릴라 부대paramilitary를 동원하여 알바니아의 엔버 혹샤 Enver Hoxha 정부를 전복시키기 위한 공작이었는데, "억울한 시체"만 남겨 놓은 채 실패한 대표적인 비밀작전 가운데 하나다. 트루먼 집권기는 CIA가 출범했던 시기이자 냉전이 모습을 드러내던 시기였다. 당연히 비밀공작(암살, 선거공작, 여론조작 등)의 역할이 중요했는데, 이런 종류의 작전(그것도 실패한!)이 너무 많았기 때문에 덜레스의 실소 섞인 비판을 받을 수밖에 없었다. Sarah-Jane Corke, *US Covert Operations and Cold War Strategy : Truman, secret warfare and the CIA, 1945-53*, Routledge, 2006, pp. 2~3.

속으로 "태생기 미국 정보기관의 비밀작전 수행의 가장 모범적 사례의 주인 공"이라 불렸던 덜레스가 내막을 몰랐을 리가 있나? 그냥 트루먼이 얄미워서 그렇게 말한 것이다. 이 전통, 곧 작전 임무 수행은 정보조정국COI이 첫발을 내딛던 때부터 존재했다.

정보와 작전, 상이한 두 활동의 결합은 1970년대 CIA 개혁 논쟁 당시 분석 기능을 철저하게 강조하던 사람들을 포함하여 CIA 비판론자들이 늘 지적하는 문제이기도 했다. 정보기관이 왜 작전 임무, 즉 요인 암살, 경제전economic warfare, 선거 지원, 여론 조작, 반란 진압 같은 '천한 일'에 끼어들어야 하냐는 지적 말이다. 이 문제는 주제를 달리해서 좀 더 살펴볼 기회가 있으니 여기에서는 한 가지만 확인하고 넘어가자. 즉, 정보기관이 출범할 때부터 이 두 기능, 즉 데이터의 수집/분석 같은 '정신노동'(물론 정보 수집 업무도 스파이 활동을 통해 이뤄지므로 이를 '지적인 활동'이라고 하기에는 무리가 있겠지만)과 작전 임무(이는 대부분 비밀작전인 경우가 많았다)가 상징하는 '육체노동'이 통합된 상태였다는 사실 말이다.

한데 미 정보기관의 비밀작전은 미국이 세계의 경찰이고 또 국내 활동을 엄격하게 제한당했기 때문에(1941년 무렵에는 그럴 필요가 별로 없기도 했지만) 미국 국경선 외부에 국한되었던 반면,[15] 국내에서 좀 더 할 일이 많았던 우리의 중앙정보부는 이 작전 임무를 '수사 활동'이라는 이름으로 살짝 바꿔치기했다. 어, 갑자기 뒷골이 서늘하네. 이거 전부 과거지사다. 김대중 납치 사건 혹은 암살 음모,[16] 증권파동,[17] 1980년 언론 통폐합, 그리고 예외적이었던 몇몇(!) 간첩단 조작 사건까지,[18] 다 과거지사입니다~.

이 정신노동과 육체노동의 결합을 조금 더 살펴보자. 정보조정국COI 아래에는 세 가지 기구, 곧 정보의 수집과 분석을 담당하는 부서인 R&A, 대외선전업무를 담당하는 해외공보처FIS, '비밀 첩보 및 파괴 활동' 전담부서가 만들어졌다. 이 신생 부서에서 윌리엄 도노반을 도와 대독對獨 · 대일對日 작전을 지휘한 두 명의 보좌진이 있었다. R&A의 책임자인 하버드 사학과의 랭거 박사Dr. William L. Langer, 그리고 루스벨트의 연설문을 작성하기도 했던 극작가 셔우드 Robert E. Sherwood였다. 잘 모르긴 해도 랭거 박사도 루스벨트의 친구였거나 아니면 적어도 친구의 친구였지 싶다.[19] "인사에는 등신"이었던 어떤 대통령과 인선 방식이 참 많이 빼닮았다. 물론 그거 말고는 닮은 데라고는 없지만.

선진 영국의 첩보 시스템(영화 007 시리즈에 등장하는 MI 6와 같은)과 영국 육군이 자랑하던 비정규전 부대(게릴라전, 파괴, 테러, 심리전 등을 수행)에 홀딱 반한 도노반이 연방정부와 미군 조직에는 전혀 없던 이 부서들을 몽땅 섞은 일종의 '절대반지'를 1941년 6월 정보조정국COI이라는 이름으로 만들어 놓긴 했는데, 출발부터 딴지를 거는 사람들이 많았다. 앞서 사진 설명에 잠깐 나온 것처럼 셔우드는 아무리 전쟁 상황이라 해도 미국이 '흑색선전Black Propaganda', 즉 "비공식적인 출처로부터 얻은 첩보를 통한 선전 활동"을 해서는 안 된다는 입장이었다. 셔우드는 "(선전이란) 철저히 팩트에 입각해야 하며 궁극적으로는 진실이 널리 퍼져 나가도록 해야만 한다"며 픽션 만들기를 업으로 하는 사람답지 않게 순진한 척을 했다. 때문에 "전시의 선전은 다다다다다, 다, 다… 사, 사… 사기야, 사기deception!"라고 외치던 도노반과 겸상을 하기에는 여러모로 거북한 모양새였다.

이 둘을 친구로 두고 있던 루스벨트가 결국 조정에 나섰다. 대통령이 정보조정국을 쪼개서 두개의 조직으로 분화시킨 것이다. 군사첩보 및 정보활동과 비밀작전은 도노반의 전략첩보국OSS이 맡고, 정보조정국COI의 선전 관련 부서들과 기타 연방정부 산하의 공보 업무 담당 부서들을 통합하여 전시정보국 OWI를 만들었다. 1942년 6월 13일의 일이다. 새로운 부서의 총책임자를 극작가(셔우드)에게 맡기기에는 아무래도 공신력이 약하다 싶었는지, 유명 저널리스트인 CBS의 엘머 데이비스Elmer Davis 기자를 발탁하여 임명했다. 기자 출신의 이 전시정보국OWI 국장님께서도 법인카드로 마사지도 받으시고 명품도 좀 구입하셨는지 확인해 보지는 못했지만, 그 파워와 업적만큼은 누구 못지않았다.[*] 신문, 잡지, 영화, 방송, 연극, 사진 에이전트 등 당대 미국 사회가 갖고 있던 "강압의 과학"[20]을 총동원하여 미국의 전쟁 노력과 추축국의 사악함을 선전하는 데 혁혁한 공을 세웠다. 교전수단의 하나로 여겨졌던 심리전이 자국 시민들(과 중립국 및 추축국 국민들까지)을 목표로 심은 첫 번째 공식직인 활동이자 기관이었다. 여기서 짚고 넘어가야 할 것은, 자국(미국) 시민들을 향한 이 "첫 번째 화살"이 노리던 주 과녁이 '파시즘'이었다는 점과, 또한 이 전시정보국OWI의 명령에 복종하지 않는다고 해서 해고하거나 관리직으로 옮겨 간 기자나 언론인은 단 한 명도 없다는 사실이다. 애니웨이….

전시정보국OWI이 비록 선전 관련 업무를 독점하는 것처럼 보이긴 했지만, 다 알다시피 음지의 전사들이 손 놓고 자기들 밥그릇을 뺏길 사람들인가? 전례 없는 미디어를 동원한 일종의 '인셉션inception' 활동에 불만을 품은 의회를 비롯한 여러 자유주의자들의 비판으로 이 '비정상적인 기구'는 종전과 함께 사라진 반면, 전략첩보국OSS은 몇 차례 변태를 거쳐 화려하게 부활한다. 냉전 탓도 있었지만 무엇보다 의지의 사나이 도노반 덕분이었다. "고분고분 말 잘 듣는 대령 한 트럭보다 반항심 가득한 열혈 대위 한 명이 더 낫다"[21]는 말을 밥 먹듯 하면서 여론과 공권력의 감시 따위는 아랑곳하지 말고 소신껏 '공작'을 추진하는 것이 정보원의 가장 큰 미덕이라고 강조하던, 여러모로 우리의 정보기

—

[*] 이제 과거의 해프닝으로 끝날 수도 있기에 기억 환기차 각주를 남기는 것도 좋겠다. 다음 기사를 참조하라. 〈김재철이 구속되어야 할 10가지 이유〉,《경향신문》, 2017년 11월 11일.

사진 019 1945년 10월 19일, 근로정신대로 동원되었다가 일본 패전 후 고국으로 돌아오기 위해 큐슈 하카타에서 배를 기다리고 있는 소녀들의 밝은 모습. 사진 설명에는 "8세에서 14세까지의 한국 소녀들"이라고 기록되어 있다. 출처 : NARA

미국 정부가 작성한 한 통계에 따르면, 제2차 세계대전 기간 동안 미국 노동자들이 전시 동원에서 제공한 무상노동 일수는 "약 1억 일"이다. 할배, 할매에서 소년, 소녀에 이르기까지 미국의 전시산업에 동원되었던 이 노동자들의 '자기헌신'은 전후 노동계급이 정치적으로 약진하는 원동력이 되었고, 이 세계적 조류에서 한국도 예외는 아니었다. 근로정신대로 동원되었던 아이들이 어디 한둘인가. 전쟁이라는 비상 상황에서 잠시 유보해 두었던 노동자들의 자기권리 요구에 대해 본토(워싱턴)와 지부(남한)의 두 미국 권력은 동일한 대응 카드를 내놓았다. 트루먼 대통령도 존 하지John R. Hodge 주한미군 사령관도 모두 탱크를 동원하겠다며 으름장을 놨다. 다만 1946년 "탱크를 동원하겠다"는 협박만으로 전미탄광노조 파업을 겨우 진정시킨 트루먼과 달리, 하지는 협박이 아니라 실천에 옮겼다. 탱크가 아니라 장갑차(!)로.

관이 나아가야 할 길까지 닦아 놓으신 큰 인물이셨다.

선전 아니 심리전과 관련한 모든 활동을 전시정보국OWI에 일임한다는 명령에도 불구하고, 도노반은 전략첩보국OSS에 심리전 부서를 따로 두었다. 사무실 밖에서 언뜻 보면 잘 이해가 안 되는 '사기 작전Morale Operation'이라는 명찰까지 붙여서 말이다. '적의 사기를 올리느냐 내리느냐', 모든 전쟁은 결국 여기서 결정 나게 마련이다.

3

조숙한
냉전의 전사들

"오늘날 우리 조국에 그 어느 때보다도 긴급하게 요구되는, 우리의 해이해진 정신상태에 걸맞는 '정신적인 페니실린'은 대체 어디에 있는가?" - 미 육군 정보참모장 윌라드 와이먼W.G. Wyman

"심리전이라는 용어가 일반화되었지만 공개적인 적대행위가 없는 상황에서, 혹은 민주적인 정부와 국민들을 상대로 언제든지 적용될 수 있는 활동에 대해서 "교전수단warfare"이라는 용어를 쓰는 것에 동의할 수 없다. (중략) 그래서 우리는 '심리작전Psychological Operation'이라고 쓰기로 했다." - 로버트 홀트Robert T. Holt 외,《전략 심리작전과 미국의 정책》에서[1]

정책을 수행하랬더니 결정해?

정보조정국COI의 발족, 즉 처음부터 정보의 수집/분석 업무와 심리전이 통합된 전쟁 부처로 출발한 것이 일종의 원죄였을까? 이후에도 이 두 업무, 즉 정보활동과 심리전(을 포함한 비정규전)을 통합하는 것이 거의 전통처럼 굳어졌다. 하지만 그 과정에서 잡음이 없었던 것은 아니다. 비정규전의 특성상 의회와 여론의 통제로부터 어느 정도 거리를 두고 있는 정보기관에서 이런 업무를 담당하는 것은 심각한 문제가 있었다. '정책을 수행'하라고 만들어 놨더니, 지들이 사실상 '정책을 결정'하는 결과를 낳았기 때문이다. 대한민국의 현대사야 워낙 이런 일들이 비일비재하게 일어났으니 새삼스러울 수도 있겠다. 이승만도 박정희도 "선거 그거 돈 많이 들어서 어디 하겠냐"고 하시는 분들이었으니 말이다.

한데, 대한민국이 아니라도 이런 일들이 간혹 발생하긴 한다. 대부분 정책 결정이 제대로 이루어지지 않아 어쩔 수 없는 경우가 많았다. 예컨대 점심 메뉴를 정해야 할 사람이 '오늘은 아침도 늦게 먹었으니 점심은 건너뛸까' 고민하다가 점심 배달 임무를 맡을 사람에게 메뉴 선정까지 맡겨 버리는, 뭐랄까 일종의 '니 마음대로 해 봐'라는 식이랄까? 이런 종류의 권한이 집행기관에 광범위하게 부여되는 경우가 있는데, 냉전이 막 시작되던 시기의 정보기관들이 특히 그랬다.

이들 정보기관은 국민의 감시나 여론은 물론이고 의회, 심지어는 행정부 내에서도 '고립된 섬'처럼 활동했으므로, 합의된 '국가정책'의 혼선이나 일탈을 야기할 수 있는 위험성을 안고 있었다. "영수증이 필요 없는 예산의 집행"[2]으로 상징되는 정보기관의 상대적 자율성은 '도대체 이 사람들이 어디에서 무엇을 하는지' 알 수 없게 했으며, 심지어 그것이 미덕이 되기까지 했다. 그런 상하 무시, 안하무인, '무대뽀' 방식을 '도노반 스타일'이라고 부르기도 한다. 도노반은 "소련 정보는 캐고 다니지 말라"는 루스벨트의 명령에도 불구하고 전략첩보국OSS 내에 소련 관련 첩보 수집을 전담하는 팀을 꾸렸다. 그 책임자는 훗날 CIA의 비밀작전 부서의 초대 책임자가 되는 프랭크 와이즈너Frank G. Wisner란 인물이었다. 이 무렵이 1944년 말이었으니, "도노반은 1944년 말부터 개인적으로는 이미 냉전을 치르는 중"[3]이었다.

물론 이런 인물들이 정보기관에만 있었던 것은 아니다. "조숙한 냉전의 전사"들은 문어발처럼 전 세계에 포진하고 있던 미군을 비롯해서, 경제협조처 직원이나, 미 공보처의 해외 파견 직원, 신문기자, 국무부의 대소 협상 관련 직원까지, 공산주의와 마주하고 있던 모든 사람들 속에서 발견되었다. 이들은 공산주의가 무엇인지 잘 알지도 못하는 워싱턴의 "전문가들"보다는, 공산주의 자들과 직접 마주치고 또 협상을 진행해 본 적이 있는 "현장의 실무자들이야 말로 미국의 이익을 위해 좀 더 효과적이고 성공적으로 문제를 해결"할 수 있을 거라고 장담했다.[4]

이 '조숙한 냉전의 전사'들이 요구했던 효과적이고 성공적인 해결책은 우리가 몇 년 뒤면 한국전쟁에서 확인할 수 있는 그런 종류의 "반反공격전"과 비슷한 것이었다. 공산주의는 그저 가만히 내버려 둬서는 해결될 것이 아니고 전선을 넘어 그들의 본거지를 깨끗하게 정리해야만 우리가 편안히 잠을 잘 수 있는 그런 존재라는 것. 사실 "반공격전" 논리는 북한이 한국전쟁을 바라보는 공식(?) 입장이기도 하다. "남한의 북침에 따른 '도발 받은 정의의 반공격전'이자 '조국해방전쟁'"이라는 북한의 입장은,[5] 냉전주의자들이 똑같은 방식으로 1950년 10월경 38선을 넘어설 때 내세운 논리와 별반 차이가 없었으니, 이런 개인들의 작은 정성 하나하나가 모여 '냉전'이라는 거대한 세계사적 조류를 형성했던 것이다.

세계 각지의 "조숙한 냉전의 전사들"[6] 가운데에는 우리의 건국 시조께서도 이름을 올려놓으셨으며, 남한의 미군 정보기관도 매우 중요한 배역을 수행했다. 요약하자면, 국가 안보라는 이름으로 여론과 정책적 감시에서 벗어나 있는 정보기관은 실천 활동을 통해 사실상 국가의 정책을 전환시키거나 변질시키는 데 그 어떤 기구보다 유리한 위치에 있었고, 실제 1944년에서 1950년 사이 냉전을 선도했던 이들이 바로 그들이었다.

사진 020 북핵 문제로 한창 시끄럽던 1994년 1월 18일, 한국을 비밀리에 방문한 제임스 울시James Woolsey CIA 국장이 《한겨레신문》 카메라 기자를 보고 기분 나쁜 표정을 짓고 있다. 출처: 한겨레신문사

기자들의 정보력에 가끔 놀랄 때가 있다. 이 사진을 촬영한 《한겨레신문》 기자가 어떻게 울시의 방한 사실과 동선을 파악했는지는 여전히 수수께끼다. 1994년 1월이면 북한의 핵개발 문제로 미국과 한국이 한창 북폭 문제를 고민할 무렵이다. 이후 《한겨레신문》의 고백에 따르면 "당시 한겨레는 울시 국장이 국방부에 나타날 것이라는 첩보를 입수하고 두 명의 사진기자"를 보냈는데, 한 명은 촬영에 실패했지만 나머지 한 명이 기민한 동작으로 촬영한 필름을 재빨리 숨기는 바람에 특종을 건져 올렸다고 한다.[7] 정보기관으로서는 보안에 실패하는 것만큼 수치스러운 일이 없는데, 수장의 극비 방문이 신문에 보도되었으니 시말서 감이었으리라. CIA에서 이 사안을 어떻게 처리했는지는 알 수 없다. 당시 국정원에서도 기밀이 어디서 새 나갔는지 확인하려 했지만 "아마추어인 청와대"가 수상할 뿐 별다른 용의자는 찾을 수 없었다고 한다.[8]

공산주의를 상대로 한 새로운 '비정규전'

공산주의를 상대로 한 새로운 전쟁, 이것은 미 육군의 정보책임자(정보참모장)였던 윌라드 와이먼w.G. Wyman 소장의 표현처럼 "정신적인 페니실린"을 요하는 그런 종류의 '비정규전'을 의미했다. 제2차 세계대전 종전과 함께 이 '반공 페니실린'을 손에 쥔 사이비 의사들이 차츰 전열을 정비하기 시작했는데, 이는 크게 두 분야에서 진행되었다. 하나는 훗날 한국전쟁에서 위력을 발휘한 군부, 또 다른 하나는 CIA였다. 전략첩보국oss이 보유하고 있던 주특기를 군부와 행정부가 전달받는 과정에서 중요한 역할을 한 사람은, 각기 도노반의 절친과 부관 출신이던 존 매클로이John J. McCloy(전쟁부 차관보)와 카터 매그루더Carter Bowie Magruder(전쟁부 정보참모장)였다.

전략첩보국oss의 자산이 공중분해되는 것을 안타깝게 여긴 매클로이는 전쟁부의 정보통이던 매그루더에게 전략정보대ssU: Strategic Services Unit를 만들 것을 조언했다. 전략정보대는 중앙정보단cIG: Central Intelligence Group을 거쳐 1947년 CIA로 이어지는 기관이다. CIA의 전신인 이 두 기관은 1945~1947년 동유럽과 서유럽에서 거의 흔적을 남기지 않고("억울한 시체"는 제법 남겨 놓았지만) 비밀리에 대소 심리전과 게릴라전을 수행했다. 매그루더는 미 군부 내에 심리전 전담 부서를 완성하는 데에도 일조했는데, 먼저 전략정보대ssU와 중앙정보단cIG의 활동부터 살펴보자.

전략첩보국oss의 정보책임자로 활동한 바 있는 정보활동의 베테랑 매그루

전쟁부war Department는 제2차 세계대전까지 미군을 통합적으로 지휘하던 내각의 부서였다. 1947년 국가안보법National Security Act으로 이 부서는 육군부와 공군부를 분리하여 각각 국방부Department of Defense의 지휘를 받는 부서로 재편성되었다.

더는 새롭게 편성된 전략정보대SSU 내부에 심리전과 특수작전을 담당하는 부서를 신설했다. 간판만 바꿔 달았을 뿐 그 인원과 편제는 전략첩보국OSS의 것을 그대로 흡수했다. 이들은 냉전이 아직 "머리카락 보일라 꼭꼭 숨어 있던" 1945년 6월에서 이듬해 12월까지 런던, 파리, 로마, 빈, 그리스, 카이로, 충칭, 캘커타, 뉴델리, 양곤(미얀마) 등지에서 공산주의와 사투를 벌였다. 이 과정에서 이들은 공산주의자들과의 싸움에 도움만 된다면 귀천을 가리지 않고 협력했다. "크렘린을 싫어하는 공산주의자들까지 포함해서, 열쇠따기범, 위조지폐범, 납치협박범"[10]에 이르기까지.

이들은 아직 냉전이 본격적으로 시작되기 전에 활동했지만, 다가올 냉전이 어떤 모습을 하고 있을지 잘 보여 주고 있었다. "핀란드, 발틱, 폴란드의 저항 그룹들을 전 유럽에 걸쳐 접촉"[11]하고 다니는데도 그들이 어떤 활동을 전개하는지 워싱턴에서는 거의 아무도 모르고 있었다. 초창기 미국 정보활동 연구의 권위자 가운데 한 명인 허쉬Burton Hersh의 표현에 따르면, "이 반봉건적 계약으로 인해 정보를 총괄하는 영주들이 생겨나기 시작했다. 아울러 작전 전문가들이 그 누구에게도 설명하지 않는 미스터리한 일들이 일어나기 시작했으며, 자신에게 주어진 한계를 무시하는 사람들이 여기저기서 생겨났다."[12]

즉, 아무도 관심 없던 영역이었기 때문에 이들에게 특별한 권한이 생겨났는데, 달리 표현하자면 이들은 자신들의 임무나 역할에 부여되지도 않은 일들을 하나둘씩 일일이 찾아서 처리했다는 뜻이다. 이 시기 동유럽에서 벌였던 미국의 정보활동들이 대부분 실패했기 때문에 그 와중에 희생되어야 했던 엉뚱한 국가들(핀란드나 발틱 혹은 폴란드의 민족주의자들!)의 시체들만 억울할 뿐. 이 무렵 스위스의 안가安家에서 유럽의 '비밀작전'을 지휘하던 앨런 덜레스(몇 년 뒤 CIA 국장이 된다)의 말처럼 "나치당원들을 일부 끌어들이지 않고는 절대로 기차를 달리게 할 수 없었던"[13] 당시 상황이 약간의 변명이 될까? 뒤에서 볼 수 있겠지만, 이들과 전혀 계통을 달리하던 남한의 '조숙한 냉전주의자들'과 하는 행동이 거의 빼다박았다.

전략정보대SSU와 중앙정보단CIG, 이를 이어받은 CIA의 활동 가운데 흥미로운 것은 프랑스와 이탈리아에서 벌인 공산주의자들과의 투쟁이다. 1945년 여름과 1946년 여름 사이, 프랑스 광산과 운수산업의 주요 노조가 대대적인 파업을 주도했다. 프랑스공산당의 목표는 유럽부흥계획(마셜 플랜) 참여 저지였다. 1946년 가을경 중앙정보단CIG은 프랑스공산당이 권력을 잡을 수 있을 정도로 충분히 강력하다고 예상했는데, 그 근거 가운데 하나가 당시 프랑스 노조의 위력이었다. 공산당과 노조 그리고 파업의 상관관계는 필자도 공산당원이 아니라서 잘은 모르겠지만, 정서적인(?) 상관관계는 있었을 것이다. 여기서 한 가지, 제2차 세계대전 이후 미군이 진주했던 거의 모든 지역에서 '파업=공산당의 정치투쟁'으로 규정되었다는 점을 기억하고 넘어가자.[14] 웨스트 포인트 수학 시간에 이런 등식을 가르치는지 확인하지는 못했으나 아마 그랬던 모양이다. 그렇지 않고서야 전 세계 미국 정치군인들의 사고가 이렇게 '공산당마냥' 천편일률적으로 딱 맞아떨어질 수는 없지 않은가.[15] 전 세계 모든 미군 정보 보고서에서 파업strike은 경제 항목이 아닌 정치 항목 혹은 '파괴 행위 sabotage' 아래 위치해 있다.[16]

제2차 세계대전 후 거의 자연발생적으로 터져 나온 노동쟁의의 배후[17]에 마르크스나 레닌이 있다고 생각하는 이상, 이 문제가 '노사정위원회' 같은 곳에서 차 한 잔 마시며 논의하는 것으로 해결되기는 어려워 보인다. 프랑스 역시 마찬가지였던 모양이다. 이들 냉전의 전사들은 파업과 노조의 활발한 활동을 '공산화의 전前 단계'로 이해하고, 이를 저지하기 위해 수단과 방법을 가리지 않았다. 우선 파업을 중지시키기 위해 프랑스 노조 대표와 기업가들을 상대로 매수, 뇌물 공작을 전면적으로 진행했다. 이 공작에는 프랑스의 공산화를 우

사진 021 1948년 4월, 파리의 버팔로 스타디움에서 벌어진 프랑스공산당의 집회 장면. 출처 : NARA

사진에서 깃발을 든 인물은 “프랑스 공산주의자들 가운데 가장 강경한 군사주의자로 유명했던 앙드레 마티Andre Marty”이고, 단상의 여성 오른쪽 인물은 1945년 프랑스 총선에서 공산당의 약진으로 부총리에 오른 모리스 토레즈Maurice Thorez다. 이 집회는 “소비에트 혁명의 이상을 위해 미제를 축출”하기 위한 프랑스 인민 단합대회(?)였다. 프랑스공산당의 가장 큰 과제 가운데 하나는 빵을 앞세운 미국의 원조 공세(마셜 플랜)를 물리치고 프랑스의 자존심을 세우는 것이었다. 제2차 세계대전 이후 사회주의자들의 정치적 약진은 새로운 시대의 출발을 알리는 신호였다. 사진을 보는 필자의 시선 때문인지는 모르겠지만, 프랑스 공산주의자들의 대회 모습과 오른쪽 미국 공산주의자들의 모습이 사뭇 달라 보인다. 프랑스는 왠지 공격적이고 전투적이며 당장 정권이라도 장악하려는 듯 보이는 데 반해, 미국 공산주의자들은 어깨도 축 처진 것 같고 내일이라도 정당 문을 닫을 듯한 분위기다. 내가 이 두 국가 공산주의자들의 미래와 과거 활동을 알고 있기에 그렇게 보이는 것일 수도 있다. 이 무렵 미국에서는 제2차 세계대전 종전과 함께 미소의 투쟁이 외교 분야에서도 그 모습을 드러낸 데다 ‘트루

"워싱턴에서 개최된 '공산당 출신 참전자들의 캠프' 2일째 회의. 공산당의 제2차 세계대전 참전자 위원회에서는 5월 8일 전국 참전자들의 모임 행사를 개최하였다. 사진은 캠프의 오프닝 행사를 촬영한 것으로, 뉴욕주 공산당 책임자인 로버트 톰슨Robert Thompson이 개회 연설을 하고 있다. 1947년 5월 8일." 출처 : NARA

먼 독트린'이 발표된 직후여서 다가올 냉전의 어두운 그림자가 드리워져 있었다. 미군은 제2차 세계대전 종전 직후부터 군 내부의 좌익 숙청 사업을 진행했는데, 이 업무는 주로 방첩 업무를 담당하던 방첩대CIC가 맡았다. 남한에 주둔 중이던 미군에서도 숙청 활동이 비밀리에 진행되어 당시 미군들이 미국으로 강제 예편당하기도 했다. 정병준의 책 《현앨리스와 그의 시대: 역사에 휩쓸려간 비극의 경계인》에 미군 내부 공산주의 색출 사업 진행 과정이 잘 서술되어 있다. 방첩대CIC 요원들은 이외에도 미군 내부 반란 모의 관련 수사였던 'Operation Blue' 등 미군들의 충성심과 공산주의 오염 여부를 확인하는 사업을 벌였다.[18] 이렇게 해서 색출된 사람들은 미국에 귀환한 직후 FBI의 수사를 받아야 했고, 사진 속 문구처럼 "미국 공산주의자들은 평화 시에도 또 전쟁에서도 미국을 지켰다"지만, 전후 조국은 그들을 하나씩 소환하고 수사하여 공산주의자라는 낙인을 찍어 버렸다.

려하는 미국 민간단체의 돈까지 세탁을 거쳐 활용되었다. 돈이 전달되는 루트는 전략첩보국oss과 전략정보대ssu가 일찍이 닦아 놓았다. 프랑스 내 미국인 사업가 등으로 구성된 비밀 네트워크 조직이 중요한 중개자 역할을 했다. 이들을 통해 언론, 상공회, 방송국, 출판사 등 기름칠이 필요한 모든 사람들에게 달러가 흘러 들어갔다.

한데 이 반공 캠페인 와중에 흥미로운 심리실험이 한 가지 진행되었다. 당시 중앙정보단CIG은 극장에서 상영되는 영화필름 중간에 특정한 필름 컷을 삽입하는 방식으로 관객의 잠재의식 속에 반공, 반소 이미지를 심으려고 시도했다.[19] '잠재의식을 이용한 광고(블립버트blipvert)'는 팝콘과 콜라 판매를 위한 것이 아니라 크렘린과 프랑스 노조에 대한 반감을 만들려는 의도였다. '뭘 저렇게까지…' 하는 안타까운 마음이 들기도 하는데, 놀랍게도 중앙정보단CIG은 이 작전이 매우 성공적이었다고 자평했다네.[20] 그 근거는 1947년 프랑스 대선에서 공산당을 비롯한 좌익연합의 정권 장악을 저지했다는 것뿐이지만. 여담이지만 한국에서도 1950~80년대 영화필름을 디지털화하는 와중에 국제영화제 상까지 받은 모 감독의 영화필름 중간에 블립버트 이미지가 끼어들어 있는 것이 발견되기도 했단다. 그 무렵 대한민국은 온 세상이 반공 이미지 투성이였을 텐데 새삼스럽게 잠재의식까지 신경 쓰신 권력자의 섬세한 마음 씀씀이가 참 애잔하다.

1946년 당시 파리는 "앵글로아메리카의 모든 심리전을 실험하는 무대"[21]였다. 최근 문화연구자들에 의해 알려진 각종 잡지, 라디오방송, 문화예술인들의 모임 등에 대한 지원과 후원까지 포함해서,[22] '조숙한 냉전의 전사들'은 다가올 냉전에서 활용될 여러 무기들을, 백악관의 주인이 "종로로 갈지 명동으로 갈지" 아직 결정하지 못하고 있을 때부터 무차별적으로 현장에서 휘두르고 있었다. 바꾸어 말하자면, 현장 전사들의 이런 '도노반식 활동'(정책이 없으면 우리들이 하나씩 만들어 나가면 된다는!)은 정책결정자들이 나아가야 할 길을 미리 밝혀 주는 것이었다.

돈다발, 조작, 날조… 이탈리아 공산화를 막아라

CIA 출범 이후 이탈리아에서 진행된 공작은 좀 더 진전되고 세련된 것이었다. 프랑스에서의 작전이 대부분 "프랑스 정부에게도 비밀로 한 채 진행된"[23] 일종의 주권 침해였다면, 이탈리아에서는 완전한 민-관-군, 아니 미국-가톨릭-이탈리아 우파의 연합작전이었다.

제2차 세계대전 종전 이후 이탈리아공산당은 유럽에서 가장 강력한 좌파 정당 가운데 하나였다. 안토니오 그람시Antonio Gramsci라는 국보급 공산주의자가 남긴 유산이 큰 몫을 했다. 이탈리아공산당은 소비에트 블록 외부의 유럽에서는 가장 많은 진성 당원(동서고금을 막론하고 진성 당원의 첫 번째 조건은 당비를 꼬박꼬박 내는 것이다)을 거느린 공산당 가운데 하나였다. 게다가 북이탈리아에서 파시스트를 몰아내는 데 가장 많은 희생을 치르고 큰 공을 세웠으며 전후 연립정부를 이끈 강력한 정치세력이었다. 이는 미국에게는 꽤 심각한 골칫거리였다.

1948년 이탈리아 총선은 전후의 '광란'이 그대로 헌정 체제로 굳어질 것인지, 그래서 남유럽 전체가 공산주의의 희생양이 될 것인지 가늠 짓는 중요한 고비였다. '안 그래도 그리스와 터키가 위험한 판에 바티칸이 코앞에 있는 이탈리아까지? 도노반의 후배들이 맹활약을 펼치기 시작했다. 선거란 무엇인가? 바로 돈의 싸움이다. 천문학적인 자금을 조달할 합법적인 방법을 찾아야 했다. 1947년 10월경에는 아직 CIA에 예산 배정도 되지 않은 시점이었으므로 약간의 편법이 동원되었다. 첫 번째, 아예 직접 나서서 달러를 들고 들어갔다.

사진 023 "1946년 2월 9~12일 베를린에서 열린 점령 당국과 노동자 대표 간의 '파괴된 노조 재건을 위한 회의' 장면. 회의에서는 단합된 협동을 통해서만 자유로운 노동 세력의 목표가 달성될 수 있다는 결론을 내렸다." 출처 : NARA

사진 024 "1946년 5월 1일. 10여 년 만에 처음으로 열린 메이데이 집회에 참가한 도쿄 시민들. 이날 황궁 Imperial Palace 광장에는 패전 이래 가장 많은 인파인 30만 명이 몰려들었다. 사진 촬영 아키모토." 출처 : NARA

사진 023 속 연단 배후에 걸려 있는 사진은 엥겔스 초상이다. 사진에는 보이지 않지만 오른쪽에 마르크스의 초상도 걸려 있었다. 이 회의에는 당시 점령 당국의 일원이었던 미군 사령부의 노동문제 전문가도 내빈으로 참석했다. 독일을 점령한 4개 국가(미국·영국·프랑스·러시아)는 '연합군 통제위원회Control Council'를 설립하여 독일의 주요 정책들을 결정했는데, 노조와 관련해서는 '단체교섭권'과 '노동조합 결성권'을 복권시키는 정책부터 시작했다. 초창기 독일 점령정책을 보면 좀 놀라운 점이 있다. "노동조합 결성"은 물론이고 "관리인 stewards까지 선거로 뽑을 것"을 포함한 광범위한 '바이마르 체제'로의 회귀 정책이었다. 노동조합을 비롯한 노동자들의 단체는, 아이젠하워 최고사령관의 표현에 따르면 "해당 지역의 정치적인 문제도 토론"할 수 있는, 공장 안의 조직이 아니라 건국을 위한 정치운동까지 나아갈 수 있는 단체였다. "연합군의 참전으로 조국에도 민주주의가 도입될 수 있다는 희망"을 준, "단체협약권부터 부여하는 점령 초기부터 확고"했던 독일 민주화 정책 중 하나였다. 심지어 나치가 무너지기 전인 1945년 3월 15일 무렵에도 미군이 점령하고 있던 지역에서는 자유독일노동조합연맹Free German Trade Union League 같은 단체가 결성되었다. 단체의 정치적 성향과는 무관하게, 한국에서 해방 전 비밀리에 건국동맹이 조직된 것과 비슷한 움직임 아니었을까? 물론 "지역 군정 사령관의 사전 허락이 필요"하며 "점령 목적에 부합하지 않는다면 선거를 무효"로 하겠다는 전제가 붙기는 했지만 말이다.[24]

한데 이러한 정책은 독일을 "해방시킬 목적"이 아니라 "패전국에 걸맞는 정책"이었다. 즉, 연합국들은 독일을 영국이나 미국 같은 서구 선진(?)국가로 발전시키지 않겠다는 데 대체로 합의한 상태였다. 노동자의 권리는 1920년대처럼 다시 복구해 주되, 독일을 서방의 국가들처럼 통합된 나라로 만들지 않겠다는 원칙은 일본에도 비슷하게 적용되었다. 노동운동에 자유로운 활동을 허용하는 것과 지역적·정치적으로 분열된 그저 그런 국가로 만들려는 정책이 루스벨트의 대독·대일 정책의 핵심이었다는 점은 어찌 보면 놀랍다. 이 두 가지 정책이 서로 모순되지 않는다는 뜻인데, 노조의 자유로운 활동과 1920년대 수준의 경제로 되돌리겠다는 이 두 관점의 혼합은, 루즈벨트의 사망과 함께 사라지게 된다. 이제 독일이나 일본을 "자유주의적 경체체제"로 부활시킬 것인가(이를 다르게 표현하면 노동조합을 비롯한 노동운동 분야를 "반공주의적인 관점"에서 억압하는 것인데, 미·영·프 3국의 점령 정책은 이 방식을 택하게 된다),[25] 혹은 제2차 세계대전과 같은 범죄를 일으키지 못하게 '후퇴'시킬 것인가(대표적으로 미국 재무부 장관이었던 헨리 모겐소Henry Morgenthau Jr. 같은 인물),[26] 아니면 또 다른 제3의 길로 가게 할 것인가의 선택이 남았다. 사진에서 미군정 관리들이 마르크스와 엥겔스의 초상화를 걸어 놓은 집회에 참석할 수 있는 분위기는 이런 상황을 고려하면 이해가 된다. 루스벨트가 사망한 지 1년이 다 되어 가는 시점이었지만, 아직 독일의 점령 정책은 본격적으로 전환되지 않았으니 말이다. 소비에트식도 아니고 미국식도 아닌, 지금까지 경험해 보지 못했던 새로운 미래를 향한 길이 아직은 노동자들에게 남아 있던 무렵이다. 지금 돌아보면 그 길은 한 번도 가 보지 못한 사라진 과거가 되어 버렸지만.

CIA 요원들이 직접 수송했는데 사과 상자를 활용했는지는 모르겠다. 두 번째, 어차피 정부 예산으로 집행되고 있던 마셜 플랜 자금이나 환율안정자금을 닥치는 대로 빼돌렸다. 이 돈은 이탈리아에 거주하던 미국 상사들의 계좌를 거쳐 이탈리아의 정치인, 우파 종교단체, 언론인 그리고 일부 부패한 노조 간부들의 계좌로 송금되었다. 1948년 4월까지 CIA는 이렇게 조성된 자금 2천만 달러를 이탈리아로 공수했다.

물론 달러만 동원한 것은 아니다. 미국의 이탈리아계 지명인사들(유명 복서 로키 그라시아노, 가수 프랭크 시나트라, 영화배우 빙 크로스비, 전 영부인 엘리너 루스벨트 등)의 이탈리아 우파를 향한 응원 메시지가 담긴 미국의 소리VOA 방송, 공산당에게 투표하면 마셜 플랜 원조는 1센트도 못 받을 것이라는 미국 외교관리들의 으름장, CIA가 후원하던 이탈리아계 신문사의 "고국에 편지 보내기 캠페인"(공산당이 정권을 잡으면 우리 다 죽는다~), 그리고 그레타 가르보 주연의 반공 희극영화 〈니노치카Ninotchka〉(1939) 재개봉 등. 뿐만 아니라 당과 저명한 공산당원들의 명예를 실추시키기 위해 이탈리아공산당 명의의 문건들을 조작·날조도 했다. 섹스 스캔들을 터뜨리는 역할은 오늘날 대한민국의 《☆데일리》 같은 성인잡지(?)들이 맡았다. 물론 여기에는 CIA의 성금이 꼬박꼬박 입금되었다. 빛나는 반파시즘 전통을 자랑하는 공산주의자들의 대중적 명성을 훼손시키기 위해 서류와 문서, 사건을 날조하고 거기에 섹스 스캔들까지 덧붙이는 것. 딱 1년의 시차를 두고 조선공산당(1946)과 이탈리아공산당(1947)이 비슷한 수법에 당했다.[27]

마지막으로 로마 가톨릭도 작은 배역을 맡았다. 이탈리아의 주교님들 및 비오Pius 교황까지 끼어들어서 "공산당에게 투표하는 것은 극히 위험한 일"이라며 설교하셨다. 한데 로마 가톨릭은 이로부터 한 10여 년쯤 뒤 저기 극동의 한 영감한테 "공산주의의 배후 세력"이라는 핀잔을 듣게 되니, 예수님도 냉전의

사진 025 · 026 | 한국전쟁 당시 미군이 살포한 삐라. 출처 : NARA

파리지앵들을 상대로 활용한 블립버트 이미지도 이와 비슷한 형태가 아니었을까? 쇠스랑과 망치로 대변되는 이 이미지는 버팔로 스타디움에 모였던 프랑스공산당원들에게는 제국주의에 대한 저항의 상징이었겠지만, 한국전쟁 때는 '죽음과 노예의 표식'이었다. 아니 그보다 더 앞서 이미 이 표식은 매국, 반민족의 상징으로서 많은 사람들에게 부정적으로 각인되기 시작했다. 1946년경 강릉의 한 조기축구 팀원 11명이 몽땅 미군 방첩대CIC로 연행되었던 것은 이 팀의 공격 전술이 '왼쪽' 미드필더 중심이었기 때문이 아니라 그들의 유니폼 상의에 그려진 '쇠스랑과 망치' 문양 때문이었다.[28] 비슷한 시기 영등포의 한 공장에서 예닐곱 명의 노동자들이 30여 명의 우익 청년단원들에게 집단폭행을 당한 이유도, 저 표식을 공장 담벼락에 붙이려 했기 때문이었다. 나이키의 그 유명한 '갈고리 문양Swoosh'을 단돈 35달러만 받고 디자인해 준 여대생이 베트남전쟁 반대시위에 가담한 바 있다는 '썰'을 근거로, 나이키의 '갈고리 문양'이 쇠스랑을 모방한 것이라는 소문도 한때 돌았다.[29] 최근 출간된 《적을 삐라로 묻어라》(이임하)에 위 삐라의 총천연색 화보가 실려 있다.

간접 피해자 중 한 명이셨네.

그 중요성에서는 프랑스·독일·이탈리아 등 서유럽 국가들이 앞자리에 놓이지만, 냉전 시기 심리전의 특성을 잘 보여 주는 것은 '철의 장막' 너머에서 진행된 작전이었다. 1946년부터 1951년까지 헝가리·알바니아·루마니아·폴란드·우크라이나에 이르기까지 서유럽 각지에 유랑하고 있던 공산권 국가의 난민들을 활용한 게릴라 침투 작전이 진행되었는데, 그 결과는 한국전쟁 당시 북한과 만주 일대에서 이루어진 공수 침투 작전과 마찬가지의 '대참사'였다. 하지만 그 결과가 시원찮다고 해서 이 무렵 진행된 공산주의를 상대로 한 '비정규전'의 패턴과 특성을 간과해서는 안 된다. 이런 잡문에서 분류와 종합, 개념과 정의를 남발하는 것이 적절하지는 않으나, 적어도 이 패턴과 특성만큼은 기억하고 넘어갈 필요가 있다. 이 시기 확립된 공산주의와의 투쟁 방식, 즉 심리전과 게릴라전으로 대표되는 '전쟁이 아닌 전쟁', 즉 '비정규전unconventional warfare'이 이후 수십 년간 자유 진영의 거의 모든 반공 전사들의 매뉴얼 역할을 했기 때문이다. 그리고 여기에서 대한민국은 단 한 치도 어긋나지 않는 모범 사례였다.

냉전주의자들의 코페르니쿠스적 전환, 미소 결별과 심리전의 개시

루스벨트가 갑자기 사망하고 일본이 급작스럽게 항복하면서, 앞으로 소련(공산주의)과 어떤 관계를 맺어야 할지를 둘러싸고 워싱턴에서는 갈지 자 행보를 거듭하고 있었다. 아무리 돌아서면 남남이라지만, 한때 그렇게 물고 빨던 소련에게 싸늘하게 등을 보이기가 그리 쉽지만은 않았다. 미소의 결별을 촉진했던 사람들은, 1930년대 대공황의 근본적인 해결책 가운데 하나로 사회주

로마, 이탈리아. 정치 벽보. "미국이 보내온 선물. 곡식, 석탄, 식료품, 약품. 그들은 우리 스스로 우리를 재건할 수 있도록 지원해 주고 있다." 출처 : NARA

이탈리아를 포함하여, 영국, 프랑스, 네덜란드 등 마셜 플랜의 지원을 받는 모든 국가에서 이런 종류의 정치적 선전활동이 항상 이루어졌다. 마셜 플랜의 지원 물자가 항구에 도착할 때마다 미국 대사가 참석한 환영행사가 열렸고, 벽보와 포스터 영화, 팸플릿 등 모든 선전매체를 동원하여 항구에서 벌어지고 있는 지원사업의 정치적 의미를 자세하게 설명했다. 특히 이탈리아에 퍼부은 달러와 심리전의 상관관계에 대해 반 데 벨드Robert W. Van De Velde는 이렇게 지적한다. "국제적인 협약에 따라서 진행된 것이기는 하지만, 이탈리아의 주요 항구로 뻔질나게 드나들던 전능한 미국의 선박들은 이탈리아의 극단적인 세력들에게 뚜렷한 인상을 남기기 위한, 그리고 허다한 이탈리아 대중들에게 미국의 위대함이 멀리 떨어져 있지 않다는 것을 확인시켜 주기 위한, 치밀하게 계획된 심리활동이었음은 의심할 여지가 없다."[30] 비록 마셜 플랜의 혜택은 입지 못했지만, 그와 유사한 후진국 개발원조자금의 혜택을 입은 한국에서도 비슷한 일이 일어나긴 했다. 남한에서는 엉뚱한 루머로 역효과가 날 뻔도 했지만. 미국 선박이 한국 쌀을 실어 간다는 헛소문 같은 것이 대표적이다.[31]

"1945년 5월 11일, 로마에서 열린 움베르토 2세의 왕정 복귀 반대 집회. 로마의 델 포폴로Del Popolo 광장에 이탈리아공산당을 비롯한 공화파 여섯 단체가 10만여 명의 지지자들과 함께 움베르토 2세의 왕위 즉위 이튿날 왕정 복귀 반대 시위를 벌이고 있다. 집회에 참석한 6개의 왕정 반대 단체들은 새로운 이탈리아 공화국 창설을 주장했다. 이탈리아, 로마." 출처 : NARA

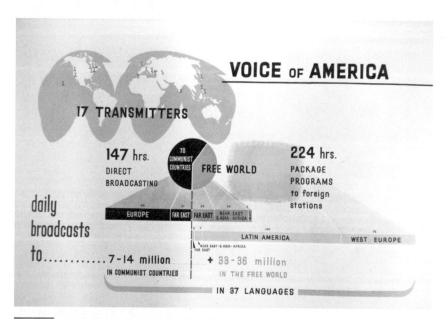

1942년 4월 2일, 대독 방송으로 첫 전파를 쏘아 올린 '미국의 소리VOA' 방송의 1956년경 현황을 보여 주는 도표. 출처 : NARA

새로 발명된 라디오가 러시아혁명에서 혁혁한 성과를 발휘했던 것처럼,[32] 반대 진영에서도 라디오를 역공에 활용했다. 그것도 국가적인 차원에서. 로키 그라시아노, 프랭크 시나트라의 목소리가 이 전파를 타고 이탈리아로 전달되었다. '미국의 소리VOA'는 제2차 세계대전 종전 과 함께 대량해고 사태가 뒤따랐던 대표적인 군수산업체 가운데 하나였다. 그런데 유럽에서 대소 심리전의 중요성이 제기되고 라디오 자유유럽Radio Free Europe이 설립되기 직전부터 다시 사세가 확장되기 시작하여, 도표가 작성될 무렵인 1950년대 중반 최전성기를 맞았다. 한국에서 '미국의 소리' 방송에 대한 연구는 아직 본격적으로 진행되지 못하고 있다.[33] '미국 의 소리' 방송 관련 자료들을 국사편찬위원회를 비롯한 몇몇 기관에서 수집하여 일반에 공개 하고 있다.

의적 방식을 진지하게 고민하던 그런 부류와는 아예 다른 종족이었다. 이들은 애초부터 파업, 사회 혼란, 무질서, 급진주의 등을 연상시키는 공산주의와 소련을 적대시했다. 군부, 월스트리트의 변호사와 은행가들, 정보기관 종사자들, 철의 장막을 빠져나온 난민들 등. 이들은 각자의 역할에 따라 무기, 자금, 정보, 인력을 제공하면서 '반소·반공'이 미국의 국가정책으로 형성되기 전부터 실전에 돌입했다.

미소의 결별과 함께 시작된 진히 새로운 종류의 전쟁 선포는, 20세기 중엽에 이루어진 코페르니쿠스적 전환이었다. 기갑사단이나 공수부대 혹은 상륙 작전 대신 철의 장막 외곽을 따라 설립된 250여 곳의 전파 발신소를 거점으로 한 24시간 선전방송, 세계의 지성들을 앞세운 출판물 간행, 대대적인 망명 유도, 무의미한 희생만 야기시킨 "커튼 저편"의 지하 저항세력 구축, 출처 확인이 불가능한 악성 루머 살포, 위조지폐를 통한 경제 혼란 야기, 반공 전단과 미국산 식료품 깡통을 매단 애드벌룬의 대량 살포…, 그 어디에서도 미군의 휘장이 발견되거나 미국 재외공관원의 공식 개입은 없었지만, 누가 보더라도 그 주인공은 미국이었다. 이 전쟁은 볼셰비키 혁명 그리고 총력전으로서의 제2차 세계대전을 거치면서 20세기의 주인공으로 화려하게 등장한 '대중mass'을 전취하기 위한 전쟁이었다. 여기에 매스커뮤니케이션의 발달이 기름을 끼얹은 셈이고.

심리전이라고 해서 골방에 앉아 지푸라기 인형에 바늘이나 꽂아 대고 저주를 읊는 것이라고 생각해선 안 된다. 게릴라전과 요인 암살 그리고 주요 시설 파괴와 같은 '특수전'이 심리전과 함께 동전의 양면으로 취급되었다. 미군과 CIA는 이 두 교전수단에 대한 작전권과 전문가, 그리고 경험을 보유하고 있었다. CIA가 좀 더 돋보였던 것은 미 육군이 정보부처(정보참모부G-2)와 심리전·특수전의 분리를 택한 반면, CIA가 속한 미 행정부는 여전히 정보기관이 두 교전 활동을 수행하도록 결정(이는 모두 워싱턴의 최종 국가정책 문서인 NSC 4와 NSC 20으로 결정된다[34])했다는 점이다. 냉전 하의 새로운 교전수단인 심리전을 연구하는 전문가들의 관점에서는 전자보다 후자가 좀 더 권장되는 모델이었다. 정보기관과 심리전은 떼놓을 수 없는 관계라는 의미다.

무엇보다 심리전 수행에는 엄청난 양의 정보와 그 정보에 대한 분석이 불가피하다. 특히 적대 집단을 상대로 한 심리전이라면 정보 수집 활동은 특별한 자질과 기술을 갖춘 전문요원이 아니면 거의 불가능하다. 타깃으로 삼고 있는 집단이 주로 의지하는 커뮤니케이션 수단은 무엇인지, 그들의 의견에 영향을 미치는 "중계 지점"[35]은 누구인지, 그렇게 해서 그들이 선택할 수 있는 행동 범위는 어디까지인지 등. 사회학자, 커뮤니케이션 전문가 등의 협업을 통한 분석 작업도 필수적이다. 이런 방대한 작업은 이미 그만 한 정보를 축적해 놓고 있는 "전능한 기관"이거나, 혹은 그러한 정보를 분산해서 보유하고 있는 기관·집단을 "조정"(중앙정보부와 안전기획부에서 가장 많이 사용했던 동사가 바로 "조정하다"이다)할 수 있는 권력기관이어야 가능하다. 아울러 권력기관이야말로 '심리전'이 노리는 두 가지 효과, 즉 "속이기와 깨우쳐 주기Deception and Enlightenment"[36]에 필요한 수단들, 즉 신문·방송·대학·연구소 등을 "조정"하는 데 이점을 누릴 수 있다. 심리전을 통해 유포된 "허위의 세계apparent world"[37]를 믿게 하려면, 그것을 유지시킬 수 있는 능력은 필수가 아니겠는가.

심리전과 정보기관의 또 다른 친화력은 바로 활동의 '은밀함confidentiality'에 있다. 한때 일본 경찰이 인간의 두뇌를 꿰뚫어 보기 위해 설치했던 '사상경찰'이 겪었던 어려움(특히 고문을 수행해야 하는 어려움)처럼, 심리전이 다루는 인간 정신활동은 은밀하고 또 사적이어서 다루기 어렵다는 특성을 갖고 있다. '군중'이나 '익명'의 방패 뒤에 숨기 용이하다는 특성 때문에, 심리전 수행의 주체들은 '잠입과 탈주Penetration and Escape & Evasion'에 능한 특수요원들일 필요가 있

사진 030 노스캐롤라이나의 포트 브랙Fort Bragg 미 육군 심리전 학교. 출처 : NARA 사진 26

매그루더 준장의 오랜 노력 끝에 설립된 미군 심리전 전문 훈련기관 포트 브랙은, 이제 막
식민지에서 벗어난 신생독립국 혹은 미국의 앞마당 국가들의 엘리트 장교들이 반드시 거쳐
야 할 중요한 유학기관 가운데 하나였다. 우리나라는 1954년 한미방위조약 서명과 함께 군
인들의 미국 유학이 본격적으로 진행되기 시작하여, 1960년까지 모두 1만 명의 군인이 미국
의 각종 병과학교와 훈련소에 파견되어 훈련을 받았다.[38] 이 가운데 포트 브랙은 심리전과 반
란 진압, 게릴라전 등 정권 안보에 반드시 필요한 기술을 습득시켜 주었다. 체 게바라를 때
려잡았던 볼리비아의 토벌대 장교들, 남베트남 민족해방전선 게릴라들을 상대했던 월남 정
규군 엘리트 장교들, 산디니스타가 축출했던 니카라과의 독재자 소모사Anastasio Somoza
Portocarrero도 또 그 산디니스타를 몰아내기 위해 CIA가 후원한 콘트라CONTRA의 주축 장
교들도, 10년 이상 CIA 급여 지급 장부에 이름을 올리고 있던 파나마의 엘리트 군인이자 독재
자이시며 마약사범인 노리에가Manuel Noriega도 모두 이 학교 졸업생이다. 그리고 시위 진
압 아니 초강경 시위 진압에서는 월드 클래스급인 전두환 · 노태우 두 절친께서도 자랑스러

"미 육군 포병 및 미사일 학교US Army Artillery and Missile School에서 곡사포 참관 과정에 참가하고 있는 중이다. 1957년 9월 12일." 출처 : NARA

운 '포트 브래거Fort Bragger'이시다. 20세기 전반 전 세계 우등 공산주의자들의 1지망 대학이 모스크바의 동방노력자공산대학이었다면, 20세기 후반 전 세계 반공 군인들의 로망은 포트 브랙이라 할 만했다. 한국 육군사에서 위대하게(?) 빛나실 이 두 절친은 1959년 6월 포트 브랙으로 유학을 떠났다. 물론 한국에서도 잘 하지 않던 학과 공부를 그곳에서 열심히 하셨는지는 모르겠지만. 이 학교에서는 각종 반공 교육, 특히 국내 반대파들을 어떻게 제거하는지, 암살은 어떻게 하는지, 체제 전복 세력을 어떻게 대우해야 하는지를 열심히 가르쳐 주었다.[39]

사진 031은 중위 시절 차지철의 모습이다. 아직 만 23세 생일도 지나지 않은 앳된 청년이다. 차지철은 미국 유학을 여러 차례 다녀왔는데, 1957년 포병학교 유학이 첫 번째 도미길이었고, 1960년에는 전두환과 같은 보병학교(포트 베닝)에서 유학 시절을 보내기도 했다. 한국군 장교들에게는 미국 유학이 일종의 출세 코스여서 많은 장교들이 미국으로 유학을 떠났다. 짧게는 6개월에서 길게는 2년에 이르기까지 이들은 미군이 운영하는 군사학교에서 수업을 받았다. 서른 살도 되기 전에 쿠데타에 참가했던 차지철은 젊은 날의 사진이 많지 않다. 몇 장 되지 않는 차지철의 '젊은 날의 추억'이 담긴 모습이다.

다. 사적으로 이루어지는 커뮤니케이션을 꿰뚫어 볼 수 있는 천리안도 반드시 필요하다. '검열과 사찰' 두 요소는 정보기관의 가장 커다란 일상 업무 중 하나이며, 개인의 내면을 들여다보고 통제하기 위한 심리전 활동에 반드시 필요한 전제이기도 하다.

정보기관과 심리전의 상관관계와 관련해서 한 가지만 더 기억해 둘 필요가 있다. 심리전이 먹혀들 환경을 구축하는 가장 좋은 방법이 바로 "공포와 안심 Terror and Reassurance"[40]의 적절한 배합이라는 점이다. 인간의 자유를 제한하는 권한, 예를 들어 검찰이 보유하고 있는 수사권이나 기소권 같은 권한은 '공포'를 조장하는 가장 확실한 수단이다. 한데 대표적인 정보기관인 CIA에는 이런 권한이 처음부터 없었다. 아무렴, 미국인데! 하지만 이를 따라한 다른 국가에서는 사정이 좀 달랐다. 한국의 경우에도 방첩대CIC는 처음부터 수사권을 보유한 부대로 활동을 시작했다. "경찰 기능과 특권으로 인해 비밀스러운 조사 기구로서는 갖지 말아야 할 파워를 갖게 되었다"고 방첩대 권한의 확대를 경고하기도 했지만, 그건 뭐 어쩔 수 없는 부작용 같은 거라고 생각하면 그만이고. 한데 '공포와 안심'의 배합이라는 것이 그리 어려운 기술은 아니다. 밤마다 아내의 눈두덩이를 팬더처럼 만드는 폭력 남편이 아침만 되면 멍자국을 어루만지며 "사랑해서 그라는 거 알제?" 하는 것과 본질적으로 다르지 않다. 이 기술은 CIA와는 어울리지 않지만, 우리 현대사에는 가장 잘 맞는다고 할 수 있다. 정보기관과 심리전의 이 세 번째 친연성은, 심리전의 토대가 되는 정보의 수집/분석과 관련된 앞의 두 가지 특성과 달리 '직접 행동' 혹은 '작전' 단계에 해당한다. 사실 최종적인 심리전의 위력은 여기에서 드러나며, 이런 활동은 극작가나 역사학자가 우두머리를 맡았던 정보조정국COI 같은 태동기 정보기관으로서는 엄두도 내기 힘든 고난도의 종합격투기에 해당한다. 우리의 정보기관이야 이런 난관을 뚫고 잔뼈가 굵어졌지만.

최근 심리전이라는 단어가 다소 남발되는 경향이 있는데 그것은 객관적 사실의 반영일 뿐이다. 냉전이 가시화된 이후 미국을 정점으로 하는 '자유 진영'이 '제2세계'에 맞서, 그들이 전략이라 불렀던 봉쇄정책을 수행하는 데 활용했던 핵심 정책도구가 바로 심리전이었다. 약간의 과장을 덧붙이자면, 미국의 핵독점이 와해된 이후 핵전쟁과 제3차 세계대전 발발의 우려로 인해 '열전熱戰'(=핵전쟁)이 억제된 상황에서 심리전이라는 "보이지 않는 총알"은 미국, 특히 미국의 정보기관이 활용할 수 있는 유일한 무기였다. 간혹 용어가 연상시키는 부정적인 뉘앙스 때문에 '정치전political warfare', '심리작전psychological operation' 등으로 불리기도 했지만, 사실을 가장 잘 반영하는 용어는 '심리전'이었다. 냉전이 드러나던 시점에 워싱턴 최고위 정책가들 입에 가장 많이 오르내린 단어가 심리전이었으며, 1947~1950년 무렵 대소 정책 조정을 위한 최고급 정책조정기구들의 이름에도 '심리(전)'라는 이름이 내걸렸다. 이것은 자유민주주의를 내걸면서도 사실상 자유와 민주주의와는 정반대의 길을 걸어가야 했던 20세기의 모든 '독재자'들을 괴롭힌 아이러니기도 했다. 미국도 예외가 아니었고.

병균을 격리시키고 사회의 건강성을 유지하는 '봉쇄'야말로 가장 좋은 정책이라는 미국 시민들의 정서는 오랫동안 이어져 온 미국의 전통인 자유주의와 잘 어울리는 세계 전략이었다. 그러나 이런 전략을 만들었음에도 불구하고, 크렘린을 거꾸러뜨리려는 시도를 잠시도 멈출 수 없었던 워싱턴의 공격적 본능 간의 갈등을 해결하는 데 심리전 외에 다른 대안은 많지 않았다. 미국의 무차별적인 심리전을 지지하는 한 연구자가 "민주국가의 시민들을 상대로도 언제나 수행할 수 있는 작전에 교전수단warfare"[41]이라는 명칭을 써야 하냐며 발끈하는 것을 보면, 우리의 전문가들은 좀 소심해 보인다. 대중을 전취해야 하는, 경우에 따라 속이거나 위협을 해서라도 대중의 마음을 사로잡아야 하는 '권력'의 입장에서는 너무나 자연스럽고 또 늘 하고 싶은 일일 텐데 뭘….

심리전, 정보전, 정보기관 이야기가 좀 길었다. 한국 정보기관의 활동에 대해서는 현재의 정보기관을 대상으로 삼는 것은 아무래도 어렵다. 자료도 없고, 함부로 발언했다가는 법(?)에 걸릴지도 모를 일이고. 국가정보원에서 자신들이 과거에 잘못을 저지른 적도 있었다면서 반성하고 또 그 내용을 책으로 만들기도 했으며, 미국 역시 의회나 연구단체에서 CIA의 문제점이나 정책결정권을 둘러싼 논의를 거의 매년 반복하다시피 해 오고 있다. 다른 나라들은 잘 모르겠지만 대략 비슷하지 않을까 싶다. 무엇보다 이 책은 한국의 현대사를 다루고 있으니, 이제 60여 년 전으로 시기를 거슬러 올라가 보자.

광산학개론, 인간처세학, 조선사정해, 현대사상개요, 근세동양사 등 모두 점잖은 지식인들의 서재에 꽂혀 있을 법한 제목의 표지지만 내용은 남로당 기관 잡지인 《전진》이다. 1949년에 발행된 것으로 북한 노획문서군에서 나온 것이다. 출처: NARA

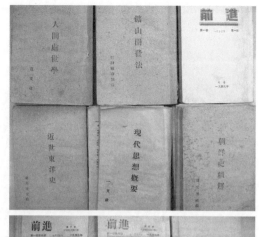

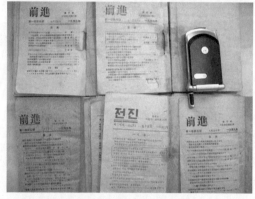

1948년 12월 국회에서 국가보안법이 통과되기 전부터 남한에서는 좌익 사상에 관한 치밀한 검열이 이루어졌기 때문에, 자신의 사상을 위장하기 위한 좌익의 조치도 일찍부터 시작되었다. 일제 시기의 사상 통제에 해당하는 활동은 미군정 정보기관인 정보참모부G-2와 방첩대CIC 그리고 남한 경찰(사찰과 등)의 협력을 통해 이루어졌다. 실제 대구에서는 미군 방첩대CIC와 경찰이 합동으로 좌익 전문지를 수사하기도 했다.[42] 당시 남한에서 신문과 잡지에 사용되는 용지를 만들던 공장은 단 한 곳(전주)뿐이었고, 이 회사가 군정의 통제 아래 있었으므로 출판물 통제는 용이한 편이었다. 미군정이 1946년 5월 29일 〈신문 및 기타 정기간행물 허가에 관한 건〉을 공표하여 간행물 검열과 사후 제재는 더욱 엄격해졌다. 좌익 출판물은 '적색분자 체포'의 가장 확실한 안내자였으므로 군정과 경찰은 이른 시기부터 불온서적을 추적했다. 특히 미군 정보참모부G-2에서 이런 종류의 사상잡지 유통을 예의주시하면서 정보를 쌓아 가고 있었다.[43] 일찍이 총독부를 상대로 한 숨바꼭질에 익숙했던 남한의 좌익들은 여러 방법으로 추적을 따돌렸다.

사진 034 "일본, 도쿄. 종이가 부족한 상황으로 인해 일본에서 새로운 책이 발간되는 것은 쉽지 않았다. 여기 모여 있는 도쿄 주민들은 모두 새롭게 발간된다고 알려진 책을 사기 위해서 밤새 기다리는 중이다. 모두 250 권의 새로운 책이 발간될 예정이었는데 이날 줄을 서게 만들었던 책은 철학책이라고 알려졌다. 1947년 7월 31 일." 출처 : NARA

전후 종이 부족 상황은 일본과 한국이 비슷했다. 오늘날처럼 인터넷과 핸드폰이 대중화되기 전 가장 좋은 대중교육 자료는 출판물이었다. 남한과 일본의 미군정에서 효과적인 검열 체제 를 유지하는 데 더없이 좋은 시장구조였던 셈이었다. 사진 속 풍경은 요즘 미슐랭 가이드에 오른 식당이나 신형 핸드폰 출시 점포 앞에서나 볼 수 있는 광경인데, 철학서(!) 발간을 기다 리는 사람들이라니.

"1948년 5월 12일, 광주, 한국. 광주의 서점에서 손님을 기다리고 있는 서점 종업원." 출처 : NARA

한국 서점에 붙어 있는 작은 선전 문구들을 보면 당시 인기리에 팔리던 책이 뭔지 짐작이 된다. 최정희의 《천맥天脈》, 심훈의 《상록수》, 홍명희의 《임꺽정》도 보이고, 《백범일지》나 《한글조선말사전》, 안재홍의 《조선상고사감》 광고도 붙어 있다. 《신천지》나 《법정》 같은 유명한 잡지도 붙어 있건만 내 눈에는 저기 구석에 《자본론》이란 글씨가 유독 눈에 띈다. 아직 금서 제도가 도입되기 전이어서 마르크스 · 엥겔스의 원전들이 합법적으로 판매되었던 모양이다.

4

과장된 여성성과
거세된 여성성

"검찰이 '성적 모욕 행위가 없었다'고 단정하는 근거로 제시한 것은 '양쪽(권양과 문귀동) 주장이 크게 대립되고 있을 뿐 아니라 구체적인 목격자도 없다'라는 것이다. 원래 강간이나 강제추행, 간통 등 성범죄는 목격자가 없는 가운데 일어나는 것이 통례이다. 그러므로 이 같은 밀실범죄로서의 특성을 감안하여 강간 등 성범죄의 경우에는 제3자의 직접 증언이 없더라도 피해자의 진술 내용이 제반 정황에 비추어 경험칙상 수긍할 수 있을 정도이면 피해자의 진술만으로써 얼마든지 유죄를 선고할 수 있다는 것이 우리 법원의 확립된 판례의 태도인 것이다." - "검찰발표에 대한 변호인단의 견해", 1986년 7월 18일. 변호사 조영래 외[1]

"강간은 야전 심문 과정에 늘 따라다니던 심문 수단 중 하나였다. '이 여자 바로 강간해 버려?'라고 위협하자마자 바로 정보를 내놓게 되어 있다. 카한Louis Kahan이 소속되어 있던 부대는 당시 베트남 여성을 마을에서 데리고 나와서 심문을 진행했다. 그녀는 온몸이 묶인 채로 심문 당했다. 그녀는 심문을 받던 중에 협박당하기도 했으며, 자백을 했을지도 모른다. 결국 강간도 함께 당할 수밖에 없었을 것이고. 그 베트남 여성을 윤간했던 사람들은 "우리 모두 한 패인 거야"라면서 가담했다. 한 명도 빼놓지 않고 윤간을 했고, 별다른 저항도 없었다. 카한은 근데 두 번이나 그 짓을 했다." - 데이비드 베인David Haward Bain,《Aftershocks : A Tale of Two Victims》[2]

미군을 맞이하는 '숨 막히는 뒤태'

크고 작은 전쟁을 거치면서, 그리고 전쟁이 초래한 수많은 억울한 죽음을 겪으면서 우리에게 남은 가장 익숙한 사진 속 장면은, 싸늘한 남성들의 주검과 그 옆에 서서 혹은 앉아서 통곡하는 여성들의 모습일 것이다. 필자가 딱히 여성 문제에 조예가 깊거나 평소 관심이 많은 것은 아니지만 수많은 사진을 들여다보면서 이런 여성의 정형화된 모습, 셔터를 누른 이들(주로 남성)이 '여성'들의 모습을 기록한 특정한 방식에 눈이 가지 않을 수 없었다.

앞서 뉘른베르크 재판의 증거로 제출되었던 사진 설명에서 "나체의 백인 여성의 모습은 인종주의를 부각하기 위해서 자주 등장하는 희생자"로 활용되었다고 했는데, 오른쪽 여성의 사진도 크게 다르지 않아 보인다. 외국 군인을 맞이하는데 왜 굳이 여성이, 그것도 젊은 여성이 꽃을 들고 웃는 얼굴로 환영을 나가야 하는 걸까?

부산 시청에 내걸린 그림 한 점

1952년 여름 한국전쟁 당시 임시수도였던 부산의 시청 앞에 희한한 그림 하나가 내걸렸다 사진 037. 언뜻 보면 '3류 재개봉 극장 간판을 그리던 사람이 그렸나?'라고 착각할 만한 이 그림을 그린 사람은 이름만 대면 알 만한 한국 화가단의 유명 인사들이었다. 이분들은 '종군화가단'이란 직함으로 국방부 정훈국에 속해 있던 화가들인데, 전쟁 기간 동안 군대의 명령으로 각종 삽화나 삐라 등에 들어갈 그림을 그리기도 했다. 우리 화가들의 예술적 기질이 워낙 탁월해서인지 아니면 한국전쟁 이후 이 간판 그림의 모본이 된 프랑스 화가의 〈민중을 이끄는 자유La Liberté guidant le peuple〉가 매스컴에 자주 등장해서인지는 모르겠지만 우리 눈에 아주 익숙한 그림이다.

절멸의 위기에서 민족을 구원할 이상적인 존재로 여성이 형상화되는 것은, 오랜 가부장 전통을 자랑하는 우리 사회에서 그리 흔치 않은 사례다. 논개나 유관순 같은 토종 여인들과 이 "자유의 여신" 혹은 잔다르크 같은 용병 여인을 두고 종군화가단 사이에서 작은 논란이 있었을지도 모르겠다. 하지만 논개나 유관순이 상징하는 '외적의 침입과 그에 대한 저항'이라는 레토릭은 이미 북한이 유엔의 개입 이후 독점하고 있던 구호였으니 딱 맞아떨어지는 오마주 대상은 아니었을 테다. 프랑스를 비롯한 전 세계 '자유 진영의 대표'들이 참전하고 있는 이 전쟁의 국제전적 성격을 감안한다면, 후방의 선전전은 여러모로 '인터

사진 036 "1950년 8월 29일, 남한의 한 여학생이 부두에서 유니콘Unicorn호의 접안을 기다리고 있다. 부산항." 출처 : NARA

모 연예 전문 사진기자의 별명이 '숨 막히는 뒤태'라고 하는데, 짐작하듯이 이 별명은 기자 본인의 신체에서 비롯된 것이 아니라 그가 게재한 사진들의 '제목'에서 기인한 것이다. 호흡 곤란을 불러일으킨 원인은 그 기자와 좀 다를지언정, 현대사 사진 속 여성들의 모습이나 자료에서 발견되는 기술, 예컨대 "젊은 여성들, 창녀를 포함. 방첩의 목적을 위해서 섹스가 자주 활용"[3]되었다는 등의 내용을 보면 가슴이 답답해지기는 마찬가지다. 사실 피사체로서 여성의 신체를 바라보는 카메라를 든 자의 시선은 1950년과 지금이 크게 다르지 않은 것 같다.

내셔널'한 의미를 담아야 했을 것이다. 때마침 피카소가 '신천학살 사건'을 소재로 그린 〈한국에서의 학살〉을 북한에서 보란 듯이 떠들어 대고 있었으니, 살아 있는 전설 피카소의 "극심한 선전 미술"[4]에 맞서려면 '미술사에 빛나는 걸작'은 못 되어도 걸작의 '흉내' 정도는 내야 했겠지.[5]

하지만 이 민중을 이끄는 '대한'의 여신이 썩 좋은 패러디였는지는 잘 모르겠다. 오늘날 일부 뉴라이트들은 프랑스혁명조차 종북 아니 좌빨들의 '단순폭동'이라고 결론 내리는 지경이니, 프랑스혁명을 상징하는 그림을 모사한 것이 과연 적절했는지는 의문이다. 당시 미술가들이 60년 뒤에 강림할 '뉴라이트들'의 "세계사 다시 쓰기"까지 염두에 둘 필요는 없었겠지만 말이다. 어쨌든 종군화가단은 이 전쟁이 동서와 고금을 막론하고 절대적으로 지켜 내야 할 '자유, 평등, 박애'를 위한 성스러운 전쟁의 한국 버전이었음을 보여 주고 싶었을 것이다. 그런데 "실로 파렴치한 이 비극"[6]에 대한 당시 미술계 내부의 비판은 논외로 하더라도, 그림이 내걸린 시기도 영 적절하지 않았다.

저 벽화가 내걸릴 즈음, "전선의 후방에서 자유와 민주주의를 유린"하는 장본인이 "이승만 자신"이라는 말이 나돌고 있었다. 이런 촌평을 내놓은 곳은 다름 아닌 남한을 지옥에서 건져 내겠다고 사지로 뛰어든 미국의 대사관이었다. 미 대사관의 촌평은 "민주주의를 수호하기 위해 피를 흘리는 유엔의 젊은이들

—

1950년 10월 황해도 신천군에서 3만 5천여 명의 민간인이 학살된 사건. 피카소가 이 사건을 모티브 삼아 그림을 그리고 1년 뒤 국제민주법률가협회가 북한 지역에서 일어난 학살에 대한 조사에 착수하여 관련 보고서가 작성되었다. 이후 피카소라는 이름은 그림을 그려 대는 빨갱이처럼 이해되었고, '피카소 수채화 물감'을 만들던 공장 사장이 반공법 위반으로 체포되는 일도 있었다. "기독교와 공산주의의 충돌이 집단학살로 비화되다", 《노컷뉴스》 2015년 6월 24일.

사진 037 1952년 여름, 임시수도였던 부산 시청 건물에 걸린 종군화가의 그림.

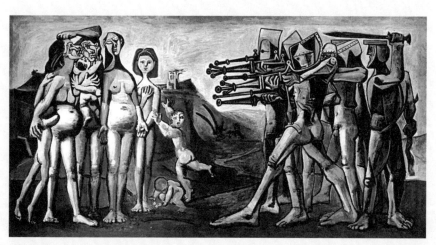

사진 038 피카소 〈한국에서의 학살〉(1951).

의 희생을 무색"케 했던 이승만의 '부산정치파동'을 비판한 것이었다. 그들 눈에 '부산정치파동'은 "이곳에서 민주적 정부를 만들겠다는 희망을 무너뜨리는" 일로 보였다. 그들은 "당장 결정을 해야 한다, 지금 당장 말이다"라면서 무슨 수를 써서라도 부산정치파동을 진압해야 한다고 생각했다.[7]

이 혼란의 와중에 내걸린 긴 머리와 풍만한 가슴(모작에서는 원작과 달리 가슴을 모두 가린 상태였지만)으로 묘사된 '여성의 이미지'는 전쟁과 썩 어울리지는 않아 보인다. 하지만 총알이나 폭탄에 성별 감지 기능이 있는 것도 아니니 여성이라고 해서 전쟁을 피해 갈 수는 없는 법. 또한 당시 전장의 호출에 응한 그 어떤 남성들보다 전투적인 여성들이 실제로(!) 있었다.

김현숙 소령부터 마유미까지

비겁한 사나이는 자성하라! ⋯ 요즈음 모병을 실시하고 있는 중대한 위란기임에도 불구하고 일부 비겁한 남자들은 이를 회피하기 위하여 각처를 돌아다니며 자취를 감추고 있는 경향이 많은 모양인데, 이러한 남자들의 비겁한 태도에 많은 우리 여성들은 통한을 금할 수 없는 바이다! (1950년 8월 23일, 여자의용군 편성책임관 육군 소령 김현숙 담談)[8]

—

1952년 5월, 피난지 부산에서 대통령직선제 개헌을 위해 이승만이 계엄을 선포한 사건. 1950년 5·30 국회의원 총선기에서 패배한 이승만은 재선이 불투명해지자 직선제 개헌을 골자로 한 개헌안을 통과시키기 위해 무리수를 두었다. 당시 국회의원 10명이 국제공산당에 연루된 혐의로 체포되고, 국회의원의 통근버스가 통째로 헌병대로 연행되는 초유의 사태가 발생했다.

"1952년 6월 10일. 시위대가 대통령 관사 앞에 모여 있다." 출처 : NARA

간만에 보는 고향의 모습이다. 한국전쟁 당시 이승만 대통령의 관사는 부산 서구 부민동(경남 도지사 관사)에 있었다. 임시수도 부산에서 이승만은 일종의 '친위 쿠데타'인 '부산정치파동'을 일으킨다(1952년 5월). 사실 1951년 12월부터 국회에서 심상치 않은 조짐이 보이기는 했다. 대통령 직선제를 둘러싸고 국회와 대립했던 이승만은 결국 1952년 국회를 해산하고 계엄을 선포했으며, 일부 국회의원을 간첩으로 몰아세우기까지 했다. '닷벌떼'니 '백골단'이니 하는 백색테러 집단이 등장한 것도 이 즈음이다. 상이용사도 많은 나라였고, 돈이 된다면 뭐든지 해야 하는 때였으니까. 사진에서 대부분의 사람들이 모자를 쓰고 있는 것이 요즘과 좀 다른 모습이다.

이 여성들은 데모에 나서지 않는, 아니 조국 방어 전쟁에 나서기를 두려워하는 남성들에게 '거세용 가위'를 보내는 대신 직접 참전하는 길을 택했다. 이는 좌익 진영의 여성들도 마찬가지였다. 아무렴, 나라를 지키는 일에 좌우를 가릴 수 있나(오늘날에는 남성·여성 모두 성폭력의 피해자일 수 있지만, 한국전쟁에서 성폭력 문제는 남한만의 문제도 북한만의 문제도 아닌 남성의 문제였다. 즉 피해자는 모두 여성들이었다[9]). 여성들이 발벗고 나서야 할 만큼, 국난의 와중에도 조국의 부름에 답하지 않는 '남성'들이 부지기수로 많았다. 병역기피는 강제징집이 제도화된 거의 모든 나라에서 일상적으로 발생하는 현상이며, 병역기피와 계급·계층 간에 일정한 함수관계가 있음은 통계가 증명한다. 물론 우리는 통계수치 없이도 이미 피부로 너무나 잘 느끼고 있지만. 한국전쟁 때의 병역기피와 그 동기는 다소 차이가 있지만, 1960년대 "남의 전쟁"(베트남전쟁)에 강제 동원된 빌 클린턴Bill Clinton 같은 미국의 청년들에게 "캐나다와 유럽으로의 도피성 유학"을 알선하고 심지어 '자발적 투옥'까지 아이디어 상품으로 내놓았던, 그런 종류의 신흥 사업 아이템은 일찍이 한반도에서 먼저 출현한 바 있다.[10] 한류 사전에 이런 것도 좀 넣어 주면 좋겠는데 말이지.

공산주의자들과 전쟁을 치르느라 눈코 뜰 새 없이 바빴던 미군 정보기관에서는 "한국 고위 공무원의 자제들이 징집을 피하기 위해 미군이나 유엔 등에 취업하려고 애를 쓰고 있다"[11]는 첩보에 따라, 미군 방첩대CIC 신분증을 비롯한 연합국 기관의 제 증명서를 위조·변조하는 알선업체들을 단속하는 데까지 신경을 쓰셔야 했다. 증명서가 '메이드 인 유에스에이'면 아주 효과가 좋았고, 그중에서도 끝내주는 끝발인 미군 방첩대CIC 소속이면 100퍼센트 징집을 면할 수 있었다. 대전에 있던 한 업체는 아예 타이프리스트 여러 명을 고용해서 사무실까지 차려 놓고 방첩대CIC 한국 직원 증명서들을 찍어 대기도 했다.[12] 간첩을 잡으러 다니는 것이 주 업무였지만 정보기관의 위력을 보여 줘야 했기에

"1950년 11월 22일, 한국전쟁 : 함흥 비행장에서 인사말을 주고 받고 있다. 왼쪽부터 이승만 박사 부인, 제10군 최고사령관 에드워드 알몬드Edward M. Almond 소장, 불명의 한국 여성, 이승만 대통령." 출처 : NARA

사진 설명에 나오는 "불명의 한국 여성"이 김현숙 소령이다. 김현숙은 한국 여군의 아버지, 아니 어머니라 불리는 여군 창설의 주역이다. 1949년 지리산 '공비 토벌 작전'에 선무요원으로 참가한 바 있으며, 전쟁 와중에 설치된 육군본부 여군과의 초대 과장을 지냈다. 여군 창설과 "멸공전선"에서의 뛰어난 활약을 묘사하는 것으로 충분했을 터인데, 국방부가 발간한 《6·25전쟁 여군 참전사》의 서술자들은 "집에 돌아와서는 매우 가정적이었으며 특히 동양자수와 요리 및 고전무용에 수준급"[13]이었다는 친절한 설명을 빼먹지 않았다. 이 문구는 수십 년 후에 등장한 "숨 막히는 뒤태"와 비슷한 의미였을 것으로 생각된다.

시체 옆에서 울부짖는 여성들, 남성(군인)을 환영하기 위해 도열해 있는 여성들, 좁은 공장에서 최저임금이라도 벌기 위해 열심히 일하던 여성 노동자들 등, '1950년대 일반적인 여성의 삶'을 보여 주는 사진과 달리 군복 입은 여성의 모습은 매우 예외적인 현상이었음을 기억해야 한다. 1958년 김 소령의 미국 유학 시절 사진에는 담배를 피는 모습도 있는데 "어디 여자가 담배를 피우노?"라는 작고하신 아버님 말씀이 떠올라 여기에는 싣지 않았다. 그 사진은 국사편찬위원회에서 찾아볼 수 있다.

방첩대CIC는 이런 단속 업무까지 담당해야만 했다. 방첩대가 남긴 기록을 보면 이같은 활동이 무수히 많았음을 짐작하기 어렵지 않다.[14]

"전쟁은 곧 돈이다"라는 헨리 스팀슨Henry L. Stimson 미 전쟁부 장관의 말씀은 10여 년 뒤에 발생한 한국전쟁에서도 금과옥조임이 증명된 셈이다. "평화란 이윤이 그것을 요구하는 한에서만 바람직하다"[15]는 말과 "이윤이 그것을 요구하는 한 전쟁은 언제나 바람직하다"란 말이 뭐가 다르겠나. 결국 전쟁이 나도 나 몰라라 하는 "있는 집 자식들" 덕분에, 1천 명 넘게 모집된 여자 의용군과 그보다 더 많았던 여군 간호부대원과 여자 학도병의 존재는 더욱 빛을 발한다. 물론 명예에 항상 동반되는 위험을 감수해야 했지만 말이다. 전선에서의 위험을 꼽자면 첫 번째가 전사 혹은 부상이겠지만, 그 못지않은 것이 포로로 사로잡히는 두려움이다.

품행이 방정하지 못한 여자들의 머리카락을 "파르라니" 밀어 버리는 징벌이 언제부터 있었는지, 혹은 그 징벌의 의미가 무엇인지는 잘 모르겠다. 하지만 미군과 아마도 통역관이었을 것으로 짐작되는 한국인(혹은 일본계 미국인Nisei)에 둘러싸여 있는 북한 여군 사진 041 에게는 아마도 '거세'와 비슷하게 받아들여지지 않았을까? 사진 설명에 "여성 포로woman captive"라고 쓰여 있지 않았다면 여군인 줄도 모르고 넘어갔을 것이다. 이제 막 육박전을 끝낸 듯 얼굴 한쪽에 묻어 있는 핏자국이나 손등의 곤두선 핏줄은 '전사戰士'의 모습 그대로다. 미 제29 보병 연대원에게 사로잡힌 이 북한 여군의 소속과 이름 그리고 사진 촬영 이후의 운명에 대해서도 알 길은 없다. 1953년 8월과 9월에 진행된 포로교환 때 연합국 측 포로 심사에 맹렬히 저항하는 것으로 '제국주의 간섭전쟁'(한국전쟁)의 부당성을 알리려던 자원송환 북한 여군의 행렬 속에 포함되었을 수도 있고, 어쩌면 미군에 대한 잔혹 행위가 밝혀져 이튿날 처형되었을지도 모른다.

"1950년 8월 3일, 북한군 포로의 모습. 함안 인근에서 제29연대의 군인 수송대 속에 포함되어 있었다." 출처 : NARA

이 여성은 육박전 끝에 사로잡힌 것이 아니라면 포로로 생포된 이후에 심하게 얻어맞은 듯하다. 이 여성 포로 말고도 좌익이라는 이유만으로 혹은 우익이라는 이유만으로 죽도록 얻어맞은 얼굴들을 자주 볼 수 있었다. 제2차 세계대전 당시 유럽 전장의 사진들도 많이 봤지만, 이렇게 구타당해서 피를 흘리고 있는 모습은 거의 없었다. 시위대에 얻어맞아 죽은 무솔리니 부부 사진을 빼면. 북한 여군이 아래에 걸치고 있는 것으로 보이는 치마 비슷한 헝겊은 아마도 누가 바지를 아예 벗겨 버렸기 때문일지도 모르겠다.

시간과 범죄행위(?)는 좀 다르지만, KAL 858 폭파 사건(1987)으로 한국으로 압송된 공작원 마유미는 '거세된' 모습의 북한 여군 포로와 달리 여성성을 한 껏 강조한 모습으로 등장했다. 1953년 7월 27일 휴전 이후에도 지속적으로 '비정규전'을 치르고 있던 남북한 전투의 최전선에 서 있던 '여성 전투원' 마유미의 이미지는 거세보다는 오히려 '치장'에 가까웠다. 여성스러운 긴 머리카락을 돋보이게 하는 머리핀과 분단의 아픔(?)을 상징이라도 하려는 듯한 손수건 같은 소품 덕분인지 모르겠지만, 재판이 열리기 전부터 공작원 마유미의 형 집행정지를 간절히 바라던 사람들 가운데에는 사형반대론자들만큼이나 '그냥 남자니까!'인 경우도 많았다. 이 설명하기 너무 간단한 '휴머니즘 폭발' 현상에는 말끝마다 "숨막히는 뒤태" 운운하는 부류의 기자들이 크게 기여했음을 굳이 설명할 필요가 있을까?

지난 2일 각 신문들의 김현희에 대한 보도 태도는 어느 면에서 볼 때 객관성을 잃고 있었다. (중략) 각 신문들은 무려 열한 달 만에 등장한 김현희를 한결같이 경쟁이라도 하듯 1면에 5단, 6단 크기의 얼굴 사진을 내세우며 시시콜콜한 그의 지난 생활 모습을 알렸다. (중략) 지난 1월 16일 《조선일보》는 "초췌하지만 흰 얼굴의 미인인…",《중앙일보》는 "뛰어난 미모가 특히 돋보인 김현희…",《한국일보》는 "특히 김현희는 미모와 좋은 성분…" 등에서 보도한 것에서 이번에도 크게 벗어나지 못했다. (중략) 일본의 신문과 잡지 등을 통해 국내에 흘러들어온 "김현희의 미모에 반한 일본 청년들이 연애편지를 보내 오고 있다", "가족드라마를 보며 눈물을 흘린다" 등의 오락성 선정기사와 다를 바 없었다. ─《한겨레신문》 1988년 12월 6일자

"1918년 촬영. 시베리아에 파견된 미국 원정군American Expeditionary Force 촬영. 체포된 볼셰비키들이 감옥으로 이송되기를 기다리고 있다. 이들은 체포되자마자 입고 있던 옷과 물품들을 러시아인과 체코인들에게 뺏겼다. 이 중 여섯 명이 처형되었다. 러시아 에카테린버그Ekaterinburg 감옥." 출처 : NARA

1918년에 촬영된 사진 속 볼셰비키들은 같은 포로인데도 앞의 북한군 여군과 달리 눈 구경 나온 초딩들처럼 밝은 모습이다. 또 누더기 같은 옷을 걸치고 있다고 했는데, 단추 몇 개 빠진 것과 여성에게 4월 꽃구경 갈 때나 어울릴 법한 봄옷을 가져다준 것 말고는 괜찮아 보인다. 사형 집행을 불과 몇 시간 남기지 않았던 때의 모습이라고 믿기 어렵다. 촬영 직후에 간단한 약식재판을 거쳐 사형이 결정되었는지 모르겠다. 이들은 러시아 내전에 개입했던 국제연합군의 공세로 1918년 12월경에 체포되었다. 이 무렵 연해주 지역에서 활동하고 있던 한국 독립운동가들도 수난을 겪었다. 우리가 잘 알고 있는 이동휘를 비롯한 극동 지역의 독립운동가들도 연합군의 개입으로 이 지역에서 쫓겨났으니, '진퉁' 볼셰비키들에게는 고난의 시절이었다. 사진 속 인물들은 연해주와 페테르부르크 중간쯤 위치해 있던 톰스크의 적색정부 각료들이다. 이들을 체포한 것은 체코 군대였다. 사진에서 여성을 뺀 여섯 명이 모두 처형되었다. 사진 속 인물들은 모두 내각 각료(장관)였고, 여성만 비각료(속기사)였다. 앞의 북한 여군 포로 사진과 이 사진을 비교해 보면 삼강오륜도 잘 아는 동양의 유교국가에서 인간에 대한 기본권을 잘못 가르친 게 아닌가 하는 생각도 든다.

사진 043 "'거대한 교환Big Switch' 작전. 북한 여군 포로들이 거제도에서 기차를 타고 있는 모습이다. 이들은 교환 지점으로 이송될 예정이다. 이 여성 포로들을 통제하기 위해서 유엔군들이 가스탄을 사용하기도 했다. 1953년 8월 9일." 출처: NARA

사진 044 "'거대한 교환Big Switch' 작전. 북한 여군 포로들이 부산에서 열차에 오르고 있는 모습이다. 이 열차는 북한군 여성 포로들을 북한 송환 지역으로 수송할 계획이다. 이 북한 여군 포로들은 송환에 상당한 골칫거리를 제공했는데, 이들을 통제하기 위해서 많은 양의 가스탄이 사용되었다. 1953년 8월 8일." 출처 : NARA

부상 포로를 교환하기로 합의한 직후인 1953년 4월 20일부터 시작된 '리틀 스위치Little Switch' 작전으로 6,670여 명의 부상 포로가 북한으로 인도되고, 이후 반공포로 석방이라는 해프닝이 있었고 나머지 포로들의 교환(Big Switch)은 휴전협정이 조인된 직후인 1953년 8월 5일부터 시작되었다. 한 책에 따르면 "특히 여성들이" 송환 과정에서 많은 문제를 일으켰다고 한다. "인공기를 펼치고, 울기도 하고, 괴성을 지르면서" 말이다.[16] 사진에서 열차 창문을 철사로 막아 놓은 것은 이 기차를 향해 돌을 던진 사람이 워낙 많았기 때문이다. 돌을 던진 사람 중에는 그런 사람을 잡아 가라고 경비로 세워둔 경찰까지 포함되었더란다. 이해해야 한다. 포로 수송 열차는 엊그제까지 전쟁을 치르던 지역을 통과해야 했으니까. 그 뒤로도 판문점을 통해 북한으로 귀환한 많은 북한 사람들이 이 비슷한 행위를 반복했다. "이들에게 지급된 치약, 비누, 담배 같은 C-레이션(미군 전투식량)을 던져 버리고, DDT를 뿌리는 것도 방해했으며, 옷과 신발 끈까지 풀러 내던지고는 자신들에게 가해진 참혹상을 알리기 위해 온갖 노력"을 다했다.[17] 이들에게 이런 행위는 "저는 결코 자본주의자들에게 굴종하지 않았습니다"라는, 일종의 발광(?)과도 같은 것이었다. 요즘은 이런 일이 잘 일어나지 않지만, 1980년대만 해도 판문점을 통해 돌아가는 북한 주민들은 대부분 이런 행동을 했었다. 한국전쟁 종료 이후 유엔사 측에서 북한으로 보낸 포로의 규모는 북한군과 중공군을 모두 합쳐 10만 명이 채 되지 않는다. 반공포로 석방도 있었고, 포로 교환 과정에서 끝까지 북한으로 넘어가기를 거부했던, 대부분 고향이 남한이었던 사람들이 또 2만 3천 명 정도 된다. 여성 포로는 모두 495명인데,[18] 이 중 494명은 북한 측 포로였고, 1명만 중공군 여성 포로라고 기록되어 있다. 전체 송환 포로가 8만 2,493명이었으니, 숫자로 보면 약 6퍼센트 남짓이다. 6퍼센트 정도는 무시해도 될 만한 건지 모르겠지만, 포로 관련 연구들에서 여성 포로에 대한 언급은 거의 찾기 어렵다. 아마 두 가지 이유 때문일 것이다. NARA에서 현대사 자료를 뒤적이던 연구자들이 여성 문제에 대해 '미처' 신경을 쓰지 못했거나, 혹은 미국인들 스스로도 여성은 전쟁과 무관한 존재라고 여겨 관련 기록을 거의 남겨 놓지 않았거나. 최근 분위기는 바뀌기 시작했다. 여성들이 한국전쟁에서 '위안부'로 동원되었다는 연구를 보면 말이다. 한국전쟁 와중에 여성들이 전쟁에 동원되는 과정과 또 이들이 전쟁 기간과 전후 어떻게 처리되었는지에 대해, '숨 막히는 뒤태' 어쩌고 하는 기사의 관점으로 접근해서는 안 될 것이다. 사진 043 에서 마스크를 쓴 사람은 미군으로 보이는데, 헌병 모자를 쓰고 있는 사람을 한쪽으로 밀고 있는 것 같다. 아마 이 헌병이 쓰러져 있는 북한 여군에게 '이런 ×간나'라는 표정으로 한 대 후려친 직후 촬영된 사진으로 보인다.

한복 고집한 푸른 눈의 퍼스트레이디

우리 현대사에서 여성이란 성은 대개 핸디캡으로 작용했지만, 공작원 마유미처럼 예외(?)인 분들도 계시다. 2012년 12월 17일 33년 만에 청와대로 돌아온 "강한 남자의 따님"의 숨 막히는 뒤태, 아니 옆태 사진이 한동안 뉴스에 오르락내리락하며 화제가 된 적이 있다. 《타임Time》지에서 표지인물로 그분을 선정하면서 사용한 영어 단어 'Strongman'의 해석을 둘러싸고 논란이 벌어진 것인데, '스트롱맨'을 '실력자의 딸'이라고 번역한 언론사도 꽤 있었고(언론사 입사시험에 영어 과목은 포함이 안 되는 모양이다), 이 때문에 많은 영어학자들이 곤욕을 치르기도 했다. 《타임》지에서는 답답했는지 인터넷 기사 제목을 아예 '독재자의 딸Dictator's Daughter'로 수정하기도 했다. 독재자의 딸이건 실력자의 딸이건 간에, 그분은 자신을 수식하는 단어에서 연상되는 무시무시한 이미지들, 곧 파시즘, 독재, 정적政敵에 대한 잔인한 탄압 등의 인상을 털어 내기 위해 '조실부모한 맏딸'의 이미지를 효과적으로 활용했고 그 결과는 꽤나 성공적이었다.

그런데 이미 몇 십 년 전에 그분만큼이나 이미지 활용에 능했던 또 한 명의 여성 정치인(?)이 계셨다. 수틀리면 누구보다 표독스럽고 특히 정적에게는 찬바람이 쌩 불 정도로 매몰찼으며, 게다가 법적으로나 윤리적으로 욕먹기 십상인 남자관계까지('어디 부인 있는 남자랑 결혼을, 그것도 머나먼 미국까지 가서 말이지'). 심지어 어떤 미군 방첩대CIC 요원은 이 분에게 "쌍×", 아니 (번역하면 더 이상해지니 원문 그대로) "bitch"라고 욕을 날리기도 했다. 그것도 인터뷰에서! 하지만 그분에게는 이 모든 것을 비껴 가는 노하우가 있었다. 여성스럽게 쪽지은 머리, 한복 혹은 나풀거리는 롱스커트, 조신한 말투, 언제나 온화한 엄마 미소 짓기(아주 가끔 본성을 드러내는 '매의 눈'이 카메라에 잡히기도 했지만) 등 '코스프레'에 매우 능했으며 자신에게 쏟아지는 떨떠름한 시선을 분산시키려는 연출자의 의도를 잘 충족시켰다. 다름 아닌 대한민국의 첫 번째 국모國母 님 이야기다.

이승만이 스물여섯 연하의 유대계 오스트리아 이혼녀를 헌팅, 아니 꼬시는 데 성공한 지 1년 만에 결혼식을 올리러 뉴욕으로 향할 때, 신부 프란체스카는 적이 불안했다. 인종적 혹은 민족공동체의 순결성이 강조되는 독립운동계에서, 그것도 한때 임시정부 대통령에까지 올랐던 '독립운동의 상징'인 인물이 이방인 처녀, 아니 이혼녀를 아내로 맞아들인다는 것은 알레르기 반응을 불러 일으킬 만했다. 결혼식을 마치고 하와이로 돌아갈 때 교민들의 동요는 더 심했다. 하와이 교민 대표가 꼭 "혼자만 오시라"고 전보까지 보내면서 말렸다. 한데 당시 이승만의 첫 부인이 이혼 절차도 없이 조선에 살고 있다는 걸 모르는 사람이 없지 않았을 텐데 '이중혼' 문제를 진지하게 제기한 사람은 없었던 것 같다. 백인 아내를 맞아들이는 건 불만이어도, 남편의 생사도 모른 채 별다른 법률적 절차도 없이 사실상 일방적 이혼 통보를 당한 본부인에 대한 '의리'는 별 문제가 되지 않았던 모양이다.

이승만의 첫 번째 부인 박씨는 결혼 이후 감옥과 외국으로만 쏘다니는 남편의 빈자리를 홀로 채우며 옥바라지와 까다로운 시아버지 봉양, 병약한 아들 육아까지 책임진 '전통적인 한국 여인상'에 딱 어울리는 인물이었다. 박씨 부

• 프란체스카 여사를 "bitch"라고 한 사람은 미군 방첩대CIC의 정치과 과장 매리언 패널Marion R. Pannell 소령이다. 이승만 부부를 요시찰했던 CIC에서는 이승만과 프란체스카에게 "오만한arrogant", "망령든senile", "거짓말쟁이treacherous" "꼰대old bastard" "개같은 ×bitch" 같은 용어를 사용하며 최대한 객관적으로 묘사하고자 했다. "한국의 점령. 매리언 패널Marion R. Pannell 소령 인터뷰", 홀버드. RG 319 Records of the Army Staff, 1903-2006, Assistant Chief of Staff, G-2(Intelligence) Counter Intelligence Corps Collection, Historians' Source Files of CIC Publications, Box 6.

인은 이 교과서적 시집살이에 대해 어떤 대가를 받았을까? 30년 넘게 기다린 남편은 파란 눈의 여인과 함께 돌아와서는 면회도 안 받아 줬다고 한다. 이혼은 아마 정부 수립 이후에 법적으로 정리가 되었을 것이고.[19]

친구들 앞에 처음 여자친구를 소개시키는 자리는 늘 긴장된다. 잘나면 잘 난 대로 못나면 못난 대로 입방아가 끊이지 않기 마련이니까. 이승만은 처음 두 번의 관문(1934년 뉴욕 결혼식과 1935년 하와이 귀환)은 배짱 좋게 잘 통과했다. 뉴욕이나 하와이는 말 그대로 다문화사회의 중심이요 '인종의 용광로' 아니던가. 백인과의 '이중혼' 문제따위는 크게 신경 쓰이지 않았을 터. 하지만 1945년 10월 14일 귀국길은 좀 달랐다. 태평양방면 미군 최고사령관 맥아더가 내준 귀국특별기에 프란체스카의 좌석은 없었다. 국무부와 맥아더사령부GHQ에서 프란체스카의 귀국을 막았다는 기록은 아직 보고된 바 없다. 혹시 공항에 본처 박씨 부인이 흥신소 직원들을 대동하고 기습이라도 할까 봐 그랬나? 모름지기 간통 고발에는 현장 급습이 필수이긴 한데…. 아, 맞다 이때는 아직 남성 간통죄 같은 것은 없었지. 그러니 이승만이 용의주도한 성품대로 법적 아내인 박씨 부인을 경계하여 홀몸으로 귀국한 건 아닐 테다. 이 사소한(?) 문제에 대해 누가 특별히 코멘트해 놓은 것이 없으니 내 맘대로 짐작해 볼 수밖에.

해방 공간에서 가장 중요했던 법칙 중 하나를 꼽는다면 "선착순"으로, 남한의 이승만과 북한의 김일성이 그 모범 사례다. 일본의 항복 선언과 함께 당장 찾아올 것 같던 해방 대신 1945년 9월 8일 인천 앞바다에 모습을 드러낸 것은 다름 아닌 점령군이었다. SNS나 TV가 없던 시절, 일본이 망했다는 사실을 실감하게 해 준 유일한 '비주얼'은 해외 독립운동가들의 '귀국 러시'였다. 당연히 많은 사람들의 이목이 집중될 수밖에 없는 뉴스였다. 이들 가운데 귀국 급행 열차, 급행선, 급행기에 '가장 먼저' 오를 수 있었던 사람은 맥아더사령부의 도움을 얻은 이승만, 그리고 하바롭스크의 소련군과 함께 주둔하고 있던 김일성

사진 045 "프랑스, 1944년. 독일군이 탈영하여 여자로 신분을 위장하고 있다. 몸을 숨기고 있던 숲속에서 미국인들에게 발견되었다." 출처 : NARA

누가 보더라도 남자가 분명한데 이 병사는 굳이 여장을 하고 있다. 한때 낙동강 전선에서 인민군 소년병들의 탈영을 막기 위해 수갑을 채웠다는 말들이 많았지만 내가 아는 한 그런 자료는 발견하지 못했다. 어쨌든 전장에서 전선을 등지고 탈영하는 병사가 생기면 아군의 사기는 적잖은 영향을 받을 것이다. 전쟁에서 뿌려지는 삐라들 역시 이런 종류의 항복을 권장하기 위해 일종의 '항복증' 역할을 하기도 했다. 사진 속 탈영한 독일 병사는 같은 독일군에게 발각될까 두려워, 혹은 반대로 독일군을 노리던 레지스탕스의 목표물이 되는 것을 피하려고 파시즘, 독재, 인종주의의 냄새를 풍기던 독일 군복을 벗고 여장을 했다.

이었다.

고국의 동포들은 나름대로 독립 영웅들의 모습을 머릿속에 그리고 있었을 것이다. "상하이와 하와이에서 또는 뉴욕에서 정신적 고독과 육체적 고통에도 불구하고 민족 재생의 일념"으로 오로지 독립운동에만 전념했던 '독립운동계의 고독한 수도승' 이승만이 젊은 백인 여성과 팔짱을 끼고 비행기에서 내리는 모습은 뭔가 잘 어울리지 않는 그림임이 분명하다. "백발과 흰 수염 휘날리며 백마를 타고 만주 벌판을 내달리는 김일성 장군" 신화를 주워들었던 평양 시민들도 간달프 비스무레한 모습을 기대했다가 이제 막 군대를 제대한 듯한 짧은 머리의 청년 김일성을 보고 적잖은 충격을 받지 않았던가.[20] 잊을 만하면 반복되는 '가짜 김일성론'에는 이 '비주얼 쇼크'가 적지 않은 역할을 했다. 이승만 역시 그런 반향을 피하고 싶었을 것이다. '하라는 독립운동은 안 하고 말이지…', '조강지처가 시퍼렇게 눈 뜨고 있는데 저 무슨… 아이고' 이런 수근거림 말이다. 프란체스카는 이듬해인 1946년 2월 21일, 미소공동위원회에 모든 관심이 쏠려 있던 무렵 조용히 귀국했고, 이후 돈암장 외부에도 또 신문지상에도 거의 모습을 드러내지 않았다.[21] 박정희와 이승만은 모두 전처와 이혼 절차를 밟지 않고 다른 여자와 결혼(혹은 사실혼 관계)했다는 점에서 당대 남성의 모범이긴 했다.

비록 세대와 인종 그리고 문화의 거리는 멀고 멀었지만, 이승만과 프란체스카는 전생에 부부였던 것처럼 죽이 잘 맞았다. 오스트리아에도 삼강오륜과 칠거지악이 있었는지는 모르지만 "정숙한 부인은 남편에게 부엌일을 도움받아서는 안 된다"는 친정의 교육 덕택에 '아내 프란체스카'는 "여자는 말이 많으면 안 된다Women should be…"[22]는 이승만의 여성관에 딱 들어맞는 인물이었다. 껍데기만 서양 여자지 신사임당의 재림이요 육영수의 사표였다. 환갑이 넘어서도 구멍 난 양말 뒤축을 직접 꿰매 신으시고, 한복 입기와 김치 담그기가 취미이며, 남편이 하는 일에는 일언반구 대거리하지 않는 교과서에나 나올 법한 아내. 프란체스카가 남겨 놓은 서너 편의 글에도 이런 모습이 잘 묘사되어 있다. 그것이 자필 회고이기는 하지만 이런 모습이 그다지 거짓으로 보이지는 않는다. 그리고 말년의 프란체스카가 남긴 많은 사진들은 그런 현모양처의 모습을 잘 반영하고 있다.

이승만과 프란체스카의 찰떡궁합은 이런 '아름다운 부부관계(?)'에만 국한된 것은 아니었다. 이들은 부부이기에 앞서 환상적인 동지였다. 특히 정적, 그것이 공산주의자든 온건 좌파든 중도파든 혹은 우파든 그리고 심지어 미국이든 간에, 자신들의 앞길에 걸림돌이 되는 존재는 모두 격렬하게 비난했다. 다만 프란체스카는 특무대, 경찰, 군대를 동원하여 자신의 정적을 제거할 수 있는 대통령이 아니었다는 점이 달랐을 뿐이다.

1947년 한국의 전통무용가가 미국의 한 TV쇼에 출연했을 때에도 프란체스카는 오로지 "TV 출연을 후원한 인물이 펄 벅 여사"라는 이유만으로 불쾌하게 여겼다. 남편의 바람기를 걱정해서 그랬던 것은 물론 아니고, 펄 벅Pearl Buck이 유명한 반체제 인사이자 미군의 남한 점령에 대해 매우 비판적인 인물이었기 때문이다. 펄 벅의 이런 성향과 활동은 제2차 세계대전 중에도 마찬가지여서 수사기관원들의 골치를 아프게 했던 모양이다. FBI는 제2차 세계대전 중 요주의 인물들을 감시하기 위해 편지를 검열했는데, 펄 벅 역시 오랜 동안 이 명단에 이름을 올려놓고 있었다. 프란체스카도 미 정보기관 편지 검열의 피해자였지만 펄 벅을 동지라기보다는 적으로 생각한 듯하다.[23] "중국에 있던 시절부터 한국을 너무나도 방문하고 싶었던" 펄 벅 여사가 이승만 부처가 쫓겨나듯 망명한 다음에야 한국에 올 수 있게 된 데에는 다 이유가 있었던 모양이다.

이제 겨우 서른 남짓이었을 무렵 "한민족의 미덕은 양순함"[24]에 있다며 그저 복종하고 따르는 것이 국민의 의무라고 생각했던 이승만의 여자답게, 프란체스카는 "그 어떤 것이 되었건 간에 인민들people에게 이념은 좋지 않다"[25]며 일

사진 046 "1945년 10월 20일, 연합군 환영 대회장의 이승만과 아놀드 군정장관." 출처 : NARA

이승만은 남한의 대통령 직에 오르는 순간부터 '영부인 프란체스카 여사'를 거의 매번 동행시켰다. 한국전쟁 때에도 각종 행사장에 부인을 항시 대동하며 금슬 자랑이 대단했다. 한데 미군정기 3년 동안은 단 한 번도 공식석상에서 함께 모습을 드러내지 않았다. 이중혼 때문이든 초대 대통령의 자유분방한 결혼관 때문이든, 대중들의 눈앞에 드러나 왈가왈부되는 것이 싫었던 게 분명하다. 대통령 직선제였더라도 이승만을 이길 수 있는 유력 후보가 별로 없기는 했지만 말이다.

사진 047 에서 북한은 아직 분단정권 수립 문제를 공개적으로 논의하기 전이기 때문에 여전히 태극기를 국가의 상징물로 사용하고 있다. 여러 책자에서 점령기 북한 관련 사진들이 소

도시민중대회의 **김장군**

사진 047 이 사진은 1945년 10월 14일, 소련군 환영 평양시민대회 당시의 모습을 비롯하여 해방 1년간 북한의 모습을 담고 있는 사진첩 《8 · 15 해방 일주년 기념 북조선 민주주의 건설 사진첩》에 들어 있다. 출처 : NARA

개된 바 있는데, 그 출처가 《8 · 15 해방 일주년 기념 북조선 민주주의 건설 사진첩》(8 · 15 해방 일주년 기념중앙준비위원회)임을 알 수 있다. 이 공식 사진집에서 김일성의 초기 사진들이 몇 장 확인된다. 지금 생각하면 좀 이상하겠지만, 당시 이런 앨범들은 남한 사람들도 구할 수 있었다. 위 사진은 미군이 한국전쟁 당시 북한 평양 지역에서 노획한 문서들 속에 딸려 온 것이다. 김일성 바로 뒤에 보이는 사람은 레베데프 소련 제25군 군사위원으로 북한을 점령했던 소련군의 최고지도자다. 북한이 '김일성장군환영대회'라고 부르는 이날 집회에 김일성은 소련 극동군이 수여한 훈장을 달고 나왔는데, 현재 북한의 공식 역사서에서는 이 모습을 찾아볼 수 없다. 이는 이승만이 귀국 당시 프란체스카를 대동하지 않고 한동안 돈암장에만 숨겨놓은 것과 비슷한 의도였을 것이다. 김일성은 유일지도체제로 가는 첫 번째 계단("조선공산당 서북5도 당책임자 및 열성자대회" 10월 13일 폐막)을 이제 막 오르기 시작했다.

제의 압박에서 벗어나 새로운 세상을 꿈꾸던 '정치의 주인공, 국민'에게 그저 지도자의 뒤만 따라야 한다고 훈계했다. 또한 미군정 당국자조차 "과거 일제 시기에 복무했던 경찰 고위급들을 직위해제하고, 경찰 인력에 대한 훈련, 교도소 환경 개선, 시민권 보호 수준을 개선"[26]해야 한다고 말할 만큼 극심했던 남한 경찰의 공안 탄압에 대한 반응도 걸작이다.

경찰이 빨갱이를 잡아들이면 무엇하나요? 군정이 그들을 모두 석빙시켜 버리는걸.[27]

프란체스카가 이렇게 한탄하며 미군정의 인권 행정을 원망하던[28] 무렵, 서대문형무소에 수감된 정치범 수는 식민지 말기 총독부가 세워 놓은 기록을 연일 경신하고 있었다.[29] 좌우와 남북의 갈등이 결국 "내전으로 이어지지 않을까 모두 우려"하던 시절 거의 유일한 통합운동이던 좌우합작에 대해서도, "김규식이나 하지(미군정 최고사령관)나 누구든 간에 한국인들의 합작을 주장하는 이들은 반역자traitor"[30]라고 맹비난하며 철로 위를 달리던 충돌 직전의 두 열차를 세우기보다 석탄을 들이부었다.

어디 이뿐이랴. 돈암장 깊은 곳에 숨어 있던 프란체스카는 경무대로 옮겨 가면서 좀 더 노골적으로 국정 개입(?)에 착수했다. 프란체스카는 '국회 프락치 사건'(1949)과 관련하여 김약수 국회부의장 등 6명의 국회의원을 구속했다는 대검의 발표가 있기도 전에 이미 관련자들의 체포 계획을 알고 있었다. 누가 보더라도 이승만의 정적 제거 쇼에 불과했던 '국회 프락치 사건'에 대한 그녀의 코멘트도 4·19 데모대를 향해 "공산주의자의 조종을 받는 공산분자들"[31]이라고 일갈하던 이승만과 크게 다르지 않다.

500명의 군사고문단 철수와 관련하여 60명이 서명한 청원서를 유엔에 제출했어요. 이 같은 행위는 우리나라의 국방계획에 대한 분명한 도전 행위입니다. 북한과 접촉하고 있는 것으로 알려진 국회 부의장이 이 모든 행동의 리더입니다. 아마 국회 전체에 대해 엄청난 후폭풍을 불러일으키게 될 겁니다. 공산주의자들에 대한 체포가 있은 이후에 국회가 정신을 차렸어요. 현재까지만 보면 이제야 그들이 정치만이 아닌 그들의 일을 할 수 있을 것으로 보입니다. -
1949년 6월 21일 "프란체스카가 올리버에게[32]

"국회 전체에 대해 엄청난 후폭풍을 불러일으키게 될 것"이라는 그녀의 경고가 집행되는 데에는 오랜 시간이 필요하지 않았다. '소장파'라는 이름으로 '남북통일 결의안' 등을 제출하면서 내전이 발생할 것이 뻔히 보이는 상황을 역전시키기 위해 노력하던 국회의원 15명이 체포되면서, 우리의 제헌국회는 좌초하고 말았다. 워싱턴 주재 한국대사관 관저를 물색하는 일 등의 "여자의 손이 필요한 일"[33]에 '감 놔라 대추 놔라' 간섭했던 정도는 시빗거리도 아니다. 당시 주미 대사였던 장면은 이승만 부부의 워싱턴 현지 에이전트였던 올리버 부부를 통해 전달되던 프란체스카의 '사적인 훈령'을 처리하느라 적잖이 짜증이 났을 것이다. 장택상에 이어 두 번째 외무부 장관이 되는 임병직의 한국 귀국

•
1949년 5월부터 8월까지 남조선노동당의 프락치 활동을 했다는 혐의로 현역 국회의원 10여 명이 검거되고 기소된 사건. 그들이 기소된 이유는 국제연합 한국위원단에 외국군 철퇴와 군사고문단 설치에 반대하는 진언서를 제출한 행위가 남조선노동당 국회프락치부의 지시에 의한 것이라는 혐의를 받았기 때문이다. 재판 과정에서 모두 혐의 사실을 부인했으나, 재판부는 고문으로 인한 허위진술의 자백 내용과 신빙성이 검증이 되지 않은 암호문서를 근거로 1950년 3월 14일 국회의원 13명에게 모두 유죄를 선고했다.

"1953년 1월 26일. 밴 플리트Van Fleet 미 8군 사령관이 대한민국 대통령 영부인 프란체스카 여사가 준비한 생일 축하 케이크를 자르고 있다. 이승만이 주최한 이 행사에서 밴 플리트 장군은 한국의 건국훈장 메달을 수여받았다. 한국, 서울." 출처 : NARA

얼핏 생일 케이크 같지만 대한민국 건국훈장 수여를 기념하는 축하 케이크를 자르고 있는 모습이다. 훈장은 1월 29일 수여됐다고 하는데 행사는 1월 26일에 개최되었던 모양이다. 자세히 보면 케이크에 "밴·프-리트 장군 만세"라고 쓰여 있다. 이날 행사를 준비했던 프란체스카 여사는 공식 행사에 나설 때마다 늘 그랬듯 한복 차림이다. 한겨울에 두꺼운 벨벳 한복을 입었던 프란체스카 여사는 누구보다도 한국의 여성상을 강조하며 전통 국모상 수립에 큰 기여를 했다. 그녀는 "나도 한복의 아름다움을 절실하게 느꼈다"면서 "그 후 한복을 즐겨 입게 된 것은 물론"이라며 한복 예찬론자의 면모를 보였지만 "그래도 매일매일 입는 것은 도저히 엄두가 안 난다"고 불편함을 토로하기도 했다. 이 사진에서 한복을 제외하면 식기류는 대부분 전통 서양 용기를 사용하였다.[34]

이 늦어지자, "외무장관에 (임병직 말고) 다른 사람이 임명되는 것을 막기 위해 내가 얼마나 노력을 했는지 모를걸"이라고 큰소리치는 모습이나, 꼴 보기 싫은 중도파 김규식을 지지하던 기획처장을 기어코 경질하면서 "우리가 신상정보를 줄 때까지 발표하지 말라"고 했는데 공보부 사람들이 "내게 알리지도 않고without my knowing it 발표"[35]했다며 역정을 내는 대목에서는 신사임당이 아니라 미실의 환생이 아닐까 싶기도 하다. 혹은 "나는 거의 한 손만으로 공산주의자들과 싸우고 있다"[36]고 외치는 모습에서는 장팔사모를 꼬나들고 장판교에서 홀로 조조의 군대와 대치하는 장비가 오버랩되기도 한다. 그 어떤 모습이든 경무대 담장 너머로 잘 드러나지 않던 프란체스카의 본모습은, 백발에 비녀 꽂고 맘씨 좋은 미소를 날리시던 말년의 '이화장 할머니'와는 전혀 딴판이었다.

사족이긴 하지만, 프란체스카가 비록 남편을 잘못 만나 외곬수 할머니가 되기는 했어도 천성이 탐욕스럽고 오만방자했던 어떤 여성과는 격이 달랐던 점은 인정해야겠다. 무고한 시민들을 살해하고 대통령 직에 오른 남편과 듀엣으로 시민들 상대로 삥을 뜯기 바빴던, 그렇게 챙긴 돈의 일부를 토해 내면서도 못내 아깝고도 억울해하던 그런 부류의 "턱이 길어 슬펐던" 어떤 아지매하고 비교한다면 말이지.[37]

미모에 젊고 고학력이면 간첩?

프란체스카 할머니의 실제 모습과 널리 알려진 이미지 사이의 커다란 괴리를 감안해 보건대, 앞서 보았던 사로잡힌 북한군 여군 포로가 머리를 밀렸던 것은 그녀로부터 여성성을 제거하기 위한 조치였던 것이 분명한 듯싶다. 시너드 오코너나 리아 같은 빡빡머리 여가수는 절대 군 위문공연에 초대될 수 없는 것과 같은 이치다. 그녀들에게서 여성적인 무언가를 제외할 때 비로소 눈에 들어오는 실체, 본질, 적나라한 모습, 우리의 방첩기관들이 이를 놓칠 리가 없다. '여성 코스프레'에 대해 방첩기관이 특별히 주목해 왔다는 것은 그리 낯선 이야기가 아니다. "붉은 마타하리적 존재"는 대공 업무 종사자들이 가장 즐겨 사용했던 용어 가운데 하나였다. 여기엔 국경도 없다. 한국전쟁 당시 미군 방첩대CIC가 특별히 경계해야 할 대상으로 지목했던 세 부류 가운데 단연 주목을 받았던 것도 바로 여성이었다(나머지 둘은 "노인과 어린이"였다). 한국전쟁에 참전했던 미군 방첩대CIC가 전쟁 기간 동안 '여성 간첩들'에 대해 기록해 놓은 상세한 첩보들을 보자.

북한 당국이 평양의 최승희 무용학원 졸업자들 가운데 미모가 뛰어난 40인을 선발하여 피난민으로 가장시켜 남쪽으로 침투시키려 한다는 한국 경찰의 보고가 접수되었다. (중략) 이들은 특히 뛰어난 외모를 기준으로 선발했는데, 남한 부대에 매춘부로 침투하여 군인들로부터 첩보를 수집하려는 목적이다.
- 극동사령부 편, 〈방첩대 지구 야전 보고서〉 26호, 1951년 8월 15일자[38]

믿을 만한 첩보에 따르면 북한 정부가 약 5백여 명에 달하는 젊은 여성 간첩 요원들을 남한에 파견할 계획이라고 한다. 선발된 모든 여성은 적어도 고졸 이상의 학력을 갖추었으며, 각종 간첩 활동에 관한 석 달간의 훈련 코스를 거쳐야 한다. 이들은 통상 미군들과의 교제를 활용하여 남한 당국의 수사를 피하려고 한다. 이 그룹의 상당수는 유엔군 댄스홀이나 매음굴에 취업하고 있다. (중략) 현재 남한 내의 게릴라는 모두 3만 5천 명 정도 규모다. 이 가운데 18세에서 30세 사이의 여성 약 5천 명은 유엔 후방에 매춘부 등으로 투입되어 활동하고 있는 것으로 추정된다. - 극동사령부 편, 〈방첩대 지구 야전 보고서〉 2호, 1951년 10월 15일자[39]

"《뉴욕 헤럴드 트리뷴》 신문사의 외신기자인 마거릿 히긴스Marguerite Higgins가 남한에서 맥아더 장군을 인터뷰하고 있다. 맥아더 장군은 동경에 있던 사령부에서 한국을 방문했다. 1950년 6월 29일." 출처 : NARA

맥아더 장군을 인터뷰하고 있는 마거릿 히긴스는 한국 정부의 훈장도 받은 유명한 미국의 언론인이다. 히긴스 기자는 월튼 워커Walton H. Walker 장군이 "전쟁 통에 웬 여자?the front is no place for a woman!"[40]라며 자신을 전장에서 내쫓자 워커의 결정을 뒤집어 달라고 존슨 국방부장관에게 호소문을 보내기도 했다. "나는 한 명의 여성이 아니라 종군기자로 여기에 와 있습니다. 여기에서 싸우고 있는 장군들은 내게 해병대에 입대해도 되겠다고 말하기도 했습니다. 여성에 대한 차별을 담고 있는 이런 정책들을 하루빨리 취소해 주길 바랍니다."[41] 마거릿은 제2차 세계대전에도 종군기자로 활동한 바 있으니, 워커 장군의 처사는 매우 낡은 것이었다. 워커 장군은 유명한 반공주의자이자 반소주의자였으며 강력한 '반反페미니스트'였다. 마거릿 히긴스 역시 반공주의에는 누구보다 투철했지만 한국전쟁 종군기자로서 1호 페미니스트라고 할 만했다. 두 사람이 격돌했던 한국전쟁사의 '페미니즘운동'에서 승자는 히긴스였다. 한국전쟁 보도기사로 퓰리처상을 받은 첫 여성 기자가 되었으니 말이다.

지리한 휴전회담에 지친 심신을 달래기라도 하려는 듯, 전쟁이 막 1년을 넘어설 무렵 미군 방첩대CIC가 작성한 첩보 보고서에는 "미모의 간첩" 스토리가 심심찮게 등장한다. 당시는 미 공군이 휴전회담장 너머로 매일 3백 회 이상 출격하여 폭격하던 때였다. 미국은 대규모 융단폭격으로 하루라도 빨리 전쟁을 끝내고 싶어 했다.[42] 항공폭격이 처음 등장했던 제1차 세계대전 때에는 "장거리 항공폭격을 목격했던 사람들이 기겁"하기는 했어도 희생자는 극히 일부였다. 영국과 독일 시민 모두 합쳐 2천 명이 겨우 넘는 수준이었다.[43] 비극은 세2차 세계대전부터 시작되었다. 독일과 일본에 대한 전략폭격으로 무려 1백만 명에 가까운 민간인이 희생되었다.[44] 두 차례의 핵폭탄으로 희생된 사람들의 숫자는 뺀 것으로 전쟁 종료를 불과 6개월도 남기지 않은 시점의 민간인 희생자 수가 이 정도다. 이런 엄청난 비극이 매일 계속되던 무렵, 공산 측이 내놓은 가장 강력한 무기가 바로 저런 여성의 탈을 뒤집어쓴 "간첩"들이란 건데….

한국전쟁 동안 미군 헌병대와 방첩대CIC 요원들은 노인, 어린이 같은 사회적 약자에게 특별한 관심을 보였다. 여성도 여기에서 빠질 수 없었다. "몸수색이 중요한데, 특히 여성의 경우에 더욱 그랬"기에 심각하게 검문을 할 수밖에 없었다.[45] "박색의 여성일수록 서비스가 좋다"[46]는 전직 대통령의 '통찰'과는 다소 어긋나지만, 미군 방첩대CIC가 파악한 북한 당국의 요원 선발 기준은 그럴듯하게 보인다. 전쟁 당시 미군 방첩대CIC는 특정한 징후를 통해 여성 간첩을 색출하고자 했다. "젊고young", "고학력이며well educated", "미모를 갖춘beautiful", "춤 잘 추는good at dance"이라, 이거 SM 엔터테인먼트 오디션 요강인가? 간첩학교 입교 조건이 꽤 까다롭네. 한 가지 흥미로운 것은, 이러한 첩보를 미군 당국에 제공한 통로가 대부분 남한 경찰의 정보 계통이었다는 점이다.

시기는 좀 다르지만 한국전쟁보다 3년 정도 전에 경찰의 '정보 보고'는 인용은 하되 믿기 어려운 게 대부분이라는 평을 받았다. 오죽했으면 "경찰서장의 인형을 만들어 창으로 마구 찔러 대는 좌익들을 보고 서장이 사표를 제출"했다고 비웃었을까?[47] 우익들에게서 종종 찾아볼 수 있는 '능력은 좋지만 머리가 따르지 않는' 사례였다. 경찰의 이런 의욕 과잉에 대해 미군 정보참모부G-2는 정보 판단 과정에서 이 점을 주의해야 한다고 특별히 지적했다.

(아래 제시되는 정보들은 경찰에서 입수된 것이다. 그렇기 때문에 과장되어 있다. 정보의 문단이나 특별한 구문에 대해서 정확성에 대한 정보 평가가 이루어지지 않는 경우, 관련 정보는 경찰에서 들어온 것이다.)[48]

미군 방첩대CIC 반월간 보고서 1948년 2월호에 이 문장을 괄호까지 만들어 집어넣어 놓은 이유를 생각해 보자. 반월간 보고서에는 테러 행위와 암살 모의 등과 관련된 통계와 각종 수치가 실려 있는데, 방첩대CIC 고유의 정보 평가 없이 설명된 정보들은 대부분 경찰에서 들어온 "과장된" 정보라는 의미다. 전쟁이라는 비상 상황에 미처 대처하지 못한 부분도 있지만, 경찰들의 이런 믿기 어려운 그러나 놀라운 정보들은 미군 정보기관원들의 셈법을 복잡하게 만들었다.

'유엔 마담', '양공주' 등의 신조어가 나돌았지만 얼마나 많은 여성들이 미군의 요시찰 대상에 포함되었을지는 정확히 알기 어렵다. 관련 통계가 아직 확인된 바 없기 때문에 그들의 추정을 빌려 볼 수밖에. 미군 방첩대CIC가 "후방에 투입된, 매춘부로 위장한 여성 간첩"을 5천 명으로 추산한 것은 1951년 8월 무렵이었고, 학자들이 1952년경 유엔 마담의 숫자가 대략 2만 5천 명 정도라고 추정하고 있으니, 어림잡아 계산해도 매춘 여성 다섯 명 가운데 한 명은 "붉은 마타하리적 존재"에 해당하는 셈이다.

'유엔 마담'이라고 손가락질 받던 여성들 가운데는 전장에서 희생된 미망인들이 적지 않았으며, 가족을 잃거나 보살펴 줄 친인척이 없는 고아가 택할 수 있는 많지 않은 선택지 가운데 하나가 '양공주'였다. 사회적인, 관습적인, 생물학적인 그리고 또 인종적 차별 구조에 놓여 있던 이들에게 이제 이념적인 억압 하나가 더 얹어졌다. 궁지에 몰린 이들은 대개의 경우 특별한 항변의 기회도 또 지원해 줄 사람도 갖지 못한 채, 막무가내의 무고와 고문의 희생자가 될 수밖에 없었다.

여성이 피해자인 사건들, 다시 말해 피해자가 여성일 수밖에 없는 성범죄에 대한 통계나 자료가 유난히 빈약하다는 사실은 그리 놀랍지도 않다. 소비에트의 기계적 농업 집단화가 초래한 비극과 관련하여 "(1930년대) 대기근 동안 죽어 나간 사람의 통계보다 손실된 가축에 대한 통계가 더 정확하다"[49]는 에릭 홉스봄Eric Hobsbawm의 슬픈 농담은 남 이야기가 아니다. "을축대홍수에 쓸려간 가축에 대한 통계가 실종된 사람에 대한 통계보다 더 정확"했다고 기록한 미군정 군사관軍史官이나,[50] "휴머니즘에 반反하는 인명 경시라는 주제는 오랜 동양의 전통으로 인해 아시아 지역 인민들에게 그다지 큰 반향을 불러일으키지 못한다"[51]며 중공 측의 세균전 공세에 특별히 대응할 필요가 없다고 비웃던 워싱턴의 미군 고위 관리들은 우리의 '기록 부실'을 탓할 자격이 별로 없다. 1945년 9월 8일 이래로 남한에 깊이 개입했던 그들 역시 여성 관련 기록이나 관리에 소홀했던 것은 별반 다르지 않으니까. "1951년 1월의 첫 두 주일 동안 남한의 청년단체를 경무장시키기 위해서 이승만 정부가 빼돌린 것으로 보이는 미군 M-1 소총이 무려 1만 5,096정, 그리고 카빈 소총은 5,985정"[52]이라며 한 자리 수 단위까지 세세하게 기록해 놓았던 그들은, 남한 점령 3년과 한국전쟁 기간 동안 미군이 가해자인 성범죄가 과연 몇 건이나 발생했는지에 대해서는 거의 함구하고 있다. 이런 문제는 주한미군 헌병대에서 철저하게 관리하고 단속해야 할 사건이었는데도 말이다.

"20세, 부산의 여학생이자 공산주의 지도자인 한 여성이 국군 수도사단 헌병에게 심문을 받고 있다. 부산 거제리 포로수용소. 이 여성은 전쟁 발발 이전부터 공산주의자였다. 1951년 12월 13일. 제226 통신 중대 소속 폴 스타우트Paul Stout가 촬영했다. 연합군 최고사령부의 사용 허가가 나올 때까지는 공개하지 말 것." 출처 : NARA

사진 촬영 당시 20세였으니 이 여성은 최소한 열여덟 살이 되자마자 공산주의에 복종 맹세를 한 모양이다. 고3 정도 되는 나이다. 이념을 받아들이는 데 나이 제한이 없으니 그렇게 볼수도 있다. 포로수용소에 갇혀 있던 포로들과 비교해 보면 그리 어린 나이도 아니다. 거제 포로수용소에는 겨우 열 살을 넘긴 아이들도 꽤 있었다. 공산주의를 〈아기공룡 둘리〉나 〈인어공주〉 같은 '전 연령 관람가' 영화 관람하듯 한두 시간 정도 투자하면 얻을 수 있는 뭔가로 생각했는지는 모르겠지만, 이 사진은 1950년 당시 '공산주의의 본질'을 잘 보여 준다. 이제 겨우 고등학교를 졸업했을 이 소녀가 마르크스의 이름이나 알고 있었을까 싶다. 이 여성과 비슷한 나이에 포로가 된 북한 여군 류춘도는 포로수용소에서 석방된 지 얼마 되지 않아 "묘령의 여간첩단 사건"으로 다시 체포되었다. 모두 17명의 '여간첩단'을 수사하는 과정에서 류춘도와 서울에서 함께 공부했던 고아 출신의 친구는 고문을 이기지 못하고 사망했다. 사진에서 보이는 인도적인 심문이 끝나면 가해질 포로들에 대한 "무시무시한 고문"[53]에 대해서는 이 소녀와 비슷한 상황에 놓여 있던 포로의 증언에서도 잘 드러난다.

사진 051 "피난민으로 위장하여 유엔의 방어선을 침투하려던 북한 여성을 미 보병 제40사단 잭 패트리 소위 와 한국 통역관이 심문하고 있다. 1952년 4월 12일." 출처 : NARA

"피난민으로 위장하여 유엔군의 군사기밀을 탐지하려" 했다는 간첩의 표정을 보면, 북한이 얼마나 스파이 교육을 훌륭하게(?) 시켰는지 확인할 수 있다. 북한은 보통 피난민으로 위장한 간첩을 남한에 침투시켰는데, 대부분 사전 교육도 없이, 타고난 대로, 태생이, 날 때부터 간첩 을 할 수밖에 없는, 이런 월드 클래스급 간첩 소질을 가진 자들을 선발해서 보내곤 했다. 뒤에 서 안타까운 표정으로 쳐다보고 있는 소년은 이 간첩단의 '수괴'로 보인다.

사진 052 "1951년 11월 3일. 한국의 전쟁 신부들 : 미국으로 복귀하는 귀환 장병들이 자신들의 신부와 아이들과 함께 배에 오르고 있다. 한국, 부산. 이 배는 일본을 거쳐서 미국으로 갈 예정이다." 출처 : NARA

사진 052 에서는 당대 여성들의 얼굴에서 흔히 보이는 위선적인 혹은 가식적인 웃음이 아니라 (이제 이 지긋지긋한 한국을 버리고 미국으로 떠난다는 사실에) 정말 들떠 있는 표정을 확인할 수 있다. 물론 전쟁과 가난에서 벗어나기는 했겠지만, 서구인들의 오리엔탈리즘, 한국이라는 가난한 소수민족 출신, 게다가 여성이라는 점을 감안했을 때 이들의 미래가 과연 기대대로였을까?

사진 053 · 054 · 055 "부산의 미군 부대 담장 바로 옆에 있던 매음굴house of ill repute 내부. 작은 방마다 번호가 매겨져 있다. 현재 철거중이다. 1952년 5월 17일." 출처 : NARA

매음굴이 소속된 협회 명칭이 벽에 붙어 있다. 출처 : NARA

이 네 장의 사진은 1952년 5월 17일, 부산의 매음굴 철거 작전이 진행되던 당시에 미군 통신 부대 사진사가 연속으로 촬영한 것으로 매음굴 내부와 외부 전망을 잘 담고 있다. 이 사진들은 사진 설명 위에 연필로 대외비official use only라고 쓰여 있다. 언론 공개용, 즉 미군의 '인도주의적 활동'을 홍보하기 위해 촬영한 것이 아니라는 의미. 흔히 텍사스촌이라고 불리던 매음굴은 미군부대 코앞에 있었는데, 사진으로 보면 마치 미군부대 시설처럼 보인다.[54] 당시 텍사스촌은 여러모로 미군 지휘부의 골칫거리 중 하나였는데, 부산 지역 시설물 철거가 결정되어 작전에 나선 것이다. 대부분 나무로 지어진 집들이라 철거에 중장비가 동원될 필요도 없어 보인다. 매음굴 내부 시설은 보잘것없다. "서면 특수카페―영업협회원장" 표식이 매음굴이 소속된 협회 명칭을 알려준다. 사진으로는 매음굴의 정확한 위치를 알기 어렵다. 1951년 7월 피난 국회에서는 '전시생활개선법안'이라 이름 붙여진 이른바 접객업소의 접대부 고용 금지 법안을 토의했다. 당시 "외국인 접대에 관하여 필요한 때에는 특례를 둘 수 있다"는 조항을 삽입할지 여부를 두고 논란이 일어났다. 결국 이 조항은 삭제되었지만 "대통령이 필요에 따라 예외를 둘 수 있다"는 구절을 살려 두면서 폐지된 조항의 실효를 도모했다. 자신들을 위해 '여성 접대부'를 합법화할 수도 있다는 이 과도한 호의를 미군은 어떻게 받아들였을까? 특히 미군들에게 접근시키기 위해 특별한(?) 자질을 가진 여성들을 북한이 훈련시키고 있다는 첩보를 알고 있던 미군 첩보장교들이 들었다면 말이다. '이 나라는 원래 그런가? 빨갱이고 파랭이고 간에…'라고 생각했을까? 미국인들을 상대할 때 이 특별한 형이하학이 효과적이라는 신념은 그 뒤로도 꽤 오래 지속되었다.

사진 057 · 058 FBI가 철해 두었던 펄 벅과 찰리 채플린의 신문기사 스크랩 자료. 출처 : NARA

펄 벅의 반체제 성향은 한국을 배경으로 한 소설 《살아 있는 갈대The Living Reed》(1963)에서도 잘 드러난다.[55] 이 소설에서 그녀는 1945년 9월 9일 인천에 상륙한 미군을 환영하러 나왔던 인천 지역 노동조합원들이 일본군에게 살해된 사건을 담았다. 펄 벅을 비롯하여 아인슈타인Albert Einstein, 휘태커 체임버스Whittaker Chambers, 앨저 히스Alger Hiss, 찰리 채플린에 대한 도감청 기록이 모두 NARA의 FBI 관련 자료에 남아 있다.

찰리 채플린은 유명한 친러시아계 인물이었다. "한국 영화계는 거의 빨갱이들"이라며 투덜거린 어떤 정치인 같은 분이 한국에만 있었던 것은 아니었으니, 냉전 시기에 전 세계 어느 곳에 가더라도 이런 분들이 활약을 하셨다. 미국 의회가 반미활동조사위원회House Un-American Activities Committee를 만들어 '할리우드 사냥'을 시작했던 것은 이런 고위층의 심사를 뒤

154 첩보 한국 현대사

틀리게 만든 인물들, 채플린을 비롯하여 "험프리 보가트Humphrey Bogart, 제임스 캐그니 James Francis Cagney, Jr., 프레드릭 마치Fredric March" 같은 "빨갱이 혐의자들"을 몽땅 잡아 넣으려는 생각에서였다.[56] 1938년 5월에 문을 연 이 위원회의 의장은 공화당 출신의 텍사스주 하원의원 다이스Dies였다. 이 양반은 아주 유명한 반反루스벨트주의자로 "전지전능하신 독재자dictatorship of the Almighty"라며 루스벨트를 비아냥댔던 것처럼 "아이들의 머리를 조종하여 어른들에게 불복종과 반항심을 불러일으키"고 "미국의 평화를 교란하여 복종으로부터 탈출하려는 지식인들을 뒤에서 조종"한다며 10여 년 이상 지속적으로 채플린 뒷조사를 진행 중이었다. 이 위원회는 활동 개시와 함께 할리우드와 공산주의의 미묘한 관계를 조사하기 시작했다. 특히 채플린이 어떻게 〈전함 포템킨The Battleship Potemkin〉의 감독 에이젠슈타인Eisinstein과 연락하고 "소련 노래를 그리 신나게" 불렀는지, 공산주의의 할리우드 간첩 조직(?)인 소련 영화 스튜디오American Proletkino가 1932년에 만들어지게 된 배경에 채플린이 관련된 바는 없는지 등을 훑고 다녔다. 다행히 채플린은 미국인이 아니라 영국인이었기 때문에 이 위원회에 불려 나가는 수모는 면했지만, 그와 친했던 많은 감독과 작가, 제작자들이 고생했다. 채플린이 회고록에서 밝힌 것처럼, 그는 소련 주재 대사인 조셉 데이비스 Joseph E. Davies를 대신하여 소련 전쟁 구호를 위한 모임에서 연설한 것 때문에 FBI의 용의자 목록에 올랐다.[57] 채플린은 FBI 조사에 넌더리가 나서 "다시는 미국 땅을 밟지 않겠다"고 선언한 후 유럽으로 출국해 버렸다.

훗날 1972년 아카데미 시상식에서 채플린에게 특별상Lifetime Achievement Award을 수여하면서 그를 초대했는데, 닉슨 대통령에게도 '채플린 환영만찬' 초대권이 배송되었다. 대통령의 참석 여부를 담당했던 대통령 언론 담당 부수석 클로슨Ken Clawson은 기자들을 향해 "채플린이 미국 대통령과 만나는 일은 결코 바람직하지도 않으며 대통령께 말씀을 여쭙기도 어렵습니다. 그가 1930년대와 40년대에 어떤 일을 했는지 기억하십니까? 우리 정부에 무슨 짓을 했는지 말입니다?"라고 차갑게 말했다.[58] 팔순을 넘긴 노인네에게 하는 짓치고는 좀 유치했다. 내일모레면 돌아가실 듯 보이는 분한테 말이지.

1930년대 지식인들 대부분이 그랬던 것처럼, 채플린 역시 러시아에서 벌어지고 있는 새로운 실험이 성공하길 희망했다. 채플린과 친했던 허버트 조지 웰스H.G. Wells, 펄 벅, 오손 웰스 Orson Welles, 아인슈타인 등은 대표적인 '사회주의자'였으며 대부분 채플린과 비슷한 꿈을 꿨다. 물론 이 시기 많은 사회주의자들이 나중에 다시 반대진영으로 되돌아왔다.[59] 그 무렵에는 사회주의가 부패한 자본주의를 대신해서 새로운 무언가를 남겨 줄 걸로 기대했던 모양이다. 지금은 모두 다 박살이 났지만 1930년대에서 제2차 세계대전 직후까지 채플린을 비롯한 지식인들에게는 사회주의가 망할 대로 망해 버린 자본주의를 대체하여 '새로운 길'을 제시할 수 있는 유력한 희망이었다.

방역선 너머의
사람들

"우리가 학살과 관련된 기록을 명확하고도 엄격한 기록으로 남겨 두지 않는다면, 전쟁에서는 원래 그런 일이 일어나게 마련이라면서 합리화되는 참극에 대해 결코 비난하지 못하게 될 것입니다. 우리는 이런 확실한 증거들을 기반으로 무엇보다도 중요한 이 과업을 수행해야 합니다"
- 로버트 잭슨Robert Jackson 대법관이 트루먼 대통령에게 보내는 보고서에서, 1945년 7월 7일[1]

"방첩Counter-Intelligence 임무는 반역, 반란 선동, 전복 활동, 불평불만을 탐지하여 그것을 발각, 예방하여 현지에 수립된 부대의 작전 활동에 기여하는 것이다. 아울러 군의 통제 하에 있는 지역 내부의 혹은 그 지역을 겨냥하는 간첩 · 사보타주 행위를 무력화하는 것에 있다."
- 미 육군 규칙 181-1003[2]

첩보도 꿰어야 정보

선량한 시민들에게는 그리 중요하지 않겠지만, 사실 첩보와 정보는 약간 다른 개념이다. 보통 정보활동 등을 통해 수집한 '첩보information'에 1차적 가공(신뢰도 평가, 분석 등)이 이루어져 가치를 획득하게 된 것을 '정보intelligence'라고 부른다.[3] 구슬이 첩보라면, 꿰어 놓은 구슬이 정보인 셈이다. 이 책에서는 두 용어를 구분하여 사용하겠지만, 둘을 혼용하거나 혼동해도 크게 문제될 것은 없다. '정보활동'이 '첩보활동'을 포괄하는 좀 더 넓은 개념이라는 것만 기억하면 된다. 정보활동이란 용어와 관련된 우리 현대사의 악몽 같은 기억을 되돌아본다면 오히려 '방첩Counter-Intelligence'이라는 단어가 더 적절하겠다.

정보활동은 대체로 국가 안보에 위협이 되는 모든 '데이터'를 수집/분석하는 작업을 의미하는, 축구로 말하자면 하프라인 너머의 활동이다.[4] 한데 하프라인 저쪽에도 우리와 똑같은 모습을 하고 비슷한 욕망을 가진(적어도 자신의 정부 혹은 체제를 유지하려는 생존 욕구의 측면에서) 집단이 있고, 그들도 동일한 활동을 우리 진영에서 전개하기 마련이다. 따라서 이를 막아 내는 것도 정보기관의 중요한 업무가 될 수밖에 없다. '방첩활동'이란 정확히 이런 활동을 의미한다.

적이 우리 진영에서 벌이는 정보활동을 탐지·저지하는 일은 국내 치안을 담당하는 기구가 맡기 마련이지만, 사회가 점차 복잡해지고 국가 간 경계가 흐려지고 경제활동이나 과학기술 관련 정보까지 국가 안보 개념에 포함되면서, 단순한 첩보 수집과 적의 첩보 수집을 막아 내는 활동의 경계가 느슨해졌다. '전원 수비 전원 공격'의 토탈 사커 시대가 도래한 것이다. 축구의 역사에서는 토탈 사커가 신선한 자극을 불러일으켰지만, 정보활동의 역사에 등장한 '정보활동과 방첩활동의 결합'은 비극이었다. 거대한 국내 감시체계, 정보기관의 비대화, 인권침해, 시민의 정당한 저항권과 적국에 의한 사보타주 활동의 동일시 등과 같은 부작용을 낳은 것이다.

감시 대상은 "지구상에서 일어나는 모든 활동"

미군에서 어떻게 이 정보 관련 기구들이 설치되고 발전했는지는 잠시 뒤에 보기로 하고, 미국인들이 만들어 놓은 비극적이자 희극적인 상황들 몇 가지를 먼저 살펴보자. 미군 방첩대가 처리한 사건임에도 불구하고, 그러니까 우리가 잘 아는 중앙정보부나 경찰이 직접 수사한 사건이 아님에도 불구하고 60~80

"수집된 날짜 1919년 12월 1일. 시베리아 블라디보스톡에 있던 연합군 합동 검열 사무실 내부. 1919년 6월까지 모든 전신 통신telegraphic communication에 대해서 연합군이 공동으로 검열을 실시했다. 미국, 영국, 체코, 일본 및 러시아군 대표들이 이런 전문들을 함께 검열했다." 출처 : NARA

제1차 세계대전의 서구 아니 동서구의 열강들이 러시아내전에 간섭하기 위해 군대를 파견했는데, 이 부대들이 모두 블라디보스톡에 사령부를 설치했다. 당시 군의 방첩 관련 기관은 아직 오늘날의 미군 방첩대CIC 같은 조직이 만들어지기도 전이고(물론 CIC의 전신인 비밀부대 Secret Service는 만들어졌지만), 정보참모부G-2가 이제 막 만들어지던 무렵이었다. 군 내부에서 방첩 관련 기능이 중요하다는 지적에 따라서 정보참모부G-2가 만들어졌으며, 이후 방첩 관련 업무를 전문으로 담당할 방첩대CIC의 결성으로 이어지게 된다. 사진을 검토하는 사람들 중 미국 장교들은 MI-10 소속 장교들이었을 것으로 생각된다. 미 정보부대 설립에 대해 서술했던 길버트James L. Gilbert의 설명에 따르면 "사진을 비롯하여 서신, 라디오, 전문電文, 출판물 등에 대한 검열 활동은 1918년 제1차 세계대전 종전 무렵부터 새로운 부서인 MI-10에서 담당"했다고 한다. 정확히 편지의 어떤 내용이, 출판물의 어떤 기록이 "미군의 전쟁 노력에 부당하게 저항"했는지는 알 수 없지만, 당시 기록으로는 모두 126개 출판물의 유통을 막았다고 한다. 한편 사진의 경우 "적군이 특별히 선전으로 사용할 수 있는 내용", 특히 "미군이 아파서 누워 있는 사진 같은 것들"에 대해서는 엄격히 유통 금지 마크를 붙였다고.[5]

년대 한국 공안기관이 조작했던 간첩단 사건을 그대로 판박이한 듯한 일들이 많다는 데 놀랄 수밖에! 사건에 연루된 사람들의 면면을 보면, 새 카메라를 테스트하려고 사진 찍다가 걸린 사람, 영어 회화 좀 잘해 보려고 건물 안에 미군이 몇 명 있냐고 어눌하게 말을 걸었던 촌부, 생계를 위해 위조된 38선 통행증을 소지했던 상인, 미군 숙소 주변 쓰레기통을 뒤지다가 군 관련 문서 몇 장을 주워 온 아낙들, 흥에 겨워 〈적기가〉를 부르다 체포되어 온 김포비행장 식당 청소부….[6] 게다가 이런 비극을 만든 사태의 원인에 대한 설명은 누가 들어도 그럴싸하지 않다. "한국인들은 태생적으로 궁금증이 많은 민족이라서 진짜 간첩이 던지는 질문과 애정 어린 마음에서 부대의 사정을 물어보는 질문을 곧바로 분간해 내기란 쉽지 않다"라고, 마치 한국인들이 가진 동양적 전통 때문에 이런 비극이 발생한 것처럼 이야기하니 말이다.

그럼 같은 민족이 만든 중앙정보부나 안전기획부는 사정이 많이 달랐을까? 글쎄…, 민주주의를 수호하라고 만든 기관이 오히려 민주주의를 위협하는 사태는 오늘날 전 세계 자유민주주의 국가들의 정보기관이 공통적으로 맞닥뜨리고 있는 문제다. 예를 들어 "공적인 예산을 들여 비밀스럽게 수집한 정보가 사적인 이해관계를 추구하는 개인이나 기업들에게 공평하게 분배"된다고 어떻게 보장할 수 있는가? 부동산 개발 지역을 미리 알 수 있는 그런 종류의 정보라면 눈감고 넘어가 줄 수도 있겠지만, 전 세계 전화와 통신, 방송과 인터넷을 감시하는 에셜론Echelon 시스템이 미국 기업을 비밀리에 도와주고 있다면?[7] 오래간만에 삼성 같은 대기업과 온 국민이 혼연일체가 되어 반미시위를 벌일지도 모를 일이다. 정보기관의 비밀스럽고 핵심적인 정보 수집 기능에 대해 전前 CIA 국장 터너Stansfield Turner는 회고록에서 이렇게 말했다. 좀 길지만 인용할 가치가 충분하다.

정보 수집에서는 그야말로 혁명이 진행되고 있다. 지금 지구 상공을 돌고 있는 인공위성에서부터 하늘을 자유롭게 날아다니는 항공기, 여러 가지 탐지 대상물들에 아무도 모르게 설치되어 있는 소형 탐지 센서들까지, 이제 지구상에 있는 어떤 물체든 적어도 한 가지 이상의 탐지 센서를 통해 탐색할 수 있는 시대로 접어들고 있다. 우리는 아주 먼 거리에서도 고화질 사진을 촬영할 수 있으며, 적외선 탐지 장치로 열을 탐지할 수 있고, 자기탐지기로 금속 물질을 찾을 수 있다. 도플러 레이더를 활용해 미세하게 움직이는 물체나 움직이지 않는 물체를 구분해서 탐지할 수 있다. 은폐나 엄폐되어 있는 사물을 레이더를 이용하여 탐지할 수 있고, 인간의 음성에서 전자파에 이르기까지 모든 유형의 신호를 도청할 수 있다. 정교한 가이거 계기Geiger counter를 이용해 핵 방사능을 탐지할 수 있으며, 진동을 측정하는 장비로 원거리에서 이루어진 지하 폭발을 감지할 수도 있다. 곧 우리는 지표상의 거의 모든 활동들을 밤이건 낮이건 날씨가 좋건 나쁘건 어떻게 해서든지 추적할 수 있게 될 것이다.[8]

CIA의 감시체제를 비판하기 위해 쓴 것은 아니지만 미셸 푸코Michel Foucault도 '판옵티콘panopticon'에 대해 이와 비슷한 설명을 붙여 놓았다. 모든 것을 감시하는 체제는 "스스로에 대한 감시"도 놀랍게 "규율"한다고 말이다.

벤담의 '일망—望감시시설(판옵티콘panopticon)'은 이러한 조합의 건축적 형태다. 그 원리는 잘 알려져 있다. 주위는 원형 건물에 에워싸여 있고, 그 중심에는 탑이 하나 있다. (중략) 따라서 중앙의 탑 속에는 감시인을 한 명 배치하고, 각 독방 안에는 광인이나 병자, 죄수, 노동자, 학생 등 누구든지 한 사람씩 감금할 수 있게 되어 있다. 역광선의 효과를 이용하여 주위 건물의 독방 안에 감금된 사람의 윤곽이 정확하게 빛 속에 떠오르는 모습을 탑에서 파악할 수 있는 것이다. 그것은 바로 완전히 개체화되고, 항상 밖의 시선에 노출되어 있는 한 사람의 배우가 연기하고 있는 수많은 작은 무대들이자 수많은 감방이다. 이 일망 원형 감시장치는 끊임없이 대상을 바라볼 수 있고, 즉각적으로 판별할 수 있는, 그러한 공간적 단위들을 구획 정리한다. (중략) 충분한 빛과 감시자의 시선이, 결국 보호의 구실을 하던 어둠의 상태보다 훨씬 수월하게 상대를 포착할 수 있다. 가시성의 상태가 바로 함정인 것이다.[9]

    푸코가 CIA에도 좀 관심을 가져서 근대적 규율체제 가운데 하나로 비판했다면 좋았겠지만 그러지 않았어도 상관없다. 터너 전 CIA 국장의 말은 정확히 이런 규율체제에 대한 친절한 설명이다. "우리는 지구상에서 일어나는 모든 활동들을 추적할 수 있게 될 것"이니 감시를 받는 대상은 언제 어디서건 우리가 지켜보고 있다는 데 강박을 가져야만 한다고, 하지만 우리는 우리가 가진 것이 무엇이며 무엇을 지켜봤는지에 대해서는 결코 친절하게 설명해 주지는 않을 거라고, 필요한 경우에만 그것을 확인해 줄 뿐. 북한의 핵무기 개발도 비슷한 상황이다. CIA의 '일망감시체제'가 우리 같은 착한(?) 민간인에게 적용되는 것도 문제지만, 국제사회에 적용된다면 또 다른 심각한 상황이 벌어질 것이다. '모든 걸 다 공개하는 국가' 대 '모든 걸 다 감시하는 국가', 이 두 국가가 싸운다면 누가 이기겠는가.

    미국이 이런 우월한 과학적 · 국가적 감시장비를 보유하고 있음에도 불구하고 여전히 정보전에서 패배한 전과는 꽤 많다. 한국전쟁이나 베트남전에서의 패배는 빼더라도, 소련의 핵무기 규모를 실제보다 무려 다섯 배나 더 확대해석하는 바람에 미국이 핵미사일 경쟁에서 소련에게 지고 있다는 '미사일 갭' 논쟁을 만들어 낸 적도 있고, 또 최근에는 이라크와의 전쟁에서는 있지도 않은 '대량살상무기'가 있다고 뻥을 치기도 했고,[10] 그리고 한국의 정보기관은…

(나 원 더러워서 진짜…).

우리는 이 근본적인 체제의 문제(?)를 거론할 능력도 또 용기도 없다. 다만 우리 방첩활동사의 몇 가지 장면들을 사진으로 감상해 볼 뿐이다. 게다가 필자의 직업상 대부분 '미군'들의 정보 및 방첩활동을 대상으로 하는 것이니 괜히 우리 정보기관원들께서 신경을 곤두세우실 필요는 없겠다. 이거 남 얘기에요, 남 얘기~.

무의미하게 희생된 생계형 첩보원들

서로를 박멸하지 못해서 안달인 두 개의 거대한 적대적 체제가 70년 가까이 으르렁거리고 있는 한반도는 '정보활동'에 관심이 있는 사람들에게는 최고의 실험실이다. 한반도는 이런 종류의 '정보공학'의 실험 장소로 곧잘 활용되곤 했다.

미국은 전술핵무기가 처음 개발 단계에 들어섰던 1951년 3월경, 전술 유도 미사일 혹은 대구경 야포에 적재된 핵탄두가 어느 정도의 효과를 발휘할지 몹시 궁금했다. 마침 전술유도미사일이 막 개발에 성공했기 때문에 미 육군부의 작전조사처Operations Research Office가 이 궁금증을 해결할 임무를 담당했다. (비록 '도상圖上실험'이긴 했지만!) 실험 대상으로 삼은 것은 1950년 11월과 12월 중공군과 북한군이 밀집해 있던 한반도 허리 지역(철원 부근의 '철의 삼각지대'와 황해도 대천리 등)이었다. 전술핵무기의 효용을 실제 데이터를 토대로 추론한 사실상의 첫 번째 모의연구였다.[11] 일본의 대공 방어벽이었던 남한이 공격받을 경우 미국이 어떻게 나올지 궁금했던 스탈린에게도 한반도는 훌륭한 '표본실의 청개구리'였다.

이 거대한 실험실에서 얻은 성과도 많았지만 실험에 동원된 인간 모르모트들의 희생도 적지 않았다. 한국전쟁 희생자를 비롯해서 그 많은 억울한 죽음들을 누가 위로할 것인가? 이런 희생의 끝자락에 한 가지 사례를 덧붙이자면, 원자력을 활용한 김치 보관법을 연구하신 모 대학 교수님을 들 수 있겠다. '원자력의 이 무시무시한 활용법을 고찰 중이던 학자' 역시 미 대사관이 실험 대상에 넣어 두고 있던 모르모트 중 한 명이었다. 늘 그렇듯이 우리가 관심을 두는 것은 바로 그런 억울한 희생양들이다. 실제 한반도에서 진행된 동서 진영 각축전의 대부분은 첩보전이라는 단어가 연상시키는 그런 이미지들, 비밀리에 개발된 첨단장비, 잘생기고 똑똑한 첩보요원의 활약, 치밀한 계획과 한 치의 오차도 없는 실행, 그렇게 수집된 첩보 혹은 정보를 활용하여 가까스로 인류의 파멸을 막아 내는 극적인 결말 등과는 사뭇 거리가 멀었다.

물론 실제 첩보전 와중에 이 비슷한 일들이 가끔 벌어지기는 했다. 한번은 영국 정보기관이 전자기기 작동 시 발생하는 미세한 전자파를 탐지하여 메시지를 복원하는 방법으로 프랑스 대사관이 본국에 보내는 전문을 읽은 적이 있다. 이 정도의 전자 도청electronic intel은 흔한 일이어서 대부분의 대사관에서는 서신을 암호화하는 기계에 전자파 보호막을 설치하는데, 당시 프랑스 대사관에서 이를 깜빡한 모양이다.[12] 하지만 이런 일은 지금에야 가능한 것이고 한국

서울 주재 미 대사관이 국무부로 보내는 외교 전문 〈격주간 경제 회고〉 7호, 1962년 4월 6일. 아직 대통령 선거가 치러지지 않았고, 정부는 쿠데타를 일으킨 국가재건최고회의의 통치 아래에 들어 있을 무렵 작성된 이 문건에서, 버거Berger 미국 대사는 한국이 "새로운 원자로가 가동되면서 원자력의 시대를 맞이했다"고 기록하면서 새로운 원자로 가동으로 여러 가지 실험이 진행될 예정인데 그중 한 가지 연구 주제는 "한 대학교의 과학자가 진행 중인 (원자력의) 방사선을 활용한 김치의 보관법"이라며 숨가쁘게(!) 급보했다. RG 319, Security Classified Correspondence of the Public Affairs Division, 1950-64, Correspondence of the Public Affairs 19 Division, 1950-64, J-K, Box 19. (국사편찬위원회 전자사료관 http://archive.history.go.kr/image/viewer.do?system_id=000000043295)

"게슈타포 여성 비밀요원을 체포한 프랑스 레지스탕스 부대Maquis Forces 대원. 이 여성은 이중신분증을 소지하고 있었기 때문에 체포되었다. 1944년 9월 11일." 출처 : NARA

이중신분증을 소지하는 것은 이중간첩 혐의를 받을 수 있는 매우 위험한 일이었다. 이 여성은 이중신분증이 아니더라도 한눈에 간첩 혹은 스파이처럼 보인다. 미군도 한국전쟁 와중에 이중간첩들을 잡아 내느라 곤혹을 치렀다.[13] 이렇게 체포의 위험을 무릅쓰면서 조국의 부름 앞에 열심히 활동했던 사람들을 스파이, 에이전트, 간첩espionage, 정보요원intelligence officer · intelligence personnel 등 다양한 용어로 부르는데, 실제 현장에서 발로 뛰는 정보기관원은 크게 두 가지로 나눌 수 있다. 하나는 적국 혹은 적 기관의 정보 수집 활동을 탐문하고 저지하는 '방첩Counter-Intelligence 요원'이고, 다른 하나는 단순히 첩보를 수집하는, 문어의 빨판이나 진공청소기 흡입구 역할에 비유할 수 있는 '정보 수집 요원'이다. 후자처럼 단순히 첩보 수집만 담당하는 경우 정보원informant, 정보제공자informer 혹은 협조자walk-ins로 부르기도 한다. 한국 현대사에서 공포의 대상이 된 이들은 전자였다. 국내 정보기관들이 출범부터 손에 넣고 있던 '수사권' 때문이다(미국의 경우 국내 방첩 업무는 FBI가 맡고 있다). 이 수사권 때문에 고문 시비, 인권 유린, 간첩 조작 같은 불행한 단어들이 우리 정보기관의 역사와 떼려야 뗄 수 없게 된다. 한데 이 두 활동은 중첩되는 경우가 많다. 방첩 업무를 맡는 기관원은 자연스럽게 정보 수집 업무도 겸하기 마련이다. 선글라스를 낀 강인한 인상의 여성 게슈타포 비밀요원은 아마도 전자에 해당할 것이고, 뒤에서 자세히 살펴볼 김수임은 후자의 대표적인 사례였다.

전쟁이 발발하던 시점에는 불가능했다. 대부분의 첩보 수집은 첨단기기보다는 사람HUMINT(대인對人정보)에게 의존했다. 그 수만 보면, 지극히 평범하다 못해 사회적 약자에 속하는 "여성·노인·장애인·거지·부랑자" 등이 첩보요원으로 많이 활용되었고, 치밀한 계획이나 사전 훈련을 거치기보다는 즉흥적으로 포섭되고 선발된 '1회용 정보원'들을 막무가내로 투입하여 별다른 소득 없이 무의미하게 희생시키는 경우가 많았다. 그렇게 수집된 첩보들은 파국이나 재앙을 막아 내는 데 활용되기보다는 그저 정보기관의 문서 창고에 사장되는 경우가 허다했다.

정보활동의 첨병 혹은 체제 수호의 간성干城이라는 자의식 없이, 협박으로 어쩔 수 없이, 당장 먹을 양식이 없어서, 도무지 취직 자리를 구할 수 없어 '생계형 정보원'이 될 수밖에 없었던 사람들, 이들은 거대한 첩보 수집 체계의 피라미드 맨 아랫변에 위치한 존재들이었다. 야생의 먹이사슬이 그러하듯 이들은 스스로를 희생함으로써 정보의 순환 시스템을 지탱하는 그런 존재들이었다.

간첩을 식별하는 13개의 표식

개전, 아니 남침, 아니 북한이 남한을 침공(!)한 지 사흘 만에 서울이 함락되고 신속히 후퇴하던 와중에 금강 인근에서 벌어진 치열한 전투를 담은 두 장의 사진을 보자 사진 061·062 . 북한군 병사의 시신이라는 사진 설명이 붙어 있는데 언뜻 봐도 좀 이상하다. 일반 농민의 복장이라기에는 지나치게 잘 세탁된 흰옷, 군인 스타일로 짧게 자른 머리 모양이 수상쩍기는 하지만, 사망한 사람이 북한 군인 출신인지도 의심스럽다. 우선 1950년 7월 기세를 올리고 있던 북한 정규군의 복장이 아니다. 사진 설명만으로는 이 사내가 아군에게 사살됐는지 아니면 피아 간의 교전 중에 "살의 없는 총탄"[14]에 희생되었는지도 불분명하

사진 061 · 062 "미군 보병들이 북한군 병사의 시신을 바라보고 있다. 이 북한군 병사는 금강 인근의 치열한 전투 와중에 사망했다. 1950년 7월 9일." 출처 : NARA

북한군, 중공군, 한국군의 겨울 복장을 구분하기 위해서 촬영한 사진. 출처 : NARA

앞의 사진 061 과 사진 062 은 비슷한 장면을 담고 있다. 촬영자는 따로 기록되어 있지 않고 날짜는 7월 9일과 7월 12일로 각각 다르게 기록되어 있다. 같은 장면에 다른 날짜를 기록한 미군의 실수 덕에 정확한 날짜를 확인하기는 어렵겠다. 그런데 "북한 병사North Korean soldier"라는 사진 설명은 아무래도 좀 이상하다. 우선 사망자의 복장이 군복이 아니다. 하얀색 옷을 입고 있으며, 모자도 일반 농민이 쓰던 밀짚모자이고 신발도 고무신을 신고 있다. 게다가 담뱃대도 시신 옆에 놓여 있고 얼굴에 주름도 있는 것이 일반 병사처럼 보이지는 않는다. 누가 보더라도 일반 농민이 놀러 나왔다가 '살의 없는 총탄'을 맞고 사망한 것으로 보인다.[15] 민간인의 '집단희생'이라 부르건 학살이라 부르건 전쟁과 무관한 희생자들이 많이 발생했지만 별다른 설명이 없으니 일단 미군이 기록한 사진 설명을 그대로 믿을 수밖에 없다. 만약 북한군 병사가 맞다면 이 사람은 스파이로 파견된 비밀요원이라고밖에 볼 수 없다. 당시 미군들은 전선 지역에도 수시로 스파이들이 오"갔"다고 기록하고 있다. 미군이 파견한 후방 지역 정찰 스파이는 그렇다 쳐도 북한군이 파견한 스파이는 어떻게 알 수 있었는지 궁금하기는 하다. 사진 063 에서처럼 군복을 착용했을 때 동양 사람을 처음 보았을 미군들이 이들을 정확히 구분하기란 쉬운 일이 아니었을 것이다.

다. 인민군과 중공군 그리고 국군의 월동 복장은 대체로 비슷하여 쉽게 구분되지 않았지만 사진 063, 민간인 복장과 군복은 분명히 구분된다.

군인은 군복을 입어야만 교전 대상으로서 전쟁법이 보장하는 적군으로서의 지위를 누릴 수 있다. 한국전쟁 중에, 특히 인천상륙작전 이후 퇴각하다 생포된 북한군 중에는 군복을 벗어 던지고 사복이나 심지어 국군의 군복을 착용하는 경우도 있었다. 예를 들어, 국군과 인민군이 인천상륙작전으로 전선에서 불시에 조우(?)했던 1950년 9월 말경에는, 인민군을 한국군으로 착각한 미군 장교가 "왓츠 업~알 유 고잉 투 오산?"이라고 길을 묻다가 '어마 뜨거라' 하는 일도 있었다. 심지어 5·16 쿠데타 당시 얼굴마담 역할을 했던 한 장군은 한국전쟁 때 "부대 정지!"라면서 앞에 가던 인민군을 아군 장병으로 착각하기도 했다.[16] 그러니 개전 초기에 북한 정규군 병사가 고무신에 농민 복장을 하고 담뱃대까지 휴대한 채 교전 지역을 어슬렁거렸을 가능성은 그리 높아 보이지 않는다. 몇 가지 가능성을 생각해 볼 수 있다.

첫째는 그냥 심야에 허여멀건한 물체가 지나가기에 총을 쐈는데 날이 밝고 보니 민간인이었던 것이다.[17] 베트남전쟁 때 미라이학살My Lai Massacre에서 그랬던 것처럼 세 살 아이든 여든 노인이든 "적성 지역에서 움직이는 것은 모두 빨갱이들이다! 모두 죽여라!" 식으로. 다른 가능성도 있다.[18] 누워 있는 저 남자가 조선인민군 산하 정치보위부(당시 미군이나 한국군 편제와 비교하자면 미군 방첩대CIC나 정보참모부G-2에 해당하는 부대) 소속 간첩일 가능성이다.[19] 둘 다일 수도 있는데, 그렇다면 정규 스파이 교육을 수료한 소수의 정예 간첩이었을 것이다.

남한과 마찬가지로 북한은 여러 개의 경쟁 기관이 대남 정보활동을 담당하고 있었다. 군부 산하에서 이런 업무를 진행한 기관은 정치보위부였다. 정치보위부는 정치안보, 간첩, 방첩 등의 책임을 맡으면서 사보타주, 탈영병 체포와 군사재판을 조직하며 북한군 및 조선노동당에 대한 충성을 위반한 사건의 조사도 담당했다. 뿐만 아니라 유엔군 점령 후방의 지하 간첩망 운영도 이 부서에서 책임졌다(통상 미군과 한국군 방첩대는 적정수집positive intelligence보다는 방첩이 더 주요한 임무였다). 만약 저 사내가 정식 간첩 요원이었다면 아마도 다음과 같은 간첩 표식을 지녔을 것이다.

콩 : 개인별로 여섯 개의 검은 콩을 휴대. 간첩은 신분 증명을 위해 특별한 숫자의 콩을 들고 다닌다. 휴대하는 콩의 개수는 부대의 병력 규모를 암시하는 데 이용되기도 한다.

단추 : 겉옷의 맨 위 단추를 푸른 실로 꿰맨다. 다섯 개의 단추와 빨간색 펜을 휴대한 사람. 셔츠나 외투의 두 번째 단추를 빨간 실로 꿰맨다. 세 번째 단추는 달지 않는다. 주머니에는 이런 식으로 신호를 보내기 위해 단추 몇 개를 휴대한다.

안경 : 안경의 각 부분들을 간첩들이 나눠 가지고 있다가 만났을 때 서로 맞춰 본다. 암호화된 메시지가 안경테rim of eyeglasses 안에 숨겨져 있다. 안경의 모양이 신분 확인에 활용된다.

깃발 : 왼쪽 윗변과 아랫변이 붉게 칠해진 삼각형이 그려진 남한의 깃발(최근 10군단 관할 지역에서 체포된 두 명의 간첩이 이러한 확인 방식을 갖고 있었음. 체포된 두 명 가운데 한 명은 이 깃발을 1950년 8월에 전달받았고, 나머지는 그와 비슷하게 생긴 표식을 1951년 2월에 받았다는 것이 흥미롭다). 바지 안쪽 면에 북한 깃발을 꿰매 놓은 것.

머리 : 여성 간첩들의 경우 메시지를 머리 형태로 전하는 경우도 있다. 오른쪽 머리는 길게 늘어뜨리고 왼쪽 머리는 짧게 깎아 올리는 방식.

손 : 오른쪽 손톱 절반쯤을 붉게 칠하는 것. 새끼손가락 손톱을 길게 기른 것.

지폐 : 푸른색 혹은 붉은색 리본으로 감싼 일본 동전. 일본의 50원짜리 지폐

조각은 그가 조선노동당 당원임을 가리킨다. 일본 동전은 여러 종류의 무
기들을 지시하는 데 활용(1원: 카빈, 5원: M 1 등)되거나, 혹은 각기 간첩
들의 지위와 관련이 있다.

연필 : 빨간색 연필과 다섯 개의 단추를 휴대한 사람.

반지 : 암호화된 메시지를 반지에 은닉. 은색 반지를 끼고 화투 반쪽을 휴대.

셔츠 : 두 번째 단추를 붉은 실로 꿰매는 것.

신발 : 신발 끝 부분에 일본 동전을 세 개 붙인 사람. 서양식 신발에 색깔 끈을
묶은 것.

숟가락 : 개인 휴대 알루미늄 숟가락. 부러진 숟가락을 휴대한 자. 나무숟가
락을 휴대한 자.

문신 : 손에 새긴 점, 몸에 새긴 점, 중국문자 등. 사례: 간첩의 왼손 등에 작은
점을 문신으로 새기게 했다. 여성 간첩은 왼손 손금에 작은 점을 새겼다.

이 특징들은 미군 제308 방첩파견대(한국전쟁 당시 한국군 방첩대, 헌병, 한국
경찰 등을 아우르며 방첩활동을 총괄 지휘)가 개전 이후 8개월 동안의 업무를 바
탕으로 집대성한 간첩 표식 리스트다.[20] 한국전쟁 기간 동안 만들어진 것보다
상대적으로 양은 적지만 미군정 하에서도 이런 간첩 표식 리스트를 만들곤 했
다.[21] 북한 간첩학교를 졸업하고 남파(?)된 간첩의 경우 담배 크기의 문신을 팔
뚝에 새기고 있다든지, 낫이나 망치 문양을 달고 있는 사람들은 모두 **빨갱이**
혐의가 있다든지 하는 식이었다.[22]

이런 면에서는 우리 정보기관원들이 최고인 줄 알았는데, 오히려 60,70년대
중앙정보부가 배포한 간첩 표식이 훨씬 설득력이 있어 보인다. 이 리스트를
들고 대학가 근처에 가 보면 죄다 간첩 천지겠네. 오른쪽 머리는 길게 늘어뜨
리고 왼쪽 머리는 짧게 깎아 올렸다고? 이런 힙합식 헤어스타일을 한 간첩이

사진 064 "한국의 전쟁 : 한국의 민간인들이 북한군을 피해서 피난을 가다가 이 중 사격 선상에 들어온 피난민 일부가 야밤에 기습한 게릴라 소탕 과정에서 사격선에 들어와서 살해당한 모습. 용산 인근. 1950년 8월 25일." 출처 : NARA

사진 065 미라이학살 피해자들.

사진 064 의 설명에 나오는 용산은 서울 인근의 용산이 아닌 다른 지역을 말하는 것으로 보인다. 이 사진을 처음 보았을 때 비슷한 사진이 하나 떠올랐다. 유명한 미라이학살 사진이다 사진 065. 물론 베트남의 그 유명한 학살은 사망자도 더 많았고, 갓난아이도 포함되어 있었다. 미라이학살 때 4백여 명 내외가 사망한 것으로 알려져 있다. 아시아의 조용한 농업국가였던 베트남과 한국에서 15년 정도의 시간 차를 두고 비슷한 종류의 전쟁을 겪었다. 한국전쟁에서 베트남은 조용한 관객에 불과했지만, 대한민국은 베트남전쟁에서 미국 다음으로 많은 군대를 파견했다. 한국전쟁에서 젖먹이가 희생당한 사진도 많지만 이 책에는 사용하지 않았다.

라니!

　그건 그렇다 치고, 수적으로 그리 많지도 않은 정규 스파이 훈련을 받은 엘리트 정보요원이 눈에 띄는 흰옷을 입고 한창 교전이 진행되는 지역을 활보하고 다니는 것은 그리 현명한 방법은 아니다. 이런 정예 요원의 주요 임무는 적 후방, 그러니까 아군의 안방에 깊숙이 침투하여 기밀등급이 높은 군사첩보를 수집하는 등의 정보활동을 펼치거나 민심 교란, 위관 및 영관급 지휘관들의 사기 저하 같은 심리작전을 수행하는 것이었다. 특히 북한군에서는 생포된 국군 포로 중 장교들을 전향시켜 재차 국군으로 침투시키는 공작에 심혈을 기울였다. 이렇게 침투하는 요원들은 대개 북한군에 사로잡힐 때 입고 있던 국군 복장을 하고 전선을 통과하거나 교전 지역을 멀리 에둘러서 침투했다. 포로로 잡힌 국군을 전향시켜 4주에서 8주에 이르는 스파이 교육을 시켰다고 보기에는, 흰옷의 사내가 숨진 금강 인근 전투(1950년 7월)는 너무 이른 시기에 벌어졌다. 그러니 저 누워 있는 사내를 소수 정예 정보요원으로 보기에는 무리가 있을 것 같다.

　도로 위에 쓰러져 있는 저 사내에 대한 마지막 추측은, 그가 불과 어제까지

—

•
이런 리스트가 한국에만 있었던 것은 아니다. 미국에서도 유행하던 시절이 있었다. 홀라버드에 있던 미 방첩대CIC 본부에서 미국 내 "반체제적 인물들"을 상대로 이런 종류의 리스트들을 만들어 두었으니 그닥 놀랄 일은 아니지만, 그래도 이는 비밀리에 진행된 것이었고 공개적으로는 1949년 11월 한창 반미국행위에 대한 의회 청문회가 열릴 무렵 이런 뉴스들이 신문에 마구 실렸다. 《불법체류자들The Sojourner》이란 잡지의 1949년 11월호 특별 100문 100답 기사에서는 "과연 누가 미국의 공산주의자들인가? 우리가 반드시 알아야 할 100가지 질문"이라면서[23] '누가 공산주의의 동조자인가? 공산주의와 파시스트는 어떻게 다른가? 공산주의자들을 어떻게 알아차릴 수 있는가?' 등을 파헤쳤다. 미군 스파이를 찾기 위한 'Blue Operation'이 등장하고, 매카시 상원의원이 스타로 부상한 것도 이 무렵이었다. 이런 전통은 1920년대에도 잠시 등장했으며, 1960년대 베트남전쟁 반대운동에 대한 사찰도 유명한 사건이다.[24]

만 해도 간첩이나 첩보 같은 단어는 들어 보지도 못했을 순박한 양민이었다가 느닷없이(!) 차출된 '요원agent'일 가능성이다. 얼토당토않은 억측 같지만, 실상 한국전쟁 당시 체포된 북한 측 요원의 대부분은 바로 엊그제까지 농사짓던 농민들이거나, 전투를 피해 잠시 인근으로 피난 갔다가 고향 마을로 되돌아오던 피난민, 주거지 없이 떠돌아다니던 고아였거나 난리통에 자식과 며느리를 잃고 방랑하던 노인들, 혹은 일가족 전부 등이었다. 미군 방첩대CIC가 보기에 이런 종류의 '일용직 요원'을 탐지·검거하는 일은, 피난민에 섞여 있을지 모를 '전문 간첩'을 색출하는 일이나 영화에 등장하는 스파이 탐지에 비해 그다지 폼도 나지 않을 뿐 아니라 거의 무가치한 일이었다.

피난민 속에 섞인 간첩을 찾아라

적의 간첩들이 탐지하려는 첩보는 대부분 주둔 지역, 병력 규모, 보급품 분량 등에 관한 사소한 것들이다. 적의 간첩학교가 있는 것으로 알려져 있지만 (우리가 탐지한) 대부분의 간첩들은 이러한 학교를 수료하거나 전문적인 훈련을 받지 않은, 단순 정보원인 경우가 대부분이다. 모든 종류의 사람들이 이런 간첩으로 마구 활용되었다. 농민, 지식인, 범죄자, 거지, 장애인, 어린아이, 노인 등. 이들은 특별한 훈련도 없이 몇 분 정도의 교양을 받고는 구두 지령만 휴대한 채 전선을 넘어온다. 이렇게 넘어오는 간첩들이 섞여 있는 피난민의 수가 너무 많다. 이들의 신원을 확인하고, 휴대품을 체크하는 것은 거의 불가능하다. 결론적으로 적의 간첩 활용 수준은 매우 비효율적이다. 적의 간첩학교를 졸업한 간첩의 경우는 거의 우리에게 체포되지 않기 때문에 그러한 전문 간첩들에 대한 정보는 별로 없는 실정이다.[25]

사진 066 "심야에 이동하던 세 명의 '민간인들'이 원산 인근의 한 지점에서 해병대에게 체포되었다. 체포 지점은 북한 측 게릴라들과 해병대 간의 교전이 있던 지역 부근이었다. 해병대 경비병들이 이들을 한국 경찰에 인계하기 위해 억류한 모습이다. 이 세 명의 민간인들이 제대로 된 답변을 하지 않는다면 아침이 오기 전에 처형될 것이다. 1950년 11월 18일." 출처 : NARA

사진 설명대로라면 이들에게 주어진 시간은 대략 10시간 정도였을 것이다. 11월의 밤이 아무리 길더라도 말이다. 전쟁 중에 체포된 스파이들에 대한 처리 규정이 따로 마련되기는 어려웠다. 경찰과 유엔 민사처 직원들이 스파이 혐의자를 체포해서 넘기면 후방의 미군 CIC에서 정밀조사를 진행하는 경우도 있었지만, 이 사진 설명에 나와 있는 것처럼 즉시 한국 경찰에 넘겨 처리하기도 했다. 미군들은 한국 경찰에 넘기면 이 포로들의 운명이 어떻게 될지 잘 알고 있었다. 1950년 11월은 여러모로 당황스러운 겨울이었다. 중국이 한국전쟁에 참여하면서 곧 전쟁이 종료되리라는 기대가 사라지고 말았다. "올해(1950) 크리스마스는 고향에서" 보내게 될 거라고 말했던 맥아더도 당황, 아니 흥분할 수밖에 없었다. "아니 이것들이 진짜…"라며 만주와 북한 일대에 핵공격도 하고 대만의 국민당까지 동원해 대규모 아시아판 세계전쟁을 일으켜야 한다고 말이다. 이 무렵 워싱턴에서는 원폭 사용을 두고 본격적인 도상 연구도 시작되었다. 전선의 상황이 급박해지면 포로 처분도 원칙에 따라 처리하기 어려웠을 것이다. 우연하게 게릴라의 공격 지점 근처에서 서성댔을지도 모를, 학생으로 보이는 가운데 소년을 포함한 저 세 사람이 이후 어떻게 되었는지는 알 길이 없다. 대개 위험 인물로 분류되는 기준은 그들의 본성이나 실제 행동보다는 그들이 어디에 있었는가 하는 좌표값으로 결정되곤 했다. 김수임을 북한 간첩, 미군 정보원 혹은 둘 다일 수도 있다고 결론 내리는 난해한 고차방정식의 셈법 역시, 김수임이 남로당 수괴(이강국)와 남한 치안 당국 실세(베어드 대령)를 상대로 갖고 있던 좌표값에 좌우되었다.

이 진술은 한국전쟁 발발 이후 1년 가까이 방첩 업무를 담당한 미군 방첩대 CIC 11개 지대의 활동에 대한 총평의 일부로, 한국전쟁 당시 전선과 후방에서 이뤄지던 첩보전의 특징을 잘 보여 준다. 양만 많았지 먹을 게 별로 없는 그런 만찬이랄까? 특히 교전 기간 동안 적 첩보기관이 주력하는 활동 가운데 하나 인 "전선이나 후방의 군 시설물에 대한 파괴 공작은 교전 기간 1년 동안 거의 적발된 것이 없었"으며 "목표물이 될 수 있는 수많은 타깃이 있음에도 불구하 고 사보타주가 거의 없다는 것이 이상할 정도"[26]라고 말할 만큼, 이 기간 동안 방첩기관의 업무는 적의 고급 스파이들을 상대로 한 스릴러가 아니라 피난민 검역 활동이 대부분이었다.

대개 잘 훈련된 전문 스파이들은 미군 방첩대CIC의 체포망을 벗어나 있었 다. 그래도 피난민 집결지에서 식별표(한국 경찰이나 헌병 혹은 유엔군 민사사령 부 등의 장교들이 1차 심사 후 방첩대CIC의 정밀 심사가 필요하다고 판단되는 경우 이 러한 식별표를 목에 걸어서 방첩파견대 심문소로 보낸다)를 달고 방첩대CIC의 정 밀 심문을 받은 피난민들 가운데에는 간첩이나 정보원으로 분류되어 포로수 용소로 보내지는 경우가 적지 않았다. 이렇게 간첩으로 낙인찍힌 자들의 대부 분은, 미군 방첩대CIC 보고서를 기준으로 보자면 적어도 1951년 10월경까지는 일용직 정보원에 불과한 사람들이었다. 그저 어쩌다 보니 북한(혹은 유엔 측) 점령 지역에 있다가 눈에 띄어, 유엔군 부대가 어디쯤 있는지, 탱크는 몇 대인 지, 밥은 잘 먹고 다니는지(이는 군의 사기와 직결된 문제로 유엔 측 역시 북한군 포 로들을 상대로 이 질문을 빼놓지 않았다) 등을 알아 오라고 구두로 몇 분 동안 교 양시킨 다음 전선 너머로 내려보낸 것이다. 미군 방첩대CIC의 기록에 따르면, 이런 종류의 북한 간첩들은 거의 대부분 전선을 넘자마자 자수해 버렸다.

피난민들 틈에 섞여 있는 "질 떨어지는 간첩 요원들"[27]을 발각해 내는 일은 "영웅적인" 일과는 다소 거리가 있었다. 어쨌거나 한국전쟁을 통틀어 미군 방첩대CIC의 가장 과중한 업무(미군 방첩대CIC는 한국전쟁 복무 뒤 실시한 인터뷰에서 사소한 '페이퍼 워크'가 너무 많아 본연의 업무를 수행하는 것을 방해받았다고 불만을 드러내기도 했다)는 바로 이 '저질 간첩들'을 색출해 내는 일이었다. 많을 때는 방첩파견대 하나가 걸러 보낸(?) 피난민의 수가 30만 명에 육박할 정도였지만, 이 피난민들 틈에서 굵직한 거물 간첩을 포획했다는 흔적은 전혀 발견되지 않는다. "그냥 흘려보냈더라도 그다지 큰 피해를 초래하지 않았을, 스스로 무엇을 탐지해야 하는지도 모르는, 90퍼센트 이상이 문맹층이었던"[28] 이 간첩들을 색출해 내느라 엉뚱한 피해만 늘어 갔다.

하루바삐 후방으로 피신하려는 피난민들, 어쩔 수 없이 집에서 키우던 닭을 인민군들에게 빼앗기다시피 내놓은 아낙네, 아들이 의용군에 끌려간 부모, 해방 직후 좌익 연루 혐의로 잠시 옥살이를 했던 여성 등, 이들은 전선의 화마를 피해 안전한 곳을 찾으려 했지만 '방역선'을 넘을 용기는 좀처럼 생기지 않았다. 뒤에서는 점점 인민군이 몰려오는데, 눈앞에는 조금만 수상해 보여도 곧바로 포로수용소로 보낼지 모를 '검문소'가 버티고 있었다. 순진하고 급했던 피난민들이 선택한 대안은 인적이 많지 않은 혹은 출입이 금지된 다른 루트를 찾는 것이었다. 전선 인근을 관할하던 미군 사령부에서 정해 놓은 '피난민 통행로'를 벗어나는 것은 곧 죽음을 의미했다. 심사 지점을 에두르는 우회로에는 수많은 경고판들이 나붙었다. 경고판에는 한국어로 "누구든 이 길을 이용하는 자는 발포함"[29]이라고 쓰여 있었다.

지난 60년 이상 '전시 상태'에 놓여 있던 한국인들이 한 번쯤은 마주했을 이 경고판이 얼마나 많은 인명을 앗아 갔을지 알 수 없다. 그리고 "땔감으로 쓰기 위해, 한국인들이 이런 경고판들을 대부분 떼 버렸"기 때문에 그 길이 지옥으로 통하는 길인 줄도 몰랐던 이들도 있었을 것이다.

통상적인 피난민 통제 절차를 잘 보여 주는 사진들이다. 사진 067 에서 짐을 수색하는 헌병과 서류를 손에 들고 있는 미군이 보인다. 손에 든 서류에 "prisoner of war"라고 적혀 있는 걸 보면, 불행히도 이 가족은 '간첩'으로 결론이 난 모양이다. 피난민 행렬에 대한 1차 조사는 미군 헌병이나 한국 경찰 등이 담당했고, 방첩대CIC 요원들은 피난민 집결지에서 추가 심문을 담당했다. 사진 068 의 영감님은 태그가 붙어 있는 목줄을 매고 있는데 표정이 심하게 우울해 보인다. 저 목줄은 추가 심문이 필요한 경우 붙인 표식이다. 이들은 미군 방첩대CIC의 스파이 색출 기준에 따르면 아주 유의해야 할 대상자들이다. 스파이로 고용될 위험성이 아주 높았던 노인도 있고, 애도 있네? 사진 설명에서는 이렇게 표식을 붙인 추가 심문further interrogation 이 "평균 24시간 정도" 소요된다고 했는데, 실제 한국전쟁 당시 활동했던 미군 방첩대CIC들

"짐 수색과 심문이 끝난 피난민들은 집결지에서 별다른 혐의가 없는 경우 유엔 민사처 담당자에게 이관된다. 보통 대기 시간은 24시간 정도다. 이들이 2사단 포로 집결지에 수용되어 있는 동안 하루 두 끼의 한국 식사가 제공된다. 1951년 7월 19일." 출처 : NARA

은 사단의 경우 48시간, 군단 이상의 경우 72시간까지 피난민을 억류할 수 있었다. 이들은 이 추가 시간에 무엇을 심사했을까? 예를 들면 이런 것들이다. 프랑스 민족주의의 상징이던 "당신은 프랑스어를 쓰는가?"라는 질문의 한국적 변종, 곧 "당신의 액센트는 어떤가?"라는 질문을 던졌다. 북한 사투리 사용 여부는 피난민 심사에서 주의 깊게 관찰하던 체크 포인트 가운데 하나였다.[30] 마치 "한 민족의 경계는 언어로 결정된다"[31] 피히테(Johann Gottlieb Fichte)의 헛소리처럼, 공산주의자들은 공산주의자들의 말을 사용할 것이라는 이 주장으로 많은 사람들이 간첩 혐의를 뒤집어썼다. 사직구장에서는 걸쭉한 부산 사투리를 쓰는 것이 훨씬 더 꼴떼 팬처럼 보이는 것과 같은 이치랄까?

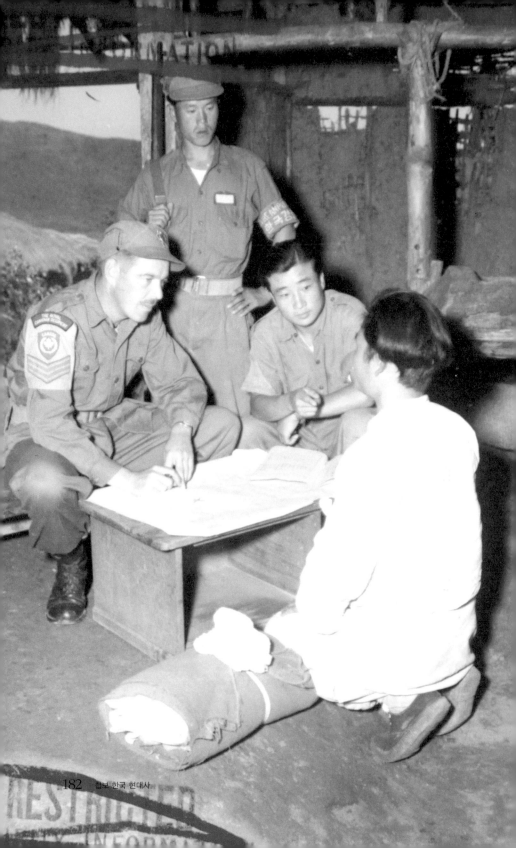

"제25 캐나다 보병여단 소속 스미스 상사가 영국군 제1사단 소속 한국인 통역관 엄송영의 도움으로 피난민 집결지에서 한국 청년을 심문하고 있다. 1951년 10월 7일." 출처 : NARA

성조기나 미군 사단 마크 대신 심문관의 오른쪽 팔뚝에 찍힌 선명한 단풍 문양이 상징하듯, 이 사진은 아마도 한국전쟁이 지닌 '20세기판 십자군'으로서의 의미를 과시하려는 의도로 촬영되었을 텐데, 당시 피난민 심사의 전형을 보여 주는 장면은 아니다. 피난민에 섞여 있을지 모를 간첩을 색출하는 임무는 미군 산하에 배속되어 있던 방첩대CIC의 주요 임무였다. 뒤에 총을 들고 서 있는 사람의 완장에는 한국 경찰이라고 쓰여 있다. 미군이 1945년 9월 남한 지역을 군사 점령한 이래로 정보활동에 가장 효과적으로 활용한 도구 가운데 하나가 한국 경찰이었다. 취하고 있는 자세만 보면 한국 경찰이 스파이 색출의 최종 책임을 지고 있는 것 같다. '이놈 이거 안 되겠구만…' 하는 얼굴 표정이 재미있다. 한국전쟁 당시 엄청난 수의 피난민은 유엔군에게 큰 골칫거리 가운데 하나였다. 피난민 수가 너무 많아서 한국군과 경찰 등을 모두 동원하여 간첩을 색출하기 위해 노력했지만, 실제 체포된 간첩의 수는 많지 않았다.

체제 선전수단이 된 민간인 학살

한국전쟁 당시 민간인 사망자(피학살자) 수에 대해 학자들이나 남북한의 각 정부 기관이 제출한 숫자는 "메가데스megadeath"(핵전쟁 시의 인명 피해 계산 단위. 1메가데스는 사망자 100만 명을 나타낸다)라는 신조어를 낳은 20세기의 신경향에 발맞추기라도 하듯, 기껏해야 백만 단위 정도까지만 서로 맞춰 놓고 있는 실정이다.[32] 이미 60년 전에 종료된 전쟁이 초래한 인명 피해에 대해 아직도 완전한 통계나 조사가 완료되지 않았다는 것은 어떤 의미에서는 자연스러운 결과다. 한국전쟁 때 희생된 사람들에 대한 통계나 연구보다 누가 먼저 총을 쏘았는가를 두고 필요 이상으로 많은 자원이 낭비되어 왔다. 그러니 울며 불며 돌아오지 않을 아들과 남편을 부르짖는 할매와 아지매들의 수가 얼마나 되었는지는 더더욱 알 수 없다.

한국전쟁 당시 민간인 학살의 대표적인 이미지 가운데 하나를 꼽는다면, 북한 인민군이 저지른 '양민 학살 사건'의 대표 격인 '함흥대학살'(1950) 사진을 들 수 있다 사진 070 . 퇴각하는 인민군이 함흥·원산·흥남·평양 등지에서 적게는 "수천 명에서 많게는 수만 명까지 즉결 처형"했다는 사실은 "국제평화와 질서를 복구하기 위한 군사개입"[33]에 나선 미국에게는 훌륭한 '선전수단'이었다. 특히 1950년 7월과 8월경 38선을 넘을 것인가 말 것인가를 고민하던 워싱턴의 입장에서 보면, 북한 정권의 '야만성'은 논리적으로나 법리적으로 아리까리하던 38선 북진에 대한 훌륭한 근거를 제공해 주었다.[34] 아, 물론 '함흥대학살'을 비롯하여 대부분의 '북한군 학살' 사건들은 인천상륙작전 이후 퇴각하던 무렵 발생했지만, 70년쯤 지나면 한 달 정도의 시간차는 있을 수 있으니까!

그래서 조지 케넌George Kennan은 회고록에서 이렇게 말하기도 했다. "형식적으로는 내전이었던 것을 (유엔의 관할 사항으로서 국제전으로) 승인한 것이 놀라웠다"고 말이다.[35] "걍 지들끼리 싸우게 내버려 두면 그만"이라는 뉘앙스다.

그러나 '한국전쟁은 그저 내전일 뿐'이라는 케넌의 시각은, 그때는 드러나지 않았지만 소수파에 불과했다. 대부분의 워싱턴 고관대작들은 그간 잠시 잊고 있었던, '점심은 평양에서 저녁은 신의주에서' 먹겠다던 한국 국방장관의 다짐을 떠올리고 있었다.[36] 트루먼 대통령 역시 그랬다.

트루먼은 의회로 보내는 서한에서 "사실 우리는 양심의 가책moral principle을 느끼고 있습니다. 유엔이 남한 정부 수립을 후원하고 지지했지만, 북한 정부에 대해서는 그러지 않았다는 점을 잘 알고 계시지 않느냐'라고 말했다.[37] 법적으로는 좀 아리까리하지만 미국은 어쨌거나 도덕적인 책임을 지고 이 전쟁에 참여하고 있다, 국제법이나 유엔 관련한 법리 논쟁으로 내전이냐 국제전이냐를 가리기 전에 "도의적으로" 전쟁에 참전해야 하지 않겠냐는, 그런 뜻이다. 어쨌든 전쟁에 참가했지만 38선 돌파가 결정된 1950년 8월 초까지는, 미국의 한국전쟁 개입 목적이 1945년 6월 25일 이전으로 되돌아가는 것일 뿐이라는 게 미국의 공식 입장이었다. 불과 한 달 전인 1950년 7월 말까지만 해도, 소수의 국무부 전문가들은 "38선 이북에서의 유엔군 군사작전에는 유엔 안전보

• 1930년대 소련 전문가로 국무부에서 동유럽(리가Riga, 라트비아Latvia) 주재 외교관을 지냈다. 1933년 미소 수교 이후 모스크바 주재 미국 대사관 직원으로 일하면서 미국에서 세 손가락 안에 꼽힐 만큼 중요한 대소전략가가 된다. 훗날(1951년 12월) 소련 대사로 임명되었는데, 소련 당국이 그의 연설을 평계로 "기피인물persona non grata"로 지목하여 결국 대사에서 해임되는 소동을 빚기도 했다. 그는 냉전 시기 미국 대소전략의 상징처럼 동원된 "봉쇄containment" 전략의 고안자로 알려져 있다. 미국은 1946년 2월 주소련 대사관에 소련의 현황과 향후 정세를 분석해 보내라는 훈령을 내렸는데 당시 주소련 대리대사이던 조지 케넌이 훗날 '장문의 전문Long Telegram'으로 알려진 소련정세분석서를 보냈다. 이 글이 이듬해인 1947년 7월 익명으로 《포린어페어즈Foreign Affairs》지에 게재되었고, 이 글이 전후 미국 대외정책의 근간을 형성하게 된 봉쇄정책의 기본골격을 수립하는 역할을 했다.

"1950년 10월 19일. 한국의 전쟁 : 포로로 체포된 북한군 병사들이 한국군 헌병들의 감시 하에, 함흥시 우물 속에 숨겨진 북한군 죄수 병사들의 시체 65구를 발굴하고 있다." 출처 : NARA

한국전쟁 동안 공산 측이 저지른 전쟁범죄를 고발하는 사진들이다. "폭력은 본래 도구적"[38]이라는 말을 증명이라도 하듯, 전주대학살은 퇴각하던 인민군은 물론이고 한국군도 함께 저지른 좌우가 연합한 참극이었다. 폭격이나 기총소사를 포함하여 교전 과정에서 발생되는 '부수적 피해collateral damage'와 달리, 가해자가 분명히 드러나는 민간인 학살은 전쟁의 쌍방 모두에게 자신들의 정당성을 주장할 수 있는 훌륭한 선전도구 가운데 하나였다. 특히 울부짖는 여성은 가해자의 잔혹성과 비윤리성을 극적으로 드러내는 데 더욱 효과적이었다. 사진 071 에서 시

사진 071 "1950년 9월 27일. 한국의 전쟁 : 전주대학살에서 사용된 인명 살상 도구들. 지름 5센티미터 정도 되는 몽둥이와 곡괭이, 칼과 뾰족한 송곳 등이 학살 현장에서 발견되었다." 출처 : NARA

체 더미를 바라보는 소년들의 표정이 꽤 심각하다. 열 살이 될까 말까 한 나이의 소년에게는 이런 종류의 사진이나 글조차 엄격히 금지해야 할 것 같은데, 전쟁의 비윤리성은 이런 종류의 아동학대에서도 드러난다. 전쟁 초기 좌익 전향 단체인 국민보도연맹 가입자들을 체포해 집단학살한 보도연맹원 학살 사건이 아직 알려져 있지 않았던 당시 시대 분위기에서 전주대학살은 대표적인 인민군의 만행으로 일반인들에게 선전되었다.

"한국. 거제도에서 유엔군과 한국 정부 관리들의 방문을 환영하러 나온 한국인들의 모습이다. '유엔의 한국에서의 활동'에 수록된 사진이다. 1953년." 출처 : NARA

좀 다른 이야기지만, 90년대 지역감정이 한창 불타오르던 무렵 부산 사직야구장에서 해태 깃발을 들고 있기란 쉬운 일이 아니었다. 다른 구장. 특히 사직이나 대구 시민야구장에서 나부끼는 '해태' 깃발이란, 좀 과장해서 말하면 폭격 유도 레이저 장치와 비슷한 효과를 발휘했다. 여기로 닭발이나 뭐 그런 먹을거리나 물품을 던지라는 신호랄까? 그 반대 입장이라면? 내가 롯데 팬이라는 것을 알리기 위해 깃발까지도 필요 없다. 사투리만 좀 목청 높게 외치면 통

사진 073 "1938년 1월 5일, 페이유안Peiyuan에 입성하는 일본군을 열렬히 환영하는 중국인들의 퍼레이드." 출처 : NARA

과다. "마, 준비 댔나?" "댔다!" 이런 현상은 전쟁 중에도 발생한다. 중일전쟁(1937) 당시 "일본군이 쑤저우蘇州로 들어왔을 때 쑤저우 시민들은 모두 일장기를 팔에 달았다. 새로운 주인을 섬길 준비가 되어 있다고 표시하기 위해"[39]서. 난징대학살이 일어나기 불과 한 달 전에 함락된 쑤저우에서는 이미 학살과 강간 등의 전쟁범죄가 여기저기서 발생하고 있었다. 한국전쟁 당시 국군을 환영하는 사람들의 사진과 태평양전쟁 당시 중국 페이유안 근처에서 촬영된 일본군 환영 사진도 그렇다. 사진이 전하는 대표적인 거짓말 가운데 하나다. 사진 073 에 쓰여 있는 사진 설명은 아무리 생각해도 사실로 보기 힘들 것 같다. 페이유안은 상하이와 난징을 함락한 일본군 부대가 남진하는 중에 함락시킨 도시였다. 저 사진이 촬영될 무렵 난징에서는 대대적인 살육이 진행되고 있었다. 아무리 통신과 교통이 덜 발달했던 때라 해도 일본군이 지나간 자리에서 어떤 일이 벌어졌는지 몰랐을 리 없다. 일장기를 들고 나온 사람들 머릿속은 온통 그 생각으로 가득했을 것이다. 아무리 애국심 투철한 중국인이라 해도 "내 일장기! 내 일장기 어디 갔노?"를 외치며 길거리에 나서서 "반자이"라고 외치지 않을 수 없었을 것이다. 거제도에서 촬영된 환영 인파를 담은 사진 072 속 오른쪽 아저씨 표정도 심상치 않다. 집에 몰래 숨어 있으려다 끌려나오셨나? 한국전쟁은 물론이고 대소 가두행사에 정렬하여 깃발을 흔드는 사람들의 본심은 그들이 들고 있는 팻말과 깃발로 잘 대변되지는 않는 것 같다.

장이사회의 새로운 결정이 필요하지만 그 결정은 이루어지기 힘들 것"이라며, 38선 북쪽은 처다보지도 말 것을 권고했다.[40] 그럴싸한 명분도 없었으며, 군이 그럴 필요가 없기도 했다.

한반도는 미국의 "안보로 보자면 장기적으로 특별한 이익이 있는 지역"[41]도 아니었을뿐더러, 38선이 '남진南進'으로 위협받았을 때 미국이 그랬던 것처럼 '북진北進'으로 38선이 위협받을 경우 중국·소련과 갈등을 빚을 지역임은 불 보듯 뻔했다. 38선을 침략한 불법적인 공격에 대해 유엔군이 하나로 뭉쳐 대 한민국을 지켜 주었다면, 그 반대되는 상황에서 소련이 똑같은 역할을 할 것 이라고 생각하는 게 합리적이지 않은가? 하지만 역사가 항상 이런 생각, 누구 나 상식적으로 또 쉽게 판단할 수 있는 쪽으로 전개되지는 않는 법이다. 맥아 더와 같은, 적어도 반공에서만큼은 남다른 두뇌를 가진 인물들 때문이기도 하 고 무엇보다 전쟁이 한창 진행 중이었으니까.

한국전쟁과 관련하여 유엔이 내린 세 가지 중요한 결정, 즉 1945년 6월 25일 의 "38선 침범은 침략 행위이니 즉각 38선 너머로 퇴각하고 이를 존중"하라는 입장, 6월 27일의 한국에 대한 군사 지원 결정, 그리고 10월 4일의 38선 북진 결정은 논리적으로만(!) 보면 모순이 존재한다. '내로남불'은 여기에서도 위력 을 발휘한다. 공산 측의 38선 침범은 침략 행위지만 유엔 측의 38선 북진은 "인 도주의적 개입"이라고 정당화되려면, 그쪽 정부가 반윤리적이고 반민주적이 라는 '필요조건'이 충족되어야 했다. 퇴각하는 인민군들이 저지른 만행(민간인 학살)은 적절한 알리바이였다. 물론 정치적 이용 여부와 상관없이 비무장 민간 인에 대한 학살은 용서받을 수 없는 일이다.

이와 비슷한 일은 유럽에서도 있었다. 독일이 소련에서 저지른 만행은 제2 차 세계대전에 참전한 연합국 특히 미국의 도덕적 기반을 튼튼히 해 주었다. 유대인 학살이 있기 전, 독일군은 크렘린으로 향하는 도중에 숱한 민간인을 땅속에 묻었다. 우크라이나 일대에서 일어난 이 대규모 학살은 1942년 봄이 찾아오기 전까지는 잘 알려지지 않았다. 말 그대로 "동토의 땅"이었기 때문에 언 땅이 녹기 전까지는 시신을 발굴하기가 쉽지 않았던 것이다. 1942년 늦봄부터 속속 드러난 나치의 우크라이나 학살은 곧 다가올 더 큰 재앙(유대인 대학살)의 신호탄이자, 연합국의 도덕적 우위를 보여 주는 좋은 증거였다. 그래서 "4월 5일까지 엠바고 이후 일제 보도"[42]라는 지침까지 만들어서 활용했다.

한데 흥미롭게도 히틀러의 민간인 학살과 규모는 비교가 안 되지만 질적으로는 큰 차이가 없는 소련군의 '카틴대학살'(1939)에 대한 대응은 좀 달랐다. 미소 협조가 중요하기도 했지만, 본질적으로는 소련이 그럴 리 없다는 믿음이 굳건했던 루스벨트는 이 사안을 그냥 묻어 두기로 했다. 묻어 두었다기보다는 이런 정보를 믿기 어렵다고 판단했다고 보는 편이 낫겠다. 워낙 심리전에 능했던 "독일 정부가 만들어 낸 전적인 선전 작업의 일환"이라고 무시해 버린 것이다.[43] 냉정한 전략가는 윤리적인 문제와 외교적인 문제를 잘 구분할 줄 알아야 한다. 이거 우리 '근대화의 아버지'께서 한일외교 정상화를 추진하실 적에 내세우신 절대명제이니 가슴 깊이 새겨야 할 행위 준칙이다. 루스벨트도 당장의 군사동맹에 지장을 초래할 수 있는 '윤리적 논란거리'를 굳이 거론할 이유가 없었다.

이제는 우리 모두가 알게 된 사실, 한국전쟁에서 민간인 학살의 신호탄은 38선 이남에서 먼저, 그리고 대대적으로 시작되었다는 점. '한국전쟁에서의 만행war atrocities'이란 제목으로 남겨진 미군의 사진들은 대부분 1950년 9월 이후의 사진들이다. 그전 약 두 달간 후퇴하는 국군과 경찰이 자행한 민간인 학살, 그리고 그 현장에서 울부짖던 할매와 아지매들의 모습을 미군들은 굳이 담아 놓지 않았다. 사실 그럴 필요가 없기도 했다. 이쪽 편(남한)의 문제는 저쪽 편(북한)에서 잘 기록해 두었으니 말이다.

천인공노할 인천인민학살

이제에 학살당한 우리의 애국자 김삼룡 리주하 량선생

사진 074 · 075 북한에서 발견된 한국전쟁 관련 앨범. 출처 : NARA

김삼룡과 이주하는 1950년 3월경 경찰에 체포된 남로당의 수뇌부로, 재판 결과가 나오기도 전인 한국전쟁 발발 직후에 처형당했다. 서대문형무소에서 살해당한 것으로 추정된다. 그런 데 이 사진첩에 실린 사진이 왜 김삼룡인지에 대해서는 따로 설명이 없으며, 도대체 왜 한 구에 두 명의 남로당 수뇌부 이름을 함께 써 놓았는지도 알 수 없다. 김삼룡의 시신 사진을 포함하여 한국전쟁 기간 동안 미군정과 '반동분자'들의 테러 행위를 사진으로 설명하고 있는 사진첩은 'RG 242'에서 나온 것이다. NARA의 RG 242는 한국전쟁 기간 동안 미군이 북한 측으로부터 입수한 문건이나 사진집 등 각종 자료를 모아 놓은 '노획문서군'이다. 노획문서군 속에는 이처럼 한국전쟁 기간 동안 미군이나 한국군 측에서 "자행한" 각종 학살이나 비인간적 만행을 다루는 자료들이 꽤 많다. 위 사진이 포함된 사진첩도 한국전쟁 기간 동안 북한 측의 시각에서 본 각종 사진 자료들을 모아 놓은 책인데, 따로 사진첩의 제목은 나와 있지 않다.

6

경찰국가

"전염병이 번져 나가고 있는 상황에서, 마을 공동체가 전염병 환자들에 대한 방역선을 설치하여 전염병의 위협으로부터 마을 공동체를 보호하고자 하는 것은 너무나 당연한 일입니다. (중략) 전쟁은 전염성이 매우 강한 질병과 같습니다." - 프랭클린 루스벨트 대통령, 시카고 연설 중에서[1]

"이 새로운 러시아 군대 백군White Army에 대한 러시아 중산층 인민들의 반응은 매우 적대적입니다. 이 부대는 인민들을 때리고 구타하면서 괴롭히고 있습니다. 인민들의 이런 적대적인 감정은 이제 연합군들에게로 번져 나가고 있습니다. 만약 연합군이 시베리아에 상륙하지 않았다면, 러시아 인민들이 이렇게 적대적으로 우리를 바라보는 상황이 벌어지지 않았을 텐데 말이죠." - 시베리아 파견 미국 원정군American Expeditionary Force 사령관 그레이브William S. Graves 장군의 보고서에서.[2]

반파시즘 연합전선의 두 축, 미국과 소련

"한국인을 좋아하는 미군은 거의 없었다. 도대체 한국에서 무엇을 하고 있는 건가?"라는 불만을 품은 미군 방첩대CIC 특수요원이 지키고 있는 '방역선'을 통과하는 것은 불쾌한 경험이었을 것이다. 미군부대에 출입해 본 경험이 있는 사람이나 미국 입국심사를 겪어 본 사람이라면 정도의 차이는 있을지언정 비슷한 느낌을 받았을 것이다. 한데, 애초 미국이 이처럼 특정 이데올로기를 사회적 병리 현상으로 규정하고 그 외곽에 거대한 '방역선'을 둘러치려고 했을 때 핵심 목표물은 (공산주의가 아니라) 파시즘이었다. 루스벨트가 시카고를 방문하여 그 유명한 '방역선 연설Quarantine Speech'을 낭독한 때는 파시스트들의 움직임이 아시아 지역에서도 본격화된, 중일전쟁이 발발하고 얼마 되지 않은 1937년 10월 5일이었다. 이 연설에서 루스벨트는 지금 당장은 방역선을 치는 것에 불과하지만, 미국은 파시즘을 상대로 한 전쟁에 참가할 것을 결정해야 할지도 모른다고 했다. 태평양 너머의 일본, 유럽의 파시즘과 나치즘이 그 대상이었다(스페인에서 발생한 쿠데타 역시 파시즘을 '은근한' 후원자로 두고 있었다).[3]

대공황이라는 위기에 맞선 '자본주의적 대응 방식'이라고 하면 우리는 수정 자본주의나 뉴딜을 떠올리겠지만, 유럽 지역에서는 파시즘이 그 자리를 차지했다. 파시즘은 여기저기에서 문제를 일으키고 있었다. 루스벨트는 '방역선 연설'에서 그랬듯이 '병균', '질병' 등의 은유를 사용하여 파시즘을 공격했다. 그는 파시스트 국가들을 방역선으로 묶고 미국이 이들과 전쟁을 치르지 않고도 살 수 있게 되기를 기대한다고 했다. '공식적'으로는 말이다. 물론 이는 이후 역사가 보여 주듯, 전쟁으로 한 걸음 더 나아가기 위한 사전 정지 작업 비슷한 것이었다.

—

루스벨트의 이 유명한 '방역선 연설'의 내용이 고립주의에서 개입주의로의 전환에 어떤 역할을 했는지에 대해서는 다음을 참조하라. David F. Schmitz, *The Triumph of Internationalism : Franklin D. Roosevelt and a World in Crisis, 1933-1941*, Potomac Books Inc, 2007, pp. 50-53. 당시 시카고는 "반뉴딜주의의 선봉에 선, 악랄하기로 유명했던《시카고 트리뷴Chicago Tribune》"이 있던 "고립주의자들의 본거지"였다. 중일전쟁이 발발하고 스페인내전이 격화되면서 루스벨트는 "무법천지가 전 세계에 유행병처럼 번지고 있다"면서 이들을 향한 "방역선이 개설되지 않고서는" 미국의 안보도 결코 보장받기 어렵다고 주장했다. 사실 전염병을 정치에 활용한 것은 이보다 훨씬 더 시기가 거슬러 올라간다. 예를 들어 제1차 세계대전을 전후한 시기의 파시즘 운동에서는 민족주의에 반대하는 세력을 "전염병 보균자, 불결한 자, 유전적으로 문제가 있는 자 등 새로운 내부의 적으로 분류"하기도 했다. 이에 대해서는 로버트 팩스턴,《파시즘: 열정과 광기의 정치 혁명》, 교양인, 2005, 99쪽 참조.

앞에서도 본 것처럼, 루스벨트는 1940년 대통령 선거 유세 때까지도 공식적으로는 제2차 세계대전에 참가하지 않는다고 누누이 밝혔다. 그러나 이런 "전염병이 방어선을 무너뜨린다면confidence and security have broken down, 미국은 평화를 구축하기 위한 새로운 방안을 찾아야 할 것"이라며 미국이 새로운 세계대전에 참전할 수밖에 없음을 암시했고, 이후 4년 동안 한 발씩 그리고 조금씩 개입주의로 나아갔다. 루스벨트는 유럽에서 전쟁 위기를 불러일으키는 파시스트들이 생겨난 원인이 "전쟁 수행국으로 복귀할 수 있는 독일의 능력이 영구적으로 제거되지 않은 상태에서 제1차 세계대전이 끝났"기 때문이라는 사실을 잘 기억하고 있었다.[4] '이번에 다시 기회가 온다면' 하고 호시탐탐 기회를 노리던 중이었는데….

그러나 루스벨트는 이 '적극적 개입주의'를 이어받은 후배들이 파시즘이 아닌 공산주의를 상대로 맞서게 될 줄은 꿈에도 몰랐을 것이다. 조지 케넌이 '긴 전문Long Telegram'[5]에서 처음 제시한 논리에 기반하여 이후 수십 년간 냉전 전사들의 전가의 보도가 되었던 무기, 즉 '봉쇄containment'의 기본 원리는 전염병 예방학의 그것과 완벽하게 일치했다.[6] 접촉을 차단하고, 외곽을 튼튼히 두르며, 저항력을 키우기 위해 주변 핵심 지역의 건강성(군사력과 경제력)을 강화하는 것. 이 '방역선'을 통과하려면 신분증, 신원 보증, 억양 검사, 소지품 검사 등을 통해 자신의 건강성을 증명하는 것이 필수다. 그리고 이 거대한 방역선의 최후 보루가 바로 방첩대CIC였다(국정원 직원들께서 들으면 섭섭하시겠지만 국정원의 할배가 태어나려면 10여 년이 더 흘러야 하니 이해해 주시기를). 방첩대의 출생과 번성의 역사를 보면 존재의 목적을 정확히 간파할 수 있다. 이야기가 약간 옆으로 새지만, 그전에 미국의 방첩대CIC 혹은 미군 정보기구들이 어떻게 만들어졌는지 살피고 가자.

첩보 한국 현대사

"미군 헌병이 용산 미군기지에 출입하는 한국 여성의 배급카드ration card와 신분증을 체크하고 있다. 1969년 4월 28일." 출처 : NARA

"급속히 퍼져 나가는 모든 유행병은 서로 엇비슷한 회피와 배제라는 행동을 불러일으키기 마련"이라는 수전 손탁의 말처럼,[7] 미군이 공산주의를 상대로 취한 태도는 전염병을 막기 위한 방역선 구축 전략과 별반 다르지 않았다. 자신의 이념적 건강성을 증명하지 못한 상태에서 공산주의 외곽에 둘러 놓은 방역선을 통과하는 것은 죽음을 의미했다. 반대로 이 방역선을 당당히 통과할 수 있다는 것은 그만큼 건강하다는 증표였다. 지구상에서 거의 유일하게 또 튼튼하게 쌓아 올려진 한반도의 대공 방역선을 통과하는 것은 그만큼 더 어려운 일이었으며, 그런 점에서 자랑할 만했다. 1960년대 미군부대에 출입한다는 것은 한국 사회에서 가장 '건강한 존재'라는 증명이었다. 사진 속 여성은 이념적으로도 또 재정적으로도 '건강한 계층'이었던 것 같다. 여성의 표정도 자신이 그런 존재임을 잘 알고 있다는 듯 과시하는 것처럼 보인다.

한국전쟁에서부터 이어진 일종의 '통행증 문화'[8]는 휴전이 된 이후에도 미군부대나 이태원 혹은 미군들이 드나들 수 있는 유흥가에서 아주 잘 활용되었다. 사실 미국의 봉쇄정책도 이 출입금지 구역을 국제정치적으로 표현한 것과 크게 다를 바 없다. 1947년의 '트루먼 독트린'도 "이 선을 넘지 마시오" 혹은 "이 선을 넘어 오는 자에게 자유와 번영을~"이라는 언표였다. "누구든 이 길을 이용하는 자는 발포함"이라는 경고를 어겼기 때문인지는 몰라도, NARA에는 희생된 피난민들의 사진이 꽤 많다(이 사진들은 국사편찬위원회 전자사료관에서 열람할 수 있다). 이런 죽음들이 전쟁 와중에 엄격하게 출입이 통제된 전선 지역을 넘나들기 위해 불가피하게 감수해야 할 위험인지는 알 수 없지만, 미국이 그어 놓은 금지구역에 출입했다는 이유로 '과도하게 처벌받은' 억울한 사람들은 한국전쟁이 끝난 이후에도 끊이지 않았다.[9] 그 와중에 미국의 출입 금지구역에서 가장 먼저 해방된 인물은 다름 아닌 이승만이었다. 반도호텔과 조선호텔이 남한 점령 미군의 사령부로 쓰일 무렵(1945년 10월 말)부터 "이 두 호텔을 자유롭게 출입하는 유일한 한국인은 하지 장군의 손님이기도 한 이승만 박사뿐"이었으니 말이다.[10]

소비에트 혁명이 미국에서도 일어나면 어쩌지?

남북전쟁이 종료된 이후 미국은 다시 평상시와 같은 "자유와 민주주의가 번성하던" 국가로 되돌아갔다. 19세기 후반경에는 육군 병력이 2만 5천 명 수준으로 축소되면서 겨우 인디언 꽁무니나 따라다니고 캐나다와의 국경선을 지키는 수준에 머물렀지만, 그래도 이런 점이 신세계를 만드는 미국의 본모습과 가깝다는 생각도 했다. 이런 상황에서 군사 정보기관을, 그것도 전쟁도 종료된 상황에서 군 정규 조직으로 만들기는 어려웠다.[11] 이미 19세기 초반부터 전시에는 물론이고 평시에도 군 정보 부처를 유지했던 유럽 국가들보다 한참 뒤떨어지던, 아니 앞서 나갔던 시대의 이야기다.

이런 상황은 미국의 외교정책이 고립주의에서 개입주의로 슬슬 본격화되기 시작할 무렵[12]부터 변화하기 시작했다. 군 정보 부처가 정식 기구가 되기 시작한 것이다. 제1차 세계대전은 그런 점에서 미국에게 획기적인 변화의 시기였다. 미군 조직에서 오늘날의 방첩대CIC가 확립된 것은 진주만 공습 직후인 1941년 12월 13일이지만, 좀 더 거슬러 올라가 미군 역사에서 방첩대의 기원이 되는 '비밀부대Secret Service[13]'가 처음 조직된 것은 미국 원정군American Expeditionary Force의 정보참모부G-2가 간첩 잡는 특수부서의 설립을 요청한 것에서 비롯했다. 미국 원정군이란 다름 아닌 제1차 세계대전 때 해외에 파병하기 위해 만든 부대였다. 한데 이 부대는 1차 세계대전에서 독일을 상대로만 싸운 것이 아니라, 1918년 12월에는 러시아에도 파병되었다.

러시아로 파병된 미국 원정군 정보참모부G-2의 역할은 "적군 간첩"을 잡는 것이었다. 불과 몇 달 전만 하더라도 이들의 역할은 "독일군 열차를 감시"하거나 "기구를 띄워 독일군의 이동 상황을 점검"하는 정도에 불과했다. 그러던 것이 러시아내전에 개입하면서 상황이 좀 달라졌다. 이제 적군은 소비에트 혹은 볼셰비키로 바뀌었다. 공교롭게도 소비에트는 노동자들과 아주 친숙한 집단이었다. 이제 슬슬 정보참모부G-2 본연의 임무가 무엇인지 분명해졌다.

러시아에서 사회주의혁명이 발생했던 무렵 시작된 이 제국주의 간섭전쟁(대소對蘇간섭전쟁)에는 미국을 비롯하여 영국, 프랑스, 이탈리아, 일본, 체코 등 6개국이 참전했다. 대부분 지금도 강대국으로 남아 있는 국가들이긴 하다. 이 전쟁의 목적은 누가 봐도 뻔했다. 간첩 잡는 전쟁이었다("아니 왜 내전에 군대를 파병하고 지랄…"이냐고 했던 케넌의 말이 자꾸 떠오른다). 그러니 미국이 새롭게 만든 방첩대(의 전신인 비밀부대)는 공산주의 사냥이라는 분명한 목표를 가진 조직이었던 것이다.[14] 오호라 요것 봐라?

빨갱이가 간첩으로 한두 명만 내려와도 잡기 힘든데 떼로 몰려오다니! 이런 '빨갱이 무리'를 잡으려면 특별한 부대가 필요했다. 미군에는 이미 오래전부터 특별부대의 필요성을 주장했던 인물이 있었다. 미군 방첩대사防諜隊史를 쓴 역사가는, 군 정보처를 단순한 군사정보 수집뿐 아니라 적극적인 방첩활동 및 간첩을 포함한 반란군 체포까지 맡는 조직으로 새롭게 탈바꿈시켜야 한다고, 무엇보다 정보활동을 주 업무로 맡는 방첩대 같은 부대를 새로 만들어야 한다고 주장했던 미 전쟁대학War College, U.S. Army의 반 데만Van Deman 소령을 극찬했다. "공산주의의 위험성과 그에 맞서 투쟁해야 한다는 것을 당대의 동료들보다 무려 4반세기나 앞서서 깨달았던 선각자"라고 말이다.[15]

반 데만은 1917년, 군 정보처Military Intelligence Section라는 이름으로 지금의 정보참모부가 생성되던 때 그 책임자가 된 인물이다. 반 데만은 '군 정보처'를 정식 일반참모부로 승격시켜야 한다고 주장하면서, 왜 이 조직이 필요한지를 전쟁부 사람들을 만나면서 설득하고 다녔다. 반 데만이 설득했던 첫 번째 인물은 미 육군 일반참모부의 휴 스캇Hugh Socct 소장이었는데, 그는 "전쟁에 필요한 정보들은 영국이나 프랑스 등에게 물어보면 되지 않느냐"면서 웃어넘겼다. 스캇 소장만 그런 것이 아니라 당시 육군 장성들 대부분 비슷한 생각이었다.

"통신부대 존 햄머John G. Hammer 촬영. 1918년 11월 14일. 제27연대 보병 지휘부 및 선임 참모들. 시베리아, 하바롭스크 연대 사령부 건물 앞. 라이언Ryan 중위, 벅Buck 소령, 밀러Miller 소령, 스타이어Styer 대령, 샤모툴스키Shamotulski 대위, 모리시Morrissey 소령, 외과의 슈더Scudder 소령, 벨트Belt 소령, 페어차일드Fairchild 소령. 노트: 시베리아에 처음으로 미국 깃발과 연대의 깃발이 꽂혀 있다." 출처 : NARA

사진 설명에 기록된 대로 미국은 이때 개국 이래 처음으로(사실은 두 번째이기는 하지만) 아시아권에 자국의 깃발을 꽂았다. 미국의 외교정책은 오랫동안 고립주의로 포장되어 왔는데, "독립전쟁(1776)부터 이라크와의 전쟁(2003)에 이르기까지 무려 235차례에 걸쳐 군대를 동원하여 국제 문제에 개입해 온 사실"은 그닥 알려지지 않았다.[16] 그나마 이전의 외교정책에 비해 그래도 아직은 '불개입 원칙'을 유지했기 때문에 '고립주의'라는 용어가 사용되기는 했으나, 미국 학자가 볼 때에는 꼭 그렇지만도 않은 모양이다. 그래도 "먼로 대통령"이니 "고립주의 천명"이니 배운 것이 있으니 이 용어를 계속 써야겠지. 미국은 제1차 세계대전 무렵까지 "26개 국가에 모두 100개가 넘는 파견부대를 보유"했다. 미국의 새로운 과제인 '전 세계의 자유민주주의화'를 위한 발톱을 하나씩 만들던 무렵이었다.[17] 제1차 세계대전이야 워낙 많은 국가가 참여한 전쟁이니 그렇다 치더라도, 러시아내전 때 볼셰비키의 붉은 군대赤軍와 싸우는 백군白軍을 지원하기 위해 개입한 것은 차원이 달랐다. 이는 적색혁명을 저지하기 위한 경찰 활동을 시작했음을 의미한다. 또한 '최초의 해외 파병'(멕시코와의 전쟁, 필리핀을 둘러싼 스페인과의 전쟁, 수를 세기도 힘든 중남미 파병까지 감안하면 틀린 용어지만)이라는 의미도 있지만, 이 원정군의 새로운 방첩 관련 기구로 '비밀부대'가 처음 만들어졌다는 점도 아주 중요하다. 사회주의를 방해하기 위해 파견한 군대에 새롭게 생겨난 이 비밀부대의 업무를 짐작하

기란 어려운 일이 아닐 것이다.

사진 078 의 죄수들은 유럽 열강 부대와 백군 부대에 맞서려고 참전했다가 포로로 잡힌 볼셰비키들이다. 이들에게는 이 내전이 첫 번째 전쟁이었을 것이다. 러시아혁명은 사망자가 열손가락도 되지 않을 정도로 '조용하게 진행된' 혁명이었다. 그전 니콜라이 3세가 러시아 사람들을 학살한 것에 비하면 말이다. 그러나 혁명 성공 이후 반군들이 조직되면서 본격적인 대참사가 벌어졌다. "약 80만 명의 젊은이가 전장에서 그리고 스페인독감이나 콜레라 등의 병과 추위로 사망"했으며, 뒤이은 대기근과 대독對獨전쟁 등을 거치면서 러시아의 인구 성비는 급격히 여성 우위로 변화했다. 무려 2년 반 동안 지속된 비극의 시기였다. 1918년 반혁명정부의 군사장관이 되고 얼마 후 쿠데타로 군사독재 정권을 수립하여 이 비극의 첫발을 내디딘 알렉산드르 콜차크는 "최고의 통치자"에 임명되던 그날 "나는 질서와 국가 경영에 대한 책임을 가지고 임무를 맡을 것이며, 국가를 다시 수립한다는 각오로 법과 질서의 옹호자가 될 것"이라며, 백군을 삐딱하게 바라보던 미 원정군 사령관마저 감탄(?)시켰지만, 사실 그는 이 쿠데타와 전쟁이 "반볼셰비키 전쟁"임을 분명히 했다.[18] 한데 이 사진은 아무리 봐도 실감이 안 난다. 100여 년 전 사진이긴 하지만, 그래도 전쟁 중인데 적군 포로를 싣고 가는 열차에 무료로 빵을 건네 주는 모습이라니!

태프트 대통령의 표현이기는 하지만, 새로운 시대에 새로운 조직을 만들어야 할 때 스캇처럼 "대가리에 똥만 들어찬 인간들"이 대부분이었던 것이다.

반 데만이 왜 '이런 종류의 군 조직'이 상시적으로 존재해야 된다고 주장했는지가 궁금하다. 왜 그랬을까? 그가 할당받은 첫 번째 정보 관련 임무가 필리핀 반란자들을 찾아내는 임무였음에 주목해야 한다.[19]

1898년 5월 1일, 미국은 "도대체 어디에 붙어 있는 줄도 모르던"[20] 필리핀 마닐라만에서 스페인 전함들을 향해 전쟁을 선포했다. 이렇게 시작된 미국-스페인전쟁으로 미국은 쿠바와 필리핀을 점령하고 태평양 지역에서 교두보를 구축할 수 있었다. 당시 미군과 협조하여 필리핀 독립 선포에 나선 지도자는 아귀날도Aguinaldo였다. 필리핀 혁명정부의 첫 번째 대통령이기도 한 아귀날도는, 필리핀 독립운동단체 카티푸난Katipunan에 투신하여 이 단체의 설립자가 반역죄로 처형된 이후 무장투쟁의 지휘자가 되었다. 당시 필리핀 혁명군들은 (그로부터 40여 년 뒤 우리가 그랬듯이) 미국-스페인전쟁에서 미국을 지원하면 식민지 생활을 곧 청산할 수 있을 것이라는 달디단 꿈을 꾸고 있었다.• 그러나 스페인이 물러간 다음 태평양 지역에 펼쳐진 이 '주인 없는 땅 no men's land'을 미국이 그냥 두고 갈 리가. "독립할 수 있는 능력이 없다"는, 수십 년 뒤 극

—

• 1898년 4월 22일, 싱가포르 주재 미국 영사 프랫Spencer Pratt은 방년(?) 29세에 불과했던 아귀날도에게 "미국이 스페인과 전쟁을 하게 될 경우, 필리핀인들이 미국을 돕는다면 독립을 약속"한다고 했다. A. B. Feuer, *America at War : The Philippines, 1898-1913*, Praeger, 2002, p. XX. 1945년 9월 7일 남한 상공에 뿌려진 연합군 최고사령관 포고 제1호에서 "38선 이남의 지역과 주민에 대한 모든 행정권은 본관의 권한 하에서 시행"하며 "반항 행동을 하거나 질서 보안을 교란하는 행위를 하는 자는 용서 없이 엄벌에 처"한다고 당당히 선언했던 것에 비하면, 너무나도 확실한 독립 약속이었다. 이런 미국의 약속이 어떻게 하루 아침에 뒤바뀌는지는 권오신,《미국의 제국주의 : 필리핀인들의 시련과 저항》, 문학과지성사, 2000, 제1장 "식민지배 준비(1898-1902)" 참조.

동의 한 국가를 향해 했던 말을 똑같이 주고받으면서 필리핀은 미국의 첫 번째 아시아 지역 식민지가 되었다. 사실 미국이 쿠바에서도 스페인을 몰아내고 군정을 실시한 바 있었으니 전혀 이상한 일이 아니었지만, 필리핀 사람들에게는 놀라운 배신이었다. 식민지 필리핀을 넘겨줘야 했던 스페인 역시 "필리핀 사람들의 혁명을 몰아낼 수만 있다면…"이라면서 별다른 저항도 없이 항복선언에 서명을 하기도 했고. 쿠바 인근과 아시아 지역에서 펼쳐진 미국-스페인 전쟁에서 불과 "379명의 전사자"가 나왔던 데 반해, 필리핀 독립군들의 게릴라 투쟁에서 "미군은 무려 10배 이상의 4,234명이라는 엄청난 전사자"[21]를 낳아야 했다. 아무튼 이렇게 필리핀에 파견된 미군들 중에 반 데만도 포함되어 있었다. 그는 1900~1902년 필리핀 반란군과의 전투 과정에서 군 정보처Office of Military Information 처장으로 "효과적이고 집중적인 정보들을 미군에 제공"했는데, "효과적인 정보 체계가 수립된 이후 (미군들이) 반란군 진압 문제에만 몰두할 수 있었다"고 격찬을 받기도 했다.[22] 1901년 3월, 아귀날도가 미군에 투항한 이후에도 이런 필리핀 독립군의 활동은 지속되었다.

스페인 식민지로 무려 3백 년 이상 고통받던 필리핀에 미군부대와 함께 상륙한 "반 데만 대위 지휘 하의 정보부서는 효과적이고 중앙집권적인 부서였다. 이들은 노획된 보고서를 분석하여 반란자들을 묘사하고 이들을 체포할 수 있도록 몽타주를 제공하는 임무를 훌륭히 수행"해 냈다.[23] 이쯤 되면 국내에서 경찰이 시위를 진압하는 활동이나 타국과의 전쟁에서 방첩대가 수행한 '간첩 잡는 업무' 사이에 차이가 없는 것도 같다. 앞서도 봤던 것처럼 '반란'이란 어떤 의미에서는 '혁명'과 같은 현상이기도 하니까 말이다.

국내 방첩 관련 업무를 군 조직인 정보참모부가 담당하는 것이 어떤 의미인지는, 전쟁부에서 새롭게 개편된 일반참모부의 정보참모부 업무 규정을 보면 알 수 있다.

이 전쟁은 군대 혼자 진행 중인 전쟁이 아니었다. 전쟁은 경제, 심리, 사회, 정치 등을 비롯하여 모든 분야의 사람들이 집결한 전쟁이었다. (중략) 우리는 외부의 적 못지않게 내부의 적에 대해서 조사를 철저히 진행해야 했다. 따라서 군 정보처는 두 가지 업무를 담당하게 되었다. 하나는 적의 상황을 조사하는 적극정보Positive Branch와 국내 상황을 조사하는 소극정보Negative Branch. 소극정보는 국내에서 진행되는 적의 방해 활동을 찾아내고 처벌하는 임무를 담당했다.[24]

이는 정보참모부가 정식 부처가 되던 무렵 자신의 임무가 전례 없이 중요하다며 만든 업무 규정인데, 특히 정보참모부 업무에서 국내 방첩활동이 어느 때보다 중요하다고 한 것에 주목해야 한다. 전시 중에, 그것도 해외 업무는 그렇다 치더라도 국내에서도 이런 활동이 중요하며 이 업무를 정보참모부가 주축이 되어 맡아야 한다고 강조했다. 시기는 좀 멀지만, 우리도 보안사가 이런 활동을 비밀리에 해 오면서 일으킨 사고가 한두 건이던가!

'적극정보'(혹은 '대적첩보')란 일반참모부로 설립된 정보참모부가 원래 맡던 역할이었고, '소극정보'(방첩)와 관련된 두 번째 임무는 이후 '방첩대CIC'란 이름으로 생겨나는 부대가 전담하게 되는 임무다. 나중에 부서가 분리되기는 하지만 결국 '정보참모부 – 방첩대'의 찰떡궁합은 여기서부터 시작되었다. 이제 군 정보 관련 부서들이 조금씩 모습을 갖추기 시작했다. 한데 첫 번째 임무(적극정보)야 그렇다 치더라도 후자(방첩)는 훨씬 '덜 군사적인' 업무였으며, 그렇기 때문에 민간 정부 부서들과 조정이나 협력이 필요한 분야였다. 아무리 점령 기간이라고 해도 군복을 입은 사람이 왜 '경성전기회사 노동조합' 간부의 뒷조사를 해야 한단 말인가. 이상하지 않은가? 하지만 전시 기간이라는 어정쩡함을 활용하여, 국내 치안을 불안하게 만드는 작자 역시 적의 전쟁 수행에 도움을 준다는, 이 기괴한 논리가 많은 사람들의 지지를 받는다.

월슨 대통령의 "최측근 요원"이자 친구이기도 했던 하우스Edward M. House 대령은 "내가 생각하는 것보다 훨씬 많은 간첩들이 전장이 아닌 미국 국내에서 활동 중"이라며 걱정했고, 정보참모부의 메이슨 대령C.H. Mason 역시 "미국의 상황은 점점 더 혁명으로 나아가고 있다"고 경고했다. 이들이 걱정했던 것은 '소비에트 혁명이 미국에서도 발생하면 어쩌지? 이런 된장…' 이런 것이었다. 어쨌든 국내 방첩활동이 더욱 강조되어야 한다는 주장이 이 무렵 미군 내에서 파다하게 퍼져 나간 모양이다.[25] 그 근거는 확실했을까? 글쎄, 꼭 그렇지도 않은 것이, 기껏해야 군인들 특유의 상상력인 경우도 꽤 있었다.

애국자는, 평화를 자유나 명예를 희생시켜서 얻는 게 아닌 이상 신봉하는 사람들이다. 평화주의자는 일반적으로 평화를 얻기 위해 어떠한 대가나 당장의 평화를 희생해서라도 평화를 얻어야 한다고 믿는 사람들이다. 비록 그것이 참을 수 없는 지경에 이르러 또 다른 전쟁을 야기한다 하더라도. (중략) 독일의 간첩들은 이런 평화주의자들을 활용하였다. 이 평화주의자들이 의도하지는 않았지만 독일의 목적에 따라서 적극적인 간첩의 역할을 하게 된 것이다. (중략) 전쟁에 영향을 주지 않을 민간인의 활동 분야는 있을 수 없으며, 적들 역시 이런 분야를 무시하고 지나치지 않을 것이다. (중략) 잘못된 행동misbehavior, 나라에 대한 불만disloyalty, 미국에 대한 무관심indifference of native americans과 행동은 군 정보 차원에서 다른 무엇보다도 중요한 관심사 가운데 하나이다. 평화주의자들의 운동 가운데에서 상당히 많은 분야들, 특히 사회주의자들 중 과격파들이 벌이는 행동은 제1차 세계대전 동안 수사와 체포의 대상이 되었다.[26]

미 의회가 '반미활동조사위원회'를 만들기 몇 십 년 전부터 이런 생각을 가진 사람들이 미국에는 아주 많았다. 군인들 특유의 해석으로 인해서 평화주의자들은 졸지에 독일 간첩 역할도 맡게 된다. 그들이 어디 평화주의자들만 이런 도끼눈을 뜨고 바라봤을까? 그럴 리가! 미국에서 활동하던 평화주의자, 참정권자, 전쟁반대론자, 고립주의자, 노동조합 활동가, 이민자 이익 옹호단체, YMCA, 적십자 단체 등이 간첩 대열에 합류하게 된다. 전면전 시대와 함께 여기저기서 생겨난 "주목해야 할 요주의 단체"들이 하나씩 사찰 대상 단체가 된 것이다. '전 사회의 반동단체화'가 진행되면서 정보 부처의 업무 능력도 점점 더 커졌다. 한데, 이런 업무는 군대가 아닌 민간 정부의 일이라면서 마땅치 않게 생각하는 사람도 더러 있었다. 결국 이 문제는 1949년경에 가서야 FBI, CIA, CIC 간의 교통정리로 일단락된다.

어떤 사회든 체제를 '유지'하기 위해 갖은 노력을 다하시는 분들이 존재한다. '더 나은' 사회가 되려면 이런저런 것들을 고쳐야 한다고 주장하는 분도 계시지만, 이런저런 놈들을 솎아 내야만 한다고 주장하는 분도 계시다. FBI·CIA·CIC처럼 그런 분들만 찾으러 다니는 기관들이 그렇다. 평화로운 시대에 별 할 일이 없던 군부 조직이 정식 부서가 되는 과정에서 FBI나 다른 민간 정부 부처들과 협동하기도 하고 역할 분담도 하고, 필요한 경우 전문가들에게 아예 군복을 입혀 초빙하기도 했다. 예를 들어, 북한 정보공작에서 특별한 위치에 있던 '첩보왕' 도널드 니콜스 대령이 활약했던 공군 특별수사단Office of Special Investigation 역시 FBI 수사관이었던 조셉 캐럴Joseph Francis Carroll이 만든 방첩 기관이었다.[27] 미군정기 헌병사령관 존 베어드John E. Baird 대령이나 한국전쟁 때 미 방첩대CIC 요원 잭 샐즈Jack D. Sells도 마찬가지였다. 이들은 모두 경찰 혹은 FBI 출신이었다.

이들은 다른 군인들이 보기에는 그저 "경찰"일 뿐이었지만, 군 정보경찰(이분들이 이후 방첩대CIC나, 범죄수사대CID가 되는 분들이다)은 이런 분들이 스카우트되어 만들었고 또 잘 돌아간 그런 조직이었다. 이들은 평화 시에 문제가 되는 사람들을 솎아 내는 업무, 즉 주로 경찰 활동을 하던 분들이었다.[28] 소비에트 혁명이 미국 본토에 "빨갱이 공포Red Scare"를 한바탕 불러일으키고 있던 때,[29] 크게 보면 일본의 특별고등경찰特別高等警察과 FBI가 별다를 것 없던 시대였다. 군 정보기관에서는 주로 "경찰 정보원과 은밀한 개인 기록들, 수많은 요원들을 활용하여 작성된 FBI의 비밀 기록들을 이용"하여 사찰surveillance 활동을 진행했다.[30] 이런 비밀 활동을 통해 "대통령으로부터도 의회로부터도 또 대법원으로부터도 아무런 간섭을 받지 않는 사실상의 자유재량권을 획득"했다.

그런데 비밀이 많아지면 이런 일이 생기게 마련이다. 예산을 어디에 쓰는지 알아야 통제도 하고 간섭도 할 것 아닌가. 앞서 보았듯 "정책을 집행하라고 만든 기관이 사실상 정책을 결정하는" 것은 정보기관들의 습관 같기도 한다.

공산주의 사냥의 최전선에 선 군 정보기관

미국을 휩쓴 '빨갱이 공포'는 특히 산업계에서 아주 심각했다. *('경제 위기와

—

*"요즘 들어 경제가 더 어렵다"는 루머와 '적색공포', '빨갱이에 대한 두려움', '안보 불안감', '김정은 앞잡이 아니냐?'라는 말이 어떻게 연관되는지는 Alex Goodall, *Loyalty and Liberty : American Countersubversion From World War I to the McCarthy Era* (University of Illinois Press, 2013), "Chapter 5. Red Herrings-Anti-Bolshevism, Smearing, and Forgery", "Chapter 6. Subversive Capitalism-Fordism, Business, and Antiradicalism"을 참조. 구달에 따르면, '빨갱이에 대한 공포'는 1920년에 끝났지만, 그 뒤로도 이런 종류의 사회적 억압은 미국 사회에서 관행적인 일이 되어 버렸다. 매카시즘이라는 괴물 이전에도 이미 미국에서는 이런 종류의 '반정부적' 움직임에 대한 공포와 "기이한 탄압"이 꾸준히 진행되어 왔다. 흥미롭게도 이런 유의 근거 없는 억설은 언제나 소비자가 있기 마련인데, "부잣집 사람들은 볼셰비키라는 유령이 있다는 증거를 만들기 위한 노력에 언제든 돈을 지불할 준비"가 되어 있었다. "볼셰비키라는 유령이 미국 주변을 어슬렁거린다"고 악의적으로 경고했던 허스트계 신문에 대해서 "이런 기사는 정직한 모든 이들의

안보 위협'을 부르짖는 한국의 어떤 단체들의 주장처럼) 파업과 애사심을 축내는 행위들, 사업장에서 발생하는 불순분자들의 행동이 '건국'에 심각한 영향을 주기라도 한다는 듯 반체제 행위로 몰아세우는 활동들, 이런 상황이 미국에서도 '빨갱이 공포'와 함께 몰아닥쳤다. 파업을 파괴하고 노동자들의 선동 행위를 몰아세우고자 깡패를 고용하고, 스파이를 심고, 정보원망을 돌리는 활동들 말이다. 유명한 포드사에서도 그랬다. 왜 엉뚱한 깡패들이 우리 공장에서, 컨베이어벨트 앞에서 볼트 조이는 일도 하지 않으면서 포드 간부들이 입는 점퍼를 입고 큰소리를 치는지 이해할 수 없었다. 게다가 이런 인물들, 예를 들어 해리 베넷Harry Bennett 같은 유명한 깡패 같은 인물들을 둘러싼 지하세계 이야기를 할라치면, "나에 대한 이런저런 소문을 아무 데서나 옮기고 다니지 말았으면 좋겠어. 혹시 그러다가 당신이 소리 소문 없이 사라지게 될지도 모르니까. 그런 사람들이 어떻게 됐는지 모르지? 응?"이라고 협박이나 하면서.[31]

한편 고용주들은 마치 이런 위기가 닥치기를 기다리기라도 한 듯, '문제를 일으키는 자들을 이번에 죄다 해고하고 말리라' 결심이라도 한 듯, 닥치는 대로

—

•
마음속에 당신들의 회사가 나쁜 언론이라는 생각을 갖게 할 것입니다. 또 허스트계 신문사들은 결국 독이 가득 찬 거미줄을 미국에 뿌리는 하수처리시설이나 마찬가지가 될 것"이라고 지적한 사람은 공화당 하원의원이었다. 당시 허스트계 신문에서는 "멕시코 정부가 미국에 볼셰비키 혁명을 밀수하려고 갖은 노력"을 다하고 있다면서 공공연하게 전쟁을 선동했다. '왜 안 싸우는데? 니들도 빨갱이여? 뭐 이렇게. 물론 석유를 둘러싼 자본가 계급의 이해관계 때문에 전쟁은 일어나지 않았다. 멕시코가 1943년까지 소련과 모든 외교관계를 끊으면서 "양국 관계가 악화일로"에 있었기 때문에, 멕시코인들이 이런 신문을 봤다면 '유럽 어딘가에 또 다른 멕시코가 있나?' 생각했을지도 모른다. 묘한 것은 이런 얼토당토 않은 이야기에 관심을 기울이고 돈까지 왕창 주는 사람들이 있었다는 점이다. 이외에도 간첩 사건을 "탁월한 거짓말쟁이 수법"으로 지어내어 몇 년간 미국을 발칵 뒤집어 놓았던 사람의 스토리를 보면 그때나 지금이나, 또 미국이나 한국이나 별반 차이가 없다는 생각도 든다. 이에 대해서는 Goodall, 위 책, pp. 114~129 참조.

사람들을 잘라 냈다. "공산주의의 논리, 자본의 공동 소유, 사리사욕의 영구 추방, 노동자들의 국제적인 연합, 인류가 원하는 사회 만들기 등의 논리를 분쇄하기 위해 고용주, 자영업자, 그리고 족벌주의에 눈이 먼 사람들이 앞장서서 10여 년 이상 이끈 좌익 행동주의자들을 상대로 한 싸움이 시작"된 것이다.[32] 회사를 운영하다 보면 불경기도 겪고 호경기도 만나면서 망할 회사는 망하고 잘되는 회사는 잘되기 마련인데, 잘될 때는 "경영자의 획기적인 혁신 때문"이라고 치장하다가 불경기를 만나면 "반체제 인사들의 모략"으로 돌리는 행위들. 미국 산업계에 불어닥친 반공 열풍과 이런 작업에 앞장섰던 "비산업 분야 전문가들의 활약"을 보다 보면 한국의 여러 인물들이 오버랩된다. 김창룡, 최운하, 조병옥, 이승만, 박정희, 전두환, 그리고 오늘날 자유한ㄱ…. 뭐, 일단 여기까지.

우리가 잘 아는 것처럼, 미국에서만 공산주의와 급진주의자들을 '불법적으로' 처벌했던 것은 아니다. 어떤 역사학자가 "유럽의 검은셔츠단 같은 파시스트 그룹들은 미국의 '노동자를 감시하는 스파이labor spy racket' 무리나 혹은 포드사가 고용했던 깡패 집단 무리에서 자신과 비슷한 사람들을 찾을 수 있을 것"[33]이라고 경고한 것처럼, 한때 유행했던 파시즘은 민족주의적이거나 인종학적 이데올로기라기보다 공산주의라는 위협에 맞선 자본주의의 노골적인 대응책 중 하나였다. 이런 현상은 전 세계에서 나타난 일반적인 현상이었다. 유럽 지역에서는 "민족주의에 반하는 사회주의와의 전쟁을 선포"한 파시즘이 정권을 장악하면서 이들과의 전쟁, 제2차 세계대전이 곧 시작되리라 예견하게 했다.[34] 이게 무슨 문제가 되냐고? 문제가 된다. 특히 "과대성장국가"를 특징으로 하던 신생 독립국가에서는 더욱 심각한 문제였다.[35]

미국처럼 "자유와 민주주의가 번영"하던 지역에서 인권과 민주주의를 위협할 수 있는 이런 기관이 갑자기 증가했던(제1·2차 세계대전이 그런 경우였다) 때도 그랬지만, 대한민국처럼 전혀 경험이 없는 나라에서 이런 기관이 만들어지

첩보 한국 현대사

"교양 있고, 지적이며, 균등한 사회"를 지향하는 알 카포네는 시카고의 한 가게를 사서 실업자들에게 무료 수프와 도넛을 나눠 주었다. 물론 알 카포네가 직접 도넛을 구운 것은 아니다. 그가 돈을 내고, 또 선전도 열심히 했다는 의미다. 몇 년 뒤 뉴딜주의에 대한 반대로 이름을 높이고, 그 10여 년 뒤에는 개표가 아직 진행 중인데도 "공화당 후보가 트루먼에 승리"라는 유명한 오보를 날리기도 했던 《시카고 트리뷴》지는 "1931년 12월까지 알 카포네의 무료 수프 가게에서 12만 명에게 무료 수프를 제공"했다고 크게 선전했다. 또한 《시카고 트리뷴》은 테러리스트들을 "자애롭고, 용기 있는" 자들이라고 묘사했는데, 이는 알 카포네가 그랬던 것처럼 (금주법과 같은 악법의 시대에!) 정부에 반대하여 밀주를 만들어 판매한 일을 가리키는 것이었다. 금서법이 있었을 적에(실제 박정희 · 전두환의 시대 때 그랬다) 책을 만드는 것과 비슷하게 봤다는 건데…. 물론 더 많은 위험이 따랐겠지만, 금주법 시대에 밀주를 만드는 일이 이렇게 많은 사람들의 칭송을 받네. 일부 실업자들에게 일자리도 제공하고 또 가끔 알 카포네가 줄 선 사람들 옆을 지나가면서 악수를 하기도 했으니, "알 카포네가 미국 의회보다 더 열정적으로 실업 구제에 나서고 있다"는 칭송이 나올 만하다고 해야 할까? 루스벨트가 사회보장법Social Security Act을 만들기 무려 4년 전에 공익사업에 앞장선 알 카포네에게 "지적 수준이 높고, 확고한 신념을 가졌으며, 균등 사회를 지향하는 인간"이라고 한 것을 보니, '대한민국 정체성 총서'에서 서북청년회에 대한 서술을 보았을 때와 비슷한 느낌도 든다.

이유는 잘 모르겠지만 NARA에서는 이 사진을 방문자들이 항상 보게끔 5층 화장실에 걸어 놓았다.

첩보 한국 현대사

"연좌시위자에 대한 단호한 대처. 디트로이트 미시건주. 156명의 연좌시위자 가운데 한 명이 코피를 흘리면서 멱살을 잡힌 채, 곤봉을 들고 있는 보안관에게 살려 달라고 호소하고 있다. 이 보안관은 예일 타운Yale and Towne 공장에서 연좌시위 중인 사람들을 끌어내고 있다. 1937년 4월 14일." 출처 : NARA

대공황 당시 디트로이트에서 연좌시위를 벌이던 사람 중 한 명을 작살(?)낸 다음 끌어내는 장면이다. 1920년 말까지 호황을 누렸던 '자동차 도시' 디트로이트는 대공황과 함께 불운을 겪는다. 미국의 5대 도시 중 하나로 이곳의 포드사와 제네럴모터스 · 크라이슬러 등이 20만 명의 노동자를 고용했지만, 공황과 함께 임금이 깎이고 노동자들이 해고되었다. 그러자 외국인 노동자와 유대인을 향해 "공산주의자와 외국 선동가들 때문에 미국 자본주의가 와해될 위기"에 처했다는 비난이 휘몰아쳤다. 사실 디트로이트는 공업도시여서 그 어떤 곳보다도 "공산주의자가 많았던 지역"이기는 하다. 하지만 그렇다고 이들 때문에 공황이 찾아왔다고 할 수는 없는 일이다.[36] 그럼에도 빨갱이, 공산주의자, 외국인 선동가, 학력 낮은 이민 노동자, 흑인, 여성 같은 이들에 대한 비난이 동시에 쏟아졌다. "이런 부류들이 노동조합을 만드는 것을 막기 위해 수백 명의 정보원망을 깔아" 놓고선, "회사에 대한 불만이나 공장의 근로조건 관련 발언을 하는지 엿듣게" 하기도 했다.[37] 사진에서 끌려가는 사람은 남자지만 여성 노동자도 다수가 시위에 참가했다. 시위에서 경찰들이 '폭력적으로' 개입하는 방식은 원래 후진국의 특징 중 하나였다. 요즘 유튜브 동영상을 보면 선진국도 별반 다를 바 없긴 하지만. 아무튼 미국은 세계 1위의 경제 대국이면서, 이런 점에서 제3세계 지도자들의 앞길을 인도한 바 있다. 이때 활약했던 경찰들은 이후 군 정보 관련 기관이 확립되는 과정에서 스카우트되기도 했다. 또한 이들은 제2차 세계대전 때 미군이 각지에 파병되면서 군 방첩기관원이나 헌병으로 차출되면서 '국가기관의 사적인 분야로의 진출'이라는 새로운 형태가 세계 각지에 전파되는 역할도 아울러 담당했다.[38]

면 매우 심각한 상황이 벌어진다. 왜 위험한가? 엉뚱한 사람들, 정확히는 새롭게 만들어지는 국가기관에 참여하지 말아야 할 사람들, 즉 '숙청'이라는 단어가 가장 잘 어울릴 법한 사람들이 이 조직에 가담하게 된 것이다. 앞서 정보계통 사람들은 두 가지 업무(정보 수집/분석, 작전 활동)를 담당한다고 했던 것을 기억할 것이다. 그런데 새롭게 조직에 가담한 분들은 이 중에서도 주로 작전 활동에 참가했던 인물들이었다. 앞서 인용한 것처럼 "하버드를 졸업하고 건달들과의 주먹싸움도 피하지 않는 인재"가 필요했는데, 특히 후자에 해당하는 싸움을 아주 잘하는 혹은 고문을 잘하는 분들에게 특별한 가산점(?)이 주어졌다. 예를 들어 악질적인(?) 친일 경찰이나 헌병대 오장伍長 같은 분들이 그렇다. '이승만의 오른팔' 김창룡의 전직이 뭔지 우리는 잘 알고 있다. 이런 인물들이 어쩌다 초창기 대한민국 방첩대가 만들어지면서 주역으로 떠오르게 되는지, 그것도 알 것 같고. 이 공산주의 사냥의 선구자들조차 혀를 내두르게 만든 사람들이 바로 우리의 방첩대, 바로 특무대란 이름으로 출발해서 방첩대와 보안사를 거쳐…, 청출어람이란 이럴 때 써야 하는 문자다.

미군 방첩대CIC의 전신이라 할 수 있는 첫 번째 '비밀부대'의 핵심 목표는 공산주의자들을 체포하는 일이었다. 군 정보기관, 정확하게는 자본주의체제 군 정보기관의 가장 첫 번째 임무가 '공산주의자들'의 동향에 대한 정보와 관련이 있다는 점을 잘 기억해야 한다. "1918년 8월 26일, 군 정보처는 비로소 영구적인 부서이며 참모부의 두 번째 부서인 정보참모부G-2로 다시 확립"[39]되었다. 그때가 미군이 소비에트 혁명을 무마하기 위해 개입하던 무렵이라는 점은, 이 부서가 노리는 것이 무엇이었는지를 잘 보여 준다. 이런 점은 한국에서 잘 드러나고 있다.[40] 간첩 잡는 문제가 민족사적 운명이 될 만큼 중요한 나라가 한국 말고 또 어디에 있겠나. 물론 정보참모부G-2는 (미군 방첩대CIC와 달리) 일반참모부로서 항시 지역사령관의 보좌역을 하는 기구이며, 미군 방첩대CIC는 특수

부대로 방첩 관련 업무를 담당하고 있긴 하지만, 양자의 관계는 한국의 사례에서 보이는 것처럼 정보참모부G-2가 "상명"하면 방첩대CIC는 "하복"하는 단일조직의 역할을 담당하고 있었다.

우리의 방첩대는 반공 대한민국의 기라성 같은 스타들을 많이도 배출했다. 반공에 있어서는 김구 뺨을 왕복으로 너댓 번쯤 갈길 만큼 위대했던 "관동군 헌병 오장 출신"의 'Snake Kim'(김창룡)을 필두로, 전 세계 어음 사기의 역사를 새롭게 쓰신 이철희 준장, 언감생심 조국 근대화의 아버지를 "야수"라고 불렀던 김재규, 이런 명단에 빠지면 섭섭하신 전두환과 노태우, 그리고 '남몰래' 보고 들은 게 남다르신지 NLL에 대해 할 말이 많으신 송영근 전 의원에 이르기까지.[41] 물론 출범 초기였기 때문에 의욕이 앞선 나머지 "한국 방첩대는 한국인들을 개처럼 취급하고 개처럼 패곤 한다"[42]는 비난을 초래하기도 했지만, 반공에 대한 신심 하나는 "가이드 역할"(미군 방첩대원들은 "신사적인 미군 CIC"에 비해 "잔인한 방법으로 증거를 짜맞추는 한국 방첩대"에 진저리를 치긴 했어도, 자신들을 "한국 방첩대의 가이드"라고 부르는 것을 주저하지 않았다)을 했던 미국인들도 감동시킬 만큼 탁월했다.

헌병대와 방첩대는 다른 조직이지만 그 첫 출발은 동일한 경찰조직이었음을 기억해 두자. 방첩대와 헌병대는 같은 유전자를 물려받은 '경찰의 아들들'이었다. 다음 장에서 앞에 잠깐씩 등장했던 김수임과 베어드의 이야기를 살펴볼 텐데, 베어드는 미군정기 헌병사령관이었다. 방첩대와 헌병대는 실제 범죄 수사를 진행하면서, 특히 남한 점령 과정에서 긴밀한 협조 관계를 맺기도 했다(헌병사령관 베어드가 방첩대의 수사를 받을 만큼 위기에 빠지기도 했지만). 베어드와 김수임의 이야기는 방첩대와 관련해서도 약간의 정보를 제공해 줄 것이다.

사진 081 "한국의 전쟁 : 프로젝트 50–240의 조연출인 홍성기(오른쪽)가 한국 1사단 대령 김창룡에게 영화 관련 연출을 설명하고 있다. 서울, 육군 방첩대 본부. 1950년 11월 4일." 출처 : NARA

'프로젝트 50–240'이 정확하게 어떤 영화인지는 알 수 없다. 〈한국의 방첩활동〉이란 영화를 지목하기도 하는데 이 영화는 문서 상에 기록으로만 남아 있다. 당시 통신부대가 촬영한 필름 들은 미 공보처USIS나 국군 정훈국에서 사용하기도 했다. 영화의 줄거리도 짐작하기 어렵지 만, 한국전쟁 상황에서 방첩대의 활동을 담았을 것으로 보인다. 홍성기는 한국 에로, 아니 멜 로 영화의 대가라고 하는데, 필자가 잘 모르는 분야이므로 그런 분이 계셨나 보다 하고 넘어 가면 그만이지만 김창룡은 좀 다르다. 한국 방첩활동에서 김창룡은 아주 중요한 사람이다. 미 국인들이 '한국 방첩대 역사'를 기록하면서 한 장의 제목을 '김창룡'이라고 정할 만큼 탁월한 영웅이었다. 비록 사진 설명에서 이름도 설명도 틀리게 표기했지만, 그는 '스네이크 김Snake Kim'이란 이름으로 미군들에게도 유명한 반공주의자였다. 미국인들은 한국의 방첩대를 묘사 하면서 한국전쟁 중 첫 번째 민간인 희생자를 양산했던 학살 문제를 방첩대(특무대)가 책임져 야 한다고 주장했다. "전쟁 초반기에 한국인 방첩대가 상당히 많은 사형집행자 역할을 했다. 특히 이 경우 재판도 없이 진행된 경우가 많았다. 반역 행위뿐 아니라 남한 정부에 반대했던 인물들도 비슷하게 처리"되었다고 기록했다. 아울러 이런 "한국인 요원의 경우 악행을 많이 저질렀"기 때문에 미군 방첩대CIC 활동에도 상당한 장애를 초래했다며,[43] 전쟁 초기 학살, 즉 "학살과 죽음의 연쇄 고리"[44]의 첫 번째 사례가 된 보도연맹원에 대한 보복전과 후퇴 과정에 서 서대문형무소 · 대전형무소 등에 수감되어 있던 정치범 학살의 책임을 은근슬쩍 한국인들 에게 미루고 있다. 이 경우 대부분 재판이나 별다른 절차 없이 처형이 진행되었다.

7

"누가 그 여자를
그러캐 맨드런나?"

"스파이란 무엇인가? 그것은 전쟁에 사용되는 용어다. 노동스파이들은 산업전쟁 와중에 발생한 것이었다. 이 전쟁에서 노동자들이 한편이었고, 노동스파이들을 운영했던 회사는 또 다른 편에서 있었다. 이들은 자본가들의 편이었다. 자본가들이 이들에게 자금을 지원했다. 이 전쟁은 자본가와 노동자의 전쟁이었다. 노동스파이를 운영했던 회사들은 노조를 박살내기 위해서 역겨운 수단을 동원했으며, 윤리적인 거리낌 같은 것도 없었다. 그들은 또 실정법도 위반했다. 그러나 이런 회사들이 진정 노동문제에 관심을 가진 주체는 아니었다. 이들은 자본가들에 의해 고용되었을 뿐이다. 진정으로 이런 문제에 관심을 가졌던 사람들은 이들을 고용한 산업가들이었고, 이들이야말로 노동자들의 노조와 단결력을 두려워하였다. 이런 자본가들이야말로 계급전쟁을 일으키는 사람들이다." - 리오 휴버먼Leo Huberman, 《노동자를 감시하는 스파이들The Labor Spy Racket》[1]

"한국 공무원들은 믿을 수 없을 정도의 고문과 잔인한 방법을 사용하여 정부에 반항하는 죄를 저지른 피의자들에게 자백을 쥐어짜내는 방법을 활용했다. 김수임의 자백이 고문 때문이라는 별다른 증거는 없지만, 몇몇 증인들의 증언에 따르면 그럴 가능성은 매우 높아 보인다. 설혹 그것이 순전한 자백이었다고 해도, 그것은 그녀 자신의 죄를 면하기 위해 혹은 죽음을 잠시라도 피하기 위한 것일 가능성 말이다." - 미 육군 감찰과 슈뢰더E.W Schroeder 대령의 〈베어드 대령 수사보고서〉 결론 중에서. 1950년 11월 10일[2]

붉은 마타하리적 존재, 김수임

이제 '한국판 마타하리'로 일컬어진 여간첩 김수임에 대해 이야기할 차례다. 김수임은 북한의 간첩이라는 죄를 뒤집어쓰고 사형선고를 받았지만(그녀는 재판 직후인 "1950년 6월 28일 처형된 것으로 알려져 있다"), 그녀가 실제 그런 활동을 했는지에 대해서는 여러 의혹이 남아 있다.

김수임은 미군정기 헌병사령부의 통역을 맡았으며 "특별정보원special informant으로 고용되었고, 1949년 6월까지 미국 정부가 공식적으로 급료를 지불하는 인물"이었다. 그러다가 1950년 1월경, 미군과 관련된 비밀 정보를 빼돌려 북한에 전달했다는 혐의로 군법재판에 회부되어 사형선고를 받았다. 이후 김수임을 주인공으로 한 영화도 만들어지고, 연극도 공연되었는데, 당대에도 꽤 구독율이 높은 신문에 김수임 사건이 연일 보도되었다.

그런데 이 사건이 한국에서만 관심을 모았던 것은 아니다. 미국에서도 몇 차례 비밀 수사가 진행되었고, 특히 〈베어드 대령 수사보고서〉(이하 〈베어드 수사보고서〉)에 수집된 미국 자료를 보면, 김수임이 관련된 간첩 사건에 미군 대령 베어드가 관련되어 있는지 검토했음을 알 수 있다. 〈베어드 수사보고서〉 에는 1950년 7월 3일 헌병감의 서신 지시에 따라 미국 내 열 곳의 기지를 방문 하여 수행한 수사 내용이 담겨 있는데, 미군정기에 핵심 역할을 했던 수뇌부 들 대부분이 인터뷰 대상에 포함되어 있다. 당연히 남한 점령군 최고사령관이 었던 하지John R. Hodge 중장의 인터뷰 내용도 있다.

이 자료는 작성된 이후 줄곧 비밀로 지정되어 회람되지 않다가, 15년 가까 이 지난 뒤 자료 협조 요청이 들어오자 이 문건을 보관 중이던 감찰과U.S. Army Inspector General에서 "공군 특별수사관Office of Special Inspector 외에는 개인이든 누구든 이 자료를 활용할 수 없으며, 국방부 외부로 유출되어서도 안 된다"고 명시했다. 1964년 1월 22일 자료 협조를 요청한 공군 특별수사단에서는 "한국 인들이 포함된 방첩 작전과 관련한 정보를 얻기 위해서"라고 자료 요청 이유 를 기록하고 있다. 김수임 주변 인물들 중 누군가가 남한 내 간첩 활동이나 북 한 내 정보 동향과 관련되어 있을 수도 있다는 의미다. 이 문제는 더 많은 자료 가 공개된 후에야 알 수 있을 테지만, 우리가 다루는 첩보전과 관련해서도 〈베 어드 수사보고서〉는 많은 정보를 제공해 준다.

사진 082 김수임으로 추정되는 여성. 출처 : 국사편찬위원회

이 사진은 〈베어드 수사보고서〉 맨 뒷부분에 다른 사진 두 장과 함께 발견되었다. 이 여성 때문에 군 경력 전체에 먹칠을 한 베어드가 한국을 떠나면서 남긴 촌평("slight, dumpy, 39 years")대로 "뚱뚱"하고 "작고" 서른아홉쯤 되어 보이는 모습이다. 이외에 다른 사진이 몇 장 더 보관되어 있었는데, 주인공에 대해 별다른 설명을 붙여 놓지는 않았다. 베어드는 김수임이 "주로 한복을 입었다"고 했다. 사진 속 한복도 꽤 고급(?) 옷감으로 보인다. 당시 미국 언론에 서는 김수임에 대해 "정말 뛰어난 미모를 갖춘 아시아인"이라고 극찬하기도 했지만, 헌병대 수사관은 "신문 칼럼리스트들이 묘사한 매혹적인 모습은 그녀의 실제 외모와는 다소 거리가 있다"고 기록했다. 김수임의 이야기는 반공영화가 맹위를 떨치던 시대에 영화로도 몇 편 만 들어졌다. 말하고자 하는 바와 대중이 원하는 바가 딱 맞아떨어지는 그런 '시대사적인 인물' 이었다. 1974년에 제작된 영화 〈특별수사본부 김수임의 일생〉(이원세 감독)의 사진들을 몇 장 찾아봤더니…, 그래 이 정도는 돼야 "마타하리 어쩌고저쩌고" 하는 기삿거리가 되겠지. 역사 적 고증에 큰 관심이 없었는지 주인공은 눈코입이 있다는 것 말고는 딱히 닮은 점이 없어 보 인다. 송신기 앞에서 헤드폰을 끼고 있는, 당시 한창 선전하던 북한 간첩의 모습을 그대로 재 현하고 있는 김수임의 모습도 나오는데, 1940년대 후반의 정보원은 송신기가 없어도 언제든 자신이 얻은 정보를 정보 당국에 전달하고 그에 걸맞는 보수를 받아 올 수 있어야 했다.

영어 되고 미모 되는 못 믿을 그녀

1948년 무렵 단성사에서 공연된 연극의 제목 '누가 그 여자를 그러케 맨드렀나?'는, "1947년 12월 〈별이 흐르는 대로〉라는 감상적인 노랫말"의 후렴구 가사이기도 하다.[3] "곤나 온나니 다레 가 시타こんな女に誰がした(누가 이런 여자로 만들었나?)"는 당시 여성의 매춘, 특히 점령군을 상대로 한 매춘이라는 심각한 사회문제에 던지는 질문이었다. 전쟁과 점령이라는 혼란의 시기에, 그것도 세계 최강인 미군이 점령했던 일본과 한국의 여성들이 겪어야 했던 어쩔 수 없는 운명의 서사극처럼, 김수임의 운명도 그와 크게 다르지 않게 흘러갔다.

유난히 가난했던 어린 시절의 집안 사정을 제외하면, 김수임은 식민지 여성으로서는 최고의 엘리트 코스를 밟고 세브란스 치과병원에 통역으로 취직했다. 전적으로 그녀의 뛰어난 어학 실력 덕분이었다. 한동안 그녀를 맡아서 월급까지 줬던 미 헌병대 장교의 표현에 따르면, 김수임은 "한국에서 만난 여성들 가운데 단연 최고의 영어 실력"을 가진 인물이었다. 뛰어난 어학 실력 덕분에 미군 점령과 동시에 그녀 앞에 출셋길이 활짝 열렸다. 영어 잘하고, 여성이고, 게다가 젊기까지 한 김수임은 곧바로 미군 사령부 통역으로 취직했다. 해방 후 남한에서 가장 필요하고 쓸모 있는 능력을 꼽는다면 단연 영어 실력이었을 테다. 우리가 기억하고 있는 대부분의 유명인들, 그러니까 미군정에 잘보여 출세한 사람들의 리스트를 뽑아 보면 토플 점수순과 거의 일치하지 않을까? 하지만 미군과 잘 아는 분들과는 여러모로 달랐기 때문에(조병옥, 이묘묵, 이승만 등은 모두 영미권 유학파 출신자들이었다) 김수임의 출셋길은 정보원 책임자 정도에 불과했다.

김수임이 미군 사령부 통역으로 일하다가 정보원이 된 것은, 이런저런 특기 때문이기도 하겠지만 미군 헌병사령관 베어드 대령의 남다른 안목 때문이기도 했다. 베어드가 한국에 부임할 1946년 5월 즈음, 미 제24군단 공보장교 로버츠는 베어드를 들먹이며 후배 장교에게 이렇게 경고했다. "그 인간, 완전 호색한인 데다 주변 모든 여자들을 집적거리고 다녀. 조심해야 할 거야."[4] 로버츠 대령이 베어드를 어떻게 알았는지 모르겠지만, 베어드가 여자를 대하는 태도가 '박통급'이라는 언급은 〈베어드 수사보고서〉 곳곳에서 눈에 띈다. TV나 유튜브가 없었기에 망정이지 큰일날 뻔했다.

당시 남한을 점령한 미 제24군단 사령부는 반도호텔 4층에 있었고, 베어드의 사무실은 7층에 있었다. 모윤숙을 통해 참한 여자를 수소문하던 베어드의 눈에 김수임이 포착되었고, 간단하게 영어를 쓰고 읽고 번역하는 시험을 거쳐 그녀에게 정보원informant 책임자 자리가 주어졌다.[5] 김수임은 곧바로 미군 헌병사령부가 보유하고 있던 불하 가옥을 할당받았고, 자신의 가족을 포함해서 많을 때는 10명가량의 정보원을 고용하여 각종 정보를 수집해 나갔다. 미국인들은 자신의 정보원, 즉 미국이 급료를 지급하는 정보원의 숫자를 기록해 놓았는데, 이를 보면 김수임의 경우처럼 그 정보원들은 또다시 여러 명의 정보제공자informer를 고용하곤 했다.● 김수임이 고용했던 정보제공자들은 미국 정부의 공식 급료를 받지 않았던 것으로 판단된다.[6] 이와 비슷한 사례가 있다.

우리는 주둔했던 모든 지역에서 망net을 구축했다. 아마 가장 훌륭했고 또 성과가 좋았던 것은 포항시였을 것이다. 포항시의 망은 12명의 비밀 정보원으

● 대체로 미 정부로부터 급료를 받는 정식 정보원은 'informant'라고 기록하며, 그 외 다양한 정보를 가져다주지만 급료를 주지 않는 사람들에 대해서는 'informer'라고 기록하고 있다. 자료에 따라 informant와 informer를 구분하지 않고 쓰는 경우도 보이지만, 미군 방첩대가 작성한 교본에서는 항상 이 기준에 따라 기록하고 있다.

"반도호텔은 한국의 미군 대표들의 사령부 역할을 담당했다. 5층까지는 직원들의 사무실로 사용
되었고, 69개의 호텔 객실, 물론 가장 좋은 특실까지도 모두 사무실이나 집무실로 사용되었다. 라운지 그리고
대형 식당이 갖춰져 있다. 서울, 한국. 1948년 8월 20일. 통신부대 사진. 24군단. 던Dunn 촬영. 공보과에서 보
도용으로 배포했음. 1949년 5월 31일." 출처 : NARA

현재 소공동 롯데호텔 자리에 있던 반도호텔은 서울에서 가장 좋은 호텔로 외국인 전용 호텔
이었다. 이곳이 미군의 남한 점령사령부로 사용되었다. 하지는 4층, 베어드는 7층을 사무실로
사용했다. 김수임은 반도호텔에 주둔한 미 제24군단의 통역으로 활동하다가 정보원 역할을
맡게 된다. 반도호텔은 1974년 6월 20일 철거되었다. 그런데 이 호텔은 미국에 기증될 뻔했
다. 이승만이 1948년 9월 6일 국무회의 자리에서 "반도호텔을 감사의 뜻으로 미국에 양도"하
기로 했다고 결정했다면서 친히 편지를 써서 존 무초John J. Muccio 미국 대사에게 '써프라
이즈~'라며 선물하겠다고 나선 것이다. 편지에서는 "우리 국무위원 전원이 만장일치로 결정
하기를 감사의 마음을 담아서 미국에게 선물로 증정하기로 했다. 우리는 가난의 굴레에서 벗
어나게 해준 미국의 고마…." 외교적인 수사니까 그러려니 하고 넘어가자. 이걸 다 국무회의
에서 결정했다고 이승만이 써 놓았다. 물론 미국이 이런 제안을 받아들였을 리가 있나.

"한국의 유명한 여성시인인 모윤숙은 북한 공산군이 지배했던 서울 생활 동안 산에서 숨어 지냈다. 연합군이 서울을 탈환하기까지 자신의 생활을 설명하고 있다. 연합군 사령부의 사진영화과에서 이 모습을 촬영했다. 1950년 11월 8일." 출처 : NARA

인터뷰를 하는 듯한 모습을 취한 모윤숙은 학력 되고, 영어 되고, 미모(?)가 되는 여성들의 사교 모임 '낙랑클럽'을 만들었다. 미군들은 그녀를 "Marian Mo"라고 불렀는데 주로 하는 일은 미군 장교클럽에서 낙랑클럽 회원들과 미군들의 만남을 주선하는 것이었다. 미군이 "나중에 알고 보니 시인"이어서 의아했다고 실토한 걸 보면, 동서양 젊은이들을 모아 놓고 시를 읊거나 한 적은 없는 모양이다. 주한미군 최고사령관 하지는 베어드에게 모윤숙을 설명하면서 "몇몇 저명한 한국인들의 연인이기도 한데mistress of several fairly prominent Koreans 아주 악명 높은 여자"라면서 희희덕거렸다나 뭐라나. 그런 비아냥에도 불구하고 모윤숙은 가장 열렬한 이승만 추종자였다. 반공 연설을 하느라 남한 전역을 정신없이 순회하기도 했던 그녀는 미군 헌병대 범죄수사대CID가 특별요원을 붙여서 경호까지 했던 중요 인물이었다. 한데 이 모윤숙은 김수임의 가장 가까운 친구였다. 모윤숙은 김수임의 군사재판 당시 법정에 출두하여 "관대한 처분을 바란다"며 선처를 호소했다.

로 구성되었는데, 이들 각자가 모두 60명의 다른 정보원들을 통제했다. 이 정보망은 소규모 개인 기업체를 제외한 모든 조직에 침투할 수 있었다. - 미 8군 배속 제801 CIC 파견대의 조지 블랙웰George C. Blackwell 소위 인터뷰에서. 1951년 7월 24일

한국전쟁 당시 정보원망의 구축과 활용에 대한 인터뷰에서도 여러 차례 나오는 방식으로, 그보다 4,5년 전 남한의 정보원망 운영도 별반 다르지 않았을 것이다. 거의 모든 미군 방첩대CIC 요원들이 정보원망을 구축하고 이를 활용했을 것이며, 헌병 역시 마찬가지였을 것이다. 어쨌든 〈베어드 수사보고서〉내용 대부분이 이와 관련된 것인 데도 불구하고, 한국에서는 김수임이 미국 측 정보원이었다는 사실에 그다지 관심을 두지 않는 편이다. 김수임은 남로당 간첩이었고, 간첩이었기 때문에 미국에 접근했다는 정도로 이해되는 듯하다. 김수임이 정말 '이중간첩double agent'이었는지와는 상관없이, 김수임은 아주 훌륭한 미국의 "정보원으로 활동"하고 있었다. 그는 몇 가지 중요한 사건에서 미국 납세자들을 만족시킬 만큼 훌륭한 기여를 했다. 참고로 한국전쟁 때 미군들이 정보원 선정 과정에서 효과적으로 활용할 수 있는 후보군을 정리해 놓은 내용을 보자.[7]

① 남한의 경찰
② 적의 요원으로 의심되는 자
③ 체포된 적 요원
④ 피난민
⑤ 종교인
⑥ 2차 세계대전 이후 남한을 점령했던 방첩대CIC나 혹은 주한미군이 고용했던 인물들

⑦ 반공청년단. 이들은 남한과 북한에서 모두 유용하게 활용할 수 있는 그룹들이다.

⑧ 반공적인 "자위대Self Protection Groups". 이들은 정보 대가를 지급하지 않아도 되는 정보원들이다. 이들에게는 특별한 첩보기본요소EEI가 제공된다.

⑨ 정보가 필요한 지역에 거주하거나 관련 직업을 가진 한국인들

⑩ 한국인 뉴스 기자들

⑪ 자발적인 정보원들

정보원들은 대부분 머리가 좋거나 싸움을 잘하거나 혹은 둘 다였다(개중에는 "일하지 않고 사는 것이 인생의 목표*"인 사람들도 일부 있기는 했지만). 이 점은 앞서도 봤던 것처럼 정보요원에게 요구되는 능력과 비슷해 보인다. 미군이 정리한 정보원 후보군의 항목이 대략 이해가 가는 와중에 ②의 내용이 눈에 띈다. 적의 요원인지 아닌지를 구분하는 것이 쉬운 일은 아니지만, 적의 요원이라면 정보원으로서 효과적으로 활용할 수 있다? 북한 측 정보원이 그만큼 활용 가능성이 높다는 말이다. 정보원들은 그들에게 월급을 주는 주인인 미군에게도 "조국 국민들 편이 아니라 우리편"인 동시에 "아마도 쉽게 우리에게 등을 돌리고 다른 이들에게 정보를 제공"*할 수도 있는 사람이라는 곱지 않은 시선을 받았다. 이해해야 한다. 정보원은 언제나 "배신"할 수 있는 위험한 인물로

—

* 미군 방첩대 요원 잭 샐즈Jack D. Sells는 북한 지역에 반공 게릴라가 있냐는 질문에 "모든 남한의 단체들은 반공적이며 회원 가입으로 징집이 면제되는 경우도 있다. 결과적으로 모든 단체들에 가장 질 낮은 인간들이 널려 있는 셈이다. 이들 중 그 누구도 싸우기를 갈망하지 않는다"면서, 이런 한국인들과 함께 공산주의를 상대로 싸우는 게 여간 힘든 게 아니라고 답했다.

간주되기 마련이니까. 한국전쟁 당시 미군 방첩대CIC 요원들이 남긴 인터뷰에서도 "거의 모든 정보원이 이중간첩일 가능성이 있다"는, 정보원들에 대한 불신이 드러난다.

그러니 정보원들은 물론이고 미군과 관련된 일을 하는 사람, 즉 통역을 비롯하여 미군의 직원으로 고용되려면 전력 조사를 받아야 했다. 군사 점령이나 전쟁 시 모두 이런 종류의 '배경 심사'가 진행되었는데, 이게 단순한 조사가 아니었다. 미군 사령부에서 통역을 맡는 정보원은 정보참모부G-2가 직접 지휘하여 방첩대CIC가 조사했다. 김수임도 이 과정을 거쳤다. 결과는? 아주 깨끗했다. 주한미군 사령부에서 일하던 김수임을 어떻게 헌병사령부 통역으로 빼돌렸는지 정확히 알 수는 없지만, 베어드가 주특기를 발휘한 덕분에 김수임은 헌병사령부로 출근지를 바꿨다.

헌병대로 스카우트되어 '대구폭동' 때 공을 세우니

한데 왜 미국 정부는 월급을 주면서까지 그다지 신뢰할 수 없는 정보원들을 두어야 했을까? 결론부터 말하자면, "한국인들의 협력 없이는 아무 일도 할 수 없는" 주한미군의 결정적인 약점 때문이었다. 특히 헌병사령부나 방첩대CIC가 담당하는 사건들은 한국인 정보원의 도움 없이는 제대로 수사를 진행하기 어려웠다. 엊그제까지 디트로이트에서 "소비에트 혁명은 유대인들의 대표적 음모 가운데 하나"[9]가 분명하다며 유대인들을 잡으러 다니던 경찰들이, 어디 붙었는지도 모르던 서울에 헌병(혹은 방첩대)으로 와서 '소비에트 혁명 분자'들을 잡으려고 하니 그게 되겠냐고. 한국 정보원들이 꼭 필요했다. 통치란 그런 것이니까.

당시 한국에는 '미군정청과 주한미군' 두 가지 통치기구가 있었다. 주한미군은 지금의 주한미군과 같은 역할을 했다고 보면 되고, 미군정은 한국 정부를 운영하는 사람들이었다. 우리가 잘 아는 미군정청 경무부장 조병옥, 민정장관 안재홍 이런 분들은 미군정청 소속이고(실제 미군정청을 좌우하는 사람들은 미군들이지만), 베어드 대령이 속한 헌병부대는 주한미군 소속이었다. 주한미군과 대한민국 정부라면 업무나 활동에서 그다지 겹칠 것이 없겠지만, 주한미군과 미군정청은 그렇지 못했다. 여러 가지 이유가 있을 것이다. 미군정청도 미군들이 주도권을 쥐고 있었기 때문에 한국인들 눈에는 누가 주한미군이고 누가 미군정청 직원인지 모를 일이다. 미군들 스스로도 "우리는 한쪽 팔에는 주한미군 완장을, 또 다른 팔에는 미군정청 완장을 차고 다녀야 하는" 이상한 존재들이라고 생각했으니.

방첩대CIC의 기록이나 인터뷰에서는 헌병대가 점령 과정의 정보활동에 "그다지 도움이 안 된다"는 평가가 자주 등장한다. 하지만 헌병의 활동이 방첩대CIC와 비슷하다는 내용은 〈베어드 수사보고서〉에도 잘 설명되어 있다. 정보원을 활용한다든지, 안가safe house를 이들과의 접선 장소로 이용하고 비밀자금을 사용해 정보를 캐낸다든지, 정보참모부G-2와 긴밀하게 협력한다든지 하는 활동들, 베어드 대령이 지휘했던 헌병사령부 범죄수사대CID: Criminal Investigation Detachment 부대들이 모두 이런 종류의 활동에 관여되어 있었다. 헌병대와 방첩대, 두 조직은 목적은 달랐지만 그 목적을 달성하기 위해 동원하는 수단은 비슷했다.[10]

베어드가 지휘한 헌병사령부는 미군 관련 문제만 맡는 것이 원칙이지만, 미군정기에 그럴 리가 있나. 베어드는 각종 문제, 특히 방첩대CIC 담당이었던 '이데올로기 문제'를 비롯한 기타 각종 한국인 관련 사건도 담당했고, 그중에 김수임의 역할이 돋보이는 사건도 물론 있었다.

그녀는 분명한 반反공산주의자였다. 그녀는 1946년 '대구폭동' 수사 과정에서 상당히 쓸모가 있었다. 그 폭동과 관련하여 몇몇 한국인들이 살인죄 등으로 체포되어 군사위원회에서 유죄판결을 받았는데, 그들은 모두 공산주의자들이었고 그것과 관련한 첩보를 수집하는 데 그녀는 상당한 쓸모가 있었다. -롤러Edward J. Lawler 소령, 1950년 9월 18일

그너기 우리에게 혹은 베어드에게 제공했던 첩보들은 암시장에 관한 것이었다. 한국인들이 훔쳐 간 미국 물건들을 되찾는 데 우리는 아주 성공적이었다. 그녀가 제공했던 첩보로만 본다면 그녀는 확실히 정보에 능통했고, 경찰에 도움이 되는 그런 사람이었다. (중략) 그녀가 제공한 첩보는 미군이 도난당하여 암시장에서 거래되는 물건을 경찰 당국이 압수하는 데 상당한 도움을 주었다는 것이다. 그리고 또 생각나는 것은 아편과 관련하여 그녀가 몇 차례 제공한 첩보도 옳았다는 것이 증명되기도 했고. - 로버트 캐롤Robert E. Carroll 제25 범죄수사대CID 수석요원

김수임이 '대구폭동'(1946)과 관련하여 공을 세웠다고 추정해 볼 수 있는 자료들은 미국 측 기록 여러 곳에 포함되어 있다. 김수임이 대구에서 구체적으로 어떤 역할을 했는지는 알 수 없지만, 추측해 볼 수 있는 문건들은 몇 개 존재한다. 예를 들어 베어드가 작성한 다음과 같은 보고서다.

—

•

1946년 10월 1일 대구에서 시작된 대규모 시위운동으로 '대구 10 · 1사건', '대구 10월 항쟁', '10월 항쟁' 등으로도 불린다. 미군정의 식량 정책 실패에 항의하던 대구 시민들의 시위에 경찰이 총격을 가하면서 시위가 무장 항쟁으로 발전했고, 미군정이 계엄령을 선포하며 무력으로 개입하면서 1946년 말까지 남한의 거의 모든 지역으로 시위가 확산되었다.

"제207 헌병 빌딩 앞에서 순찰 준비를 끝낸 지프차가 도열해 있다. 1947년 5월 19일." 출처 : NARA

당시 베어드 대령은 헌병감으로 있으면서 제207 군정 헌병 중대 및 범죄수사단 3개 부대를 휘하에 두고 있었다. 반도호텔과 1마일 정도 떨어진 헌병사령부의 모습이다. 김수임이 출근했다는 헌병사령부는 이곳을 말한다. 오른편 뒤쪽에 서울 부민회관이 멀리감치 보인다.

모든 대구 경찰서의 서류들을 번역하고 있는데, 번역이 완료되는 대로 우리 측 요원들의 코멘트가 첨부될 것이다. 위에 언급된 사건들을 해결하기 위해서 는 모든 조사관들, 기록관들, 번역가와 통역 담당 요원들이 밤까지 일을 계속 해야 할 것이다. 우리는 당분간 계속해서 이런 강행군을 해야 할 것이다.[11]

아마 김수임은 번역 및 통역 활동을 하기 위해 헌병들과 함께 대구에 파견 되었을 것이다(그때 베어드도 대구에 갔기 때문이기도 하겠지만). 그리고 수사 과 정에서 큰 공을 세운 김수임에게 헌병대 정식 정보원 자격이 주어졌을지 모른 다. 경찰이나 정보기관의 정보원이 된다는 것은 여러 가지 의미를 함축한다. 자신이 곧 국가 안보를 담당한다는 '책임의식' 고양 등의 주관적인 것은 빼더 라도, 우선 미국 납세자들의 세금, 즉 기밀자금Confidential Fund의 지급 대상이 되어 미 국세청의 관리 대상에 올라가게 된다. 누군가의 말처럼 "비밀자금은 비밀공작의 심장"[12]과도 같다. 노무현 정부 때 국정원에서 출간한 과거사 관련 기록을 보면, 국정원 아니 안기부에서도 이런 돈을 활용하여 대학의 정보들을 캐내 오게 만들었다.[13] 1948년 당시에도 서울대 법대생을 방첩대CIC 정보원으 로 고용하여 대학 내 빨갱이들을 모조리 적발했던 적도 있다.[14]

미국 시민의 세금이 정보원의 월급으로 정확히 얼마나 많이 지출되었는지 는 확인이 필요하다. 이 자금이 기밀자금으로 분류되었기 때문에 누가, 어떻 게, 누구에게 지급했는지 등을 확인할 수 있는 기록이 많지 않아 구체적인 대 상과 액수는 알 수 없다. 하지만 전체적인 관점에서는 조망할 수 있다. 이 자 금은 미 극동사령부의 기밀자금으로 한국 점령 과정에서 헌병대 사령관이 직 접 관리하고 지출하도록 되어 있었다. 물론 기밀자금이 헌병대에만 할당된 것 은 아니다. 방첩대CIC에도 할당되었다. 한데 방첩대의 경우, 극동사령부 예산 이 아닌 별도의 예산을 사용했을 가능성도 있다. 헌병대의 상급기관은 '제24군

사진 086 "한국인이 개최한 연합군 환영대회 연설단의 모습이다. 1945년 10월 20일." 출처 : NARA

연설을 하고 있는 사람은 오세창이고 멀리 보이는 대머리 남자가 이승만인 줄 알았는데, 자세히 보니 권동진이다. 지금은 없어진 중앙청에서 열렸다. 앞줄에 앉아 있는 사람은 왼쪽부터 아놀드 군정장관, 이묘묵 통역관 겸 Korean Press 사장, 하지 중장 순이다. 이승만은 연단의 가장 가운데 하지 바로 오른쪽에 앉았는데 가려서 보이지는 않는다. 이묘묵은 해방 후 하지의 사진에 자주 등장하는 인물이다. 그는 하지 외에도 아놀드나 다른 미군의 통역도 맡았다. 언제나 그렇듯 통치자와의 관계는 통치자와 얼마나 가까운 거리에 있는지를 보면 알 수 있는데, 이묘묵은 그런 점에서 하지와 가장 가까운 인물이었고 군정 관리들은 그를 "아주 영향력 있는 인물"[15]로 평가하곤 했다. 이묘묵보다 영어를 더 잘하는 이승만이 귀국하기 전까지는. 이승만이 귀국한 지 불과 나흘밖에 안 되는 시점이었지만 하지가 이 집회를 "한국 독립영웅을 환영하기 위한 대회"라고 생각할 만큼, 이승만은 "서울의 수백 명 우익 인사들"의 상징적인 인물이 되었다. 물론 하지는 불과 두 달 전만 하더라도 이승만의 존재를 전혀 몰랐을 테지만.

단-극동사령부-합참'이지만, 방첩대CIC의 상부기관은 '일본 주둔 308 CIC 파견대-방첩대CIC 사령부'로 독립되어 있기 때문이다. 헌병대 정보원은 극동사령부의 자금을 썼겠지만, 방첩대 정보원은 다른 자금줄이 있다는 의미다. 자료로 증명하기는 어렵겠지만 노력은 해야 할 것이다. 누군가 찾아 내기를 바라면서. 아무튼, 미군 헌병사령관인 베어드가 상부에 요청하면 도쿄의 맥아더사령부 참모들이 액수를 확인하여 예산으로 지급하고, 그 예산을 각 정보원 활동에 맞춰서 지급하는 방식이다. 이 과정에서 해당 액수를 정보원에게 지불했다는 영수증이 만들어졌는데 한국 정보원의 서명이 들어 있는 경우도 있다. 예컨대, "살인자와 관련한 정보에 대해 헌병 사령관실에서 보상을 해 주었는데, 내 기억이 맞다면 25만 원 정도"[16]였다는 식이다. 곧 이런 종류의 기금을 얼마나 큰 규모로 운영했는지는 여전히 불투명하고 기금의 총량도 알 수 없지만, 그것이 정보원들의 급료를 지불하거나 필요한 정보를 알아내는 데 사용되었음을 알 수 있다. 아직 정확히 밝혀진 바는 없지만 앞으로 누군가 알아볼 테고, 언젠가는 나올 것이다.[17]

—

《방첩대 기술교범》에는 정보원에게 대가를 지급하는 방식이 상세하게 설명되어 있다. 흥미로운 것은 "그 같은 접대가 어떤 방식으로 어떤 목적으로 이뤄졌는지, 그리고 이름을 밝히는 것이 적절하지 않은 경우에는 (이름은 기록하지 않더라도) 접대 대상 인물이 누구인지는 기록해야 함. 정보원에 대한 대가 지급과 관련해서 관련 사건 혹은 어떤 첩보를 입수하고자 하는지를 기록해야 할 것임. 정보참모가 지출하기 전에 소속 지대 장교가 각 지출계좌를 철저히 검토해야 함. 이 장교는 매 지출계좌의 문제 없음을 확인하여 바우처 앞면에 서명"해야 한다고, 기금 사용과 이후 영수증 처리 방식을 구체적으로 설명하고 있다는 점이다. 1951년 베어드 수사 당시 수사관은 헌병대 기금 지출 장교인 로버트 캐롤을 불러 조사했는데, 김수임에게 임금이 정확히 얼마나 지출되었는지 집중 추궁했지만 정확한 답변을 듣지 못했다. 1951년 미 육군이 진행한 수사에서도 밝히지 못한 것을 알아내기란 매우 힘든 일이지만, 그래도 시도는 해 봐야 한다. 이런

사진 087 "조셉 프레즈Joseph Freads 미군 헌병이 서울에 있는 한 바bar에서 이미 사용한 브랜디 빈병들을 찾아냈다. 이 술들을 검사한 결과 5퍼센트의 메틸 알코올이 들어 있는 것으로 확인되었다. 1945년 11월 14일."
출처 : NARA

술집 단속은 헌병대의 단골 메뉴 중 하나였다. 헌병대는 암시장 단속을 통해 엄청난 양의 미군 물품이 시장에서 유통되는 현장을 적발했다. "모리배들"은 이런 단속과 무관하게 지속적으로 담배와 술을 비롯하여 사진기, 통조림, 만년필, 시계, 골프채 등을 팔고 있었다. 그런데 지금도 궁금한 것이 왜 이런 쓸데없는 물건들을 굳이 암시장에 내다 놓고 팔았을까? 딴 것은 그렇다 치더라도 도대체 골프채를 왜? 농기구랑 비슷하게 생겨서 그랬나? 이런 암시장이 왜 생기는지에 대해 "한국인들이 원래 그래"라고 생각할지 모르지만, 미군에게 의혹의눈길을 돌리는 학자들도 꽤 있다. 미군들이 면세물품의 유혹(!)을 이겨내지 못하고 마구 팔아 댔다는 것이다.[18] 미군들이 점령 기간 동안 어떤 범죄를 저질렀고 또 어떤 처벌을 받았는지에 대한 기록이 확인되지 않기 때문에 자세한 내막을 알려면 훗날을 기다려야겠지만 의심스럽기는 하다. 이런 물품들 중 술은 유독 인기가 많았다.

"미 헌병대원 조셉 프레즈가 술집에서 압수한 술병들을 술집 주인과 함께 확인하고 있다. 1945년 11월 14일." 출처 : NARA

"한국에서 암시장 단속 : 서울 본정서에 미군이 사용하는 물품들이 다량으로 전시되어 있다. 제24 군단 제207 헌병중대 60명이 암시장을 기습단속했다. 1947년 5월 5일." 출처 : NARA

이 현장 단속 사진에서 난처한 표정으로 술병을 바라보는 아저씨의 모습이 애주가들의 마음을 아프게 한다. '공업용 알코올을 5퍼센트 정도 넣었으면 주류지, 주류! 고급 주류!!'라고 생각하는 분도 계시지 않을까 싶다. 사실 "음주와 기업은 원수 관계"라는 어떤 기업가의 소신처럼, 한때 금주법까지 만들기도 했던 미국의 입장에서는 국가에서 제조하는 술도 아니고 밀주까지 만들어서 마시는 행위는 백 번 처벌받아도 마땅한 짓이었다.[19] 이렇게 압수된 물건들은 모두 폐기하는 것이 원칙이었다. 하지만 방첩대CIC의 정보비가 워낙 많이 들었기 때문에 모자라는 예산 대신 정보비 명목으로 정보원들에 지급하는 정보비용(월급)으로 사용하거나, 고위 관리(특히 베어드!)가 관련된 일들은 모른 척 넘어가기도 했다. 베어드 본인도 자동차 여러 대를 암시장에 몰래 내다팔았다는 혐의를 받고 있었으니 말 다했지. 엄청난 수의 자동차가 암시장에서 판매된 것은 분명했다.

해방 후 술집에서 얼마나 많은 술을 팔았는지는 알 수 없지만 남한을 점령한 미군들의 숫자만큼이나 많은 맥주와 양주가 필요했을 것이다. 술을 따라 주는 사람들도 필요했겠고, 또 해방된 기념으로 1차, 새로운 국가를 건설할 마음으로 2차 등 술자리를 가질 일도 많았을 것이

사진 090 "제145 헌병대원이 한국인 소년들의 도움을 받아 병에 든 독주를 강물에 버리고 있다. 1945년 11월 27일." 출처 : NARA

다. 미곡 자유시장을 멋도 모르고 공포했다가 석 달여 만에 다시 미곡 공출제도를 시행할 만큼 관리 당국은 쌀에 대해 몹시 신경을 썼는데, 이런 쌀로 술을 만드는 것이어서 밀주 제조에도 각별한 관심을 기울였다. 하지만 술은커녕 하루 한 끼 제대로 챙겨먹기도 어려운 상황이었기 때문에 쌀 대신 공업용 메틸 알코올 같은 값싸고 구하기 쉬운 대용품이 활용되었다. 미군들이 볼 때 공업용 알코올을 마시는 것은 독약을 마시는 것과 다를 바 없었다. 이런 '독극물'이 술 대신 대량 소비되었다는 사실은 여러 기사와 사건 사고에서 확인된다. 5퍼센트 정도면 술맛과 비슷한지는 모르겠지만, 메틸 알코올과 물을 일대일로 섞은 술 아니 독약poisoned brandy을 그냥 먹다가 사망한 사건도 있었다. 그것도 11명이 동시에.

〈베어드 수사보고서〉에 따르면 헌병사령부에서는 한국 정보원들을 적어도 다섯 곳(서울, 인천, 대전, 대구, 부산)에서 운영하고 있었다. 각 도시마다 10명씩만 잡아도 50명 정도가 동원된 셈인데, 실제 헌병사령부가 관할하는 정보원은 아마 더 많았을 것이다. 김수임은 이 과정에서 서울 지역의 정보원망을 운영하는 책임자 역할을 한 것이다.[20]

여기서 주목할 것은, 미군이 남한을 점령한 시점부터 이미 한국인들 사이에서 가려내야 할 위험 인물들의 정보를 수집하고 있었다는 사실이다. 단지 상투적인 구호인 "빨갱이 물러가라" 정도가 아니라 누가 당원인지, 당원들이 따르는 인물들은 누구인지, 이들의 자금줄은 무엇인지 등에 대해 우리가 잘 모르는 사이에 촉각을 기울였던 미군들이 있었다는 점은 의미심장한 일이다.[21] "방첩이라는 견지에서 보자면 목적이 수단을 정당화"[22]한다는 말처럼 이들은 자신들이 적으로 규정한 공산주의를 몰아내기 위해 어떤 수단이라도 동원할 준비가 되어 있었다. 그리고 자신들을 마치 "신처럼" 바라보던 한국인들, 한국의 경찰과 국군의 방첩대, 그리고 1961년에 만들어진 중앙정보부에 "목적을 달성할 수 있다면 그깟 수단쯤이야"라고 충실히 "가이드"해 주었다. 이는 대한민국에서 반공주의가 왜 국가의 운영 지침과 비슷한 경지에까지 상승했는지를 알려 주는 힌트이기도 하다. 미군의 이런 의미심장한, 발빠른 움직임을 이해하기 위해 시야를 좀 넓혀 보자.

—

• 자료들은 미 방첩대 비밀기록들 속에 들어 있을지도 모른다. 《방첩대 기술교범》은 이후 몇 차례 수정본이 발간되었는데, 소개하는 자료들 속에 수정본도 함께 들어 있다. 전쟁부, *Technical Manual* 30-215, Counter Intelligence Corps, 22 September 1943. RG 319 Records of the Army Staff, 1903-2006, Assistant Chief of Staff, G-2(Intelligence) Counter Intelligence Corps Collection, Historians' Source Files of CIC Publications, Box 1.

한국 공산주의 세력에 대한 선전포고

제2차 세계대전이 종료된 시점부터 전 세계는 '노동의 봄'이 몰고 온 훈풍에 휩싸였다. 앞서 보았던 패전국(이탈리아)과 프랑스, 그리스, 터키 등에서는 '공산주의자들'이 역사상 처음으로 정치 전선에서 1위를 차지할 만큼 인기를 끌었다. 제2차 세계대전 발발 직후 전 세계적으로 노동계가 인기를 끈 데에는 전쟁에서 노동계급이 보여 준 애국심이 큰 역할을 했지만, 한편으로는 대공황의 영향이기도 했다. 대공황은 이대로 가다가는 자본가와 노동자 모두 공멸할지 모른다는 위기위식을 불러일으켰다. 공황을 거치면서 새로운 생각과 정책들이 입안되었는데, 그중 가장 많이 언급된 것이 루스벨트와 뉴딜이라는 정책이다.

1930년대 대공황이 자본가들에게는 뺨을 한 대 얻어맞는 정도의 충격이었다면, 노동자들에게는 '빳다 1백 대' 정도의 위력이었다. 미국과 유럽에서 노동자의 3분의 1 이상이 실직했다. 실업률이 5퍼센트를 왔다 갔다 하는 2019년 봄 무렵 "경제를 다 죽이네", "경제가 파탄나네", "고용대란", "최악의 고용참사", "누가 '최저임금발 고용 악화'라는 거짓말을…", 아 맨 마지막은 아니구나, 어쨌든 이처럼 대혼란이 몰아치듯 뉴스가 쏟아졌는데, 실업률이 무려 40퍼센트를 넘었으니 어땠겠는가. 그것도 실업급여나 공공 일자리도 없던 시대에![23] 지금 대한민국과 아주 비슷한 일들이 벌어졌다.

원래 '산업스파이industrial espionage'는 산업 기밀을 훔치는 스파이라기보다 노동자들의 권리를 훔치는 업무를 지칭하면서 탄생한 용어다. 미국은 이런 선진(?)산업을 19세기부터 운용하고 있었는데, 1930년대에 이 문제가 다시 불거졌다. 왜? 대공황의 시기였고, 뉴딜의 시대였으니까.[24] 서두에 인용한 급진파 radicalist 리오 휴버먼Leo Huberman의 지적이 좀 과하긴 해도, 그래도 노동자를 "같은 식구" 혹은 "동지"라는 용어 대신 "적enemy"이라고 표현했던 자본가들에게 대공황의 시기는 노골적인 "솔직함이 지배했던" 시기다. "적들을 깡그리 말

사진 091 "샌프란시스코, 캘리포니아. 미주리주의 하원의원 암스트롱O.K. Armstrong 씨가 샌프란시스코 강
화조약의 소련 대표이자 소련 외무장관인 그로미코Gromyko에게 강제수용소의 위치가 그려져 있는 소련 지
도를 펼쳐 보이고 있다. 그로미코는 이 지도를 곧바로 옆 사람에게 주었지만 곧장 바닥으로 던져 버렸다. 이
장면은 일본과의 강화조약 체결을 준비하던 샌프란시스코 회담 당시에 찍힌 사진이다. 1951년 9월." 출처 :
NARA

한국전쟁에서도 그랬지만 제2차 세계대전에서도 많은 포로들이 발생했다. 나치와 일본군은 포로들을 얼마나 학대할 수 있는지 경쟁이라도 벌였는지 연합군 포로 사망률을 60퍼센트까지 끌어올렸다.[25] 포로로 잡히는 순간 '아, 이 전쟁에서 이제 나는 살아남았구나' 생각한 사람들이 많았을 텐데, 실제로는 전선에 있던 군인들보다 더 많이 전사한 셈이다. 일본은 이렇게 포로들을 함부로 다루었기 때문에 자국 포로 송환에도 소홀할 줄 알았는데, 오히려 정반대였다. 이런 게 역사의 코미디다. 일본은 일본군 포로를 가장 많이 사로잡았던 소련을 상대로 지속적으로, 끊임없이, 계속해서, 문제를 제기했다. 아니 지금도 제기하고 있다. 모르긴 하지만 북한에 잡혀간 일본 민간인의 수가 얼마가 되든지 간에 일본은 이 사안을 가지고 지속적으로 문제 제기를 할 것이다. 물론 그것은 국가가 포기할 수 없는 원칙이다. 그러나 그러려면 다른 문제, 예를 들어 위안부 문제 같은 것에 대해서도 주저없이 사과하고 배상할 책임도 져야 하고…. 말이 약간 샜지만, 이 와중에 일본인과 섞여 있던 조선인 포로들도 소련에 계속 남거나 혹은 탈출하기 위해 노력했다[26] 소련 거주 일본인의 송환 문제는 미국의 주요한 외교 업무 중 하나였다. 당시만 해도 일본을 점령하고 있던 국가가 미국이었기 때문이다.

이 사진은 미국 《타임Time》지에 "사진으로 보는 뉴스: '굴락Gulag'—노예주식회사"로 보도되기도 했다. 재미난 것은 소련 외무장관과 미국 하원의원 사이에 벌어진 사소한 해프닝 이면에서 미국 정보기관이 중요한 역할을 했다는 점이다. 암스트롱 의원이 내민 강제수용소가 그려진 소련 지도는 공식적으로는 미국 노동조합 단체AFL—CIO: American Federation of Labor and Congress of Industrial Organizations와 유엔 기구 United Nations Economic and Social Council이 러시아 망명자들을 동원하여 만든 것이라고 되어 있지만, 사실 CIA와 국무부가 대신 그려 준 것이었다. 암스트롱 의원은 그로미코를 공개적으로 망신을 준 뒤에 "우리의 핵심 무기는 총이 아니고 바로 아이디어가 되어야 합니다. 진실 그 자체 말입니다"라며, 전후 심리전을 중심으로 대소 공작을 진행해야 한다고 노골적으로 발언하기도 했다.[27] 한데 이 장면은 우리에게도 좀 익숙하다. 지금도 워싱턴과 서울에서 탈북자들이 제공한 이런 종류의 정보를 토대로 언론과 뉴스에 나와 "우리가 모르고 있는 북한의 진실"이라고 외치는 분들이 많으니까. 냉전을 미리 준비했던 지형학적 대전환 과정에서 탈소인脫蘇人들이 했던 역할을, 남북관계에서 탈북자들이 하고 있다는 것은 흥미로운 일이다. 배후에 누군가 있을지 없을지는 아무도 모르지만, 시간이 조금 더 지나면 알게 되겠지.

살하라!"

한데 이 "적"들 속에 백악관의 새 주인이 된 대통령도 포함되었다. 루스벨트가 앞장서서 부자들에 대한 세금을 올리고 노동자에게 우호적인 정책을 만들며, 국가가 가난한 자들에 대한 구호에 나선 것이다. 지금 보면 정부가 당연히 해야 할 일들이지만, 1930년대만 하더라도 이런 일을 하는 정부는 '사회주의'로 의심받았다. 이런 정책들을 자본주의체제에서 새롭게 시도하려는 노력에 대해 비판이 쏟아졌다. 법인세를, 그것도 겨우 1,2퍼센트 올릴 것인지 말 것인지를 두고 대통령 후보들이 TV에 나와 "저는 결코 좌파적 생각을 가진 것이 아니"라면서 "경제를 오히려 성장시킬 것"이라는 점을 누누이 설명해야만 하는 사회에 살고 있는 우리로서는 이해가 안 갈 수 있다. 당시 루스벨트 대통령은 노동자의 권한을 지키고 빈민들을 구제해야 하며, 부자들의 '욕구'(더 많은 달러를!)를 사회적인 목적 하에 제한시켜야만 한다고 주장했다. 이것이 우리가 아는 뉴딜 정책의 내용이다. 누가 보더라도 이는 "미국 정부가 명백히 좌익적이었다고 기술할 수 있는", 그러나 역사상 대통령의 인기가 가장 높았던 시기였다.[28]

1929년 찾아온 대공황은 1920년대의 '허상'이 낳은 결과였다. 미국의 하위 계층 사람들은 "얼마 안 되는 소득 증가를 자동차나 라디오, 투치롤(초콜릿 캔디), 실크 스타킹, 영화, 가짜 모피 코트 등 새로운 생활양식을 파는 극성 세일즈맨들을 달래는 데 사용"했으며, 결국 "빈곤층의 지속적인 구매력을 초과하는 상품의 과잉 공급, 그리고 부자들의 과잉 투기를 유발"시켰다.[29] 한국의 저소득층이 자신들의 복지와 미래, 교육과 건강 등에 소비하는 비용보다 이동통신, 각종 부채에 대한 이자, 사행성 오락 등을 소비하는 데 수입의 상당 부분을 할애하는 것과 별로 다르지 않은 모습이다. 뉴딜은 이런 위기 상황을 전혀 새로운 방식으로 뚫고 나가려고 시도했다. 필자가 경제학자는 아니지만, 부유세 같은 새로운 제도가 도움을 주지 않았을까? 물론 실제 효력은 미미했다고도 하지만, 그 누가 부자들의 세금을 소득의 80퍼센트까지 올리겠는가. 그것도 부자건 가난한 자건 관계없이 내야 하는 간접세도 아니고 직접세를! 1935년 6월 19일, 부유세 제정Revenue Act을 요구하면서 의회에 보낸 서한에서 루스벨트는 이렇게 호소했다.

개인의 의지에 따라서 엄청난 부富가 세대에서 세대로 이어지는, 유산이나 증여와 같은 방법은 미국인들의 감정과 이상에 결코 부합하지 않을 것입니다. 개인의 안전을 도모하려는 생각과 한 가족의 안전을 도모하려는 생각은 자연스럽고 또 건전한 생각이지만, 이는 합리적인 상속을 통해서 이루어져야만 합니다. 재산의 과도한 축적은 개인이나 가문의 안전이라는 원칙으로 정당화될 수 없습니다. 최근 부의 축적과 관련한 조사를 보면, 권력의 집중이 너무 심해서 이를 통해 소수의 개인들이 엄청난 고용과 다른 많은 이들의 복지를 좌지우지하게 된 것으로 드러나고 있습니다. 이렇게 대물림된 경제적 권력은 결코 우리 세대의 이상과 조화될 수 없는 것이며, 또 대물림된 정치권력은 우리 정부를 수립한 세대들의 이상과도 조화될 수 없는 것들입니다.[30]

이 서신에서는 자신의 팔촌 아재뻘 되는 시어도어 루스벨트Theodore Roosevelt의 비슷한 말도 인용했다. "이런 엄청난 재산 이전을 허용한다면 국가에도 아무런 도움이 되지 않으며 또 유산을 받는 사람에게도 도움이 되지 않을 것이다. 이런 세금으로 확보되는 자금으로 우리는 이제 성인이 될 많은 사람들에게 더 많은 기회의 평등 수단을 제공하게 될 것"이라고. 이런 '좌파적' 생각을 가진 분이 대통령을 하던 시절이었다. "우리 세대의 이상과 조화될 수 없다"는 루스벨트의 말은 그 시절 미국인들에게나 또 지금의 우리에게나 해당된다고 할 수 있겠다. 다른 점이 있다면 그런 이상을 실제에 적용할 수 있는 능력이겠지만 말이다.

대공황을 겪으면서 많은 미국인들이 "미국의 할 일은 기업이다"와는 다른 길의 진보가 미국에서 가능하리라고 생각했다. 자본가들이 해 왔던 방식, 그러니까 "부자들을 돕고 가난한 사람들의 등에 칼을 꽂"[31]는 방식은 이를 정치적으로 '금지'시키고 법적으로 처벌하지 않는 이상 알아서 그만두는 일은 없다. 1920년대만 하더라도 내부자거래나 분식회계가 정치적으로 법적으로 별 문제 없는 합법적 활동이었다는 사실, 즉 "기업과 절도의 경계"가 확실하지 않았다는 것을 기억해야 한다.[32] 이런 상황이 대공황과 루스벨트의 등장으로 극적으로 변한 것이다. 돈 많은 사람들에게 더 많은 세금을, 실직자에게 일자리를!

물론 이런 새로운 방식에 적응하지 못한 사람도 많았다. 성직자, 과격분자, 공화당 의원, 언론 재벌, 그리고 자본가들. 지금이라면 '대통령에게 어떻게 저런 소리를'이라는 비난을 들을 만한 말들, "공산주의자communist", "독재자dictator", "파시스트fascist" 등의 욕을 루스벨트는 그 어떤 대통령보다 더 많이 들었다. 자본주의가 원래 이런 것인데, 그걸 제대로 이해하지 못한다는 비난이었다. 비록 저런 상스러운 욕은 하지 않았지만, 하이에크Friedrich Hayek 같은 학자들은 격렬하게 뉴딜 정책을 비난했다. 그는 "자유경쟁 체제에서 불평등은 자연스러운 현상"이고, 이런 현상이 마치 마른하늘에서 날벼락이 치듯 자연스럽게 발생하더라도(시장과 같은 "비인격적인 힘"을 예로 들면서) 대부분의 사람들이 "거 참 재수도 없지"라고 쉽게 넘어간다며, 이것이 신이 내린 최상의 체제라고 책까지 쓰면서 선전했다. 대공황을 참 쉽게도 평가하셨다. 유럽 전 지역에서 무려 노동자의 3분의 1이 실직했는데….

이 "비인격적인 힘"의 실체가 무엇인가? 요즘 자주 언론에 등장하는 "당신에게 좋은 일자리를 줄 수 없다는 소리"를 시장이 하는가? 시장이 대졸자와 고졸자를 차별하고, 여성과 남성, 외모와 고향을 따지며, 시장친화적인 정책이 필요하다고 호소하던가? 그건 기업과 기업을 대신해서 글을 쓰는 사람들이 하는 소리일 뿐이다. 하이에크는 통제·계획이 경쟁(시장)을 대체하는 사회에서는 그 같은 불행(실업과 같은)이 원망의 대상을 갖게 되지만, 경쟁사회에서는 그렇지 않다는 점이야말로 이 체제의 가장 중요한 미덕이라고 지적했다. 뉴딜 비판자들은 이 비인격적 힘을 활용하는 좋은 정책 대신에 인격적인 힘(정부)이 계획과 정책을 실현한다는 데 불만을 갖고 있었고, 하이에크의 사상을 높이 평가했던 미국의 정책가들은 1950년대와 1960년대에 그의 책을 미 공보처 권장도서에 포함시켜 전 세계에 무료로 배포하는 노력을 아끼지 않았다.[33]

전후에 이처럼 노동운동계와 공산주의가 높은 인기를 누리는 것은 일본도 비슷했고, 한국도 마찬가지였다. 대한민국 전현직 대통령 후보들을 저격하는 데 아직도 '공산주의 운운'이 위력을 발휘하는 이 나라에도, 한때는 "러시아의 '소비에트'와 마찬가지로, 혁명의 가면을 쓴 옛 마을의 위원회"[34]와 비슷한 '인민위원회'가 해방 후 최단 시간에 그리고 가장 많은 지역에서 생겨났다. 하지만 이런 현상, 즉 공산주의가 인기를 끌고, 노동자들이 위력을 발휘하고, 나아가 정치적으로 성장하는 사건이 이상하고 해괴하고 비정상적이라고 보는 사

•
"불평등이 비인격적인 힘(시장기구)으로 나타날 때는 그것이 의도적으로 발생하는 경우보다 더 쉽게 참을 수 있다는 것은 의문의 여지가 없고 또 그것이 개인의 품위에 미치는 영향도 훨씬 더 적을 것이다. 경쟁사회에서 특정 기업이 개인에게 당신의 서비스는 필요 없으니 더 좋은 자리를 줄 수 없다는 소리를 들어도 그것은 개인에 대한 모독도 아니고, 그의 품위를 손상하는 것도 아니다." 이 책이 처음 출판된 것은 제2차 세계대전이 아직 종전되지 않은 1944년도였다. 역사학자들도 그런 경우가 있지만, 경제학자들은 '비인격화'가 학문적으로도 '객관적'이라고 판단하는 모양이다. "비인격적인 힘"이라고는 하지만, 그건 결코 아침에 태양이 뜨는 것처럼 혹은 해안에 파도가 밀려오는 것과 같이 "객관화"시킬 수 없는 것이다. 하이에크, 《노예의 길》, 동국대출판부, 1993, 131쪽.

사진 092 미 공보처USIS가 발간한 반공 팸플릿들. 출처 : NARA

이 사진은 설명이 희미해서 정확한 내용은 알 수 없지만 1950년대 중반경의 사진으로 판단된다. 미 공보처에서 발간한 반공 관련 자료 중에는 눈에 띄는 저작들도 많다. 이 자료는 영문판만 모아 놓았지만, 여러 국가에서 해당 언어로 번역되어 출간되었다. 한국어판 역시 여기서 빠지지 않았다.[35]

냉전이 한창 진행될 무렵 다양한 반공 이념들이 책과 방송 그리고 다양한 문화 콘텐츠로 재가공되었는데, 종교도 대표적인 수단이었다. 예를 들어 1948년 창립된 세계교회연합회World Council of Churches는 미 공보처의 "대표적인 심리전 공격 수단 가운데 하나"로, 사진에 포함된 〈소비에트 굴욕 아래의 불교〉 팸플릿 제작에 참여했다. 기독교인들에게는 좀 죄송한 말이지만, 이렇게 교회를 수단화한 것을 보니 냉전이라는 거대한 전쟁을 앞둔 공보처 입장에서 이것저것 가릴 틈이 없었던 모양이다. 미 공보처에서는 "이런 종류의 팸플릿 등을 제작하여 1953년도에만 전 세계 지부를 방문한 5,400만 명을 상대로 선전활동을 펼쳤다. 〈소비에트 굴욕 아래의 불교〉는 미국의 종교적 신념을 동원하여 공산주의가 종교적인 자유와 결코 양립될 수 없다"는 점을 대대적으로 홍보했다.[36] 물론 미국이 불교국가가 아니다 보니 이후 베트남전에 이르기까지 불교를 효과적으로 활용하지는 못했지만 말이다. 종교를 비종교적으로 활용하는 이런 방식 역시 우리에게 아주 익숙하다. 개척교회들이 보여 준 빈민 사랑이나 구호 활동과는 별개로, 대형 교회 목사님들의 애정 행각이나 충성행… 아니 국가에 대한 충성심을 여러 시위와 행사를 통해 늘상 봐 오지 않았던가. 지금도 열심히 활동 중이시고.

한데, 저런 팸플릿들 가운데 저명한 학자의 저작도 들어 있는 것이 좀 안타깝다. 국가의 시장경제 개입을 전면적으로 비판했던 하이에크의 저작이 그중 하나다. 제2차 세계대전이 끝나기 전에 집필한 이 책에서 하이에크는 "내가 아쉬움이 남는다고 지금 생각하고 있는 부분은 러시아에서의 공산주의 경험의 중요성을 좀 덜 강조"한 점이라고 고백했다. 즉, 진정한 국가주의는 따로 있는데 괜히 독일 같은 나라를 비판했다는 뜻이다. 저자가 서문에서도 고백했듯이, 학자들이 대부분 "전쟁기관"에 흡수되어 자신들이 해야 할 일을 방기했다는 점이 이 책을 쓴 이유 중 하나이다. 이 책은 아직 매카시즘이나 냉전 같은 일들이 본격화되기 훨씬 전인 1940년대 초반에 나온 '우파 정치세력의 걸작'에 해당한다. 저렇게 〈소비에트 굴욕 아래의 불교〉 같은 팸플릿과 한데 묶일 책이 아니다. '책 내용이 어떤가'라는 문제와는 무관하게 말이다.

람들이 꼭 있었다. 그들은 이 상황이 자연스러운 현상이 아니라 소련이라는 나라의 음모에 놀아난 거대한 사기극이라고 생각했다. 이에 대해서는 나보다는 미국사를 전공하시는 분들이 좀 더 자세히 풀어 주시면 좋겠는데…. 어쨌든 미군 중에도 이런 집단이 있었다. 바로 정치군인이라 할 만한 정보참모부G-2가 그랬다.

이 같은 행위(파업)는 과격분자들에 의해 수행되었으며 이들을 공산주의자들이 사주한 것으로 생각된다. 그러나 이들(과격 행위자들과 공산당)의 관계 여부를 현 시점에서 증명하기란 어려워 보인다. 지금까지 공공시설에서 소규모의 그러나 중요한 노동분쟁이 일어났을 때 그들은 공산당이 다른 나라에 침투해 수행한 사례들을 떠올리며, 그대로 똑같이 답습하고 있는 것으로 보인다.[37]

정보참모부 참모장이던 니스트Cecil W. Nist 대령이 작성한 것으로 보이는 이 파업과 공산주의 그리고 공산주의자들의 국제적 연계 혹은 지배관계에 대한 해석은, 이로부터 한 달 뒤에 나온 '첩보기본요소EEI : Essential Elements of Information'에 그대로 반영되어 있다.[38] 물론 이런 대소對蘇 경계 태세는 하지 최고사령관만의 생각은 아니었다. 맥아더도 그랬으며, 워싱턴의 강경 반소주의자들도 마찬가지였다. 하지는 이런 소신과 자신의 소신에 충성하는 부하들이 수시로 올린 보고를 토대로 11월 25일 맥아더에게 전문을 보냈다. 그는 "(인민공화국은) 강력한 공산주의 그룹이며 소비에트 정치운동Soviet politics과 모종의 관련"을 갖고 있다고 주장했다. 그렇다면 증거는? 《시온의정서The Protocols of the Elders of Zion》 같은 비밀 계시서를 훔쳐본 걸까? 딱히 그런 것 같지 않은데도, 하지는 점령 직후부터 공산주의 세력에 노골적인 적대감을 드러냈다.

하지는 "(미군정이 인민공화국에 반대한다는 공공연한 언질이 필요하다며) 이러한 조치가 한국 공산주의 세력에 대한 '선전포고declaration of war'가 될 것"이라며 팔뚝을 걷어붙이기도 했다. 당시 인민공화국 명칭이 한창 문제가 되고 있었다. 미군정청이 문을 열었는데 또 무슨 정부냐며 인민공화당(실제 미군정에서는 인민공화당 People's Republic Party이라고 기록하고 있었다)으로 정정해 줄 것을 요구하기도 했다. 물론 좌익들이 이런 무리한(?) 요청을 '넵!' 하고 받아들였을리가 있나. 이처럼 '국國'자를 뺄 것이냐 말 것이냐를 둘러싸고 씨름 중이던 인공에 어떤 조치를 하면 좋겠느냐는 질문을 하던 중에 나온 말이었다. 맥아더는 같은 날 회신에서 그 유명한 "니 꼴리는 대로 해라"라며, 남한에서 벌어질 '공산주의와의 대접전' 매치의 1등석 자리를 예약했다.[39]

한데 지금 우리가 알고 있는 인민위원회와는 전혀 다른 모습도 보인다. 정보참모부G-2가 작성한 보고서에서 인민위원회의 공격이라고 보고되었던 이전의 사건을 재수사한 결과, "일본인으로부터 땅을 더 매매하려던 농민"[40]이 경쟁자들을 위협하려고 인민위원회 이름을 차용한 것이라고 결론 내린 것을 볼 수 있다. 이 같은 형태의 '이름을 도용한 사기술'은 당시 지방정치의 무질서(우리가 알던 것과는 다른 뉘앙스가 아닐까)를 반영하는 것일지도 모른다. 점령이 완료되고 군정이 수립되면서 차츰 늘어난 "미군정의 허가를 받은 정당인 양 행세"[41]하는 테러 집단의 존재는, 이러한 무절제한 폭력과 원초적인 행동이 언제나 좌익이나 공산주의의 이름으로 등장하지는 않는다는 것을 보여 준다. "부여의 인

1920년대에 헨리 포드Henry Ford는 "오직 유대인들의 펜만이 볼셰비키의 선전을 지지하고 있으며" 미국에서 "유대인, 외국인, 공산주의 그리고 흑인들"이 나라를 망가뜨린다고 믿었는데, 그 근거가 이 책이었다. 주한미군정 방첩대나 헌병대 중에 한 명 정도는 이 책을 소유했을지도 모른다. 《시온의정서》에 대해서는 다음을 참조하라. JDA 편집실,《시온의정서》, JDA 출판, 2016.

앞서 몇 차례 언급했던 것처럼, 1947년 경성전기회사 노조 선거는 점령 당국자나 우익들에게 매우 중요한 사건이었다. 이 선거에 대해 미군 방첩대CIC는 "얼마 전 실시된 협상 대표를 뽑기 위한 경성전기회사 노동자들의 선거를 하나의 시금석으로 검토해 보자. 이 투표 결과를 통해 우린 향후 남한에서 실시될 선거를 예측해 볼 수 있다. 이 선거에서는 세 개의 그룹이 경쟁했다. 전국노동조합총평의회, 노농연맹(중도파), 그리고 대한노총(우파). 언제나 그러하듯 최종 순간에 전국노동조합총평의회 후보는 사퇴했다. 중도 그룹은 우파에게 표를 던졌고, 결국 선거는 우파의 압도적 승리로 끝났다. 많은 경우에 이 같은 척도는 앞으로도 반복해서 일어날 것이다"[42]며 의기양양해했다. 이후 대한민국의 선거가 어떻게 치러지는지 우리는 잘 알고 있다. 물론 방첩대CIC는 이 문단 바로 뒤에 선거를 그렇게 이끌려면 "우익 세력, 경찰, 유명 지도자 등 잠재 세력을 잘 활용"해야 한다고 덧붙였다. 방첩대CIC의 다른 반월간 보고서에서는 당선된 우파 단체인 대한노총을 "청년단체들이 지원하고 있으며, 이들은 경찰의 측근 조직들이자 테러 행위를 지도하는 작자들"이라고 평가했다. 1947년 4월 말이면 5·10 총선거까지 딱 1년을 남겨 둔 시점으로, 워싱턴에서는 이미 남한 단독정부 수립을 준비하는 문서들이 속속 완성되어 가던 시점이다.

민위원회가 정부 행세"를 하면서 개인 삼림에 대한 벌목권을 판매했다는 사건도 실은 "쉽게 돈을 벌려는 생각으로 인민위원회에 가담하여 이를 활용하려 한 작자들"의 짓으로[43]밝혀졌다. 난세에 권력기구를 통해 탐욕을 채우려는 시도는 늘 존재해 왔다. 이 무렵에는 인민위원회의 외피를 둘러쓰고 나타난 것일 뿐, 그것이 박정희가 쿠데타를 일으킨 직후 만든 국가재건최고회의건 혹은 전두환이 그걸 보고 따라 만든 국가보위비상대책위원회건 간에, 다른 시대 다른 상황에서 얼마든지 다른 모습으로 드러날 수 있는 것이다.[44] 참고로 1963년 건전한 주식투자자들의 주머니를 거덜냈던 중앙정보부의 증권 조작사건을 "빨갱이"라고 규정했던 미국 대사관의 시선은 흥미로운 데자뷔를 보여 준다. '오, 놀라운걸 이 녀석들?

한국인들의 자백은 믿을 게 못 된다

정보원들은 고유의 기호를 갖고 있었다. FBI에서 고용하는 정보원도 그랬고, 미군이 고용한 정보원들도 마찬가지였다. 헌병사령부도 그와 유사한 분류 기호가 있었을 것이다. 담당 정보원의 실명과 주소 등의 내용은 그를 관리하는 요원special agent만 알고 있었으며, 정보원들이 제공하는 내용에도 T-1, T-2 등의 개별 기호가 부여되었다. 한국전쟁 때의 정보원들도 마찬가지였다. 이들이 하는 일은 다양했다. 유감스럽게도 미군 방첩대CIC나 헌병사령부 정보원들이 남긴 기록의 원본을 보지 못했기 때문에 어떻게 작성되었을지는 알 수 없지만, 비슷한 종류의 기록은 남아 있다. 사진 095·096 은 한국전쟁 당시 노획된 북한 측 문서들이다. 남한 정보원들도 이런 문건들을 작성했을 텐데, 아직 실물이 발견된 적은 없다. 물론 정보원들이 정보를 제공하는 방식은 이런 문자 기록 외에도 미군 방첩대CIC 요원과의 비밀회합에서 대화를 통해 제공되는 경우도 많았다.

한편, 정보원망 같은 거대한 감시체계가 구축되어 효과적으로 정보들을 수집하고 있다는 점을 은연중에 홍보하는 역할도 정보원들의 임무에 포함되었다. 정보를 수집해 오는 것뿐 아니라 거대한 감시체계가 들어섰다는 사실을 "과시하고 널리 홍보"하는 것으로 점령군의 권위를 보여 주는 것이다.《방첩대 기술교범》에서는 이런 홍보 활동에 대하여 "방첩활동은 처벌을 위한 것이라기보다 예방적인 것"이어야 한다고 설명하고 있다.[45] 따라서 미군 방첩대 CIC의 요원들은 철저히 신분을 속이면서 비밀리에 활동했지만, 방첩대CIC라는 거대한 정보기관이 들어섰다는 점을 강조해야 하며 "공격적이며, 경계 상태에 돌입해 있는 그리고 효과적인 군사정보 시스템이 완전 가동 체제에 들어가 있다는 점을 널리 알리는 것도 주저해서는 안 된"다고 설명했다.[46] 정보기관의 존재 자체가 "공포와 안심Terror and Reassurance"을 통한 심리전의 무기와 다를 바 없었다. 우리는 '남산이 어쩌고 국정원이 저쩌고' 하는 말을 하도 오랫동안 너무 많이 들어서 겁을 먹은 게 문제이긴 하지만.

정보원들의 정보 제공 출처 중 가장 중요한 곳은 역시 한국 경찰 관련 정보원들이었다. 경찰이 제공한 정보를 최상급으로 쳐주는 것은 남한이든 일본이든 독일이든, 제2차 세계대전 이후 미국이 점령한 모든 국가에서 마찬가지였다. 여기에 북한이라고 빠질 수 있나. 북한의 경우 함경북도에 "사회단체, 정당, 교통운수기관, 광산, 공장, 상공단체, 각급 인민기관에 질적으로 우수한 정보원을 배치"할 계획이라고 보안 부처가 보고한 바 있다. "우수한 정보원"이란 싸움 잘하고, 머리가 명석한, 그런 인재들을 말하는 거겠지. 한데 놀라운 점은 북한에서는 이 정보원의 총수를 "인구 1백 명당 1인의 비율로 산출해서, 총인구 94만 5천 명당 9,500명"으로 미리 규정해 두었다는 사실이다. 1백 명당 1명의 정보원이 필요하다는 것은 다른 어떤 문서에서도 나오지 않는, 좀 해괴한(?)

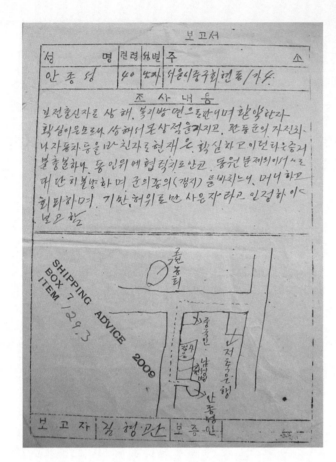

사진 095·096 이 사진에 대해서는 별다른 설명이 없고, 또 사진이라기보다 문서에 가깝다. 'Shipping Advice 2009'는 연도가 아니고 미국인들이 한국전쟁 당시 노획한 북한군 문서들의 분류기호다. SA 2009번 박스 7번에 담겨 있는 한국전쟁 당시 서울에서 작성된 북한 측 문건들이다. 출처 : NARA

위 문서의 보고자 김형관은 이 지역을 총괄하는 인물이었던 모양이다. 필자가 북한사를 잘 몰라서 '5가 작통법'에 의한 건지, 아 맞다 이 제도는 조선시대구나, 자위대 반장인지 아니면 정보원이었는지는 모르겠지만 민간인 사찰 내용을 기록한 것이다. 첫 번째 보고서 내용은 이렇다. "보전 출신자로 상해, 북지 방면으로 다니며 활약한다. 확실히는 모르나 상해에 큰 상점을 가지고 있음. 관동군의 자전차나 자동차 등을 바친 자로 현재는 확실하고 이렇다 하는 증거가 불충분하나, 동 인위에 협력하지 않고 동원 문제에 있어서도 대단히 불량하며, 군의 종이(갱지)를 바치느니 뭐나 하고 회피하며, 기만, 허위로만 사는 자라고 인정하여 보고함." 두 번째 보고서는 "경성의학 전문 출신자. 의사로 확실한 물질 증거는 없으나 반동 중에도 극반동이고, 근간에 와서는 표현하는 기색이 농후하고 희색이 만만함. 극반동이라고 인정함"이라고 쓰여 있다. 아래에 지도도 잘 그려 놓았다. 주소가 조선농회 근처였던 모양이다. 특별한 내

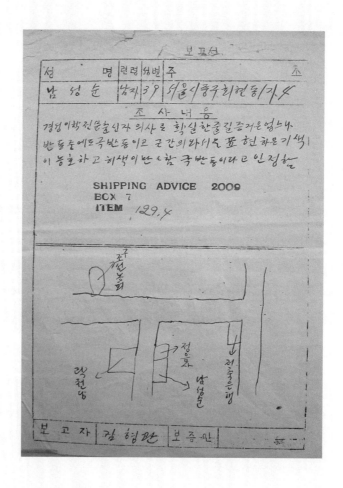

용은 아닌 것 같지만, 당시는 전쟁통이었고 사방에 인민군이 득실대는 위험천만한 시기였다. 노획문서에서 나온 기록이어서 사찰 대상 인물들이 어떻게 처리되었는지는 알 수 없다. 다만 이런 종류의 정보 보고서가 많았기 때문에 모든 이들을 "인민의 이름으로!" 처단하는 것은 무리였지 싶다.[47]

김수임은 영어를 잘했으니 달랐겠지만, 대부분 남한의 정보원들은 영어를 못했으므로 이런 정보원의 보고는 대개 미군들이 번역해서 기록을 남겼을 것이다. 종종 "정보원이 전한 바에 따르면…"이라는 언급을 많은 문건들에서 확인할 수 있는데, 아마 그들이 영어를 할 줄 알았다면 이렇게 문건으로도 보고했을 것이다. 아직 이런 종류의 정보원 보고 문건은 나온 것이 없다. 사진에 보증인 항목이 공백으로 남아 있다는 것은 이 문건이 아직 당이나 내무 관련 담당자가 확인하기 전이라는 말이다.

계산법인데, 북한에서는 이 비율로 정보원을 두어야 한다고 계산했나 보다.[48]

'전 인민에 대한 감시망'을 괴뢰도당이 직접 운영했다는 점은 그간 반공교육을 통해 익히 들어온 바이지만, 이런 조직이 남한에서도 또 심지어 미국에서도 이른 시기부터 활동 중이었던 점을 잊지 말아야 한다. 한국 경찰이 다루던 정보는 정식 보고서를 통해서도 수집이 되지만, 도청이나 감청을 통해 한국 경찰도 모르게 수집된 경우도 많았다. 안 그래도 "굽실굽실"[49] 존경해 마지 않던 한국 경찰들은 미군의 정보기관을 "신처럼 바라"보았다.[50] 그렇지만 한국 경찰들의 이런 일방적인 신앙심에도 불구하고 미군들이 이들을 대하는 태도는 "나의 어린 양들아, 이리로 오라"며 안아 주는 은혜로운 분위기는 아니었던 모양이다. 불신이라기보다는 한국 경찰이 갖고 있던 일종의 '직업 윤리' 때문일지도 모른다. 말 그대로 한국 경찰들이 너무 잔인했기 때문이다.[51] 미군들은 "구타", "고문", "잔인함"과 같은 단어를 한국 경찰 고유의 특징이라며 자주 언급했다.[52] 그러면서도 그런 한국 경찰이 제출하는 정보 보고나 수사 결과는 거의 백퍼센트 신뢰했다. 이 기묘한 신뢰 관계에 대해 고국으로 돌아간 뒤 후회하기도 했지만 말이다. 그들은 한국 점령 당시 그들이 겪었던 한국 경찰에 대해서 이렇게 회고했다.

한국인들은 자신이 원하는 것을 육체적, 정신적 그리고 윤리적인 압박을 통해서 얻는다. 육체적 압박이란 바로 철저한 고문out and out torture의 형태로 이루어진다. 물고문water cure은 아주 일상적인 수단이다. 전기고문과 뺨찌도 자주 이용된다. -미 군사고문단 참모장 윌리엄 라이트William H.S. Wright 대령, 〈베어드 수사보고서〉에서

언젠가 미군 한 명이 샷건으로 살해당한 사건이 있었다. 한국 경찰이 그 무기를 찾아냈고 포상도 했다. 내가 인천 경찰을 방문했을 때 그들이 살인범

을 잡았다고 말했다. 한데 우리가 수사해 보니 그 한국인은 범인이 아니었다. 자신들의 목적 달성을 위해서는 잔인함을 불사하는 한국 경찰의 공통점 commonplace을 잘 보여 주는 사건이었다. (중략) 한국에서는 무고한 사람들이 경찰에 체포되어 죄를 짓지도 않았는데 감옥에 있는 경우가 무수히 많았다. 내가 직접 보지 않는다면 정말 믿기 어려운 일들이었다. 나는 한국인들이 발가벗겨진 채 벨트로 얻어터지는 걸 보았다. 그 사람의 몸은 단 1인치도 성한 부분이 없었다. 그는 정말 죽도록 얻어맞았다.

질문 : 누가 되었건 증오하는 사람을 공산주의자로 낙인찍는 것이 일상적이었나?

대답 : 만약 그렇게 말하는 게 자기에게 도움이 된다면, 아마 재빨리 그 사람을 공산주의자라고 말했을 것이다. 실제 그 사람이 진짜 공산주의자이건 아니건 상관없이 말이다. - 로버트 캐롤 제25 범죄수사대CID 수석요원, 〈베어드 수사보고서〉에서

윌리엄 라이트 대령은 주로 보고서를 통해서 이런 안타까운(?) 일들을 접했겠지만, 로버트 캐롤은 직접 눈으로 목격한 사실들을 말했다. 이들은 불과 10여 년 전 미국에서 어떤 일이 있었는지 신문을 열심히 보지 않았던 모양이다. 미국에서도 비슷한 일들이 많았는데 말이지. 이 미군들은 한국 방문 불과 두세 달 만에 대한민국에서 성공하는 첩경을 아주 잘 이해하게 되었다. '어, 여기도 미국이랑 별반 차이가 없네?'. 그러나 미군 점령 기간 동안 경험한 한국 경찰의 행동은 서막에 불과했다. 전쟁 발발과 함께 한국 경찰과 국군 방첩대가 연출한 비극에 대해서는 인터뷰에 참가했던 미군 방첩대CIC 장교들은 누구 하나 가릴 것 없이 모두 암울한 기억이라고 말했다.

베어드가 한국 경찰의 고문직을 계속 맡을 수 있었던 것도 다 이유가 있었다. 그는 돈과 몽둥이에 관해서는 타의 추종을 불허할 정도로 탁월했다. "돈에

미쳐 있었다"는 증언에서도 드러나듯, 그는 언제나 돈이 풍족했으며, 몽둥이에 대해서도 남다른 식견을 가지고 있었다. 미친 개에게는 몽둥이가 약이라는 말은 박정희가 아니라 베어드가 먼저 했던 '명언'이다. 이 참에 대한민국에도 총기 소지의 자유를 주어야 한다나 어쨌다나. 그러니 베어드가 자신의 역할을 훌륭히 완수했다는 증언은 근거가 있는 말이겠다.

어쨌든 미군정기 동안 한국 경찰의 활동을 아주 가까이에서 지켜본 거의 모든 미군 관리들의 증언이 그러했다는 점을 다시 확인하고 나니, 왠지 모르게 한 마리, 아니 한 사람의 얼굴이 떠오른다. 반달곰, 아니 이근안이라는 이름의 형사다.

미 헌병사령관의
은밀한 사생활

인간 생명에 대한 경시와 고유의 잔인성inherent brutality은 오리엔탈 군대의 특징으로 보인다.
- 〈미군 포로의 행동〉 미 육군 심리전처 작성, 1954년 4월 2일[1]

"잔인함. 세 군대의 방첩대 파견대 장교 인터뷰에서 한국군 방첩부대가 특히 잔인했다는 점에 대해서 혐오감을 표시하기도 했다. 교전 초반기에 한국인 방첩부대가 사형 집행을 여러 차례 했는데, 재판도 없이 진행된 경우가 많았다. 반역 행위뿐 아니라 남한 정부에 반대했던 인물들도 비슷하게 처리되었다." - 메릴랜드 방첩대 학교 편, 《한국에서 방첩대의 활동》, 1951년 11월 15일[2]

미군도 치를 떤 한국 경찰의 잔인함

1999년 10월 29일, 성남지원에서 구속영장 실질심사를 받기 위해 서울지검을 나서고 있는 이근안의 모습이 언론에 대서특필되었다. 이근안이라는 본명보다 '반달곰'이라는 별칭으로 자주 불렸던 20세기 말이라면 필요없겠지만, 2019년 현재에는 그에 대해 약간의 설명이 필요할 것 같다. 이근안은 20년쯤 전에 고문으로 유명했던 대공對共 형사다. 1970년 경찰이 된 이근안이 경찰의 대공 수사에 입문한 것은 1972년 경찰청 치안국 대공분실 형사로 발령받던 무렵이었다. 용산 하면 용산역보다 대공 치안본부 분실이 먼저 떠올랐던 것도 바로 이근안 때문이다. 그가 '고문'으로 유명해진 것은 민주화운동청년연합 사건으로 송치된 김근태 씨를 무려 22일 동안 고문했던 사건 때문이다. 물론 고문했다고 유명해졌으면 대한민국에 고문영웅이 수천 명 정도 나왔을 테니 그건 아니고(그런 활동은 국가의 기밀 사항이므로 비밀리에 진행되곤 했다), 이근안이 유명해진 것은 소송이 있었기 때문이다. 1987년 민주화 이후 김근태가 고문 혐의로 소송을 제기하면서 이근안의 이름이 세상에 알려시게 되었다. 대체 어떻게 고문을 했길래 '빨갱이들이 치를 떨까?' 궁금하신 분들은 영화 〈남영동 1985〉를 보시길 권한다. 1986년 '경찰의 날'에 옆 사진 속 인물과 닮은 대통령에게 훈장도 받았다고 한다.

앞 장에서 "정말 떠올리기 싫을 정도로 살벌한 기억"들을 들추며 "한국인들의 자백은 정말로 믿을 것이 못 된다"고 치를 떨었던 로버트 캐롤 대위는 베어드 휘하에 있던 범죄수사대CID: Criminal Investigation Detachment 수사요원으로 각종 한국인 관련 수사들을 직접 지켜본 사람이다. 아마도 그는 김수임 재판에서 그랬듯이 이후에도 오랜 시간 한국에서 자백이 범죄를 확증하는 유일한 단서 역할을 하게 된다는 것을 모르고 계신 모양이다(김수임이 죄가 없을지도 모른다는 것이 베어드와 김수임의 관계를 오랫동안 지켜본 사람들의 공통된 증언이었다). 또한 한국전쟁을 겪으면서 미군이 남긴 기록들 가운데 하나인 서두의 인용문에서는 "인간 생명의 경시와 고유의 잔인성" 어쩌고 하면서 남북이 모두 이 "오리엔탈 군대의 특징"을 잘 살려 왔다고 지적한다. 아, 쪽팔려…. 이런 비난의 원인은 한국 경찰에 대한 불신에서 비롯되었을 텐데, 이런 전통은 비교적 오랫동안 전수되었다.

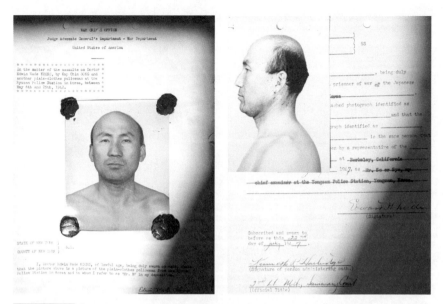

"닥터 쿤Doctor Edwin Wade Koons을 비롯하여 미국인 선교사들을 고문한 혐의로 체포된 용산경찰서의 송갑진 형사." 출처 : NARA

지난 20년간 "조선총독부 경찰로서 아주 훌륭한 역할을 해 온 사람"을 대체 왜 미군이 잡아들였을까? 고발한 사람이 있었다. 게다가 그 고발자가 미국인이었다. 한국에서 하지의 정치고문 역할을 맡고 있던 언더우드Horace Horton Underwood 목사님께서 용산경찰서의 이 악질 고문 경찰을 고발해 버린 것이다. 미군정이 들어서자 하루아침에 얼굴을 바꾼 사람들은 많았다. 열심히 경찰 활동을 했던 송갑진 형사는 미국인 선교사의 배신(?)으로 24군단에 체포되었고, 이후 1946년 5월 17일 일본 수가모Sugamo 형무소에 전쟁범죄 혐의로 수감되었다. 1942년 12월 19일, 미 국무부는 "한국에 거주하는 미국인 선교사 세 명을 '물고문water cure'하고 잔인하게 구타하는 등 무려 6차례나 고문을 했다. 그것도 불과 보름 동안에!"라면서 일본 정부에 항의 서한을 보내기도 했다. 1942년 당시 고문을 받은 미국인 선교사들의 평균 나이는 56세였다.[3] 송갑진의 재판 결과는 신문에도 보도되었는데, 1948년 1월 22일 요코하마 군사재판에서 징역 10년형을 선고받았다. 송갑진은 7년이나 징역살이를 하다가 1953년 7월 4일 감형되어 출소했다. 이런 경우 보통 이름을 바꾸고, 출신을 속이고, 고향도 감춘 채 다시 복귀해서 경찰이나 혹은 그 비슷한 삶을 사는 경우가 대부분이다. 우리가 잘 아는 일제시대 경찰들이 그랬던 것처럼. 한데 송갑진이 출소 이후 어떤 인생을 살았는지에 대해서는 알려진 바가 없다.[4]

미국이 전직 경찰을 사랑한 이유

미국인들이 남긴 기록을 보면 한국 경찰의 능력, 그러니까 성실함, 근면함, 낮은 임금에도 굴하지 않는 높은 사명감, 조국을 만들어 나간다는 의지 등을 높이 평가한다. 한데 이런 능력에도 불구하고 그들이 자주 사용하는 "동양적인 전통"으로 인해 한국 경찰의 업무 수행 능력에 대해서는 그다지 높은 점수를 주지는 않았다. 1949년 주한 미대사관에서 입수한 첩보에 따르면,

북한 청년 한 명이 우물에 독을 풀어 넣었다는 혐의로 체포됨(c-3). 코멘트 : 이러한 독극물 관련한 보고들이 다수 접수되고 있지만 실제 사실이 확인된 경우는 단 한 건도 없다. 최근 춘천에서 경찰이 방송을 통해서 마을 우물에 독을 풀어 놓을 가능성이 있다고 사람들에게 경고를 한 바 있는데, 이 방송으로 남한의 모든 우물에 독극물에서 박테리아에 이르기까지 우물이 오염되고 있다는 루머 선풍이 일고 있다. - JOINT WEEKA 25호, 1949년 [5]

유사시에 적이 후방을 교란할 목적으로 우물에 독을 푼다는 말이 유포되기 시작한 것은 이보다 2,3년 앞선 미군정기였다. 물론 무차별 살상과 관련한 루머는 아주 오래전부터 있었다. 동서고금을 막론하고 민심이 흉흉해질 때면 이런 소문이 나돌았지만, 한 번도 실제 우물에 독을 풀어서 누가 죽었다는 이야기는 들은 바 없다. 일본에서 그런 소문만으로도 조선인들을 죽였다고는 하지만, 설마 조선인들이 일본까지 가서 그런 행동을 저질렀을 것 같지는 않고. 어

—

•
관동대지진(1923) 당시 "조선인과 사회주의자들이 결탁하여" 일본인을 습격한다는 유언비어가 일본 전역에 유통되었다. "조선인들이 우물에 독을 탄다더라"를 비롯하여, 일본인에게 폭탄을 던진다는 둥, 바닷물이 닥쳐오고 있다는 둥 여러 소문이 나돌았다. 물론 우리는 이 유언비어가

한국을 구원하러 들어온 미군이 세계 최강 군대forces라는 작성자의 의지를 강력하게 드러내다 보니 철자가 좀 틀렸나 보다. 요즘 철없는(?) 애들이 미국을 '천조국'이라고 부르던데 50년쯤 뒤에 누군가 또 비슷한 소릴 또 하겠지. "경찰은 민중의 지팽이"라는 단어가 들어가 있는 것으로 보아 경찰과 긴밀히 협조했을 단체에서 만든 구조물 같다. 청년방위대도 있고 서북청년단도 있었으니 그중 한 단체가 만들었겠거니 했는데, 오른쪽에 작은 글씨로 "국민보도연맹 경주지부"라고 쓰여 있다. 현대사에 약간 관심이 있는 사람이라면 '보도연맹'을 학살과 관련한 단어로 기억하겠지만, 1949년쯤에는 '회개한 좌익 무리'와 더 가까운 단어였다. 왼쪽에 "자수자는 양수兩手를(두 손을 들라)"이라고 되어 있는 것을 보면, 보도연맹이 무슨 일을 하는 단체인지 짐작이 된다. 당시 극우파들이 보기에도 '지팽이'는 사람을 때리는 데 더 효과적이었음을 잘 보여 주는 구호라 하겠다. '民衆'이란 단어를 요즘은 별로 안 쓰지만, 저 당시에는 우파, 아니 극우파들이 종종 사용하는 명칭이었음을 다시 한 번 강조한다.

쨌든 한반도에서 우물물을 마신 뒤에 집단적으로 복통을 일으켰다는 이야기는 못 들어 봤다. 이 보고서에 적혀 있는 'C-3'라는 단어는 방첩대CIC의 정보 판단 양식에 따르면 '그럭저럭 믿을 만함' 정도의 정보 신뢰도를 나타낸다. 한데 이 정보 역시 한국 경찰을 통해 들어온 것이었다. 이외에도 1946년 말부터 나타나는 각종 '우물에 독을 탔다더라' 류의 정보와 한국전쟁 당시 국군 정보사령부의 비슷한 정보는 하나같이 거짓 정보였다.[6] 필자도 초등학교 시절 이런 짓을 하고 다니는 사람을 신고하라는 교육을 받았더랬다. 믿기지 않겠지만 그때는 그랬다. 지진이 나거나 화산이 폭발하거나 아니면 북한군이 갑자기 공격하는 일이 발생한다면, 이런 종류의 경고가 다시 나올지도 모를 일이다. 정보기관이나 아니면 우익 신문에서.

사실 정보원은 아무나 할 수 있는 일은 아니었다. 두뇌 회전이 빨라야 하고 학벌이 좋으면 금상첨화다. 독일을 점령했던 미군 방첩대CIC는 정보원 수집 조건 가운데 하나로 "각 지역에서 가장 탁월한 인물들을 선정"하는데, "탁월한 정보원이란 방첩대가 커버하지 못하는 지역에서 정보를 전달해 줄 수 있는" 인물들이라고 꼽았다. 이런 업무에 탁월한 능력을 갖고 있는 인물들은 역시 경찰이거나, 혹은 예전에 경찰 역할을 했던 인물들일 수밖에 없다. 독일에서도 "게슈타포를 활용하는 경우"가 상당히 많았다.[7] 이런 사정은 독일 외에 다른 유럽 국가들도 비슷했던 모양이다. 미국이 점령에 참가했던 혹은 미군이 직접 점령을 담당하거나 정보요원들의 활동 무대가 되었던 대부분의 유럽 국가들에서 이런 원칙이 잘 적용되었다. 즉, 좋은 정보원은 곧 좋은 경찰, 혹은 예전

—

•
어떻게 비극으로 이어졌는지 잘 알고 있다. 이에 대해서는 다음을 참조. 강덕상, 《학살의 기억, 관동대지진》, 김동수 · 박수철 옮김, 2005, 역사비평사.

"경성형무소의 경찰 책임자였던 사카라 마루 씨가 서울지역부 헌병감에게 일제강점기 사용되었던 사형 집행 올가미를 들어 보이고 있다. 1945년 10월 30일." 출처 : NARA

사형 집행 올가미의 모습이 영화에서 보던 것과 달리 간단하다. 한국이 식민지라서 저것도 조잡하게 만든 건 아닐 텐데. 앞쪽에는 천막을 달아 가릴 수 있도록 해 두었다. 해방 후 이 형무소를 인계받은 미군은 얼마나 많은 사형 집행을 했을까? 아마 거의 없지 않았을까 싶다. 미군 점령 당시 사형 집행은 대체로 심문, 자백, 조서 작성, 공판 등의 복잡한 절차를 거치지 않고 바로 이루어졌다. 여운형이나 장덕수 같은 인물들이 그렇게 살해당했고, 제주도에서 3~5만 명 가까운 사람들, 1946년 대구 사건에서도 많은 인원이 재판 없이 현장에서 즉결 처형당했다. 그런데 미군은 정치범에게 사형선고를 내려 놓고도 집행은 대부분 한국 정부에 넘겨 버렸다. 가이사의 것은 가이사에게.

의 경찰, 혹은 예전의 파시스트 경찰!

독일 CIA 지부장으로 활동했던 피어드 실바Peer de Silva(이 사람은 5 · 16 쿠데타 당시 한국 주재 CIA 지부장이었다)도 비슷한 발언을 했다. 전후 서독 정보기관의 책임자는 다름 아닌 나치 독일의 정보기관원이었던 인물이고, 그를 등용했던 자가 미국 정보기관의 독일 책임자 피어드 실바였다.

겔렌Reinhard Gehlen은 강력한 반공주의자였으므로 적어도 그의 이 같은 태도는 플라흐에 있는 대다수의 지도급 미국인들에게 공감을 얻었다. 겔렌은 KGB와 그의 서독 경쟁자들에게 전쟁 당시 나치 당원이라고 규탄을 받았으나, 나는 그가 실제로 나치 당원이었거나 혹은 어떤 방식으로든 나치의 철학이나 히틀러에 대한 이념적 지지자였다는 증거를 발견하지 못했다. 단지 독일에 대하여 진정으로 충성을 다했을 따름이다.[8]

"진정 어린 충성"이라고? 히틀러는 어디 그러지 않았을라고? 실바는 자신보다 먼저 독일 정보기관을 책임졌던 앨런 덜레스의 말을 잘 기억하고 있다. "나치당원들을 일부 끌어들이지 않고는 절대 기차를 달리게 할 수 없다"며 나치주의자들을 등용했던 과거를 부끄러운 줄도 모르고 자랑하던 CIA 국장님의 말을.

일본에서는 더 노골적이었다. 여기는 아예 소련의 눈치를 볼 것도 없는 미국의 단독 점령 하 아니던가? 게다가 맥아더사령부에서 정보참모장을 맡았던 윌로우비Charles Andrew Willoughby는 노골적인 파시스트였다. 맥아더가 윌로우비를 "나의 사랑스러운 파시스트"라는 애칭으로 불렀던 것은 그러려니 하고 넘어가자. 윌로우비는 "공공연하게 무솔리니와 프랑코 총통을 존경"한다고 말한 것도 모자라서 "1950년대 군에서 퇴역한 뒤 프랑코의 팔랑헤당 고문

으로 활동"한 실천적 파시스트였다.[9]

　정보참모장이 이 모양이었으니 그가 일본 군국주의자들을 어떻게 다루었을지 안 봐도 뻔하다. "정보참모부G-2는 전직 일본인 공무원들을 대거 고용했다. 그중에는 일본제국 참모부Imperial General Staff, 일본군 정보부대Military Intelligence, 헌병, 심지어는 특별고등경찰"[10]로 근무했던 자도 있었다.[11] 윌로우비는 나중에 한국전쟁 발발을 왜 예상 못했냐고 미국 의회에서 시달림을 받았지만, 그래도 좌익을 향한 불타는 심지 하나만큼은 굳건한 분이었다. 이때 만들어 둔 정보참모부G-2 산하 좌익 감시 부대가 1970년대까지 북한과 남한 그리고 일본의 공산주의 활동을 검열하고 다녔다. 이 모든 것은 전적으로는 아니지만 "윌로우비가 지휘하는 전능한omnipresent 정보참모부G-2"[12]의 역할이 컸다. 자, 그렇다면 똑같이 군사점령 하에 있는 한국에서는 왜 안 됩니까? 일본에서 통하는 것은 한국에서도 통하기 마련 아닙니까? 한국 경찰들이 이렇게 외치고 나서기도 전에 미군은 이미 전직 일본 경찰이나 일본군 장교들을 경찰과 국방경비대의 요직에 임명하고 있었다.•

———

•
국방경비대는 "정치적 중립과 불편부당을 이념"으로 해서 출발했기 때문에, 초기에는 우파들이 국방경비대에 항의하는 시위도 간혹 일어나고는 했다. 1947년 1월 무렵, 한 국방경비대 대원의 서신에 이런 내용이 들어있다. "나는 국방경비대의 미래가 걱정이다. 전직 일본 장교들과 일본군 지원병ex-volunteers들이 경비대의 주요 간부직을 장악"하고 있다고. 당시 국방경비대는 좌익이 상대적으로 많이 침투해서 좌익 성향이라고 알려져 있지만, 경찰에 비해서 상대적일 뿐이며 대체적으로 이 단체도 일본 군대에서 활동했던 사람들이 주축이었다. 미 제24군단 정보참모부, 일일정보보고, 442호. 1947년 1월 29일. 우리가 알고 있는 이응준, 김백일, 백선엽, 이형근, 채병덕, 최남근 등 "간도특설대나 만주군에서 활동했던 일본군 장교"들이 대부분 "국방경비대 창설 중대장"으로 영입되었다. 이들이 국방경비대의 핵심 요직에 임명된 이유는 "과거 경력" 때

빨갱이나 쫓아다니지, 내가 누구랑 뭘 하든?

미군들이 한국인 경찰이나 정보원들을 필요로 했던 이유는 이제 그럭저럭 이해할 수 있다. 한데 왜 김수임이었을까? 그다지 정보 수집 능력이 탁월해 보이지도 않는데? 김수임을 스카우트한 이유가 명확하게 설명되어 있지 않아 정확히 알 수는 없으나, 어쨌든 김수임은 베어드를 알게 된 1946년 봄부터 1949년 9월까지 적어도 3년 넘는 기간 동안 충실한 정보원 역할을 수행했다. 그것도 혼자가 아니라 10여 명의 정보원망 책임자 역할까지 맡아, 미국 정부로부터 한 달에 최소 10만 원의 급료를 받았다. 당시 한국 최초의 입법기관이라던 입법의원 월급이 3,500원 정도였고, 서울대 교수 월급은 2,500원 그리고 임금인상을 내걸었던 노동자들은 2,000~3,000원 정도의 월급을 받았으니 "10만 원의 급료"가 어느 정도 수준인지 이해가 갈 것이다.[13] 국회의원과 노동자의 임금격차가 저 정도면 딱 좋아 보이긴 하네. 저때는 혼란의 시기고 건국도 되기 전이었으니까.[14]

나는 그의 잘못된 행동에 대해 확신했었고, 그런 종류의 인간이 미국을 대표하는 자리에 있어서는 안 된다고 생각했다. - 제24군단 참모장 토마스 헤렌Thomas W. Herren 소장, 1950년 9월 27일

베어드의 행동에 대해 이런저런 의혹들이 여기저기서 제기되기 시작했다.

—

•
문이었다. 물론 해방 정국에서 좌익에서 우익으로 넘어가는 과정에서 그나마 가장 "중립적인" 자세를 취했기 때문에 약간의 오해가 있지만, 국방경비대의 핵심 부류인 장교들은 "식민 잔재 청산"을 주장하던 일반 대원들과는 '다른 세계'에 살고 있었다. 이에 대해서는 노영기, 〈1945~50년 한국군의 형성과 성격〉, 성균관대학교 박사학위 논문, 2008, 3장, 4장 참조.

"우루과이 몬테비데오. 몬테비데오에서 반공 시위를 주도하던 '헝가리의 자유전사' 단원들이 소련 영사관 앞에 관을 가져다 놓았다. 미 공보처USIS/몬테비디오. 1947년 9월 9일." 미 공보처 사진첩인 'RG 306' 에는 이처럼 1950년대 동유럽의 반소 시위(헝가리, 폴란드, 동독 등) 등 전 세계에서 벌어진 반소, 반공 시위 사진이 잘 정리되어 있다. 친절한 설명과 함께. 출처 : NARA

"공산주의자들은 살인마!" "자유를 위해 죽은 사람들" "헝가리에 자유를" 등의 구호가 적혀 있다. 특정 공간을 이처럼 적대화하는 조치는 이념 대립 시기에 자주 볼 수 있는 광경으로, 그 구호들도 대동소이하다. 당시 유럽에서 미국과 힘겨루기 중이던 소련을 상대로 한 이런 공격은 우루과이에서만 발생한 것은 아니다. 서울 정동에 있던 소련 영사관은 1946년 6월 27일 정판사 위조지폐 사건으로 좌익을 향한 공격이 진행된 것과 발맞추어 곧바로 폐쇄 조치되었다. "우리도 평양에 영사관 없잖아?"라는 하지의 변명과 함께. 미국은 영사관 폐쇄 조치를 내리면서 38선 이북에 미국 영사관이 없다는 논리를 내놓았지만, 사실은 서울의 소련 영사관이 공산주의자들을 뒤에서 조종하고 있다는 의심 때문이었다. 마침 미소공위도 1차는 일단 결렬시키기로 맘을 먹었으니 핑곗거리가 필요하던 차에 정판사 위조지폐 사건이 벌어졌다. 소련 영사관 철거 문제는 이미 1월부터 남한 점령 당국이 소련을 상대로 계속 문제 제기를 하던 중이었다. 영사관 철거가 공식적으로 언론에 알려지기도 전인 1946년 4월 27일에도 하지는 폴리안스키A.S. Polianski 소련 영사를 직접 초치하여 "소련이 남 같지 않아서 그간 좀 봐 주고 했는데…"라며 미소 화해 국면이 남한에서는 공식 종료되었음을 통보했다. 식량도 끊고, 외교관 면책특권 같은 것도 없이, 미국 정부와 소련 정부가 공식적으로 합의할 때까지는 더 이상 활동하지 말라고 협박했다.[15]

주한미군의 넘버 원이 하지였다면, 헤렌은 넘버 투쯤 된다. 인사부G-1에서부터 병참부G-4에 이르는 주한미군 참모급의 수석인 이 양반이 보기에도 베어드가 너무했던 모양이다. 안 그래도 베어드와 관련된 각종 소문이 떠돌던 판이었다. 정보원을 상대로 이상한 행동(밤 10시쯤 정보원의 집에 들어갔다가 다음 날 퇴근한다든지, 지프차 등을 팔아서 돈을 챙긴다든지, PX에서 물건을 사서 한국인들에게 갖다 준다든지 하는)을 한다는 보고가 1947년 10월경에 시작된 비밀조사에서 이미 확인된 바 있다. 당시 베어드에 대한 비밀 수사는 워싱턴에서 내려온 지시였다. 하지는 베어드가 국가 기밀을 누설하지 않았는지를 조사하는 과정에서 "방첩대CIC에서 입수한 정보를 토대로 내가 지시했다"고 주장했지만, 실제로는 "워싱턴으로부터" 아마 "육군부 장관으로부터"(당시에는 전쟁부War Department였다) 하달되었을 것이다. 하지만 왜 전쟁부에서 이런 명령을 내렸는지는 모를 일이다. 베어드의 부인께서 전쟁부에 '소원수리' 같은 것을 넣었을까? 이미 한국 주둔 당시에도 미군에 소속된 여성들 사이에 베어드의 추문은 유명했는데, 그런 소문들이 베어드 대령의 부인에게도 전달된 걸까?[16]

이유야 어떻든 24군단의 비밀 수사가 시작되었다. 점령사령부의 헌병사령관에 대한 비밀 수사였다. 하지 최고사령관, 정보참모부 책임자인 로빈슨 Richard Robinson 대령, 비밀리에 수사를 진행한 방첩대CIC 요원 두 명(미즐리 벨 Misley Bell 중위와 몰리나Orlando A. Molina 대위), 그리고 정보원 등 딱 다섯 명만 알고 있던 비밀 수사였다. 그리고 수사가 마무리될 시점(1948년 2월경)에, 남한 점령 최고사령부의 책임자인 하지 최고사령관, 헤렌 참모장, 벨M.B. Bell 참모장보, 정보참모부의 책임자였던 로빈슨 대령과 월링턴Wallington(로빈슨의 후임) 대령까지 모두 베어드의 이 미묘한 인간관계에 의심을 품었다.

한데 베어드는 체포되거나 강제출국을 당하기는커녕 통상적인 해외 근무

VII CORPS-47-00094

사진 102 "1947년 3월 26일. 한국 언론사에 획일점이 될 날로 조병옥 경무부장이 언론사 회견을 자청하였다. 새롭게 얻게 된 언론 자유 문제를 토의하고 있는데, 왼쪽부터 서울신문사 이원혁, 조병옥 경무부장, 대동신문사 사장이자 입법의원 부의장을 맡고 있던 최동오, 경무부 대외홍보 담당 자문을 맡은 리처드 프레드릭 Richard A. Frederick 씨. 일제시대 때는 총독부가 철저한 검열을 통해 한국 언론을 완전히 장악하고 있었다. 이 회의에서 조병옥 경무부장은 언론사 편집인들을 상대로 미국에서와 비슷할 정도로 완전한 언론 자유가 주어질 것이라고 설명했다." 출처 : NARA

1947년 3월 26일이라…, 이날은 주한 미군정 공보부령 제1호가 발표된 날이다. 그러나 공보부령이 사진 설명에 나와 있는 것처럼 "언론 자유여 만개하라!" 같은 내용은 아니었다. 오히려 그 반대였다. '정기간행물 허가 정지에 관한 건'이라고 이름 붙인 이 법령은 정기간행물의 신규 허가를 금하고, 신문 기타 정기간행물도 휴간이 잦을 경우(일간 10일, 주간 3주, 월간 3개월) 아예 발행 허가가 자동 취소되는 등 언론 자유를 금지시키는 내용이 더 많았다. 《서울신문》과 《대동신문》은 모두 우파 쪽이어서 사진 속 인물들은 저런 표정을 짓고 있다. 맨 왼쪽에 영 떨떠름한 얼굴이 누구인지는 나와 있지 않다. 좌익 언론 쪽은 1946년 정판사 위폐 사건 등으로 《해방일보》, 《현대일보》, 《조선인민보》가 폐쇄된 상태여서 딱히 참석할 만한 사람이 없기도 했다. 이 회의를 주도한 조병옥은 해방 후 좌익 척결의 최선봉에 섰던 인물로, 미국인들 앞에서는 이 사진에서처럼 늘 고운 얼굴~ 웃는 얼굴~을 하고 있었다. 저 깜찍한 눈망울이라니!

기한인 2년을 훌쩍 넘겨 4년을 근무했다. 만약 김수임 관련 사건이 없었다면 그는 추가로 1년을 더 근무할 생각이었다. 1948년 2월경에 마무리된 최종 수사 결과는 "김수임이 공산주의자라는 물증은 없으며, 베어드 역시 업무적으로 공산주의에 도움을 주는 행위를 하지는 않았다"는 것으로 정리되었다. 다만, 그의 '프라이빗 라이프'가 너무 "외로웠던 것"이 문제였다. 아시다시피 미국은 공적인 업무와 사적인 생활을 엄격히 구분한다. 이론상으로는 말이다. 베어드가 공사를 구분하지 못해서 그런 것은 아니겠지만, 사적으로 김수임을 너무 편애한 것은 사실이었다. 결론을 두고 모든 사람이 베어드의 "사생활에 문제"가 있었지만, 그건 말 그대로 "이혼 관련 문제 따위로 정신없이 바쁜 우리를 골치 아프게 했던" 사적인 문제에 불과하다고 보았다. 일만 잘하면 오케이라는 공식이 여기서도 발휘된다. 모든 국민이 안다면 모를까 딱 다섯 명만 알고 있던 이 문제를 굳이 5 · 10 총선거를 앞둔 정신없는 와중에 그것도 헌병 책임자를 교체하면서까지 끄집어낼 필요는 없었다. 한 가지 기억해 둘 점이라면, 당시 방첩대CIC는 김수임이 1946년에서 1947년 여름 사이 월북한 이강국이라는 공산주의자의 정부情婦라는 사실을 알고 있었음에도 불구하고, "그녀가 공산주의의 스파이라는 증거는 전혀 없다"고 결론 내렸다는 점이다. 김수임과 이

—

식민지 시기에도 또 해방 이후에도 좌익 활동을 했던 이강국은 김수임과의 로맨스로 더 유명하다. 이강국은 1946년 9월경, 이미 월북한 상태였기 때문에 이강국과 김수임이 얼마나 자주 만났는지는 알 수 없다. 간간히 위장해서 월남했을 가능성도 있으니. 이강국은 월북한 이후 북한 사법상 등을 거치면서 남로파의 핵심 인물로 활동했지만, 남로 계열이 힘을 잃으면서 이강국도 역사의 저편으로 사라졌다. 박헌영 간첩 사건에 연루되어 사형판결을 받은 이후(1955년 12월) 사망한 것으로 알려져 있다. 한때 김수임 간첩 사건과 관련하여 이강국이 CIA의 첩자라는 뉴스도 전해졌지만 사실이 아니다.

김수임은 두 대의 자동차를 이용했다. 하나는 크라이슬러 1937년형, 다른 하나는 사진에 나오는 것과 같은 군용 지프차다. 크라이슬러 자동차는 검은색이었고, 지프차 역시 검은색이었던 것으로 보인다. 당시 서울에서 자동차, 그것도 미군들이 타고 다니던 지프차 뒷좌석에 여성이 타고 있는 것은 흔치 않은 모습이었을 것이다. 모윤숙을 비롯한 낙랑클럽 회원들쯤 되면 몰라도. 여러 증인들에 따르면, 김수임이 미군 지프차나 승용차를 타고 다닌 것은 누구나 아는 일이었다. 김수임은 자동차를 베어드에게 구입했다. 베어드는 민간 자동차와 군용 차량까지 판매하는 탁월한 중개인 역할도 했던 모양이다. 〈베어드 수사보고서〉에 나오는 "파는 사람에게 500불을 깎아서 싸게 사서 그날 바로 500불을 더 붙여서 판매하는, 탁월한 중개인"이었다는 내용이 여러 사람들의 증언에서도 확인된다. 이렇게 차량 판매 중개업을 하면서 그는 개인적으로 군용 지프차를 네 대나 소유했고, 활동비도 일반 장교보다 무려 5배나 더 많이 지급받았다. 김수임이 이강국을 38선까지 태워다 준 자동차는 지프차가 아니라 크라이슬러 승용차였다. 영어를 잘했던 김수임도 운전면허는 없었다. 이강국이 월북할 당시 자동차 운전을 했던 최영태도 김수임과 같이 재판을 받고 2년형에 처해졌다. 김수임은 한국군이 서울을 비우기 직전인 6월 28일 즉결 처형당했다.

강국에 대한 파일이 방첩대CIC에 상당수 있었는데도![17]

김수임은 미군 정보원으로 취직한 이후에 어떤 정보를 가져다줬을까? 좌익이나 공산당 관련 정보들은 별로 없었을지도 모른다. 대구 사건이 일어날 무렵 좌익을 체포하는 데 도움을 주었다는 언급은 있지만, 정작 김수임이 정보를 제공했던 것은 각종 범죄 사건들이었다. 암시장 단속, 마약상 관련 사건들, 성범죄 등등. 이런 사건들의 피해자나 관련자들 혹은 범죄와 관련된 정보들을 아주 잘 넘겨주었을 것이다. 그 과정에서 베이드와 함께 집에 오래 머물기도 했고, 베어드의 관사에 출입하여 "부라자만 입고 있는 모습"을 목격당하기도 했으며, 베어드의 자동차를 불법으로 넘겨받아 버젓이 타고 다니는 등의 문제는 있었지만 말이다.

베어드는 이미 30여 대가 넘는 차량을 불법으로 판매하면서 "돈에 미친 놈"이란 소릴 들을 정도로 씀씀이가 매우 헤펐다. 게다가 술주정도 매우 남달라서, 한번은 유성에 있는 한 호텔에서 여성 몇 명을 불러다 놓고 술을 마시다가 방첩대CIC 요원에게 걸려 혼난 적도 있었다. 그가 유성까지 가서 그 난리를 친 것은 서울의 호텔에서는 여성과 같은 방을 쓸 수 없다는 미군 규정 때문이었다.[18] 여성 두 명을 데리고 술을 마시고 또 즐기자면 지방에 있는 호텔을 이용해야 했던 것이다. 베어드는 그 사건으로 혼이 나긴 했어도, 징계를 받지는 않은 것 같다. 방첩대CIC 요원이 가고 난 다음 "빨갱이 뒤꽁무니나 잘 쫓아다니지 엉뚱하게 누가 누구랑 같이 자는지만 조사하고 다니는 머저리 같은 놈들"이라든가 "내가 방첩대CIC 너네들 때문에 얼마나 골치가 아픈 줄 알아?" 같은 저주를 퍼붓기도 했지만, 이건 결국 "늘 술에 취해 있었"기 때문이라고 이해하면 되겠다. 술 잘 마시고 돈 잘 쓰는 사람, 요즘이라면 재벌 2세 소릴 들었겠지만, 그런 사람이 남한을 점령한 미군의 헌병사령관이라면?

베어드에 대한 수사가 대체 왜 시작되었을까 하는 점은 여전히 의심스럽지

한국 경찰에 소속된 형사가 1947년 3월 1일 시위에서 공산당 당원을 수색하고 있다. 1947년 3월 1일. 출처 : NARA

이 사진을 처음 본 게 6년 전쯤인데, 아직도 누가 형사고 누가 공산당원인지 판단이 안 선다. 행색을 봐서는 오른쪽에 서 있는 분이 옷도 깔끔하고, 구두도 좀 더 새것을 신었고, 또 넥타이까지 맸으니 형사일 가능성이 높아 보인다. 왼쪽 사람이 형사일 가능성은 없나? 뒤편에 여러 명이 무릎을 꿇고 손을 들고 있는 모습이 보인다. 이날은 1947년 3 · 1절 기념식이 열린 날이었는데, 좌익이 개최한 기념식이 끝난 뒤 군중들이 열을 지어 행진하다가 남대문쯤에서 우익 시위대를 만났다. 만나서 3 · 1 운동을 같이 기념하면 좋았을 텐데 그럴 리가 있나. 좌우간에 누가 더 사람이 많은지 등을 두고 싸우다가 결국 총탄이 오가면서 사망자가 발생했다. 어쨌든 왼쪽 사람이 형사일 가능성도 있다.

만, 이런 그의 행동거지를 감안한다면 굳이 누군가 명령을 내리지 않더라도 그는 "이미 소문으로 대충 들어서" 알고 있는 그런 사람, "미국을 대표하는 자리에 절대 앉혀서는 안 될 놈"이 돼 버린 것이다. 그러나 우리가 잊어서는 안 될 점이 있으니, 품성에 약간(?)의 문제가 있긴 했어도 그는 누구보다 훌륭한 '경찰'이었다는 점이다. 앞서도 잠시 나온 것처럼 "몽둥이를 휘두를 줄만 알았던" 베어드는 조병옥과 같은 "민중의 지팡이" 한국 경찰에게는 아주 모범이 되는 인물이었다. 베어드도 이 점을 잘 알고 있었다. 그가 두 차례에 걸쳐 복무 연장(!) 신청까지 하면서 다른 병사들보다 2배 이상 한국에서 오래 근무한 것을 기억해야 한다. 하지를 제외하면 주한미군들 중 가장 오래 있었다.

한번은 이런 일도 있었다. 이승만을 누구보다 싫어했던 주한 미대사관의 드럼라이트Everett Drumwright 참사관이 1949년 여름경 베어드에게 물었다. "도대체 왜 한국 경찰들에게서 무기를 빼앗지 않는가?" 베어드의 답변이 가관이다. "미국 경찰도 무기를 들고 다니는 건 마찬가지 아니야?"[19] 미군정이 무기 소지를 금하고 있었지만 당시 한국 경찰들에게는 사실상 미국과 비슷한 '총기 소유의 자유'가 보장되고 있었다.[20] 드럼라이트는 그렇지 않아도 통제 불가능한 한국 경찰에게 총기를 지급한다는 것은 민간인에 대한 발포권을 허용한 것이나 마찬가지라고 판단했다. 그러나 미국은 이미 1947년 12월 즈음에 보유 중인 총기들을 모두 한국 경찰에 넘기는 결정을 고려 중이었다.[21]

그 남자는 무사 귀국, 그 여자는 총살

베어드와 김수임의 관계가 문서나 증언으로 유죄를 입증하기 곤란해지면서 결국 베어드 기소 문제는 유야무야되었다. 한국 언론에는 베어드가 "징역 7년을 선고받았다"고 보도되었지만, 베어드가 김수임 간첩 사건으로 감옥에 가거나 퇴직하는 일은 없었다. 김수임 관련 재판은 적어도 미군들이 보기에는 "미리 결정되어 있는 것"이나 마찬가지였다. 베어드가 요즘 같으면 감옥에 가도 열두 번은 갔을 법한 주한미군의 철수 시점을 북한에(정확히는 김수임에게 술김에 말한 것이었지만) 발설했음에도 불구하고 "그에게는 단 한 명의 수사관도 배치되지 않았는데, 수사가 진행될 만한 어떤 구체적인 근거도 없었기 때문"이었다.

베어드에 대한 책임 추궁이 유야무야된 것은 한국 정부의 입장이 어느 정도 반영된 결과일지도 모른다. 재판이 시작되기도 전에 대한민국 국방장관 신성모, 채병덕 참모총장 두 명이 검사의 수사보고서를 영역하여 미군 책임자들과 협의했다. 적당히 알아서 미국으로 보내라고 충고도 전하면서. "아니, 제가 보니까 말입니다. 유노 암 쌩~ 베어드 그 친구가 말이에요. 해도 너무 했어요. 그러니까 김수임이를 불러다가…" 뭐 이렇게. 지난 3년 동안 늘 '을의 위치'에 있던 한국 군부에서는 간만에 찾아온 이 '갑의 기회'를 은근슬쩍 만끽했을지도 모른다. 실제 "한국인들은 베어드가 자신에게 씌워진 혐의를 부인하고 있다는 것을 알고 있으며, 김수임 재판이 시작되기 전에 미리 출국시키는 것이 좋을 것"이라고 협박을 늘어놓았다. 이 소식을 들은 미 군사고문단장 로버츠William L. Roberts 장군이나 참모장 라이트William H.S. Wright 대령은 매우 불쾌해했다. 3년간 어렵게 쌓아 놓은 한미관계에 금이 가는 소리가 마구 들려왔다.

1946년 5월 부임한 존 베어드 대령은, 1947년 10월경 시작된 비밀조사에도 불구하고 꿋꿋이 버티다가 한국전쟁이 발발하기 직전인 1950년 6월 14일 배를 타고 한국을 떠났다. 그 다음 날인 6월 15일 김수임은 〈국방경비법〉 32조 위반으로 군법회의에서 사형선고를 받고 6월 28일 총살당했다. 1911년생이니까 서른아홉 살이었다.

김수임과 베어드 사건과 관련해서 마지막으로 한 가지만 더 짚고 넘어가자.

사진 105 속 죽창은 한때 시위에 사용되던 쇠파이프, 곤봉 같은 것들과는 차원이 달라 보인다. 끝이 날카롭게 잘려져 있는 것이 잘하면 바느질도 가능하겠네. 이 시기 민간에서 좌우 간에 폭력이 자주 발생하곤 했는데, 죽창 같은 창spear류는 물론이고 권총과 소총이 경찰의 특별한 제지 없이 자유롭게 활용되었다.

현역으로 군대에 다녀 오신 분들 눈에는 사진 106 의 총기 위치가 그리 적절해 보이지 않을 것이다. 한가운데도 아니고 아래는 뻥 뚫려 있으며, 그나마 왼쪽 시야는 출입문으로 대부분 가려져 있다. 제주도에서 발생한 4·3 항쟁은 이미 오래전에 대한민국 대통령, 어떤 사람

사진 106 "1948년 5월 1일, 제주도. 한국의 경찰이 30밀리 기관총으로 무장한 채 공산주의자들의 공격에 대비하여 경찰서를 지키고 있다. 당시 공산주의자들의 습격으로 인근 마을들이 습격을 받고 있었다. 최근 이런 공격으로 30명이 넘는 마을 주민들이 사망했는데 대부분 노인들과 여성들이었다." 출처 : NARA

들은 "공산주의자"라고 말하는 그분이 계실 적에 "국가의 잘못으로 희생"되었다는 사과를 받아낸 바 있다. 미 대사관의 드럼라이트 참사관이 "경찰에 대한 무장해제" 운운한 것은 이런 종류의 무기들을 지칭한 것이다. 무기 소지는 지금과 마찬가지로 '불법화'되어 있던 시기였다. 정확히는 미군이 진주하면서 일본군 무기들을 비롯하여 모든 종류의 총기와 도검류를 민간이 소지하지 못하도록 명령을 내렸다. 하지만 이 시기 민간에서는 일본군의 무기는 물론이고 미군 총기와 중국과의 밀무역 등을 통해 획득한 군 총기류를 상당 부분 소지하고 있었다.

〈베어드 수사보고서〉는 정보원과 관련하여 상당히 흥미로운 힌트를 많이 제공한다. 정보 수집을 위한 비밀자금이 운영되었다는 것, 정보원망이 어떻게 만들어지고 운영되었으며 그런 정보원들이 결국 어떤 운명을 맞이했는지 보여 주고 있다. 그리고 한 가지 더, 바로 '안전가옥safe house'과 관련된 것이다.[22]

〈베어드 수사보고서〉에 따르면 미 헌병대는 정보원망을 운영하면서 여러 채의 가옥을 이런 종류의 '안가'로 활용했다. '정보원으로 활동하는 사람을 비밀리에 만나기 위해 활용하는 가옥'이라고 설명되어 있는데, 여기에도 두 가지 종류가 있다. 김수임에게 내어 준 '옥인동 19번지' 집처럼 다른 사람 눈에는 전혀 안가처럼 보이지 않는 주택이 있고, 이승만 옹께서 잠시 살았던 '마포장'처럼 미군이 경비를 서고 누가 봐도 뭔가 진행되긴 하는데 도무지 알 수 없는 그런 주택도 있었다. 전자는 훗날 김수임이 살던 집이라고 사진도 올려놓고 했던데 마포장의 경우는 사진을 아직 찾지 못했다. 항공사진 `사진 107`으로 본다면 저기 오른쪽 강변에 있는 언덕 부근에 있지 않았을까?

마포장은 한때 이승만이 살던 곳이다. 1947년도 8월부터 10월까지 석 달이 채 안 되는 시간을 마포장에서 잠시 살았는데, 프란체스카 여사께서 하도 춥다고 하셔서 이사해 버렸다. 한데 이 집은 원래 미군정이 귀속재산으로 보유하던 가옥으로 이승만에게 잠시 임대해 준 것이었다. 이 집이 왜 이 시점에 다시 주한미군에게 되돌아갔고[23] 이런저런 공사(도로를 만들고 경비 시설을 구축하는 등의 공사를 헌병대가 담당했다) 끝에 '안가'로 재탄생했는지는 김구 선생과 관련된 사건과 연결지어 보아야 한다. 베어드는 당시 김구를, 그러니까 그들의 표현을 빌리자면 '한국의 알 카포네'를 동아일보 부사장 장덕수 암살과 관련하여 체포할 생각이었다.

이 사진은 "세브란스 상공에서 촬영"한 것이라는 설명만 붙어 있다. 한국전쟁 직후에 촬영한 것으로 보인다. 바로 아래편에 연희전문학교가 보인다. 출처 : NARA

"다가올 냉전 시기의 수사학적 전환"이라는 말은, 세상을 바라보는 사람들의 시각이 새롭게 변화하는 것으로부터 냉전이 시작되었다는 의미다. 이와 같은 맥락에서 "항공 방식의 글로벌리즘"이란 말은 항공촬영으로 세계가 좁아졌으며 더 이상 모스크바와 워싱턴의 거리가 그리 멀지 않게 되었음을 의미한다.[24] 예컨대, 예전에는 워싱턴에서 모스크바로 가려면 배를 타고 대서양을 건너 지중해도 지나고 얄타에 내린 다음 어쩌고저쩌고했겠지만, 이제 비행기가 새롭게 뚫어 놓은 루트로 북극을 지나 바로 소련 영공으로 들어갈 수 있다. 적들의 본거지가 겨우 몇 시간 정도밖에 걸리지 않는 아주 가까운 곳에 있게 된 셈이다. 이 항공 방식의 세계관에서는 국경도 없어지고 장벽도 사라지면서 모스크바(사회주의의 고향)와 워싱턴(자유주의의 본산)의 거리가 몇 시간 거리로 단축된다. 냉전을 지정학의 새로운 전환으로 바라보는 이런 관점, 항공촬영 사진이 적을 바라보는 새로운 방식을 제공했다는 점은 주목할 만하다. 미군은 한국에서 항공사진을 엄청나게 많이 촬영했다. 한국전쟁 당시 폭격 사진은 물론이고, 남한을 점령할 무렵에도 상륙 이전에 상당한 항공사진을 촬영했다. 점령 기간 내내 그랬고 전쟁 중에도 그랬다. 저기 보이는 사진의 오른쪽 윗부분, 그러니까 비행기 날개 아랫부분에 언덕처럼 생긴 곳이 마포장이 있던 지역으로 보인다.

9

테러의 계절

"우리 OSO 그룹은 일제 통치 하에서 일하던 공무원, 군 경찰, 경찰 등이 해방 후에 조직한 우익 비밀단체다. 우리 단원들이 몇 명인지 말해 줄 수는 없지만, 그 어떤 정당이나 다른 단체들보다 강력한 힘을 갖고 있다. 우리 그룹 내부에는 당신(이승만)을 주목하는 사람들이 있다. 우리는 당신이 과거 우리의 잘못을 용서해 줄 것이라고 믿지만, 그렇다고 꼭 그렇게 해 주십사 하고 기도하는 그런 겁쟁이들이 아니다. 우리의 자유로운 독립국가가 수립되는 날이 온다면, 우리의 역할이 정당하게 심판받을 수 있을 것이다. 경찰은 우리의 협력 없이는 공산주의를 억압하는 일에 결코 성공할 수 없을 것이다." - 미 제24군단 정보참모부, 일일정보보고서 '서신검열' 중에서

"장덕수 암살 사건의 용의자가 자백한 바에 따르면 김구가 암살을 지시한 것으로 보인다. 만약 증거로써 이 사실이 확인된다면 최고사령관은 김구를 살인죄로 미국 법원에 기소할 방침이다." - 1947년 12월 13일, 하지가 미 육군부로 보낸 전문에서[1]

여운형 암살, 대단원의 시작

1947년 12월은 "테러의 시기"였다. 어떤 전직 대통령 각하께서는 테러가 어떠니 복면이 지랄이네 하시면서 "테러방지법이 없는 나라는 대한민국을 포함하여 전 세계에서 4개국"[2]밖에 없다면서, 마치 오늘날의 대한민국이 테러 위험 국가에 처한 것처럼 행동하시기도 했지만, 사실 이보다(?) 더 심각한 경우가 많았다. 1947년 12월 무렵 남한이 그랬다. 이 무렵 남한에서 살아가려면 꽤 강한 심장을 갖고 있어야만 했다.

이 무렵 테러가 폭증하기 시작했다. 물론 그전에도 테러가 있었고, 놀랄 만

한 사건이 매일매일 발생하긴 했다. 거의 매일 시위가 일어나고, 경찰서가 불타고, 시위에 참가한 사람들이 희생됐다. 한데 특히 1947년 12월을 "테러의 시기"라고 부르는 것은 미군들이 그렇게 명명해 놨기 때문이다. 그리고 이런 테러를 앞장서서 지도한 사람은 놀랍게도 이승만이었다. 장덕수• 암살의 첫 번째 "용의자finger man"[3]도 이승만이었고, 무시무시한 서북청년회에 시위를 한 건이라도 더 많이 조장하라고 은근슬쩍 지시한 사람도 이승만이었다. 1947년 6월에는 "이 박사의 정적을 우리가 제거"하겠다면서 지하의 우익 테러 집단들이 앞장서서 '테러'를 지원하기도 했다.[4] 이승만이 독립운동을 입으로만 해야 한다고 했다는 말은 취소해야겠다.

사실 "테러의 시기"는 미군들이 지목한 12월보다 넉 달 전인 7월에 이미 시작되었다고 볼 수 있다. 11번의 암살 시도를 넘어선 여운형이, 7월 19일 12번째 암살 시도를 피하지 못하고 테러의 희생자가 된 것이다.[5] 젊어서 씨름선수로 활약하며 황소까지 탔던 그였지만 권총을 피하긴 어려웠다. 이 암살 사건과 함께 남한에 이상한 기운, 테러의 바람이 몰아치기 시작했다.

그 무렵 주한미군 최고사령관 하지가 "미소공동위원회는 실패할 게 분명"하다고, 별로 멀리 있지도 않은 군정장관 러치Archer L. Lerch에게 편지를 보냈는데, 하지의 의견에 공감한다는 답장을 쓰던 러치가 놀라운 소식을 전했다.

—

• 장덕수는 해방 후 한국민주당 창당에 참여하여 발기인 성명서 작성을 기초하였으며, 수석총무를 역임했다. 신탁통치 찬성과 미소공동위원회 참가 문제를 놓고 김구, 이승만 등과 갈등하다가 제2차 미소공동위원회 결렬 이후 단독정부 지지 노선으로 선회했다. 1947년 12월 2일 새벽 서울특별자유시 동대문구 제기동 자택에서 종로경찰서 소속 현직 경찰관 박광옥, 한독당 당원인 교사 배희범 등의 총에 맞고 절명했다.

사진 108 여운형 장례식. 출처 : 국사편찬위원회

이 사진은 로광욱 씨가 국사편찬위원회에 기증한 사진이다. 사진 맨 왼쪽 위에서 두 번째 줄에서 정면을 바라보는 인물이 로광욱 씨다. 여운형이 만든 근로인민당원이었던 로광욱은 1953년 미국으로 이민 가서 치과의사가 되었는데 이후 종북, 아니 친북 인사로 규정되어 대한민국 입국을 거절당했다. 물론 북한을 몇 번 방문하기는 했지만.

여운형은 암살당하기 두 달 전인 5월에도 비슷한 사고를 당했다. "여운형이 탄 차가 창덕궁 인근 도로에서 좌회전하는데 그 앞으로 세 명이 뛰어들어 총탄을 발사"[6]한 것이다. 미군정은 이런 사건을 종종 겪어서 일종의 정치적 쇼맨십 정도로 여겼는데, 이 사건은 다른 사건들과 달리 "실제 암살을 노리는 사건으로 보임"이라며 예의주시했다. 뭐 주시하기만 했다. 또한 이 사건에 대해 "경찰 발포 사정권 내에서 이루어진 일"이라고 한 데에서, 당시 경찰과 테러단체 사이의 밀고 당기는 애정 전선을 우려하던 미군 정보 당국자의 시각을 읽을 수 있다. 정보원들 역시 남한 단독정부 수립으로 가는 마당에 좌우합작을 주장하던 인간들, 그러니까 김규식과 여운형, 허헌, 안재홍 등에 대한 암살 음모가 여기저기서 일어나고 있다는 정보를 계속 제공하고 있었다. 결국 여운형을 암살하라는 훈계가 1년 반 만에 이루어졌고, 이제 "끝을 향한 대단원"으로 접어드는 무렵이었다. 아 참, 암살 모의는 그것이 참이건 잘못된 정보이건 간에 대부분 '우익'들 머릿속에서 나왔다.

서북청년단은 그 유명한 "경찰의 보조조직" 가운데 하나로 "경찰서와 들어가는 입구는 다르지만 사무실은 같은 곳을 썼던 조직"[7]이었다. 최근 한 책('대한민국 정체성 총서'의 《서북청년회》)에서는 이 집단의 특징을 "지적으로 수준이 높은 단체", "이념과 확고한 행동 목표를 가진 단체", "경제적 평등주의를 내세웠던 단체"라고 설명했다. 도대체 뭘 보고 이렇게 기술했는지 도통 모르겠지만, 서북청년단 단장들이 고학력자인 것만은 분명했다. 서북청년단의 단장은 주로 일본 유학파거나 SKY 출신의 부잣집 아드님들이다. 그래서 뭐? 머리 좋고 성격 나쁜 학생이 선생님 입장에서는 제일 골치 아프다는 걸 잘 모르시나 보다. 선글라스를 쓴 아저씨처럼, 잘 차려입은, 모던한, 젠틀하면서도, 왠지 지적일 것 같은 모습이지만 실제는 그렇지 못했다. 서북청년단은 미국이 지목한 '테러단체' 중에서 가장 많이 인용된 단체였고, 실제 테러를 저지른 단체로 가장 자주 등장한 단체였다. 이런 상황은 제2차 세계대전 이후 전개된 냉전의 선두 주자 그리스와 매우 흡사했다. "그리스 민족방위대Greek national Defense Corps는 1946~1947년 사이에 '백색테러'에 동원된 테러단체였는데, 내전이 발발하기 전 좌파들의 요구사항 가운데 하나가 바로 이 임시 '자위home guard' 단체를 해산하라는 것"이었다. 의욕은 충만한데 머리에 든 게 별로 없는 사람들이 제일 위험한 법이다. 이 미숙한 우파 자위대들이 좌익 게릴라를 상대로 향촌 방위를 담당하는 과정에서 무고한 시민들이 희생을 당했다. 물론 미 군사고문단은 이를 극찬했다. 참고로 당시 미 군사고문단의 단장은 다가올 한국전쟁에서 유엔군 최고사령관이 될 밴 플리트 중장이었다.[8]

편지를 쓰는 지금 여운형이 암살당했다는 엄청난 뉴스를 들었습니다. 아마도 이 사건은 대단원의 시작일지도 모릅니다.[9]

야전을 누비던 군인이었던(?) 아놀드 소장의 뒤를 이어 군정장관에 임명된, 점령과 통치에 "쓸 만한 군인"이던 러치 장군의 눈에도 여운형의 암살은 이제 서서히 "끝을 향하는 대단원"으로 보였던 모양이다.

공산 분자를 몰살하자!

암살은 신탁통치와 정부 수립 방식을 둘러싸고 남과 북, 좌익과 우익의 갈등이 표면화되기 시작했던 1947년 3월쯤의 이야기가 아니다. 해방 직후부터 암살 위협은 여기저기서 나왔다. 협박편지도 많았고 거리에 뿌려지는 삐라에도 툭하면 등장했다. 1946년 1월에 뿌려진 삐라에는 "역적배 인민공화단 타도" 문구와 박헌영 등의 이름이 거명되었고 "공산당, 공산 분자 말살"이라는 노골적인 암살 주장이 실려 있었다.

해방된 지 불과 넉 달도 지나지 않던 때, 좌익이 특별한 말썽을 일으킨 일도 없고, 이승만을 비롯한 한민당 관련자들의 미움을 좀 받은 거 외에는 딱히 문제 삼을 짓을 한 것도 아닌데 말살抹殺이라니! 이 단어는 이 무렵, 그러니까 해방 4개월 만에 좌와 우에서 모두 사용하는 공용어가 됐다. 말살이란 말을 이해 못하시는 분들이 계실까 봐 바로 밑에 한글로 풀어서 친절하게 설명도 해 놨다. "1월 3일 데모한 자는 매국노다. 죽이자"라고("1월 3일 데모"는 서울시 인민위원회가 주최한 집회로 '신탁통치 반대 집회'로 알려졌다가 '모스크바 3상 결정 총체적 지지'로 바뀐 그 집회를 말한다). 5항은 더 노골적이다.

"이것을 지도한 놈들 우리 청년이 잡아 죽이자."

실제로 그 얼마 전 송진우가 신탁통치를 옹호하는 듯한 발언을 했다는 이유로 암살당했다.

"공산 분자를 몰살하자." "악마 박헌영, 허헌, 여운형 타살."

박헌영은 1월 3일 이후로 반탁 진영의 살해 협박을 가장 많이 받은 인물 중한 명으로 손꼽을 만하다. 해방 당시 남한 정국에서 유명한 암살 사건의 희생자 세 명(송진우, 여운형, 장덕수)은 모두 김구와 관련이 있는 인물들에게 타살되었다. 1945년부터 시작된 암살을 필두로 납치, 협박 편지, 집단폭력에 이르는심각한 폭력까지, 남한의 정국은 급격히 얼어붙었다.

1947년은 분단이냐 통일이냐를 두고 좌우익이 투쟁한 시기였지만, 냉정하게 보자면 우익이 좌익을 점차 궁지로 몰아넣는 시기였다. 현대사를 전공하기전 내 머릿속에 든 가장 큰 의문은 '도대체 왜 좌익이 열세에 놓였을까?'였다. 한국전쟁도 일어나기 전이었고, 정부 권력을 못 잡은 것 빼고는 도대체 좌익이 우익에 비해 열세에 빠질 리가 없는 상황인데, 도대체 왜? 지금 돌아보면 굳이 그런 의문을 가질 필요가 있을까 싶기도 하다.

아마 1946년 미소공동위원회가 결렬된 시점부터, 혹은 5월 15일 발표된 "조선공산당의 아킬레스건"일 수도 있는 정판사 위조지폐 사건부터일지도 모른

이 사건은 미 방첩대CIC가 조선공산당을 급습하면서 시작된 좌익 세력에 대한 대공습의 신호탄이었다. 위조지폐가 단 한장도 발견되지 않은 점이나, 조선공산당 경리장부로도 위조된 지폐가 어떻게 사용되었는지 밝히지 못했음에도 불구하고 박낙종, 이관술 등 관련자 전원에게 유죄가 선고되었다. 이 사건을 조작이라고 판단한 사람들에게는 불행한 일이었지만, 방첩대CIC 입장에서는 좌익을 쓸어 버릴 수 있는 가장 좋은 기회였다. 이 무렵 정판사 위조지폐 사건과 제1차 미소공동위원회 결렬이 겹치면서 좌익은 "정권을 인민위원회로"라는 구호와 함께 막다른 골목으로 내몰리게 된다.

다.[10] 이때부터 미군정은 좌익을 몰아치기 시작했고, 이승만도 단독정부 비스무리한 것이 필요하다고 주장했다. 차세대 대통령감을 묻는 여론조사에서 우익 인사들이 좌익 인사보다 3배나 많은 지지표를 받았고(이승만은 이 중에서도 압도적인 지지를 받았다), 우익들이 좌익단체를 하나둘씩 접수하기 시작했다는 정보도 들어오곤 했다. 물론 이건 우리가 잘 아는 '정당한 정치활동'이라고 할 만한 것들이었다. 좌익 시위에 대한 강경 진압을 두고 하지는 효과적인 시위 군중 처리를 칭찬하기도 했다. 좌익과 우익 세력이 서서히 균형을 맞춰 가고 있을 무렵 미군정 최고사령관인 하지가 "그래, 잘했어, 폭도들에게는 초강경 대응을 해야만 해"라고 외치는 거, 이거 어디선가 많이 본 듯도 한데…. 이런 발언은 더 강경한 투쟁, 더 강경한 탄압을 초래하기 마련이다. 그 결과는? 잘 알다시피 조선노동조합전국평의회가 전국적 규모로 일으킨 미군정기 최대 총파업인 9월 총파업과 10월 대구에서 발생한 시위가 전국으로 번져 간 소위 '10월 항쟁'으로 이어졌다.

1946년 여름경에 시작된 좌익 사냥이 성공을 거두었다는 것은 1947년 3월 1일 기념식에서 증명되었다. 이 3·1절 기념식을 두고 좌우익이 또 전국에서 공개적으로 충돌했고 좌익의 참패로 끝났다. 대표적인 사건은 부산에서 발생한 3·1절 기념시위였다. 이날 해방 후 가장 많은 사람들이 경찰의 총기 사용으로 사망했다.[11]

불법집회가 좌익에 의해 주최되었는데 10시에서 16시까지 8천여 명이 모였다. 집회를 마친 우익의 일부도 이곳에 몰려들었다. 16시경, 2명의 광복청년단원이 연단에 뛰어올라 스피커를 걷어차고 마이크를 뽑았다. 경찰이 이들을 체포하여 경찰 트럭에 탑승시켰다. 트럭이 군중 사이로 빠져나가려 하자 군중 일부가 투석을 개시했다. 형사 한 명이 얼굴에 돌을 맞고 중상을 입었다. 경찰이 투석한 자를 트럭에 태웠다. 다시 트럭이 출발하자 트럭 옆에 있던 군중들 속에서 약 10발의 총격이 트럭으로 쏟아졌다. 옆에 있던 경찰이 서장의 명령도 없이 허공을 향해 대응사격을 가했다. 모든 증거에 따르면 경찰들의 일부는 허공이 아니라 군중을 향해 하향사격lower을 가한 것으로 나와 있다. 모두 250발의 총격이 가해졌다. 총격 직후 군중들의 일부는 즉각 도주했다. 경찰이 즉각 집회 장소를 정리하기 시작했지만 으르렁거리는 군중들은 거리 주변으로 다시 결집하기 시작했다. 5명이 사망하고 9명이 부상당했다. 현재 상황은 고요하지만 긴장이 흐르고 있다. - 미 제24군단 정보참모부, 〈일일정보보고〉

부산의 3·1절 기념식은 좌우익이 함께 참여한 행사였지만, 좌익이 보기에 시비를 건 쪽은 우익 청년들과 경찰들이었다. "평화롭게 마감될 수 있었던 집

—

•
"강경한 시위에는 초강경 대응"이란 말은 1946년 10월 대구 시위 과정에서 조병옥이 한 말로 유명해졌지만, 이런 식의 시위 진압 방식과 관련해서는 역시 "군인 중의 군인" 하지가 앞자리에 놓인다. 하지는 아직 대한민국이 탄생하지도 않은 때 시위대를 향해 기총소사를 요청한 첫 번째 (?) 군인이기도 했다. 물론 이 점은 아직 약간의 유보 조건이 필요한데, 기총소사를 요청한 하지의 전문이 아직 비밀 해제되지 않았기 때문이다. 그러나 태평양지역 미군 최고사령부에서 "하지가 요청한 시위대를 위협하는 저공비행과 기총소사는 절대 허용할 수 없는 일"이라며 이 요청을 허용할 수 없다는 전문을 여러 차례 보냈다. RG 554, Records of General Headquarters, Far East Command, Supreme Commander Allied Powers, and United Nations Command, 1945 - 1960, 091. #1, Korea [Nov. 1946 - 26 Apr. 1948], Box. 53. 관련 전문 다섯 건은 모두 국사편찬위원회 전자사료관에서 서비스하고 있다.(http://archive.history.go.kr/image/viewer.do?system_id=000000015551) 한편 시위대를 향한 하지의 과격성을 실천에 옮긴 인물은 역시 '그분'이었다. 시국도 달랐고, 장소도 달랐으며, 시위대는 더 평온했지만, 대통령을 코앞에 둔 전두환에게는 "그까이꺼"였다. 최근 밝혀진 헬기 기총소사 등으로 광주에서 한국군에게 살해당한 사람이 무려 2백여 명이 넘는다. 최소한도로 잡더라도 말이다. 열흘도 되지 않는 기간에 자국민을 상대로 한 계엄군의 총격으로는 가장 많은 사상자를 낸 사건이다.

회가 해산되는 과정에서 5명이 사망하고 9명이 부상당한 사건으로, 우익들이 먼저 이 사태를 촉발한precipitated 것"[12]이 분명했지만, 희생자는 이른바 '좌익'이라 불리는 사람들이었다. 이날 전국에서 발생한 3·1절 기념식에서 "사망자 16명 부상자 22명"이 발생했다. 당일 시위로 사망한 숫자로는 대구 시위를 제외하면 가장 많았다. 3월 1일 시위에서 주목되는 것은 시위 사망자가 대부분 경찰의 발포로 발생했다는 점이다. 경찰 뒷덜미에 걸린 카빈 소총이 사람이 많이 모이는 곳에서 언제나 사용되곤 했다. 1년 정도 뒤에 벌어진, 부산에 이어 가장 많은 사람이 사망한 제주도에서는 "시민을 죽인 경찰을 사형시켜라"는 주장과 함께 경찰을 아예 해체해 버리자는 요구 사항도 나왔다.[13]

좌우 간의 세력 다툼이라는 관점에서 이 무렵 의미심장한 변화가 일어나기 시작했다. 우익들이 뭉치기 시작했고 위력도 훨씬 더 커졌다. 해방 후 그때까지의 시위는 좌익들과 경찰 그리고 군정 간의 싸움이었지만, 이제는 좌익과 우익 청년단 간의 투쟁으로 바뀌기 시작했다. 여기에 월남민들도 가담하기 시작했다. "굶주린 북한인들의 엑소더스"[14]로 월남한 사람들의 숫자가 급격히 늘어났다. 북한 공산주의자들을 대신해서 남한의 "좌파"들을 흠씬 두들겨 패기로 한 서북청년단원들이 여기저기서 날뛰던 무렵도 이때였다. 서북청년단은 "지난 2개월간 테러 활동을 통해 확연히 돋보이는 조직"이었다.[15] 이로부터 1년 뒤에 벌어진 1948년 3·1절 기념식은 "군정과 우익 청년단체들이 전국의 기념식을 후원"하는 우익만의 기념식에 가까운 행사였다. 좌익들은 "군중들 틈에 섞여서" 겨우 "삐라나 살포"하는, 마치 일본의 항복서명식 행사가 열렸던 미주리호를 떠올리게 만드는 그런 우익만의 잔치였다.[16]

사진 110 "남대문에 있던 남조선노동당 건물. 1947년 3월 1일. 총알이 이 건물에서 날아들었다." 출처 : NARA

이어지는 세 장의 사진은 모두 같은 날 같은 장소를 여러 각도에서 촬영한 것이다. 시간적으로 사람들이 모여 있는 사진 110 이 조금 더 일찍 촬영되었다. 당시 남로당 본부 근처에 모여 있던 사람들은 대부분 좌익 시위자들인데, 남산에서 집회를 마치고 내려오던 우익 시위자들과 이 근처에서 충돌을 일으켰다. 사진 속의 3층 건물이 남로당 본부 건물인지는 확실하지 않지만 사진 설명에는 남로당 본부로 되어 있다. 이 사진은 집회가 끝난 뒤 이 건물 주변에서 총격전이 일어나기 직전에 촬영된 것으로 보인다.

당시 사건에 대해 미군 정보참모부는 이렇게 기록했다. "학생연맹, 서북청년단, 학생총연합 등

사진 111 "한국의 시위. 한국인들이 시위 장소를 피하고 있다. 경찰이 계속해서 스나이퍼를 향해 총격을 가하고 있음. 서울, 1947년 3월 1일." 출처 : NARA

의 단체가 주도하여 살해당한 우익의 복수를 위해 공격할 준비를 세우고 있음. 코멘트 : 남대문 사건 조사 결과, 사망 원인에 대해 어떤 핑계나 비난이 있을 수 없지만 우익들은 좌익의 본부 좌측에 위치한 건물에서 좌익들이 먼저 총격을 가함으로써 시작되었다고 주장했다."[17] 흥미로운 것은 이날 벌어진 사건으로 수색당하고 체포된 이들 대부분이 좌익 시위자들이라는 점이다. 사건에 대한 수사 책임은 미군정이 쥐고 있었지만, 당일 현장에서 좌익을 체포하고 남로당 본부를 수색했던 것은 경찰이었다. 이날 집회와 관련하여 미군정은 한국 경찰에 엄항섭 등 우익원 5명을 체포할 것을 지시하기도 했다. **사진 111**은 **사진 110**보다 몇 분, 혹은 몇 십 분

뒤에 촬영된 사진으로 보인다. 사진 설명에 "스나이퍼sniper"라고 콕 찍어서 기술한 것은 남로당 본부 건물에서 총을 쏜 사람이 있었다는 것을 설명하는 것이다. 당시 좌익이 우익의 불법시위 행렬을 향해 실제로 총을 쏘았는지 여부를 떠나 당시 좌우익 모두 자유롭게(!) 총기를 소지하고 있었다는 점을 기억할 만하다.

사진 112 는 비슷한 시각에 촬영된 것인데, 시위 장소에 나온 청년 혹은 소년의 표정이 재미있다. 총을 들고 부리나케 스나이퍼를 찾으려는 경찰의 다급함과 달리 한결 여유로운 자세로 '이런 게 세상 사는 맛이지, 해방의 맛이고! 저쪽에서 또 한판 하는 모양인데' 하는 표정이다.

쏟아지는 '암살' 지령, 우익의 대승

이 무렵 '암살assassination'이라는 용어가 정보 계통 보고서에서도 자주 사용되기 시작했다. 모르긴 해도 암살할 사람은 너무 많았다. 일기장이나 편지에 '나는 죽고 싶어, 도대체 왜 아이즈원 콘서트에 안 보내 주는 거지?' 혹은 '××핑크 죽어라!'라고 써 놓은 것을 다 포함한다면 지금도 비슷할지 모르지만, 그런 것까지 모두 암살 음모에 포함시킬 수는 없는 일이고, 정보단체가 암살과 관련이 있다고 보고한 것만 봐도 1947년 봄부터 그 분량이 점점 많아진다. 암살 명령을 수행할 사람이 너도 나도 자원하며 청년단체로 모여들었다. 이제 마지막한 가지, 암살을 명령하는 사람만 등장하면 된다. 미군정에서도 슬슬 이런 정보들을 믿을 만한 정보라고 보고서에 싣기 시작했다.

최근 김구의 지지자들이 김성수를 암살하려 한다는 루머가 돌고 있는데도, 김성수는 김구가 2인자가 될 만하다고 말했다. - 1947년 3월 20일, 러치 군정장관이 미소 공위 미국 측 대표단장 브라운Albert Brown 장군에게 보내는 편지에서

"임시정부의 특별행동대는 김석황이 대장이고 신일준이 부대장이다. 이 그룹은 좌익과 군정 멤버들에 대한 암살을 계획했다. 한데 포고문 1호와 축하행사 계획안이 발각되면서 계획을 강제로 포기해야만 했다. 충칭 임정 그룹의 행동대인 이 그룹의 활동은 계속되고 있으며 머지않은 미래에 이들의 행동이 드러날 것으로 보인다."- 1947년 3월 17일, 미 제24군단 정보참모부, 〈일일정보보고〉

북한에서 남한으로 침투하는 전복 세력이 증가한다는 소문이 여기저기서 입수되고 있음. (중략) 이들은 암살 프로그램을 교육받고 현재 암살 대상자들의 집을 확인하는 일을 하고 있다. - 1947년 3월 19일, 미 제24군단 정보참모부, 〈일일정보보고〉

좌익 무리들이 서민호 도지사를 암살하고자 지하단체를 조직했다고 한다."-
1947년 3월 29일, 미 제24군단 정보참모부, 〈일일정보보고〉

"경찰 보고에 따르면 좌익들이 남한에서 독립정부가 수립될 것이기 때문에
김포공항에서 이승만을 암살하려는 계획을 세운 것으로 보인다고." - 1947년 4월
18일, 미 제24군단 정보참모부, 〈일일정보보고〉

"극우를 지도하는 김석황은 (a) 여운형, 김규식, 허헌을 암살하고 (b) 미소공
위 소련 측 대표들을 암살할 계획 (c) 조병옥과 장택상을 암살할 계획이다." -
1947년 5월 24일, 미 제24군단 정보참모부, 〈일일정보보고〉

몇 개만 골라서 갖고 온 게 이 정도다. 이처럼 이 무렵 경찰과 미군 방첩대
CIC 산하 정보원들은 누가, 누구를, 언제, 어떻게 죽이려고 한다는 암살 음모를
빼내 오기 바빴다. 경찰은 주로 좌익단체의 음모를, 미군정은 우익단체의 암
살 음모를 수집했다. 좌익과 우익이 모두 암살을 꾸미고 있는 것으로 나왔는
데, 흥미롭게도 우익 인사들을 암살하려는 좌익의 시도는 대부분 경찰 측 정

—

•
이 서신에서 러치 군정장관은 "어떤 선거가 치러지더라도 결국 좌익이 이기게 될 것이라며 하
루라도 빨리 국가의 지도자를 임명에 의해서 정해야만 한다"고 호소했던 김성수·장덕수와 만
난 일을 소개했다. 물론 김성수와 장덕수의 이런 호소는 부자 몸조심 같은 것이었다. 당시 선
거가 치러진다면, 거의 우익이 압승할 수 있는 분위기였다. 물론 경찰을 비롯해서 군정의 지원
이 필요한 것이기는 했지만. 어쨌든 김성수와 장덕수가 말하는 국가의 지도자란 다름 아닌 이
승만이었다. 하지만 러치와 브라운은 모두 "세 번째 대안인 김규식"을 밀고 싶어 했다. RG 554,
Records of General Headquarters, Far East Command, Supreme Commander, Allied Pwers and
United Nations Command, Unites States Army in Korea, Adjutant General Files, Entry 1370, Box 2.

사진 113 "24군단. 한국, 서울. 1948년 3월 1일. 피셔Fisher 촬영. 123 통신사진 파견대. 오늘 아침 서울운동장에서 우익들이 개최한 집회에 참석하여 집회를 무마시키고자 했던 좌익 선동가들의 일부만 죄수호송차로 옮겨 실을 수 있었다. 소규모 집회를 방해하기 위해서 참석한 이들은 약 8천 명이 참석한 집회에서 전단을 뿌리고 미식축구의 '플라잉 웨지flying wedge'(≒학익진) 형태를 갖춰서 집회에 참석한 다른 군중들 사이를 헤집고 다녔다. 이들은 공산주의 전단을 마구 뿌려 대기도 했다. 한국 경찰들이 나서서 이들을 해산시켰다. 일부 경찰은 공산주의자들에게 폭행을 가하기도 했다." 출처 : NARA

앞의 1947년 사진보다 1년 뒤에 열린 3·1절 시위 모습이다. "혁명적 시기의 1년은 평상시의 10년보다 더 많은 일들이 일어난다"는 언명을 보여 주기라도 하듯, 남한의 사정은 완전히 뒤바뀌었다. 좌익은 이제 숨어서, 삐라나 뿌리고, 야유나 하는, 그러다가 잡히기라도 하면 사진에서 보이는 것처럼 어머니께서도 "도대체 뉘신지?" 할 정도로 만신창이가 되는, 그런 시대가 왔다. 좌익이 특별히 문제될 일이라도 했던가? 굳이 따지자면 정판사 위조지폐 사건 정도를 일으킨 혐의가 있다. 그 외에는 별로 없다. 한국전쟁이 일어나려면 아직 2년이나 더 남았고. 그런데 왜? 이승만을 비롯한 다른 우파들의 표현으로는 '사회주의국가'가 되고 있는 북한 때문이라는데, 북한에서 뺨 맞고 남한에서 화풀이하는 것 치고는 좀 심하다. 이날 촬영된 다른 사진도 비슷한 상황을 보여 준다. 처참한 좌익과 기세등등한 경찰 그리고 환호하는 군중들의 모습. 1948년 3월 1일 날, 사람들이 많이 모여 있던 곳은 모두 이런 분위기였다. 서북청

사진 114 "24군단. 한국, 서울. 1948년 3월 1일. 버클Buerkle 촬영. 제123 통신사진 파견대. 오늘 오전 서울운 동장에서 체포된 한국의 공산주의자들이 심문을 기다리고 있다. 약 8천여 명의 우익 군중이 한국의 독립선언 이 있었던 1919년을 기념하기 위해서 모였는데, 이 소규모의 공산주의자들이 쐐기 형태로 대열을 정해서 공 산주의 팸플릿을 뿌리기 시작했다. 이들은 한국 경찰에 체포되어 수사가 진행 중이다." 출처 : NARA

년단들은 지난 1년간의 테러를 통해 누구도 도전할 수 없는 위치에 올라섰고, 좌익들은 그 반 대의 길로 들어섰다. 노조 선거에서도 패배했으며, 좌우 사이에서 혼란을 겪었지만 그래도 대 중적 지지도가 높았던 여운형도 암살당한 지 1년이 다 되어 간다. 이날 국무부로 3·1절 동향 을 보고했던 하지의 전문은 그 어느 때보다 자신만만해 보인다. "이승만이 우레와 같은 박수 를 받았다. 유엔의 결정에 협력한 자신과 자신의 지지자들을 소개했는데 김구와 김규식은 명 백히 여기에서 빠져 버렸다. 이날의 유일한 소란은 25명에서 30명 정도 되는 공산 청년들이 사람들이 모인 스타디움에서 무리를 지으려고 시도했던 점이다. 이들은 엉뚱한 곳을 파고들 려고 했다. 서북청년단원들이 있는 곳이었다. 공산 청년들이 심하게 구타당했고, 군중들이 손 을 뒤로 묶어 경찰에게 넘겼다."[18] 이날 '공산주의자들'을 체포한 것이 군중들이었는지 경찰이 었는지 좀 헷갈리기는 하지만, 어쨌든 결론은 "우익의 대승"을 상징하는 날이었다. 남한 단독 정부 수립으로 가는 5·10 국회의원 총선거를 반대하는 투쟁이 계속 벌어지고 있었지만, 이 제 그 선거 결과는 누가 보더라도 분명해 보였다.

보망에서 입수된 것이었다. "모호한 암살 계획에 관한 정보가 계속 들어오고 있지만 거의 아무런 조치도 취하고 있지 않다"고 군정 측이 따끔하게 지적한 것은 잘한 일이다. 아, 아니구나, 이 코멘트는 좌익이 우익을 암살할 계획을 세우고 있는데 경찰이 별다른 조치를 취하지 않는다고 다그친 장면이네.[19] 암살과 관련하여 경찰이 별다른 계획이 없긴 없었던 모양이다.

암살과 관련해서 주목되는 또 다른 점은, 북한에서 계속 암살자들을 양성하여 남한 측으로 내려보내고 있었다는 정보다. 북한에서 간첩, 아니 이건 지금 쓰는 말이고 당시에는 월남하는 인구가 많아서 정보원들이 "엑소더스"라고까지 표현할 때였으니 그저 월남인이라고 하자. 이런 월남인들 가운데 상당수가 북한의 비밀공작 지령을 받은 사람들이었고, 그중 몇몇은 단순한 정보 수집이 아니라 암살이라는 무시무시한 목적을 갖고 내려온 사람들이었다는 것이다. 한데 흥미롭게도 이 정보들은 대부분 북한에서 활동하던 미군 정보 계통의 정보원을 통해 수집된 것이었기 때문인지는 모르겠지만, 거의 한 번도 실행된 적이 없다. 왜냐고? 북한은 테러나 암살 등의 음모로 적을 제거한 사례가 없다. 좌익은 오래전부터 테러를 공개적인 당 강령에서 빼 버렸다. 그런 건 무정부주의자들이나 할 짓이니까. 하지만 실제 북한이 암살 모의 훈련을 시키고 암살을 목적으로 간첩을 파견했는지와는 상관없이, 당시 미군정에서는 테러나 암살을 '공공연한 북한 혹은 소련의 음모' 가운데 하나로 간주했다. 그러니까 북한은 좌익과 우익 모두를 상대로 암살자들을 키우고 있었던 셈이네. 주요 우익 인사들을 향해서는 암살 요원 훈련을 통해서, 주요 좌익 인사들에 대해서는 월남인들을 핍박하여 강제로 남향하게 만듦으로써!

이 많은 암살 관련 정보들을 보면 암살이 횡행한 시대였구나 생각할 수 있겠지만, 정작 해방 공간에서 암살은 적어도 우리가 기억하기로는 4건 발생했다. 송진우, 여운형, 장덕수 그리고 김구. 물론 박일원(박헌영의 비서역) 같은 전

향한 좌익에 대한 암살이라기보다는 일종의 '보복' 공격도 있었지만 우리 기억 속에 남은 암살은 이 4건 정도다. 그리고 이 네 사건은 모두 우익들의 머릿속에서 그려진 계획에 따라 집행된 암살로, 김구나 임시정부 산하의 청년단체와 관련이 있었다.[•] 좌익들이 그 많은 암살 관련 사건으로 체포되었지만, 정작 좌익이 주도하여 암살을 실행한 경우는 찾아보기 어렵다. 좌익은 생각으로만 암살을 많이 저질렀지 이를 실행에 옮긴 적이 별로 없었으나, 당시 신문을 뒤져보면 체포된 "암살 모의단"은 대부분 좌익이었다.

"미군 방첩대의 엄청난 활동에 감사"

지난 2004년, AP 통신사가 미군 헌병대 소속 린디 잉글랜드 일병이 이라크 포로를 개줄로 묶은 채 포즈를 취한 사진을 공개한 일이 있다. 이 사진이 공개된 것은 미국의 유명한 인권단체이자 FBI의 주요 사찰 대상이기도 했던 미국시민자유연맹ACLU: American Civil Liberty Union 측이 "(포로) 수감자 학대가 정부의 책임인지 여부를 가리기 위해 현재 진행되고 있는 공방에서 진실을 밝히는 데 꼭 필요하다"며 사진 공개를 요구했기 때문이다. 이 사진 외에도 이라크 포로

—

[•] 1948년 4월경 대한민국 정부 수립을 위한 선거가 치러질 무렵에는 미군 정보기관뿐 아니라 대부분의 미국인들이 김구 그룹을 암살모의 집단처럼 설명하고 있다. 이들은 선거를 앞두고 선거 상황을 보고하는 전문에서 "김구가 평양에 가는 것을 평양과 모스크바 라디오들이 크게 선전할 것이고, 더 심각한 문제는 김구가 그의 암살자들에게 남한의 정치지도자들을 암살하라고 지령할지도 모른다는 것이다. 이는 이미 공산주의자들이 방해 활동을 진행하는 남한의 상황을 더욱 어지럽게 할 것이다"라면서, 장덕수 암살 사건으로 법정에 불려 나왔던 김구를 조폭 두목 정도로 여겼다. 〈주한미군 사령관이 국무부에 보내는 전문〉, 1948년 4월 14일. 국사편찬위원회, 맥아더도서관, RG-9, Collection of Messeges (Radiograms), 1945-1951, 주한미군의 남한 사정에 대한 보고서(20).

사진 115 "한국의 시위 현장 : 통신부대의 사병. (판독 불량). 1947년 3월 1일." 출처 : NARA

사진 116 "한국의 시위 현장 : 무기 호송차에는 반미 시위 등에서 사진을 촬영할 카메라가 실려 있다. 카메라는 호송차 뒷면의 방수포 속에 가려져 있다. 이렇게 위장한 이유는 흥분한 한국인들이 카메라를 보고 공격할 수도 있기 때문이다. 한국, 서울. 1947년 3월 1일." 출처 : NARA

사진 115 는 사진 설명이 희미해서 잘 보이지 않지만 사진 116 과 찍힌 날짜가 같고 번호판도 동일한 걸 보면 같은 트럭을 촬영한 것임을 알 수 있다. 트럭을 이렇게 위장한 이유는 사진 설명에도 나와 있듯 시위자들이 흥분해서 공격해 올 것을 대비하기 위해서였다. 동영상 촬영 카메라가 실린 것을 보면 이날 시위 역시 통신부대 사진사들이 모두 촬영했음을 알 수 있다. 그러나 3월 1일 시위 현장 모습은 사진만 몇 장 발견되었고 동영상 형태의 자료는 확인하기 어렵다. 통신부대 촬영팀에게는 대개 일반 사진기와 함께 동영상 촬영 카메라가 지급되었으므로 어딘가에 이 필름들이 남아 있을 것이다. 비밀 해제가 되지 않았거나, 시위나 암살 관련 자료들을 방첩대CIC에서 수사 등의 이유로 가져갔을 가능성이 있다. 앞의 1947년 3·1절 시위 사진과 같은 날 촬영되었지만, 앞의 사진이 이 트럭에서 촬영된 것은 아니다.

들을 발가벗겨 놓고 촬영한 사진과 이후 추가 보도에서 확인된 고문으로 사망한 포로의 시신 사진도 함께 공개되었다. 전쟁 중이었고, 대통령이 전쟁광이며, 9 · 11 때문에 시작된 전쟁이었으니 미군들이 중동 사람만 봐도 난리를 피운 것이겠지 하고 넘어간다 하더라도, 사진이 공개된 이유가 흥미를 끈다. 시민자유연맹이란 단체는 미국에서 시민 자유를 침해하는 어떤 사건에 대해서도 딴지를 걸고 넘어가는, 우리 식으로 말하자면 "혁명의 땔깜"으로나 사용됨 직한 그런 반국가단체(?)라 할 만하다. 찰리 채플린과 펄 벅 여사 이야기에서도 잠시 나왔듯이, 이 저명한 인권단체는 미군정기에도 반정부 활동을 열심히 전개 중이었다. 남한에서 말이지.

1947년 5월 28일 시민자유연맹 창립자 중 한 명인 로저 볼드윈Roger Baldwin이 한국을 방문(1947년 5월 12부터 23일까지)하여 듣고 보고 느낀 점을 하지에게 찬찬히 설명하는 편지를 보냈다. 제발 반공주의 짓 좀 그만하라고! 도대체 "해방된 지역에서 어떻게 이런 일들이 정당화될 수 있는가?"[20]라며. 볼드윈 서신이 하지에게 전달될 무렵, 남한 좌익에 대한 미군정의 공격은 노골적으로 변모하고 있었다. 여운형의 목숨을 노리는 10번째 암살 시도가 이 무렵 진행되었고, 좌익에 대해서는 3월 1일 대대적인 체포에 이어 1947년 8월 15일을 전후하여 소위 '8월 공세'로 "남한 전역에서 공산주의 단체들에 대한 전면 공격이 개시"[21]되었다. 러치 군정장관이 말한 '대단원'을 장식할 마지막 공세라고 할 만했다. 무슨 대단원인지 궁금했던 사람들에게 답변이라도 제시하는 것처럼 말이다.

이 무렵, 그간 좌익에 비해 열세에 빠져 있던 분야에서 미군정과 우익들의 기를 살려 줄 일들이 진행되었다. 서북청년단은 각 지방에 지부 설립을 독촉하기 위해 서울본부에서 파견단을 내려보냈다. 미군 정보과에는 대전과 전남 · 충북에서 "서북청년단 조직가들이 도착하여 혼란 상황에 빠져들었다"는 보고가 속속 올라오기 시작했다. 경찰은 "서북청년단원들을 억압하는 것은 곧 우익을 억압하는 것"이라는 생각으로 이들이 경찰이나 할 수 있는 활동들, 그러니까 납치나 감금, 폭행, 가끔 사망에까지 이르는 사고를 치고 있는데도 "현장에서 이를 지켜보면서도 아무런 행동도 하지 않"[22]았다. 미군정 당국자들, 예를 들어 헌병이나 방첩대CIC 같은 데서는 별다른 조치를 취하지 않았을까? 글쎄, 이미 10여 년 전부터 고향 미국에서 이런 일들이 흔히 일어났으니 그러려니 했겠지.

이제 각 지방의 하부 단위 조직에 이르기까지 좌익이 우익보다 우위라고 말할 수 있는 곳은 많지 않았다. 제주도 정도를 제외하면 좌우 관계는 이제 거의 역전되었다. 독립운동도 무력이 아닌 말과 외교를 통해 이룰 수 있다고 주장해 왔던 이승만조차 이제 말은 필요 없고 "대규모 파업과 거리 시위가 필요"하다며 여기에 앞장서는 "서북청년단원의 폭력 행위에 크게 고무"[23]되어 있었다.

이 무렵 테러와 관련된 신문기사가 많은 것도 이 때문이다. 한 마디로 테러로 사태가 역전된 것이다. 결정적으로 우익들을 기쁘게 만든 것은 경성전기회사 노동조합 선거에서 대한노총의 후보가 당선된 것이었다. 이것은 오래 기억할 만했다. 우익들이 지원했던 "경전 노동쟁의는 수차에 걸친 양측(노조와 관리자)의 회합"으로 "상호 의견의 접근을 보아"서 별다른 투쟁 없이 깔끔하게 마무리되었다. 이런 노동운동계의 상황은 "노동조합과 경영주 측의 경쟁을 조정하는 것으로 처음되는 사실인 만큼 금후 노동쟁의 해결에 대한 중대한 관례"가 될 예정이었다.[24] 노조를 우익이 점하기 시작했다는 것은 이제 좌익이 갈 곳은 감옥이나 무덤 외에는 없다는 것과 비슷한 의미였다. 노동조합은 좌익의 본거지 아니었나? 그래서 그 어떤 단체보다 먼저 무력화시켜야 한다는 게 점령 당국의 과제였다. 앞서 방첩대CIC 교육 과정에서 점령 지역의 노동조합이나 파업 주도자들을 어떻게 설명했는지 떠올려 본다면, 한국에서 방첩대CIC 활동은 대성공이라 할 만했다. 이에 대해 하지를 비롯한 주한미군 사령부에서는 방첩대CIC에 특별히 감사의 인사말도 남긴 바 있다.

저는 CIC가 한국 점령 기간 동안 이루어 낸 엄청난 활동에 대한 감사 표시를 하고자 합니다. (중략) 우리가 수행했던 점령 활동으로 인해 방첩활동과 관련한 전혀 새로운 개념이 생겨났습니다. 업무의 본질상 CIC 성과의 많은 부분은 물론 은밀한 상태로 유지해야 하는 것이지만, 그렇다고 결코 그것의 중요성이 과소평가되어서는 안 됩니다. 경우에 따라서 점령 기간 동안 안정적인 결정들을 내리는 데 첩보가 차지하는 중요성은 전시 중과 다를 바가 없습니다. CIC 덕분에 우리는 정치 상황을 이해할 수 있게 되었고, 간첩 행위를 억지해 왔고, 전복 활동과 불법 조직들을 억압할 수 있었습니다. 이러한 CIC의 업적이야말로 남한에서 평화롭고 질서정연한 행정체제가 수립될 수 있게 한 핵심 요인이었습니다.[25]

단독선거, 미국이 준비한 군사작전 계획

1947년 초봄경 남한 사회에서 가장 중요한 이슈는 선거였다. '선거'는 지금과 비슷한 의미로 받아들여졌다. 그 자체가 정권교체이자 민주주의이며 헌법의 가장 중요한 이슈이기도 한 선거는, 그것을 제외한 다른 모든 '자율적인 공동체의 문제 해결 방식'들을 초라하게 만들었다. 이 선거라는 방식을 가장 먼저 내놓은 사람이 누구였을까? 이승만이었다. 그는 단독정부 수립 문제도 남한에서 제일 먼저 제기했고, 미소공동위원회 따위는 집어치우고 선거를 통해 빨리 대통령을 뽑아야 한다고 주장했다.

1946년 12월 1일부터 1947년 4월 27일까지 무려 다섯 달 동안 미국을 방문한 이승만은 선거야말로 대한민국을 독립시킬 수 있는 유일한 방안이라고 주장했으며, 남한을 점령한 미군이 택할 수 있는 유일한 대책도 다름 아닌 선거라고 호소했다. 이미 여론조사를 부리나케 돌려 본 것처럼 말이다. "Election

Now!(하루라도 빠른 선거를)"는 이승만이 이때부터 자주 써먹은 유용한 구호였다. 미군정의 골칫거리였던 이승만이 선점한 선거라는 쟁점은 이제 남한에서 대세를 이루게 된다. 1947년 6월 중순경 미군정이 실시한 한 여론조사에서 "남한만"의 즉각 선거가 필요하다고 응답한 사람이 무려 76.6퍼센트에 달했다.[26]

마지막으로 주한미군은 1946년 8월경부터 문서상으로 준비 중이던 '비상계획Alert Plan'을 1947년 4월 말 즈음 최종 완성했다. 비상상황, 그러니까 "서울 지역에서 주한미군의 활동에 반항하거나 혹은 봉기가 일어날 가능성에 대비하여" 만들어 둔 이 계획 속에는 "한국에 대한 기본적인 질서는 한국 경찰이 맡고 있지만, 점령군에 대한 위협이 있을 경우 즉각적으로 대응하여 폭력행위를 중단시킬 것"이라고 설명하면서, 첨부문서로 계엄법 발동까지 만들어 놓았다.[27] 이 내용은 바로 두 달 전 하지가 미국 기자들과 나눈 대담 말미에 던져 놓았던 말, "맨 앞에는 경찰이 있고, 그 뒤는 국방경비대, 그리고 마지막에는 군대가 있다"는 말을 떠오르게 만든다. 비록 비상계획으로서 "늘 하던 일" 가운데 하나일 뿐인 계획이었지만, 아직 철군이 확정되지도 않은 시점에서 비상계엄에 준하는 군사작전 계획까지 담고 있었다는 점은 의미심장하다. 마지막으로 도쿄와 워싱턴에 있던 군부와 백악관의 주요 관리들조차 이러한 계획을 실질적으로 준비해야 한다고 노골적으로 발언하기도 했다.

"소련은 북한 주둔 소련군의 전면 철수를 서두르고 있는데, 이런 상황이 북한군을 자극한다는 연락장교의 보고가 접수되었다. 소련군의 전면적인 철수는 아마 다음과 같은 두 가지 상황을 가능하게 할 것이다. (A) 미군 역시 함께 철수해야 한다는 요구를 할 것으로 보이며 (B) 남한을 "해방"하는 (북)한국군의 작전이 가능하게 될 것이다. 사태가 이렇게 전개되고 있다는 점에 대해서 고위급 정책결정가들이 관심을 갖기를 희망하며, 북한군이 '남침'하게 되는 경

"대외비. 한국, 인천. 미8군의 8224 헌병 경비대원들이 한국의 시위꾼들을 해산시키고 있다. 이 과정에서 가스탄과 물뿌리개를 이용하여 인천 월미도 인근에 위치해 있던 연합국 감독위원단 건물에 침입하려는 자들을 해산시키고 있다. 이 시위대는 위원단의 즉각 철수를 요구했다. 1955년 8월 15일." 출처 : NARA

한국 내 미국 재산을 공격한 사건이라면, 1982년 부산 미 문화원 방화사건, 1985년 서울 미 문화원 점거사건 등이 가장 먼저 떠오를 텐데, 그보다 앞서 1980년 '광주 미 문화원 방화사건'이 있었다. 이와 관련하여 1980년 12월 9일 밤 "화재 원인이 전기 누전으로 추정된다는 1단짜리 신문기사"가 실렸고 당시 대부분의 사람들은 그런 줄로만 알았으나, 실제로는 전남대 2학년 임종수 씨 등 5명이 미 문화원 담장을 넘어 불을 지른 것이었다. 이 사건은 1980년대에 자주 일어났던 미국 재산에 대한 공격 행위였다. 지금의 표현을 빌리자면 '미국에 대한 일종의 테러 행위'였다. 한데 이런 사건들보다 훨씬 이전에 이미 미국에 대한 테러 행위가 남한에서, 그것도 공산주의자가 아닌 극단적인 국가주의자들에 의해 다수 진행되었다.

사진 117 은 대한민국 정부 수립 이후 두 번째로 발생한 미국 재산에 대한 테러 활동 관련 사진이다. 첫 번째 시위는 상이군인들이 무단으로 미 대사관을 점령했던 1953년 한국전쟁 휴전 반대시위였다. 이승만은 잘 알려진 것처럼 대표적인 반미투사 중 한 명이었다. 미국인들도 그렇게 불렀고, 이승만도 틈날 때마다 자신을 '반미투사'라고 칭했다. 1953년 봄에 접어들면서 "통일 없는 휴전 논의 반대" 목소리가 여기저기서 나오고, 1953년 4월경에는 국회에서도 반대결의문이 통과되었으며,[28] 시흥·익산을 시작으로 부산과 서울 등 대도시에서도 '반미' 구호를 담은 휴전 반대시위가 발생했다. 심지어 전남 진도에 있던 한 노인네는 가족을 선동(?)하여 통일 없는 휴전에 결사 반대한다는 구호를 외치며 식구 전원이 단식하는 기염을 토하기도 했다.[29] 사태가 점점 험악해지자 미국에서는 그 전년에 이미 세워 둔 '이 참에 이승만을 제거하는 쿠데타를 일으키자'는 계획을 재검토하기도 했다. 진지하게! 결국 사태가 미국 재산에 대한 테러로까지 이어졌고, 휴전회담 반대 시위에서 1차로 희생된 미 대사관은 휴전 이후에도 중립국감독위원회에 참가한 공산 측 대표 문제로 다시 여론의 집중포화를 맞게 된다. 이후 미 대사관이나 문화원은 반미시위를 조장하는 학생들의 점거와 시위로 한동안 골머리를 앓았지만, 결국에는 시간이 다 해결해 준다는 걸 이제 우리 모두는 알고 있다. 미 문화원 점거시위를 주도했던 대학생이 국회의원이 되기도 했고, 테러의 대상이었던 미 대사관에서 촛불시위에 함께 참여했다는 말이 나올 정도로 우리 편(?)이 된 것 같은 세상이 왔으니까(박근혜 퇴진을 촉구했던 촛불시위에서 미 대사관이 1분 소등 행사에 참여했는지 여부를 미국은 공식적으로 답변하지 않았다). 내가 보기에 미국은 절대 그런 일을 할 것 같지 않지만 말이다.

우 남한에 대한 정책을 마련하길 기대한다."[30]

이 말은 하지가 맥아더에게 한 말로, 워싱턴의 합동참모본부에 전달해 달라고 요청했던 전문이기도 하다. 한국에서 비상 상황에 대비한 계획이 마련되었고, 이 비상사태를 맞아 현지 주둔군 사령관 차원에서 대비할 수 있는 준비가 끝난 상황이었다. 남은 것은 워싱턴의 최종 정책결정가들의 결론이었다. 한반도에 전쟁의 바람이 조금씩 불어 오고 있었다. 이 정도면 '대단원의 마지막'이라고 할 만한 것 아닌가?

—

• 하지가 남긴 글 가운데 가장 중요한 것 중 하나로 꼽힐 전문이다. 전문에서 "남한에 군대를 만들어야 하는데, 이 경우 미국이 원조와 물자를 제공하는 데 전적인 권한을 누려야 하며 유엔을 비롯한 누구에게도 이 같은 권한을 주어서는 안 된다. 남한에 대한 미국의 책임과 권한은 결코 유엔에 넘겨 주어서는 안 된다", 아울러 "향후 수립될 한국 내 미국 외교대표는 단순한 정치적 성격이 아닌, 경제 분야, 군사 참모 등 여러 기능이 통합된 성격"이 되어야 하며 "아울러 소련의 선전전에 맞설 수 있는 강력한 선전 부서informational section도 갖추어야 할 것"이라고 지적했다. 사실상 한국의 내정에 본격적으로(!) 개입할 수 있는 만반의 준비를 갖추어야 한다는 내용이다. 그리고 1947년 11월 말쯤 되면 앞서도 본 것처럼 "최후의 선에 군인이 지키고 있다"는 말이 어떤 의미를 갖는지 좀 더 정확히 설명하고 있다. "향후 다양한 비상 사태가 일어날 수 있을 것이다. 따라서 우리의 계획들은 어떤 상황에라도 대처할 수 있도록 유연하고 또 적용될 수 있는 성격이어야만 한다. (중략) 소련은 북한에 꼭두각시 체제를 설립하여 자국 군대가 철수하더라도 남한 정부와 통합되지 못하도록 할 것이 확실하다. 그렇게 되면 유일한 해결책fortunes of war으로 전쟁만이 남게 되며, 전쟁을 통한 남북의 통합 혹은 서구식 민주주의와 소련식 민주주의의 통합이 이루어지게 될 것"이라며 마지막 남은 최후의 전쟁에 대비해야 한다고 강력히 요청하고 있다. 〈하지가 육군부로 보내는 전문〉, 1947년 11월 22일. RG 554, Records of General Headquarters, Far East Command, Supreme Commander Allied Powers, and United Nations Command, 1945-1960, General Correspondence, 1946-1952, Entry A1 44A, Box 53. (국사편찬위원회 전자사료관 http://archive.history.go.kr/image/viewer.do?system_id=000000015551)

10

화이트 타이거
'폐기' 작전

"38선 바로 남쪽의 연백경찰서로 돌아가면서 든 생각은 '내일 내가 계속 살아 있을까'였다. 이곳에서 이미 러시아 군인들을 목격했다. 나는 이곳에서 죽을 것만 같다. 나는 경찰이지만 꼭 군인이 된 것 같다. 사람들 말을 들어보면 북한에서는 남한 경찰을 잡아 오면 1명당 만 원씩 상금을 준다고 한다. 나도 사로잡히면 어떻게 될지 모른다. 이곳에서는 총 쏘는 일이 특별하지도 않다. 우리도 며칠 만에 사람이 변했다. 이제 우리는 아무런 주저도 없이 사람을 죽일 수 있게 되었다. 고향으로 돌아가고 싶었던 적도 있었지만 책임자들이 허락해 주지 않았다. 맹추위 속에서 권총을 부여잡은 내 손이 완전히 얼어붙었을 때 나는 내가 왜 경찰이 되었을까 하고 후회가 되기도 했다. 하지만 이것이야말로 우리의 독립을 위한 위대한 과업 아니겠는가?" - 연백경찰서 순경인 박문기가 경기도에 있던 형제에게 보내는 편지에서, 1946년 가을 즈음[1]

"또 다른 안전가옥은 이승만 대통령으로부터 받았다. 우리는 공식적으로 이 집을 고위급 죄수를 위한 집으로 개조하기 위해 검토했는데, 고위급 죄수란 다름 아닌 김구였다. 이 집은 한강이 내려다보이는 곳에 있었고, 그곳을 지키기 위해 병력도 배치했다. 이것은 내가 막 한국을 떠날 무렵의 이야기다. 한데 김구를 체포하는 대신에 그들은 김구를 다른 사건 관련 증인으로 소환키로 했고, 김구를 그곳에 감금하지는 않았다." - 스미스Samuel A. Smith 대령 인터뷰, 1950년 8월 14일. 〈베어드 수사보고서〉에서

오른쪽으로 몰린 '졸卒'들의 운명

〈갱스터스 파라다이스Gangster's Paradise〉란 팝송이 있다. 영화 〈위험한 아이들Dangerous Minds〉의 OST에 수록된 노래로 90년대 중반에 꽤 히트를 해서 요즘도 종종 들을 수 있다. 흑인들이 쓰는 영어는 좀처럼 알아듣기 힘들고 게다가 이런 랩송에 사용되는 문장의 의미는 더 이해하기 어렵지만, 이 노래에서 분명하게 잘 들리는 구절이 한 군데 있다.

"난 올해 스물세 살이지. 한데 내가 스물네 살까지 살 수 있을지 몰라."

처음 이 노래를 접했을 때는 그저 '성장쏭'이겠거니, '갱스터랩 뭐 별 거 아

니구만' 생각했는데 찬찬히 들어보니 '흑인들이 범죄와 폭력의 이미지에서 탈출하는 것이 쉬운 일이 아니'란 걸 새삼 느낄 수 있었다. 그런데 이 노래와 전혀 상관 없는, 해방 이후 남한의 우익 출신 청년이 쓴 편지를 보고 이상한 데자뷔 같은 걸 느꼈다. 서두에 인용된 편지의 주인공인 순경 박문기도 아마 비슷한 나이였을 것이다. 스물셋 혹은 스물다섯? 어쩌면 이제 갓 스물이 되었을지도 모른다. 박문기가 근무했던 연백군은 인구가 20만 정도 되는 남한의 38선 접경 지역으로, 한국전쟁이 일어나기 전 여러 차례 북한군과 남한군 사이에서 분쟁이 발생했던 "사실상의 작은 전쟁"이 일어났던 곳이다.[2]

박문기 순경의 편지는, 해방된 지 겨우 1년 정도 지난 1946년 가을 무렵 남북 혹은 좌우 사이의 총격전이 별다른 일이 아니게 되었음을 잘 보여 준다. 당시 우익 진영의 사라져 간 '졸卒의 운명'처럼 이 청년 순경의 앞날이 어떻게 되었는지는 아무도 모른다. 더 '악랄한 형사'가 되었을 수도 있고, 혹은 '악의 없는 총탄'에 희생되었을 수도 있다.

해방 이후 좌우의 갈등은 모스크바 3상 결정과 1차 미소공동위원회, 그리고 정판사 위조지폐 사건과 '대구 사건'으로 가시화되면서 서서히 우익들의 머릿속에 있는 그림들이 하나씩 실현되기 시작했다. 그 많은 착한(?) 사람들이 이제 왼쪽 아니면 오른쪽에 가담해야 하는 시점이 다가오고 있었다. 형을 따라서, 아는 아저씨의 조언을 듣고, 영어를 잘해서, 혹은 식민지 시절 면서기를 했던 경험 때문에, 왼쪽이 아닌 오른쪽 편에 서야 했던 그 '양민들'처럼 말이다.

"인디언처럼 생긴 테러리스트"

김구는 자신이 30, 40명을 암살했다고 내게 개인적으로 말한 적이 있는 늙은

혁명가예요. 그는 이제 암살 행위를 멈추었고, 영웅이 되어 버렸죠. 옛날의 영웅이라고 하는 사람들은 주로 자신들이 싫어하는 인간을 암살하는 것으로 자질을 증명하곤 했으니까요. - 1947년 2월 17일, 하지 미군정 최고사령관, 미국 기자들과의 인터뷰에서[3]

김구에 대한 미국인들의 생각은 원래부터 이랬다. 그저 암살자일 뿐이라는 것이다. 알 카포네, 블랙 타이거, 화이트 타이거 등 별명도 그 비슷한 것들을 아무거나 갖다 붙였다. 좌우 균형을 통해 통일정부 수립에 희망을 걸었던 세력이 1947년 여름 (여운형의 마지막과 함께) 비로소 대대적으로 정리되었다면, 이제 우익 아니 극우 세력으로 미국이 이승만과 더불어 가장 싫어했던 김구가 제거된 상황을 훑어볼 차례다.

김구는 여러모로 미국인들이 싫어하는 특징을 두루 갖추었다. 키는 컸지만 얼굴도 이승만보다 훨씬 더 동양적으로 생겼고 피부도 거무튀튀하다. 어릴 때 앓았던 곰보 자국이 남아 있었고(이승만도 그러긴 했네), 영어도 못했다. 하지가 "미국 인디언처럼 생긴 놈"[4]이라고 했다지 아마. 게다가 학벌은 어릴 때 서당에 다닌 게 전부다. 전략첩보국oss을 비롯한 미국의 정보 계통에서 조선인 독립단체 인물들을 조사하던 무렵부터 등장했던 자료[5]를 뒤져 보면 대부분의 독립운동가들이 영국이나 미국·일본 등 선진국에서 유학한 경험이 있었지만, 단 한 사람 예외가 있었다. 바로 김구다. 그의 학력은 언제나 "미상unknown"이었다. 행복이 성적순은 아니지만 정보 계통에서는 어디서 공부를 했는지를 중요하게 여긴 모양이다. 김구에 대한 이런 평은 암살당하고 난 직후에도 마찬가지였다. "김구는 실제 교육도 못 받았고 또 능력도 마땅치 않은 사람"[6]이라는 등, 결국 해방 정국이 마무리되는 단계에 이르면 김구는 그다지 신경 쓰지 않아도 되는 그저 그런 인물이 되어 갔다.

"세 명의 한국인들이 삽을 이용하여 본정통 가게 앞에 쌓여 있는 눈을 치우고 있다. 이 '3인용 삽'은 한국의 유명한 눈 치우는 도구였다. 서울, 한국. 1948년 1월 24일." 출처 : NARA

1948년 1월은 혼돈의 시기였다. 유엔 조선임시위원단이 내방하고 단독정부 수립이냐 통합선거냐를 두고 각 정파들이 매일 경쟁적으로 신문을 장식하고 있었다. 정부 수립을 둘러싼 마지막 줄다리기가 한창이었지만, 서울의 일반 시민들에게는 즐거운 한때도 있었던 모양이다. 1948년 1월 23일 큰눈이 내려 온 세상이 하얗게 뒤덮였다. 사진 118 의 눈을 치우고 있는 세 분 중 양복 차림에 장갑도 끼지 않은 양반은 본정통의 한 가게 사장님이 아닐까 싶다. 3인이 사용하는 "전통의 눈 치우는 도구"를 나는 본 적이 없지만 당시에는 유명했던 모양이다. "25년 만의 대설이 경향 각처에 내렸지만, 오히려 식물의 뿌리 깊이 동결함을 방지함으로 유익하다고 이훈구 농무부장이 발표"하기도 했는데, 눈이 오면 교통이 막히는 것은 그때도 마찬가지였던 모양이다. 1월 23일 날 내린 눈의 적설량이 "한 자" 그러니까 약 30센티 가까이 되어 서울 시민의 발 역할을 하던 열차도 모두 중단되었다. 운수부가 1천 명의 직원을 동원하여 부리

사진 119 "예전에 서울 남산 신사가 있던 자리에 만들어진 스키 활강장을 위에서 내려다 본 모습이다. 서울, 한국. 1948년 1월 26일." 출처 : NARA

나케 눈을 치웠지만 사흘간 서울시 교통이 마비되었다. 날도 추워 걷기도 힘들었을 테니 그 덕에 집회도 열리지 않았겠지? 하루쯤 쉬는 날도 있어야지. 해방 뒤 이런 한가한 겨울 풍경은 식민지 시기가 끝났음을 보여 준다. 사진 119 의 스키장은 일제 때 경성의 조선 신궁터였다. 식민지 시기 '근엄과 엄숙의 상징'이었던 조선 신사로 가는 '348개의 계단'이 있던 자리, 일본 신화에 등장하는 일본 개국 영웅들을 모신 사당이 있던 자리가 어느 틈에 스키 공원으로 바뀌었다. 해방이 되자마자 제일 먼저 공격을 받은 곳 가운데 하나가 신사와 같은 일본의 상징적 기념물들이었다. 한 단체는 국치일을 기념하여 "왜취왜색을 소탕"하자며 "일본의 신사 등도 일절 철폐하자"고 캠페인을 벌였다. 사진 맨 앞쪽에서 사진사를 바라보며 살짝 웃는 표정을 짓고 있는 어린이의 얼굴을 보라! '내가 천황 생신 기념일에 단체로 참배 올 적에는 이런 모습이 아니었는데…'라며 즐거워하는 듯하다.

한데 이런 분들이 꼭 한 가지는 잘하기 마련이다. 그렇다. 김구는 그 유명한 암살 교사자였다. 김구가 얼마나 많은 사람을 죽였는지는 잘 모르겠지만 "30, 40명을 그냥 죽여 버렸다"는 하지의 말은 좀 너무했다. 서너 명이라면 몰라도. 어쨌든 저런 말을 남한 최고사령관께서 기자들과의 만남에서 발설했다는 것이 중요하다. 이 점은 하지가, 아니 주한 미군정이 김구라는 인물을 어떻게 바라보았는지를 보여 주는 상징적 사례다. 그들에게 김구는 테러리스트일 뿐이었다. 인기가 많은 게 골칫거리인.

김구가 "우리는 어떤 경우도 또 그 누구도 정부로 활동하지 않겠습니다"란 각서를 쓰고 도장을 찍은 뒤에야 한국에 들어올 수 있었던 것도, 미국이 김구 일행을 무자격자로 보았기 때문이다. 하지만 어디 화장실 들어갈 때와 나올 때 맘이 같던가. 김구는 한국에 들어와서는 의기양양하게 "임정의 주석"이란

—

"김구가 웨드마이어Wedemeyer 중국전구 최고사령관에게 보내는 각서", 1945년 11월 19일. 이 각서에서 김구는 "나는 사령관님께 나와 나의 동료들이 엄격하게 개인의 자격private individuals으로 입국하는 것이 허용되는 것이지 어떠한 공식적인 직능official capacity을 갖고 입국하는 것이 아님을 확실히 이해하고 있다는 점을 확인하는 바입니다. 나아가 우리가 한국에 들어가서 집단적으로나 개인적으로 결코 정부로서 활동하려는 기대를 전혀 하고 있지 않다는 점도 확인합니다"고 약속했다. 이 각서는 이후 김구의 활동을 통제하기 위해서도 매우 중요했다. 워싱턴의 국무부에서도 이 점을 강조했으며, 남한을 점령한 주한미군에서도 "김구 일행의 귀국을 정부 자격이 아닌 민간인 자격으로 허용"했다는 점을 여러 차례 도쿄의 연합군 최고사령부와 중국 지역 사령부에 강조하기도 했다. 주한미군에서는 김구의 저 각서를 "역사적으로도 상당한 중요성을 가지는 자료This document may be of considerable historical importance"라고 밑줄을 그어 두며 기억했다. 1945년 12월 5일, 주한미군 산하 각군 지휘관들에게 "결코 한국의 정부 대표로 활동하기 위해서 입국한 것이 아님"이라고 전문을 보내기도 했고. 그래 봐야 임시정부 주석직을 달고 있던 김구에게는 별 다를 바 없기는 했지만. Record Group 319: Records of the Army Staff, 1903-2009, Historical Manuscript Files, 1943-1948, Box 165. (국사편찬위원회 전자사료관 http://archive.history.go.kr/image/viewer.do?system_id=000000354076)

"1947년 3월 13일. 중국에 있던 한국 임시정부의 수장인 김구 씨와 윌버Wilbur 장군이 대담을 나누고 있다." 출처 : NARA

김구는 공식적으로는 임시정부의 주석이었고, 또 한국에서는 이승만과 함께 우익의 2인자 역을 맡고 있었지만 미군 정보 계통에서는 언제나 '테러리스트'로 간주되던 요주의 인물이었다. 저 꽉 쥔 왼 주먹을 보라. 웃으면서 한 대 맞으면 얼마나 아픈지 맞아 본 사람만 안다. 1947년 3월 초반이면 임시정부 측이 정식 정부임을 포고하려던 시기였다. 이승만도 미국에 출타 중이었기 때문에 "김구의 위상이 훨씬 나아졌다"고 보는 미국인들도 있었다. 게다가 한민당 계열과는 지난 찬탁/반탁 국면 때부터 여러모로 관계가 좋지 못했다. 또 한민당은 말 많은 친일정당 어쩌고 하는 모함(?)에도 빠져 있지 않나. 김성수도 문제가 많고 장택상도 별로 맘에 별로 들지 않는다는 말이 김구 주변에서 흘러나오고 있던 시점이었다. 게다가 임정 측 특별행동대Special Action Group 대장인 김석황이 이런저런 인물들을 주변에 모아 두고 있었다. 미군정은 이런 사실들을 정보원 등을 통해 수집하여 거의 하나도 빼놓지 않고 차곡차곡 쌓아 두었다. 결정적인 시점이 오면 이런 것들이 모두 증거가 될 것이었다.

칭호를 달고 다녔고 미국인들에게도 그런 태도를 보였다. 미군 점령당국자들과 만나 "조국의 인민들이 나를 그리고 우리들을 정식 정부legitimate government로 환영하고 있다고 그래요"라면서 "그러니 미국인들도 우리를 그렇게 대접해야만 할 것"이라고 으스댔다. 3·1절에 임정을 정식 정부로 선포하려고 정부 포고까지 만들어 뒀던 1947년 3월 10일쯤의 이야기다.[7]

그래서 미국이 어떻게 했을까? 김구는 하마터면 안가安家에 오랫동안 '귀양살이'를 갈 뻔했다. 앞서 김수임 사건을 살펴보면서 미군의 안가 활용법과 마포장에 대해 잠깐 언급한 바 있는데, 사실 안가는 우리에게 그리 낯선 장소는 아니다. 우리도 듣고 본 게 좀 있어서 잘 안다고 생각할 수도 있겠다. "남몰래 술이나 마시는 장소 아냐? 씨바스 리갈 같은 거?"라고 말씀하시는 분도 있겠지만 그건 박통 시대 이야기다. 미군 범죄수사대CID나 헌병 관련자들이 김수임을 수사하는 과정에서 나온 안가 관련 기록에 따르면, 가끔 고문을 하는 장소로 대용되기도 했지만 해방 직후 미군의 안가는 정확히 표현하자면 수사와 관련된 기관들이 정보원들과 접촉하는, 사람들 눈에 잘 띄지 않고 정보원이 누구와 만나는지도 잘 드러나지 않는 그런 비밀스러운 집이었다. 때로는 "한국의 정보원들이 보고서를 쓰거나 모임을 하는 곳"이기도 했고. 이 안가에 알파벳 기호로 이름을 붙여 놓았는데(예를 들어 헌병대가 보유한 안가는 'DH-12' 이런 식으로), 당시 베어드의 헌병사령부는 적어도 세 채의 안가를 운영했던 모양이다. 헌병대뿐 아니라 방첩대CIC와 경찰 그리고 24군단의 정보참모부G-2에서도 한국인 정보원들과의 '만남의 장소'로 안가를 운영했다. 그런데 이 안가를 설명하는 기록에 등장한 가옥들 중 한 채가 눈에 쏙 들어온다. 바로 김구를 감금할 장소로 활용하고자 했던 집, 바로 '마포장'이다.

'마포장'에 가두려 한 고위급 인사

1947년 말쯤 미군 헌병대는 안전가옥을 1980년대 우리가 알고 있던 그런 비밀스러운 감옥으로 활용하려 했던 모양이다. 안가는 드나드는 이들이 정보원인지 모르도록 비밀리에 운영되어야 하기 때문에 전경들이 줄을 서서 지키거나 하는 일은 물론 없다. 70,80년대 김영삼이나 김대중 전 대통령이 사저에 감금되는 일이 종종 발생하곤 했는데 이런 종류의 '사설 감옥'은 안가와는 달랐다. 안가를 이런 목적으로 활용하는 것은 불법이었다. 사람들의 자유를 억압하는 것은 법원의 선고 없이 그리고 형무소라는 국가기관이 아닌 곳에서는 이루어질 수 없는 일이다. 법원의 선고로 이런 일이 일어나려면 검사의 구속이 결정되어야만 가능한데 이 또한 법원의 기소장이 있어야 하며, 검사의 구속이 있기 전인 경찰 수사 과정에서 인신 구속은 길어야 "사흘을 넘어서는 안" 되었다. 이 마지막 조항은 미군이 선거를 앞두고 민주화 조치의 하나라면서 경찰에 관련 내용을 문건으로 전달하기도 했다.

서두의 〈베어드 수사보고서〉 인용문에서 새뮤얼 스미스 대령은 김구를 "고위급 죄수high ranking prisoner"라고 표현하면서 체포를 준비하고 있었다고 말한다. 스미스 대령은 쉬크Lawrence E. Schick 준장과 그 뒤를 이은 베어드의 보좌관 역할을 하던 제24군단 고위 장교 가운데 한 명이었다. 측근 중의 최측근이었다. 그의 인터뷰에서 두 가지를 기억할 만하다. 하나는 "다른 사건 관련 증인으로 (김구를) 소환in some other cases"하기로 했다는 것, 두 번째는 이승만이 이 집을 기증했다는 것이다. 인터뷰에 나온 "한강이 내려다보이는 집"은 '마포장'을 의미한다.

이 집은 원래 조선총독부 관리가 사용하던 것을 미군이 인수한 것으로, 이승만이 이 집에서 두 달 정도 살다가 다시 군정에 돌려주었으니 '기증'이라기보다 '반납'이 더 정확한 용어일 것이다. 이승만이 이 집을 돌려준 시점은 1947

사진 121 "32세의 한국 노동자 이봉창Ri Hosho이 수류탄을 키토쿠로 이키Kitokuro Ikki 장관이 탄 마차에 던졌다. 이키 장관은 요요기 운동장에서 새해 행사로 벌어진 군사 퍼레이드를 시찰한 후 돌아가던 천황의 마차를 이끌고 있었다. 사건은 1월 8일 오전 11시 48분에 동경 수도경찰청 건너편에서 발생했다. 사진에서는 동경 수도경찰청 직원들이 폭파가 일어난 장소를 수사하고 있다." 출처 : NARA

이 사진은 당시 《뉴욕타임스》가 수집한 것인데 일본의 전보통신사 사진부에 저작권이 있을 것으로 생각된다. 이봉창은 윤봉길과 함께 김구의 대표적인 항일 사례를 수놓은 인물이다. 미군들은 김구의 이력에 항상 "윤봉길과 이봉창의 계획을 직접 세운" 인물이라고 적어 넣었다. 이 두 건의 항일 의거가 김구를 일약 임시정부의 스타로 만든 것이다. 1940년대 미군들은 전략첩보국OSS, 중국 전구戰區의 정보참모부G-2 등이 온통 한국 관련 정보를 캐내느라 바빴다. 문건의 내용은 한결같이 '임시정부가 한국인들의 지지를 받는가?' '국내에서 임정에 대해 아는 한국인이 어느 정도 되는가?' 등이었다.

김구의 장례식 당시 사회를 보던 아나운서가 너무 비분강개한 탓에 진행자를 다른 사람으로 바꿨는데, 이 양반이 또 너무 자신의 장점을 과시하려다가 "여러분이 고대하던 하관식 어쩌고저쩌고"[8]라고 발언하여 소란이 일기도 했다. 미국은 김구 장례식을 정말 "기념비적인 사건 A landmark the case certainly is!"이라고 기록했다.

년 10월 초였다. 프란체스카가 추운 것을 워낙 싫어했는데 마포장이 한강변에 있어서 겨울나기가 쉽지 않다는 이유 때문이었는데, 이 집에 대한 미군들의 평가는 대부분 아주~ 괜찮은 집이었다고 한다. "보일러를 설치하고도 너무 추운" 게 10월 초에 집을 옮겨야 할 이유라니, 어째 석연치 않다. 이승만은 마포장으로 이사 오기 전 1년 반을 돈암장에서 살았고 마포장에서 나간 뒤 늙어 죽을 때까지, 아니 한국에서 쫓겨나는 1960년까지 이화장에서 거주했다. 두 달이 안 되는 짧은 기간 동안 마포장에 머물다가 별다른 이유 없이 이사를? 왜? 저으기 의심스럽다. 이승만이 김구를 집어넣으라고 마포장을 반납한 것은 아닌지…, 아직까지는 의심 정도로 남겨 두자. 아직은 의심 단계다.

마포장을 인수하여 수리를 거친 후 미군 범죄수사대CID가 안전가옥으로 보유한 것은 1947년 10월 말경이지만, 이 집에 김구를 감금시키기로 결정한 것은 1948년 2월 미 제24군단 참모회의였다. 앞선 스미스 대령의 뒤를 이어서 헌병감실 책임장교로 부임한 월러스 중령Victor M. Wallace의 말이다.

베어드는 24군단 참모회의에서 돌아온 뒤 이렇게 말했다. 한국의 저명한 인사를 안치시키기에 적합한 좋은 집을 구했다고. 그 한국인이 누구냐고 물었다. 그는 내게 김구라고 말했다. 김구라고. 김구를 잡아와야 할지 말지를 둘러싸고 그 뒤 몇 차례 논쟁이 있었다. 베어드는 하지가 최종적으로 김구를 잡아들일지 말지를 결정할 것이라고 생각했다. 김구가 그때 약간의 말썽을 일으키고 있던 때였고, 김구를 보호하여 그를 외부의 지지자들과 연락하지 못하도록 차단시킬 수 있는 집이 필요했다. 그래서 베어드는 집을 구하는 중이었고, 나에게 그 집을 보러 가자고 말했다. 그때 베어드가 마음에 두고 있던 집 두세 곳을 돌아다니며 보았다. 나는 이것을 매우 확실하게 기억하고 있다. 그 집은 한강 다리를 내려다보는 절벽 위에 위치해 있었다. 한강변을 따라 이어지는 도로를 향해 아래쪽으로 가파르게 향해 있던 절벽 위에 있는 집이었다. 그리고 그 집 주변의 세 방향으로 울타리가 둘러쳐져 있었다. 언덕 위의 하얀 집이었다. 그 집으로 들어갔다. 6, 7개 정도의 방이 있었다. 집 뒤편으로 창고가 있었고, 정문 입구 쪽에는 경비초소가 있었다. 베어드는 그 집이면 충분히 경비할 수 있고 적합하다고 결정했다. 그 집을 얻기 위해서 어떤 절차를 밟았는지는 잘 모른다. 하지만 그 집이 헌병사령관의 관리 하에 있다는 것은 알았다. 베어드는 그 집에 두 명의 범죄수사대CID 요원을 배치하여 거주하도록 지시했다. - 윌러스 중령 인터뷰, 1950년 8월 28일

베어드는 이보다 앞선 1947년 12월 2일 장덕수가 암살된 직후 수사 과정에서 이미 김구가 관련이 있다고 확신하고 있었다. 왜냐하면 암살범으로 체포된 용의자들이 한결같이 김구가 장덕수를 "죽일 놈", "장해물", "나쁜 놈" 그리고 "제거"하라고 했다고 한 것이다. 수도경찰청장 장택상은 즉각 용의자의 자백, 그러니까 김구가 "암살 교사자instigator of assassination"라고 군정 당국에 통보했다. 하지는 순서대로 본국에 있는 합동참모본부JCS에 보고했다. 최고책임자인 하지는 "김구를 미국 법원에 살인죄로 세울 것"[10]이라며 3년간 노려 온 이 먹음직한 '메인 디쉬'를 보고 흥분했다. 장덕수가 암살된 지 11일 만이었다.

처음부터 김구를 탐탁지 않아 했던 하지가 칼을 꺼내들 때가 드디어 온 것이다. 아니, 제2차 세계대전이 종전된 지가 언젠데 "미군이건 일본군이건 장군들을 살해하는 것은 손쉬운 일"이란 말을 대놓고 하고 다니냐고. 이미 종료된 미소공위지만 평양에 가 있는 미국 측 대표단장 브라운Albert Brown 소장도 암살 대상자 명단에 끼어 있었다. 하지의 목덜미가 서늘해졌달까.

과거 하지와 김구는 살벌한 일합一合을 나눈 적도 있었다. 1946년 반탁시위가 한창일 때 하지는 김구를 불러다 놓고 이렇게 말했다.

"한 번만 더 까불면 죽여 버린다."

하지의 눈에 김구는 겉으로는 점잖은 척하지만 테러리스트에 데모나 일삼는 자일 뿐이었다. 김구가 한국에 귀환한 지 한 달이 겨우 지났을 즈음이었는데, 그의 위대함은 이럴 때 발휘된다. 김구는 이렇게 말했다.

"한 번만 더 나를 협박하면 내가 니 권총으로 자살할 거야."

이 위대한 일합 싸움을 영어로 번역된 글을 통해서만 접할 수 있다는 것이 못내 아쉽다. 사진이라도 한 방 좀 박아 놓지.

"수사가 진행되면서 김구가 이 사건(장덕수 암살)에 관련이 있다는 점이 드러나기 시작"[11]했지만, 그를 구속시킬지 아니면 감금시킬지 여전히 골치가 아팠다. 여기에서 "다른 사건 관련 증인으로 소환하기로 결정"했다는 스미스 대령의 증언을 떠올려 보자. 이미 장덕수가 암살당하기 전부터 김구는 뭔가 냄새가 나는, 냄새 중에서도 피 냄새가 나는 사건들과 엮여 있었다. 혹시 "구속"시키려다가 장덕수 암살 사건 관련 증인으로 소환하는 데 그친 것은 아닐까? 브라운 장군 암살 모의를 비롯하여, 서북청년단이 저지른 살인 사건 등에서도 김구가 관련된 것이 이미 여럿 있었다. 그 와중에 장덕수의 암살로 하지의 분노는 극에 달해 있었다. 하지는 12월 15일에 다시 국무부로 전문을 보내 이번에야말로 본때를 보여 주겠다고 흥분했다.

7명의 공범들을 모두 며칠 전에 한국 경찰이 미국 관계 당국으로 넘겼다. 관련자들은 현재 육군이 감금시켜 놓고 있다. 경찰이 확보한 자백에 따르면 김구가 개인적으로 장덕수를 죽이라고 암살을 명령했다고 한다. 한국 경찰이 확보한 자백의 진실성에는 의문의 여지가 있지만, 하지 장군은 범죄수사대CID와 방첩대CIC 조사관을 투입하여 사건과 관련된 사실들을 미국 법원의 절차에 맞도록 조사하도록 조치했으며, 만약 김구를 포함하여 유죄임이 증명된다면 사

형을 비롯하여 관련자 모두에게 중형을 내릴 것을 준비하고 있다." - 하지가 국무
부에 보내는 전문에서, 1947년 12월 15일

하지는 김구가 "정치적 암살을 통해 자신의 목적을 달성하기를 좋아한다"[12]
는 것에 신물을 내고 있었다. 김구가 두 건의 암살(장덕수, 송진우)과 여러 건의
암살 모의와 관련이 있는지 여부가 분명하지 않은 데도 불구하고, 이미 "30, 40
명을 암살"한 주범이라고 흥분해서 떠들어 댔다. 한때 궁지에 몰렸던 임시정부
가 윤봉길의 테러 한 방으로 전 세계의 이목을 집중시켰던 것을 상기한다면, 하
지의 이런 생각은 무리가 아니었다. 어찌 되었든 김구는 이제 장덕수 암살 관련
증언을 해야만 했다.

누가 장덕수를 죽이라 했나

장덕수 암살 사건에서 경찰이 보여 준 활약도 주목할 만하다. 암살범 박광
옥이 수배된 것은 사건 발생 12시간이 지난 이튿날 아침이었다. 종로경찰서에
서 경찰을 모두 비상소집했는데 박광옥이 행방불명 상태로 나타나지 않았다.
당시 장덕수 암살 관련 수사 내용을 보면 "이웃의 증언으로는 지난 이틀간 수
상한 사람들이 주위를 배회하는 것을 목격했지만, 그자들의 인상착의는 기억
하지 못했다"[13]고 한다. 또 "며칠 전에 장덕수 자택의 담장에 '장덕수를 처단하
라exterminate'는 내용이 쓰여 있었"[14]고, 장덕수 부인의 말에 따르면 총을 쏜 사
람이 경찰이라고 했다. 이에 장택상이 "비상령을 내리고 비상소집을 실시했는
데 종로경찰서 소속 박광옥이 보이질 않는 것"이었다. 이게 불과 반나절 만에
전개된 상황이니 신속 정확한 경찰의 조치에 박수를 보낼 만하다. 박광옥은
사건이 발생한 지 불과 "48시간도 되지 않아" 체포되었다. 또한 총을 제공하고

범인을 은닉했던 일당 7명이 순식간에, 모조리 체포되었다. 장덕수가 암살된 지 불과 열흘도 되지 않아서다.

그런데 문제가 있었다. 암살 교사자도 누군지 알고 암살범까지 체포가 되었는데, 둘을 연결시키는 인물이 빠져 있다. 이들에게 장덕수를 암살하라는 지시를 내린 중간 보스, 그러니까 대장과 하수인을 연결시키는 중간 연결고리인 김석황이 아직 잡히지 않고 있었다. 김석황은 일찍이 김구와 안면을 튼 사이로, 일제 시기에 한국과 중국을 오가면서 독립운동을 열렬히 주도했던 인물이다. 옥고도 치르고 독립군 자금도 모으면서 임시정부 요인들 가운데서도 손꼽히는 투쟁 경력을 자랑했다. 그런데 이 양반이 가끔 엉뚱한 짓도 하고 다녔다. 해방 후 임정 요인들이 국내로 귀환할 때 이승만과는 달리 자금을 마련하는 데 만만치 않은 어려움을 겪었는데, 김석황이 자금을 모으는 데에는 일가견이 있었나 보다. 그는 어디선가 박흥식(화신백화점 사장, 대표적인 친일 자본가)을 수배해 와서 독립자금으로 쓰시라면서 정치자금을 내놓게 했다. 물론 김구가 박흥식의 뺨만 안 때렸지 있는 욕 없는 욕 다하면서 쫓아냈다는 것이 비서의 증언이다.

돈을 모으고, 암살을 진행하는 과정에서 김석황이 일종의 '머리' 역할을 한 것은 분명하다. 김석황을 추적하던 경찰은 이듬해인 1948년 1월 15일 그를 체포했다. 그는 '임시정부 쿠데타'(1946년 1월 '반탁 쿠데타' 1947년 3월 '임정 쿠데타')와도 관련이 있었고, 장덕수 외에 암살 후보자들을 수첩에 길게 써 놓고 다

임시정부 인물들은 한국으로 귀환한 이후 두 차례에 걸쳐 임정이 정식 정부임을 공개적으로 선언한 바 있다. 반탁 데모가 막 시작되던 1945년 12월 말, 소위 "국國자 포고"를 내면서 "정부 흉내"를 낸 것이 첫 번째, 1947년 3월 1일 다시 한 번 정부 내각을 선포하려다가 실패한 사건이 두 번째다. 미군정에서는 이 사건들을 모두 "쿠데타"라고 기록했다.

녀 의혹을 받았다. 김석황이 체포되면서 김구가 장덕수 암살을 지시한 최종 인물이라는, 미군정의 그림이 비로소 완성되었다. 경무부장 조병옥이 말한바 "제1계단이 미체포 중에 있으므로 그 전모를 아직 발표치 못하고 있다"[15]라고 한 것은 김석황을 체포해야만 공개 발표를 하겠다는 말이다. 이는 조병옥의 의견이 아니라 미군정의 입장이었다.

굿바이, 임정

김구는 장덕수 암살 재판에서 3월 12일과 15일 이틀 동안 증인으로 두 번이나 출석해서 미국인 검사와 판사에게 호된 모욕을 당했다. 3월 12일 금요일 오전 9시 반부터 오후 4시까지, 그리고 15일 재판에서는 하루 종일 시달렸다. 질문은 모두 장덕수 암살을 지시한 것이 김구 당신 아니냐는 것이었다.

(질문) 작년 그 당시 김석황이와 면담하던 중 배은희, 명제세, 장덕수 제씨 등은 독립에 방해자이니 나쁜 놈들이라고 언뜻 지나가듯 말한 기억이 없소?

(답변) 없소. 더구나 명제세는 내 동지요. 그런 말을 할 수가 있겠소?

(질문) 한 번 더 자세히 생각해 보시오.

(답변) 절대로 그런 기억은 없소.

(질문) 피고 중에서 특히 김석황 등에게 나쁜 놈들이라고 한 말이 오해가 되지 않았나 생각되는데, 그런 말은 한 번도 한 적이 없다지요?

(답변) 내 정신에 배치되는 말이니 할 리가 없소.

(질문) 그렇다면 선생의 제자 격인 피고인들이 진술한 것마다 왜 한결같이 선생과 관련한 내용으로 부합 일치될까요?

(답변) 알 수 없지요. 그러니까 모략이라 생각됩니다.

훗날 김일성을 만나 통일정부 수립을 담판 짓겠다며 남북연석회의에 참가하러 평양에 갔을 때 "정말 그것이야말로 가장 큰 불만 가운데 하나"였다고 말할 정도로 김구는 깊은 모멸감을 느꼈다.[16] 지난 몇 달간 한민당이 암살 사건 관련 문건을 발표하고 성명을 내놓으면서 압박할 때도 참았는데, 결국 재판에까지 불려 나오다니…, '내 그냥 평양으로 가런다'라고 마음먹은 것이 이쯤이 아니었을까?

1945년 11월 23일, 세 시간 남짓이면 건너올 상해–서울 거리를 김구는 무려 석 달하고도 열흘이 걸려서야 올 수 있었다. 그보다 열 곱절은 더 걸릴 거리임에도 불구하고 이승만이 한 달 먼저 귀국한 것과 비교하면 꽤 긴 시차가 난다. 그는 비록 개인 자격으로 귀국한다고 맹세는 했지만, "공식적으로는 개인 자격이나 인민에 대한 태도는 좀 다를 것이다. 왜 그러냐 하면 임시정부라는 것은 3·1운동 때 전 인민의 피로 생긴 것"이라고 했었다.[17] 임시정부 깃발을 내걸까 장롱에 처박아 둘까를 두고 고민하던 김구의 쿠데타 시도가 1차 (1946년 1월 '반탁 쿠데타')와 2차(1947년 3월 '임정 쿠데타') 모두 실패로 돌아갔던 것을 생각해 보면, 군사위원회 증인석에 앉아서 당한 김구의 쓰라림은 일찌감치 예견된 것이다.

"비행장에는 동족, 형제자매들은 하나도 보이지 않았다. 펄럭이는 태극기도, 환영하는 만세 소리도 없었다. 풀만 무성한 비행장을 둘러보는 백범 선생의 심정은 어떠했을까"[18]라는 김구 비서의 말처럼, 돌아온 조국에서 임시정부 주석이었던 김구는 장덕수 암살 사건 지시자라는 곤경에 놓이게 되었다.

귀국은 늦었지만, 그래도 임시정부라는 감투를 달고 들어왔던 김구의 귀국 직후 행보는 일종의 '탕평지책蕩平之策'과도 갔았다. 민족반역자를 어떻게 처리할 것인가라는 질문을 받고서도 "우선 통일하고 불량분자를 배제하는 것과 배제해 놓고 통일하는 것의 두 가지가 있을 것이므로 결과에 있어 전후가 동일

사진 122 "서울, 1948년 3월 15일. 극우 지도자인 김구가 장덕수 암살을 모의한 10명의 지도자로 알려져 있는 김석황(서 있는 사람)을 알지 못한다고 설명하고 있다. 10명의 피고들은 모두 증언을 했는데, 증언에는 김구가 현재 재판 중인 암살 사건과 관련이 있는 것으로 되어 있다. 김구는 어떤 피고와의 관계도 계속 부인하고 있다. 김구와 피고 사이에 서 있는 미국인은 검사인 러만Milton Lerman 대위이다. 피고의 변호인으로 앉아 있는 사람들은 빌스H.H. Beales 대위, 한국인 변호사 김용식, 로저스Joseph J. Rogers 대위, Mr. SUK 한국인 변호사." 출처 : NARA

피고인 측 변호사였던 빌스는 김구를 법정에 증인으로 소환한 인물이기도 하다. 김구가 김석황과 무관하다는 것을 증명하려고 소환한 것으로 되어 있으나, 변호사 역시 미군정 소속 직원이므로 사실상 미군정이 김구를 군사위원회에 불러다 놓은 것이다. 사진에서 김석황이 일어나 발언하는 모습이 보이는데, 흥미로운 것은 김구가 피고인들을 대부분을 알고 있다고 시인했다는 점이다. 따라서 "김석황을 모른다"고 했다는 사진 설명은 잘못된 것이다. 이미 김구와 안면을 튼 지 30년이 넘은 사람도 있는데 모른다고 했을 리가. 한국인 법률가들과 미군 법무장교들이 피고 측 변호인을 맡았는데 왼쪽에서 두 번째에 앉아 왼팔을 책상 위에 올려놓은 사람이 김용식이다. 김용식은 외교관으로 알려져 있지만 일제 시대 때 사법고시를 패스한 법률가이기도 했다.

미군이 장덕수 사건에 처음부터 군사위원회를 동원했던 것은 이유가 있었다. 이미 1947년 4월 17일 명령을 통해 "미군이 관련이 없는 사건들은 모두 한인 재판소에서 재판"한다고, 그

"1948년 3월 15일. 군사위원회에서 한국의 장덕수를 암살한 사건에 대한 재판이 진행되고 있다. 왼쪽부터 오른쪽으로 위원회 재판관들은 : 미 군정청의 카스틸 대령J.A. Casteel, 감사과의 프라이스 대령T.E. Price, NFA의 헤론 대령GJF Heron, 법무감 킹 중령J.P. King, 상무부의 햄린 대령W.D. Hamlin" 출처 : NARA

러니까 한국인 관련 사건들은 대부분 한국 법원에서 처리하겠다고 발표한 바 있었다. 그러나 장덕수 재판 같은 사건은 한국인에게 맡길 경우 여러 문제, 예컨대 김두한 사건처럼 처리될 수 있었던 것이다. 김두한을 비롯한 대한민청 관련자들이 좌익원을 납치 사망하게 만든 사건에 대해 한국 법원은 최고 7년형을 내리고 김두한은 벌금 2만 원만 부과하고 석방해 버렸다. 미군은 장덕수 사건이 발생한 직후부터 방첩대CIC 요원과 범죄수사대CID 특별수사관을 동원하여 따로 수사도 진행하고, 미군 검사 측에서 기소하도록 미리 사건 수사를 도맡아 했다. 당시 한국 법원에서는 암살범의 양형을 아주 낮게 처리했다. 예컨대 송진우 암살범인 한현우는 1심 재판에서 무기징역을 받았지만 대법원 재판에서 15년형으로 줄었고, 실제로는 15년은커녕 5년도 채우지 않고 한국전쟁 무렵 이미 교도소에서 나와 이후 일본으로 피신을 갔다. 김구 암살범 안두희도 다르지 않았다. 암살범 혹은 테러범에 대한 한국 법원의 온정주의 때문에 미국은 군사위원회에서 이 사건을 직접 심판하도록 결정했던 것이다. 물론 피고가 '미군정이 싫어했던 김구 일파'여서 그랬기도 했지만. 군정 시기 법원에서 사형선고가 내려진 것은 대부분 '대구 사건'이었다. '대구 사건' 때 군사위원회가 구성되어 포고 제2호 위반 혐의로 사형 언도를 내렸지만, 실제 사형이 집행된 기록은 아직은 확인되지 않는다.[19] 군사위원회가 열린다는 것은 당시 한국인들에게는 무시무시한 것이었다. 이런 군사위원회에 나와서 말이지 어딜 다리를 꼬고 앉아 있냐고…, 거 참.

사진 124 "한국 임시정부 주석인 김구 씨가 하지 장군과 악수를 나누고 있다. 서울, 한국. 1945년 11월 24일."
출처 : NARA

김구와 하지는 1945년 11월 24일 처음 만났는데 사진 124 , 사진 125 에서 김구를 이승만의 수행인처럼 설명하고 있는 것이 흥미롭다. 그 무렵 하지는 존 매클로이 전쟁부 차관보에게 보내는 문건에서 "김구를 조심스럽게 관찰하고 있는데 겉으로는, 반복하지만 겉으로는 예의 바르게 행동하는 것처럼 보인다"[20]고 썼다. 속으로는 '이놈은 살인자야 살인재'라고 생각했을지도 모르지만. 하지와 함께 만나는 자리에서는 이승만의 표정도 밝고 김구의 표정도 밝다.

김구는 입국 직후부터 국내 각종 테러와의 관련을 의심받았다. 특히 미 정보기관에서는 김구와 김구 주변 테러리스트들에 대한 정보 수집이 긴급하다며 '첩보기본요소EEI' 내용 중 하나로 포함시키기도 했다. 김구의 조직인 특별위원회가 조선인민공화국 회원들에게 보낸 죽음의

사진 125 "서울에서 이승만 박사, 대한민국임시정부 주석이자 이승만의 비서Dr. Rhee's secretary 김구, 주한미군 최고사령관 하지가 모임을 갖고 있다. 1945년 11월 28일." 출처 : NARA

위협에 책임이 있는가?"라든지, "보고된 언론 탄압과 관련한 자들이 이 위원회와 관련 있는가?"와 같은 것들.[21] 임정 요인이 귀환한 직후인 12월 정보 보고에서부터 등장한 '김구=테러리스트'라는 미군정의 의심은 장덕수 암살 시점에 이르면 아예 살인자 취급으로 이어졌다. 하지는 1947년 9월 8일 합동참모본부로 보내는 전문에서 "김구와 이승만 사이에 문제가 발생하고 있다. 이승만이 김구의 지지자들 손에 암살당할까 우려하고 있다는 소문"이 있다면서, 김구가 만약 미국이 남한만의 선거를 실시한다면 "자신과 이승만 사이에 균열만 초래될 것"이라고 경고한다고 우려했다.[22] 참으로 '고양이 생각해 주는 쥐 같은 놈이네'라고 생각하면서.

할 것이다"라고 말이다. 얼핏 이승만이 한 말 아닌가 싶은 이 발언은 김구가 귀국한 지 불과 이틀 만에 기자회견에서 내놓은 것이다. 기자는 자기가 잘못 들었나 해서 다시 "악질분자가 중요한 자리를 차지한다면 통일 후의 배제는 혼란하지 않을까?"라고 묻는다. 이노무 기자가 임정 주석님께 같은 말을 두 번 시키네. 김구는 재차 같은 대답을 내놓았다. 결코 친일 분자를 먼저 처단하는 일은 없어야 한다는 것이 김구의 소신이었다. "정세를 모르니 대답할 수 없다. 전 민족에 관한 깃인 만큼 신중히 해야민 하겠다"라고.[23] "뭐 좀 두고 봅시다wait and see"는 미국 사람들이 자주 쓰는 용어인데, 이 무렵 김구의 입장이 이랬다.

1947년 12월 10일에 설치된 장덕수 암살 사건 수사위원회가 어떤 자들에 의해 진행되었는지 알았다면, 김구는 입국 직후 자신이 했던 저 발언을 후회했을지도 모른다. 노덕술과 최운하, 이 사람들이야말로 김구가 일찌감치 군정에서 내쫓았어야 하는 사람들이었다. 그리고 이들을 수사위원회에 배치한 사람은 바로 장택상이었다.

장덕수가 암살되던 그날, "과거 남조선 총선거를 군정 수립이라 하여 다르다 하였으나 우리 민족이 전체 통일 방향으로 나가는 데 있어서는 다를 점이 없으며 이 박사의 주장하는 바와 조금도 다를 점點이 없으니 이 길로 우리는 가야 한다"[24]며 이승만과의 통합이 이제야 성사된다며 기쁘게 치사를 하던 김구였다. 이 발언을 했던 무렵의 김구라면 초대 대통령 자리를 이승만에게 넘겨 주리라 생각했을 것이다. 임정법통론이 아무리 찬란하더라도 그 앞에 버티고 있는 이승만은 넘기 힘든 산이었다. '나보다 나이도 많으니 먼저 하시라고 하고 나는 뭐 그 다음에…'라고 생각했을지도 모를 무렵 장덕수가 죽어 버렸다. 한민당과 경찰이 발끈했고, 이승만도 다시 김구와 거리를 두기 시작했다.

어차피 김구는 단독정부 수립에 참가하기에는 여러모로 어려운 상황이었다. 비록 미국이 김구를 비롯해서 김규식과 홍명희 등 남한 선거에 참여하지

"1948년 4월 19일. 작은 규모로 우익 학생들이 우익 지도자인 김구의 집 앞마당에 모여 있다. 김구는 평양으로 출발할 계획이었는데 이를 저지하기 위해 모인 것이다. 김구는 대표자를 내보내서 저항하는 학생들과 대화를 시도하고 있다. 서울, 한국." 출처 : NARA

이철승이 대표로 있던 전국학생총연맹원을 비롯한 우익 청년학생이 김구의 북행을 저지하기 위해 마지막으로 경교장에 모였다. 한창 토론이 진행되고 있던 사이에 김구는 뒷문을 통해 개성으로 출발할 터였다. 사진 왼쪽 편에 아저씨가 앉아서 주전자를 기울이며 뭔가를 따르고 있는 모습이 보이고, 다른 아저씨가 그분을 향해 성큼성큼 걷고 있다. 막걸리 정도를 드시고 있는 게 아닌가 생각된다. 촌각을 다투는 다급한 순간의 사진인데도 이 두 분 아저씨들의 모습은 한가로워 보인다.

않은 인물들을 "폐기written off"하기로 결정한 것은 선거를 불과 한 달 앞둔 시점(1948년 4월 16일)이었지만, 이미 장덕수 암살 사건으로 김구는 남한 정치와는 영영 굿바이를 한 셈이었다. 김구와 함께 남북연석회의 참석차 북한에 갔던 "허약한" 노인네 김규식은 이렇게 말한 적이 있다.

남한에서 학생이나 노동자 농민의 자유는 없으며, 오직 테러 그룹, 그러니까 서북청년단이나 대동청년단의 자유만 보장될 뿐이고, 그런 그들의 자유로운 활동은 파괴 활동이나 심지어 살인까지도 포함하는 테러적인 활동들이다. 북한의 상황은 독립할 자격이 주어져 있으며, 남한의 사정은 미국에 빚더미를 지고 있는 상황이다. 우리는 남한에서 안전하게 있을 수가 없는데, 왜냐하면 테러 활동이 아직도 계속 발생하고 있기 때문이다. - 김규식, 1948년 4월 27일, 평양에서

안 그래도 건강이 안 좋아서 오늘 갈 지 내일 갈 지 모를 이 노친네에게, 테러라는 위험을 한 가닥 더 얹으면서 남한 주민으로 살기 불안하게 만든 것. 이

—

국무부로 보내는 전문에서 하지는, "우리들은 김규식, 김구 그리고 홍명희에 대해서 결국 폐기하기로 했다"면서 "김구와 김규식은 미국이 자신들을 적당히 구워삶기만 한다면 못 이기는 척하고 장차 수립될 대한민국 정부에서 중요한 역할을 맡을 수도 있을 것처럼 행동하고 있는 것으로 보인다. 하지만 우리는 그런 약속을 해 줄 수는 없는 노릇이다. 이 두 지도자는 남한에서 이제 더이상 믿을 수 없는 사람이 되어 가고 있다. 그들이 평양에 가는 것으로 평양과 모스크바 라디오들이 크게 선전할 것이고, 보다 심각한 문제는 김구가 그의 암살자들에게 남한의 정치지도자들을 암살하라고 지령할지도 모르는 일이다. 이미 공산주의자들이 방해 활동을 하고 있는 남한 상황을 더 어지럽게 할 것"이라고 보고했다. 즉 김구와 김규식 그리고 홍명희에 대해서 정치적으로는 사실상 사망 선고나 다름없는 결론을 내린 셈이다. 국사편찬위원회, 맥아더도서관, RG-9, Collection of Messeges (Radiograms), 1945-1951, 주한미군의 남한 사정에 대한 보고서(24).

것이 1948년 4월 시점의 '해방 공간'이었다. 말이 해방 공간이지 남한 단독정부로 가는 '대단원의 마지막' 국면, '테러의 해방 국면'이었던 것이다.

본문에 싣지 못한 사진들 이야기를 좀 더 하려 한다. NARA 5층 사진실에
는 한국 관련 사진이 대략 5~6만 장 가까이 있을 것으로 추정된다. 최소한으
로 추산해서 그렇다. 아직 비밀 해제되지 않아서 공개되지 않은 것들이 꽤
있을 것이다. 통신부대Signal Corps에서 더 많은 사진들을 찍어 두었다는 기록
이 남아 있지만 전혀 공개되지 않은 것들도 많다. 김두한 사건과 관련된 자
료도 그중 하나다.

정보원이 서울 방첩대CIC 본부에 보고한 바에 따르면, 대한민청이 악단 제일
선Actors Corps, First Line을 공격하여 사람들을 감금하여 구타를 가했으며 그중 한
명이 사망했다. 우리 측 16명의 요원들이 대한민청 본부를 습격했다. 정진용
이 사망한 상태로 발견되었다. 나머지 10명의 인물들 역시 구타로 심각한 부
상을 당했다. (중략) 이번 사건은 흥미롭고 또 중요한 사건이다. 김두환과 대한
민청은 경찰과 긴밀한 관계를 맺고 있는 강력한 집단이다. 이들은 경찰로부터
지원을 받고 있으며, 경찰과 긴밀하게 협력하는 단체이다. 이미 윤동진은 김
두한의 석방을 요구하고 있다. 몇 가지 조치를 취했다.

1. 통신부대Signal Corps 사진가를 즉시 호출하여 사망자와 부상자들의 사진을 촬
영했음.

2. 모두 32명을 체포했고 지도자 2명은 서울 방첩대CIC 본부에 "보호 구금" 중임.

3. 살인에 사용된 도구를 피해자 감식 등을 위해 범죄분석관실로 넘김. 문서 등도 압수.

4. 검시가 미국 검시관에 의해 수행됐고 통신부대원이 촬영함. 재판에 사용될 것임.[1]

김두한과 대한민청은 한때 방첩대CIC 사무실을 습격한다고 위협했던 대표적인 반미주의자(?)였다. 이들은 점점 더 증가하는 테러 활동으로 "사고를 일으키는 핵심 세력이던 좌익 청년들은 이제 우익단체에 의해 볼품이 없어지고 있다는 것이 확실"해져 가는 상황을 초래한 주인공이기도 했다.[2] 이래저래 방첩대CIC의 관심을 집중시키는 골치 아픈 단체였다. 통신부대에서 즉각 사진가를 출동시켜 시신 사진을 여러 장 촬영했다. 아마 이 사진들은 방첩대 CIC 사진으로 분류되어 아직 비밀 해제되지 않았을 것이다. "재판에 사용될 것"이라고 한 것으로 보아 미 군사위원회 재판에서 증거로 제출되었을 수도 있으나, 남아 있는 사진은 아직 발견되지 않았다.[3] 방첩대CIC에서는 정치적인 인물의 암살 관련 사진을 대부분 촬영했을 것이다. 시신을 정밀하게, 한두 장이 아니라 여러 장을 찍어 뒀을 텐데, 적어도 내가 확인한 바로는 한 장도 발견할 수 없었다.

NARA의 자료들 중에는 시신 사진이 상당히 많다. 한국 관련 사진도 마찬가지다. 한국전쟁 중에 퇴각하는 인민군에게 희생된 미군들의 사진, 토지개혁 와중에 인민의 적으로 몰려 산 채로 화장당한 지주들의 사진, 누구의 총에 희생되었는지는 모르지만 눈 위에서 얼어 죽어 있는 엄마와 갓난아기의 사진, 여럿이 누워 있는 논두렁 길의 시체들…. 이런 사진들은 이 책에는 대부분 넣지 않았다.[4] 너무 잔인하고 끔찍하기 때문이기도 하고, 이 책은 소극笑劇이길 기대하지 공포물이거나 잔인극이길 기대하지 않았기 때문이다. 전쟁과 무관한 민간인들, 특히 "여성과 아이들을 해쳐서는 결코 전쟁에 승리할 수 없다"[5]는 어떤 장군의 말을 떠올리면서 이런 사진들은 하나도 빼놓지 않고 모두 촬영해 왔으니 국사편찬위원회 전자사료관에 접속하면 확인할 수 있을 것이다.

왜 김두한 관련 사진이나 여운형 암살과 관련한 사진 등은 아직도 비밀 해제되지 않았을까? 통신부대 사진병들이 촬영한 이런 종류의 사진들은, 촬영할 이유가 분명하고 또 누군가에게 보여 줘야 할 목적이 있는 것들이다. 공산주의의 무시무시함을 잘 드러내 주고 사진을 보고 난 다음 분노, 애국심, 충성심 같은 감정이 일어날 만한 것들이 잘 버무려져 있는 사진들 말이다. 정확한 목적, 미국의 선전전에 적당한 사진들은 거의 대부분 공개되었을 것이고, 이런 목적에 이용하기 어려운 사진은 공개하지 않았을 테지. 대한민청의 김두한이 관련된 살인 사건은 미군정에서 재판도 다시 하면서 우파 테러리스트들도 강력하게 엄단하겠다는 의지를 보여 줬던 대표적인 사건이었다. 선전의 효과도 있었을 텐데 비밀 해제하지 않은 이유를 알 수가 없다.

사진 127 은 정판사 위조지폐 사건과 관련하여 남아 있는 거의 유일한 사진 자료다. 사진 설명 바로 아래에 "전쟁부의 공보과Public Information Division에서 보도를 위해 일반에 공개되었음"이라고 별도로 적어 놓은 것이 흥미롭다. 미군정 산하 기관이 아닌 워싱턴의 전쟁부에서 이런 사진들을 공개한 이유는 뭘까? 공개된 날짜가 정확히 언제인지도 확인되지 않는다. 정판사 위폐 사건이 발생한 당시가 아니라 뒤에 다른 목적으로 공개됐을 가능성도 있다.

이 사진은 정판사 위폐 사건 때 발견된 증거품을 확인할 수 있는 유일한 자

"100원권을 위조하기 위한 롤러와 다이스 등의 물품들이 서울의 한 경찰서에서 전시되고 있다. 1946년 5월 7일. 이 물품들은 체포된 13명의 한국인들에 대한 증거품들이다. 사진 한스 조난Hans Jonan." 출처 : NARA

료이기도 한데, 내가 위폐 전문가는 아니지만 어째 증거가 좀 빈약해 보인다. 당시 박낙종을 비롯해서 네 명이 무기징역을 선고받고 나머지 피고들도 무거운 형벌을 받은 큰 사건인 데도, 증거로 제시된 물건 중에 다른 것은 몰라도 100원권 위폐가 하나도 없는 것은 문제가 있어 보인다. 사진 속 100원권 지폐는 증거로 발견된 것이 아니라 경찰이 지폐 플레이트 등 다른 물건들이 제대로 작동하는지를 확인해 보려고 직접 다시 찍은 것이다.[6] 이 사건은 언젠가는 다시 밝혀… 글쎄, 그러기에는 이미 너무 많은 시간이 지나가 버렸다. 증거나 다른 남아 있는 자료도 거의 없고. 아직 비밀 해제되지 않아서 어딘가에 있을지 모를 방첩대CIC의 사건 조사보고서 외에는.

이 자료에는 아울러 다음과 같이 기록되어 있다. "1948년 CIC 본부 건물에서 박물관이 문을 열었다. 박물관은 제2차 세계대전과 그 이후 CIC 역사를 보여 주고 있다. 사보타주, 간첩, 반란 행위 등을 조사한 CIC의 업적이 전시되어 있다. 전시된 물건들은 게슈타포의 처형 장면, 극동에서 반란 활동을 하던 단체의 자금을 조달하던 위조지폐 플레이트set of plates도 있다."[7] 미국 메릴랜드주 홀라버드의 CIC 본부에 마련된 박물관에 위조지폐 조판이 전시되어 있다는 것인데, 극동 지역에서 미국이 점령했던 곳은 대한민국과 일본밖에 없다. 일본이나 한국에서 여러 건의 위조지폐 사건이 있었지만, 정치적으로 큰 사건은 정판사 위조지폐 사건이었다. 위조지폐 사건으로 공산당이 사실상 불법화된 유일한 사건으로, 전 세계 공산당사에서도 손꼽힐 만한 일이었다. 당시 보도되지 않은 다른 사건의 증거물일 수도 있겠으나, "반란단체의 자금을 조달하던"이라는 수식어를 봐서는 아마도 정판사 사건의 증거물일 가능성이 높을 것 같다.

정판사 위폐 사건의 경우처럼, CIC는 남한 점령 기록을 거의 남겨 두지 않았다. "경찰과 CIC가 공동수사"하고 있다는 정판사 위폐 사건에 대해서조차

CIC의 수사자료가 하나도 보이지 않는 것은 문제가 있다. CIC 본부나 혹은 비밀 창고에 몰래 가져다 두지 않은 이상, 이들은 자신들의 수사·조사 자료를 비롯한 각종 기록들 대부분을 모두 "폐기"시켰을 것이다. NARA에 있는 그리고 이 책에서 인용하고 있는 CIC 자료들은 극히 제한적인 자료들이며, 2차 자료나 인터뷰 자료 등이 대부분이다. 물론 이런 자료를 활용해서도 방첩대의 활동을 대충(!) 알아차릴 수는 있다. 예를 들어 CIC 학교에서 교재용 책자에 넣으려고 정리한 미국의 남한 점령 시기나 한국전쟁 당시 방첩대 요원들의 인터뷰 자료는 대체로 NARA에 남아 있다.

사진 128 은 유명한 장면이다. 해방 후 남한에 진주한 미군 환영행사에 참가한 시민들이 사망한 사건으로 단행본에도 몇 차례 실린 바 있다. 출처도 없고 해상도도 낮아서 누가 어떻게 촬영했는지 궁금했는데, 미군 통신부대가 촬영한 사진이었다. 미군 환영행사에 나왔다가 일본 헌병이 쏜 총에 희생된 사망자는 조선노조 인천중앙위원장 권평근과 보안대원 이석구인데, 사진 속 시신이 누구의 것인지는 알 수 없다. 사진 설명에 따로 기록하지는 않았지만 사진에서 가장 키가 작은 사람이 일본 헌병일 것이다.

많은 현대사 연구에서 이 희생자를 해방 후 첫 희생자로 꼽으며, 이후 수십만 명이 희생되는 분단이라는 비극이 시작된 시점이라는 데 동의하고 있다. 물론 이때는 일본 헌병이 가해자였다. 점령 직후 미군의 폭력에 의한 첫 번째 희생자는 9월 18일, 남한에 미군이 들어온 지 열흘 정도 지난 뒤에 발생했을 것으로 추정된다. "수색SUISHO의 식량배급소 인근에서 민간 소요가 몇 건 발생했다. 9월 1일 이래 처음 쌀이 배급된다는 소문 때문에 3만 명의 시민이 모여들었다. 이 시위대가 창고를 털려고 시도했기 때문에 질서 회복을 위해 머리 위를 향해 총을 발사했다. 하지만 행동을 중단하지 않는 세 명을 향해

사진 128 "제1 보도 역사대, 랜시어Ransier 촬영. 행사를 구경 나왔던 한국 민간인들 중 두 명이 일본 측의 사격으로 희생되었다. 미군 병사가 하역하기 직전 일본 군인과 한국인들 사이에 작은 충돌이 있었다. 한국, 인천." 출처 : NARA

발포했고 이들을 살해"했다고 기록되어 있다. 남한에 진주한 미군들이 한국인들을 상대로 '군림하는 권력'이 어떤 모습인지를 똑똑히 보여 준 사건이었다.[8] 불과 며칠 전 남한에 상륙하기 전에 "각자의 생활로 돌아가라, 그러지 않으면… 우이씨~"라는 내용의 삐라를 남한 전역에 살포했던 것처럼 말이다.

1950년 7월 5일, 16시 25분경, 오산-수원 간 국도가 내려다보이는 야산의 참호 안에 나뒹구는 미군의 사진은 한국전쟁 당시 촬영된 '첫번째 사진들' 중 하나로 꼽을 만하다 사진 129. 첫 번째 추락된 북한 공군기, 첫 번째 폭격을 맞은 미군 항공기, 첫 번째 체포된 중공군 포로 등 황색저널리즘에 가까운 이런 제목들을 붙여놓은 사진들이 꽤 있다.

모르긴 해도 케네스 이등병의 사진을 촬영했던 미군 통신부대 사진병은 머릿속에 스페인내전 때 공화파 전사의 죽음을 담은 로버트 카파Robert Capa의 사진을 떠올리지 않았을까? 자신이 촬영하고 있는 바로 그 죽음의 순간이 한국전쟁에 참전하는 미군의 숭고한 대의명분을 국제사회에 널리 알릴 수 있을 것이라는 희망 같은 것도 품으면서. 한데 그런 일은 일어나지 않았다. 전쟁의 성격도 달랐을뿐더러, 첫 번째 희생자가 누구인지도 여전히 논란에 싸여 있다.[9] 사진 속의 케네스 셰드릭 일병은 웨스트 버지니아주의 작은 마을(Skin Fork) 출신으로 8학년(중학교 3학년)을 중퇴하고 군에 입대했다. 한국전 참전 5일 만에 19세의 나이에 전사한 불운한 청년이었다. 당시 이 사병의 죽음은 미국 언론에서 크게 보도되었고, 버지니아주 지역 신문에서도 여러 차례 보도되었다.[10]

사진 130 은 1967년 6월 험프리 부통령이 박정희 대통령 취임식에 축하사절로 방문했을 당시 촬영된 것이다. 이 사진에서 조연으로 등장한, 맨 왼쪽 뒤에 앉아 있는 인물은 14년 후 대통령이 되실 분이다. 당시 전두환 대령은 제1공수특전단 부단장이었다. 준장 진급 이후에 다시 이 부대의 단장도 맡긴 했

사진 129 "1950년 7월 5일, 16시 25분경, 오산. 바주카포 부사수 케네스 셰드릭Kenneth Shadrick 일병이 16시 20분경, 적의 사격을 받고 사망했다. 셰드릭 일병은 남한에서 벌어진 전투에서 첫 번째로 전사한 병사가 되었다." 출처 : NARA

다. 이 부대는 5·16 쿠데타에도 참가하고 쿠데타 이후에는 말 안 듣는 판사를 훈계하기 위해 법원 난입 사건도 저지르는 등[11] 한국사의 굵직굵직한 사건에 종종 등장한다. 요즘 같으면 부대가 당장 해체될 만한 사건이었지만, 오히려 부대는 점점 더 규모가 커졌다.

험프리 부통령은 당시 한미 간에 골치 아픈 문제들, 베트남 파병 문제라든지 한일외교 정상화 문제 등이 대충 해결된 다음 방문했다.[12] 박정희는 이런 문제들을 해결한 다음 국빈급으로 워싱턴을 방문해서 성대한 환영을 받았고, 1967년 선거에서 여유 있게 윤보선을 패배시켰다. 1965년 5월 17일 미국을 공식 방문한 박정희의 모습은 아주 인상적이다. 당시 촬영된 사진을 보면 뭐라고 해야 하나…, 과거급제한 사람이 고향에 돌아와서 술 한 잔 자시고 기분 좋게 고3 시절을 되돌아보는 그런 여유 같은 게 느껴진다. 백악관에서 담배를 꼬나물고 있는 장면이라든지 한국 대통령의 방문에 환영 나온 수많은 인파를 향해 손을 흔드는 모습이, "이놈, 이거 빨갱이 아닙니까?"라는 의심을 받던 시절과 비교하면 천지가 개벽할 정도로 사람이 180도 바뀌었다.[13]

사진 131 은 1965년 6월 19일 워싱턴을 떠나기 전에 개최된 환송연 연설 장면인데, 험프리 부통령과 키 차이가 너무 나서 깔판(?)을 하나, 아니 한 두 개 깔아 놓았네. 이런 한미 간에 찾아온 비교적 여유로운 우애의 기간 동안 험프리 부통령은 7대 대통령 취임식에 참가하기 위해서 한국을 방문했고, 1967년 6월 29일부터 7월 3일까지 꼬박 4일간의 방문 일정 중 베트남 파병부대의 시범을 보는 행사도 있었던 모양이다. 미국 정부는 대통령과 부통령의 해외 순방 관련한 사진들을 따로 모아 두었는데, 이 사진들은 험프리 부통령의 한국 방문 관련 사진들을 모아 놓은 폴더 속에서 찾았다.

사진 132 속 가족들은 (다른 현대사 사진들도 대부분 70,80년 된 것이어서 주인공들이 대부분 작고하셨지만) 불행히도 훗날 비명횡사의 비극을 겪는다.

사진 130 "찰스 본스틸Charles H. Bonesteel III 유엔군 최고사령관이자 미8군 사령관이 험프리 부통령과 함께 웃고 있는 모습이다. 부통령은 한국군이 베트남 정글에서 살아남는 방법을 보여 주는 행사에 참가했다. 한국의 제1공수특전단원들은 살아 있는 뱀이 들어 있던 푸대 자루를 풀어헤치고 있다. 한국인 단원들은 행사장에서 독사 한 마리를 잡아서 죽인 다음에 이빨로 뜯어먹는 시범을 보이고 있다." 출처 : NARA

사진 131 1965년 6월 19일 워싱턴 환송연에서 연설하는 박정희. 출처 : NARA

사진 설명에 이기붕이라는 이름을 적어 놓지는 않았지만, 한국전쟁 중에 부산으로 피난 온 서울시장 이기붕 가족이 식사하는 장면을 촬영한 것이다. 뒤돌아 앉아서 프라이버시를 살리려는 노력을 했지만 누가 보더라도 이기붕의 처 박마리아의 모습이다. 나이가 좀 드신 분은 이기붕의 어머니 같다. 당시 이기붕은 함락된 서울시장 자리를 유지하고 있었는데, 사진을 촬영한 통신부대에서 이기붕이라는 것을 몰랐던 모양이다. 혹은 설명 문구에 드러나는 반정부적(?) 기질로 봐서는 누군지 알면서도 슬쩍 깔 생각으로 무시했는지도 모르고. 아직 자유당도 창당되기 전이고, 이승만의 비서 출신이라는 것만으로 시장 자리에 오르긴 했지만, 중앙 정계에 이름을 드러내 놓기에는 시간이 좀 더 필요했던 것 같다.

사진 133·134 는 1948년 9월 14일에 일어난 철도 충돌사고 현장을 담은 것이다. 지금이야 실시간으로 대부분의 국민들이 속보를 접할 수 있지만, 해방 직후에는 상황이 많이 달랐다. 해방이 됐다는 소식도 전국 방방곡곡에 알려지는 데 한 달 넘게 걸렸으니. 당시에는 다리도 별로 없고 높은 건물도 드물어 대형 사고라 하면 대부분 철도 사고였다. 한데 이 사고가 특별한 관심을 끄는 것은 사망자가 대부분 미군들이라는 점이다.

경부선 내판역內板驛(현 세종특별자치시) 부근에서 발생한 이 사고로 철수를 앞둔, 그러나 "약간의 지병"(미 제24군단 산하 성병 보균자들을 서울의 수송 시설로 이동 중이었다)이 있던 미군 36명이 사망했고, 부상자도 60명이 넘었다. 한국 언론에서는 "즉사자가 150명"이라고 보도했지만, 미군이 남긴 기록을 보면 사건 직후 한국인 사망자는 1명뿐이었다. 불행히도 이 기차 충돌에서 희생자가 나왔던 뒤쪽 열차 세 칸에는 모두 미군들이 타고 있었다.[14] 사고 조사를 맡았던 한국 경찰은 이런 사고 때마다 읽으라고 한 3년쯤 전에 작성해 둔

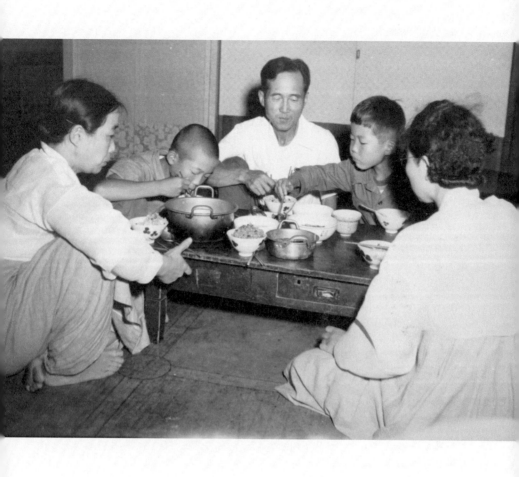

사진 132 "1950년 9월 20일. 한국의 전쟁 : 전쟁으로 황폐화된 나라에서 겪는 가난에도 불구하고, 이 남한의 가족은 만족스러운 식사 자리를 갖고 있다. 전쟁 중임에도 불구하고 이 가정의 모습은 평화롭기만 하다. 한국, 부산." 출처 : NARA

매뉴얼을 그대로 읽은 듯하다. 수도경찰청장의 특명을 받고 사고 조사를 위해 현장에 파견된 최란수 경감은 "금번 열차 사고는 완전히 계획적인 것"이라며, 경찰에서 사건을 맡아서 "상당 기간 계획 조사할 것"이라고 밝혔다. 그는 "내 이번에 한 열 명쯤 잡아 와야지, 이 공산당 노무 새키들"이라는 표정으로 의기양양하게 대전으로 내려갔다.

이제 새로울 것도 없는, 한국에서 자주 보아 왔던, 그리고 당분간 계속 보게 될 '대형 사고=반체제' 등식의 초창기 버전이다. 당시 경찰이 바라보던 이 사건의 원인은 "제2열차 해방자호 운전수는 모 당의 관계자로 기회를 엿보고 있던 차, 기관차 고장을 구실로 내판역에 정차시키고 내판역 전철수와 결탁하여 뒤이어 오는 서부해방자호가 통과할 선로의 포인트를 그냥 두어서 사고를 계획대로 발생"시켰다는 것이었다.[15] 사고의 첫 번째 원인이 엔진 고장으로 제2열차가 멈춰 선 것이었는데, "모 당 관계자"라는 제2열차의 기관사 신분이 시간이 흐를수록 "공산당 관계자"로 바뀌어 갔다. "정부 대변인"은 기자들과의 인터뷰에서 "사건 관련자로 체포된 3명은 내판역장(최기달)이 지난 6월에 조직한 공산주의적 태업단怠業團원들이 분명"하다며 슬슬 본색을 드러냈다. 내판역장은 졸지에 공산주의 테러리스트가 되었고 "사택에 다량으로 은닉"한 "다이너마이트 도화선"이 그제서야(!) 발견되기도 했다.

사태가 이쯤에 이르자, 36명의 희생자를 낸 미군 당국에서도 손가락만 빨고 있을 수 없었다. 아니 미군이 무려 36명이 사망했는데, 그 괴수가 공산주의자라고? 항공모함을 즉시 파견하든지, 대북 제재를 하든지, 아님 전 국민 규탄대회라도 열든지…. 미군은 사건 조사보고서에서 "부산을 출발한 해방자호 뒷칸 3개 차량에 미국인 125명이 타고 있었는데, 뒤를 따르던 목포 출발 서부해방자호가 이를 추돌한 것"이라며 "미군 36명과 한국인 1명이 사망했고, 부상자는 미군 54명과 불명의 한국인"이라고 즉각 보고했다.[16]

사진 133 "1948년 9월 15일. 심각하게 부상당한 군인들의 잔해를 옮겨서 구급차에 싣고 있다. 서울역의 오늘 아침 상황. 어젯밤 발생한 열차 충돌사고로 미군 약 35명이 사망했고, 60여명이 부상을 당했다. 목포-서울행 열차가 부산-서울행 '해방자호'를 뒤에서 충돌했는데, 해방자호는 당시 기차선 위에 멈춘 상태였다. 해방자호의 맨 뒷칸 세 개 차량이 박살났다." 출처 : NARA

사진 134 "1948년 9월 15일. 미군들이 사망한 시신을 수습하여 부상자들을 '해방자호'에서 꺼내고 있는 모습이다. 이 사고로 약 35명의 미군이 사망했다." 출처 : NARA

하지만 여전히 한국 정부에서는 내무부장관, 법무부장관, 철도경찰청장, 수도경찰청장 등이 나서서 사건을 "공산주의와 관련된 것"이라고 떠들어 댔다. 게다가 며칠 뒤면 여수와 순천에서 '반란 사건'도 곧 일어날 것이고. '그럼 그렇지, 이런 공산주의자들 같으니… 쯧쯔.' 그런데 문제가 있었다. 남한의 공산주의 활동에 대해서는 누구보다도 잘 알고 있을 미군들이 보더라도 사건의 주범은 공산주의자가 아니었다. 내버려 두자니 희생된 미군 36명이 대공투쟁의 열사(?)가 될 판이고, 나서자니 내정간섭이란 말을 들을 것만 같고. 한데 뭐 내정간섭이어서 할 일을 내버려 둘 사람들이 아니다. 미국인들이. 사건 직후 미군은 "그저 시스템에 문제가 생겼을 뿐"이라고, 공산주의자들이 개입할 여지가 별로 없다고 분명히 밝혔다.[17] 미군은 여러 차례 이 사건이 한국 정부가 주장하는 내용과 무관하다고 지적했다. "한국의 내무장관이 '체면 때문에' 공산주의의 테러 행위로 발표했지만, 사실 그와는 무관한 부주의에 따른 사고"이며, "이로 인한 공산주의 파괴 활동 관련 소문은 일소될 것"이라고 잠정 결론지었다.[18]

이 말은 절반만 맞았다. 내판역에서 발생한 '열차 추돌 테러 사건' 소식은 이후 언론에서 사라졌지만, '여순 반란'이란 단어가 며칠 뒤부터 신문을 뒤덮었다. 참고로 말하자면 미 제24군단이 남한을 점령했던 지난 3년 동안, 공산주의자들이 열차를 뒤집어엎는 행동을 한 것은 단 한 건도 보고된 바 없었다. 아니 그 뒤로도 없었다. 기껏해야 기차가 다니지 못하게 철로를 끊는다든지 하는…, 아 그건 공산주의자의 행동이 아니라 기차 선로를 팔아먹으려는 거였지 참.

잠시 되짚자면, 우리는 이 사건을 처음 접하지만 왠지 여러 번 당해 왔다는 생각을 지울 수가 없다. 왠지 그런 느낌이 든다. 잘은 모르겠지만. 나머지 수많은 사건들과 이 사건의 차이점은 희생자가 대부분 미국인들이었다는 것이다. 미군들은 이 사건에 대한 기록을 남겨야만 했으며, 또 공개해야만 했다. 이와 비슷한, 지난 70년간 발생했던 많은 사건들에 대해 "그저 지켜보기만 wait and see" 했던 미국인들의 기록도 언젠가는 공개될 것이다. 언젠가는….

머나먼 미국 땅에서 촬영해 온 한국 관련 사진들은 이외에도 수없이 많다. 한국 점령 직후 미군이 한국은행에서 은화를 나르는 장면, 트루먼 대통령이 1947년 4월 18일 워싱턴 시네이터스Senators와 뉴욕 양키스 경기에서 "첫 번째 시구"를 하는 장면, 박정희 대통령 당선자가 케네디 장례식에 참석한(키가 작아서 자세히 봐야만 보인다) 모습, 명성황후의 표범 가죽으로 만든 양탄자를 공주들이 입는 긴 치마인 줄 알고 걸치고 있던 양유찬 주미대사의 따님 사진, '이 빨갱이 쉐키들!'이라는 표정으로 파업 중인 노동자들을 곤봉으로 내리치는 미국 형사 모습도 재미있게 촬영했다.

북한 점령 이후 차출된 방첩대CIC 부대원들로 구성된 인디언헤드IndianHead 특임 부대원들이 김일성 집무실에서 '김일성 코스프레'를 하는 사진(처음 이 사진을 봤을 때 도널드 니콜스의 사진인 줄 알았다. 한국전쟁 때 대북 첩보를 주도한 미공군 하사관 니콜스도 똑같은 자세로 똑같은 위치에서 사진을 찍은 적이 있다), 한국전쟁의 첫 번째 미군 전사자 사진처럼 각종 첫 번째 기록 사진들, 예를 들어 첫 번째 중공군 포로, 첫 번째 추락한 미군 항공기 사진, '판문점 도끼 만행사건'을 응징하기 위해 파견된 한국 특전사의 위장 사진(문재인을 특별히 지지하는 내 아내는 끝까지 사진 속 인물이 "그 양반 맞아"라고 주장한다), 한국전쟁 기간 동안 희생된 많은 남북한의 '양민들' 사진, 퇴각하는 북한군에 의해 "산 채로 화형당한" 지주들의 참혹한 시신 사진, 미 공군의 저고도 폭격 작전으로 바닥에 엎드리거나 숨을 곳을 찾는 사람들과 낙하산을 달고 떨어지는 폭탄이 동시에 촬영된 보기 드문 사진들, 성조기가 휘황찬란하게 나부

끼는 블라디보스토크 미 원정군American Expeditionary Force 앞 거리를 행진하는 욱일승천기와 일본군 장병의 늠름한 모습과 미일 장병의 '동서양 제국주의 간섭군'의 만찬 장면 사진 등. 한국 관련은 물론이고 그동안 글로만 보아 왔던 20세기 세계사의 굵직굵직한 사건과 관련된 사진들 대부분을 촬영해 왔다. 참 잘했다. 파견 근무를 더 오래 시켜 줬으면 더 찍어 왔을 텐데.

대부분 미군들의 시각으로 촬영된 사진이어서, 전쟁 중임에도 휴머니즘 가득한 모습이나 가난한 국민들에게 보내는 미국인들의 지원 같은, 보는 이의 눈시울을 뜨겁게 만드는 사진도 많았다. "이런 데도 주한미군 철수가 어쩌고 주한미군 경비도 부담하지 말자는 등 도대체 그런 사람은…"이라는 생각이 얼핏 들기도 했다. 하지만 나는 그것을 절반 정도만 믿는다. 사진의 이면을 뒤지면 거기에는 또 이데올로기가 흐르고 공산주의를 격멸하려는 증오도 보이고, 가난한 자에 대한 호의와 경멸 사이를 오락가락하는 그런 장면도 볼 수 있을 것이다.

이 모든 사진들은 앞에서도 밝혔듯 국사편찬위원회 전자사료관(http://archive.history.go.kr/)에서 열람할 수 있고, 또 사용할 수 있다. 한 장 한 장 모두 소개하고 싶지만 이쯤에서 끝내야겠다. 국사편찬위원회에서는 NARA의 한국 관련 사진을 계속해서 수집할 계획이다. 비밀 해제되지 않아서 혹은 그 사진을 찾는 사람이 없기 때문에 아직도 조용히 잠자고 있는 사진들이 더 많이 있을 것이다. 앞으로도 미국 정부의 정기적인 비밀 해제 활동을 통해, 혹은 비밀 문서를 찾는 학자들이나 특종을 노리는 기자들 그리고 시간 많은 한량들의 공개 요구로, 우리와 관련된 기록과 사진이나 영상들을 반드시 찾게 될 것이다.

마지막으로 그 수많은 사진 중에서 유독 기억에 남는 사진 하나가 있다. 사진을 찾다 보면 '이 사진이 말하는 것이 뭘까' 한동안 고민하게 만드는 사

"한국전쟁. 올해 13살의 소년 장면식은 불행하게도 1952년 4월경 불타는 포탄에 화상을 심하게 당했다. 이 소년은 자신의 이름을 발가락으로 쓰고 있는데, 옆에서 노르웨이 이동육군병원에 소속된 도머스니스 Ivar Dommersnes 대위가 지켜보고 있다." 출처 : NARA

진도 있고, 그런 수고로움을 겪지 않아도 되는 사진도 있고, 아무도 없는 5층 열람실 구석에서 키득키득 웃게 만들었던 사진도 있고, 혹은 작은 슬픔에 빠져서 '젠장, 오늘은 걍 집에나 가야겠다'라고 퇴근길을 무겁게 만들었던 사진도 있었다. 사진 135 는 오랫동안 기억에서 지워지지 않을 그런 사진이다.

불발탄에 두 손을 잃은 소년이 즐거운 표정으로 자신의 이름을 쓰고 있는 모습은 보는 사람마저 미소 짓게 만든다. 내일 당장 무얼 먹고 살아야 할지 막막하지만 그래도 지금 당장은 즐거운 저 소년처럼, 세상은 저렇게 웃으면서 살아가는 것 아닐까? 어떤 어려운 일이 닥쳐 오더라도 말이지. 내일 또 다른 해가 뜰 테니까. 앞서 본 것처럼, 그 많은 역사들 중 어떤 미래가 닥쳐 올지 아무도 모르는 일이니까.

머리말

[1] 위키리크스 코리아, 〈이명박, 자신을 승려 묘청에 비유〉, 2007년 12월 11일. (http://wikileaks.kr/07seoul3510) 사실 이 기록은 비밀 해제되지 않은 국무부 문건을 공개한 위키리크스 덕분에 알려진 것이기 때문에 아직 NARA에서는 비밀 해제되지 않은, 즉 현재까지는 공개되지 않은 기록이다.

[2] 미 국립문서기록청NARA 홈페이지에 따르면 "국립문서기록청 사진실에 1,600만 장이 넘는 자료가 보관되어 있다"고 하는데, 이는 열람 가능한 자료의 수이고 이와 비슷한, 혹은 그보다 더 많은 사진들이 아직 비밀 해제되지 않은 채 보관되어 있을 것이다. NARA 홈페이지 참조. (https://www.archives.gov/research/order/still-pictures.html)

[3] 방첩대, 특히 미군 방첩대 관련 논문은 손을 꼽을 만큼 연구자를 찾기 힘들다. 그나마 나와 있는 글 중에서 정병준이 점령 초반기 방첩대와 정보참모부의 임무를 간략하게 설명하는 논문이 있으며, 정용욱의 연구는 미군정기와 한국전쟁 당시 방첩대 구성과 활동 등에 대해서 서술하고 있다. 정병준, 〈해제〉, 《미군 CIC 정보보고서》, 중앙일보 현대사연구소 편, 1996; 정용욱, 〈해방 직후 주한미군 방첩대의 조직 체계와 활동〉, 《한국사론》 53집, 2008.

[4] 통신부대 활동과 관련된 기록은 필자와 비슷한 작업을 진행했던 정근식·강성현의 책에 자세하게 설명되어 있다. 정근식·강성현, 《한국전쟁 사진의 역사사회학: 미군 사진부대의 활동을 중심으로》, 서울대출판문화원, 2016. 2012년 이후 국사편찬위원회에서 수집한 사진자료들을 선별하여 엮은 사진집도 발간되었다. 국사편찬위원회 편, 《국사편찬위원회 수집 사진자료》 1~3, 국사편찬위원회, 2016. (국사편찬위원회 전자도서관 http://library.history.go.kr/dhrs/dhrsXIFViewer.jsp?system=dlidb&id=000000276216)

프롤로그

[1] Sherman Kent, *Strategic Intelligence, For American World Policy*, Princeton Univ Press, 1966, p. 12. 셔먼 켄트는 전략첩보국 출신으로 제2차 세계대전 이후 국가 정보를 정기적으로 생산해 냈던 국가정보과Office of National Estimate 책임자로 활동했다. 이 부서는 한국전쟁 당시 북한의 남침을 예상하지 못한 것을 비판하면서 만들어진 CIA 내부 조직이다. 셔먼 켄트는 쿠바 미사일 위기 당시 U-2기 촬영 사진 분석을 떠올리며 "위대한 순간moment of splendor"이라고 회고한 바 있다. 이는 정보 분석에서 사진기록이 얼마나 중요한지를 잘 설명해 주고 있다. 켄트가 정보과 과장으로 있던 무렵 작성한 한국 관련 보고서를 국사편찬위원회 한국사데이터베이스에서 확인할 수 있다. (http://db.history.go.kr/id/frus_013r_0010_1200)

[2] 냉전이 한창 시작될 무렵 미국의 아시아 지역 원조 이면에 숨어 있던 계급적 본질은 다음 책

을 참조. 한마디로 "세계를 쟁취하기 위해" 되로 주고 말로 받는 음흉한 장삿꾼에 다름 아니었
다. Christian G. Appy, *Cold war constructions : the political culture of United States imperialism, 1945-1966*, University of Massachusetts Press, 2000, pp. 68-70.

3 니알 퍼거슨,《콜로서스 : 아메리카 제국 흥망사》, 김일영 · 강규형 옮김, 21세기북스, 2004, 115쪽.

4 〈국가안전보장회의 로버트 코머Robert W. Komer가 케네디 대통령에게 보낸 비망록〉, 1963년 5
월 31일, *Foreign Relations of the United States*, 1961-1963, Vol. XXII, Northeast Asia, p. 647. 국
사편찬위원회에서는 미 국무부가 발행한 FRUS 원본을 국역하여 제공하고 있다. (국사편찬위원
회 한국사데이터베이스 http://db.history.go.kr/id/frus_012r_0010_1060)

5 제임스 릴리,《아시아 비망록》, 김준길 옮김, 조선일보사, 2005, 381쪽.

6 휴 팔리, 〈1961년 2월, 한국의 상황〉, 1961년 3월 15일. (국사편찬위원회 전자사료관 AUS143_02
_00C0001_005) 4 · 19 종료 이후 대한민국의 미래에 대한 우울한 전망이 담긴 이 문건은 5 · 16
빌생 직진 워싱턴에 뿌려져서 한동안 논란의 중심이 되었다.

1. 정지된 역사, 오지 않은 미래

1 "Memorandum Prepared in the Central Intelligence Agency for the Executive Director", 10
September, 1962, *Foreign Relations of the United States*, 1961-1963, Vol. X, Cuba, January
1961-September 1962, p. 1954. 맥조지 번디의 이 발언은 미 국무부 문서 속에는 실려 있지 않다.
정찰비행이 필요하다는 카터 장군의 발언에 대해 별다른 답변이 없었다고만 기록되어 있다. 맥조
지 번디의 질문 내용은 이날 모임에 대한 CIA 자료에 있다. History Staff, *CIA documents on the
Cuban missile crisis, 1962*, Central Intelligence Agency, p. 61.

2 Larry G. Gerber, The Baruch Plan and the Origins of the Cold War, *Diplomatic History*, Volume 6,
Issue 1, January 1982, p. 75. 월스트리트의 성공한 증권 브로커였던 버나드 바루크는 제1차 세계
대전 당시 전시산업국War Industries Board 위원장으로 선임되어 베르사유조약 체결 때까지 윌
슨 행정부 전시외교 분야에서 스타로 활약했다. 그는 '냉전Cold War'이란 용어를 처음 사용한 인
물이기도 하다. 바루크가 1946년 유엔원자력기구UN Atomic Energy Commission 미국 대표로
선정된 것은, 그가 월스트리트에서 핵무기 관련 회사 주식들을 거래했기 때문은 아닌 것 같다. 트
루먼이 그를 미국 대표로 선임한 것은 의회에서 "별다른 청문회 없이 미국 대표로 선임될 정도로
유명"했기 때문이었다. 당시 원자폭탄 개발에 참가했던 과학자들은 "원자력 관련 지식이 전무"한
사람을 미국 대표로 선임한 것을 걱정하기도 했다.

3 Dino A. Brugioni, *Eyes in the sky : Eisenhower, The CIA, and Cold War Aerial Espionage*, Naval
Institute Press, 2010, p. 68.

4 Gregory W. Pedlow and Donald E. Welzenbach, *The Central Intelligence Agency and Overhead
Reconnaissance : The U-2 and OXCART Programs, 1954-1974*, History Staff, CIA, 1992, p.3. 이
책은 CIA에서 비공개로 출간하여 내부 연구용으로 회람한 책으로, U-2기의 개발과 항공정찰에
대한 내용을 담고 있다. "CIA의 모든 문서를 열람했고, 또 다양한 관계자들을 상대로 비밀 인터
뷰를 진행하여, 사라졌던 비밀문서를 다시 발굴해 내기도 하고 그 어느 곳에서도 볼 수 없는 개
인 정보들도 인터뷰를 통해서 밝히고 있다"고 주장하지만, 비밀 해제되는 과정에서 상당한 내용
이 '보안 처리'되었으며, 비밀문서들의 내용을 모두 담고 있지도 않다. 이 문서는 2013년 비밀 해

제가 요청되어 이듬해인 2014년 일반에 공개되었다. 본서에서는 1992년에 출간된 원문을 이용하였다. 조지워싱턴대학에서 국가안보문서National Security Archive 중 하나로 공개하고 있다. (https://nsarchive2.gwu.edu/NSAEBB/NSAEBB434/)

[5] 셸던 스턴,《존 F 케네디의 13일》, 박수민 옮김, 모던타임스, 2013, 50쪽.

[6] R. Cargill Hall and Clayton D. Laurie, *Early cold war overflights, 1950-1956: symposium proceedings*, National Reconnaissance Office, 2003, p. 40. 1950년대 이후 북한을 비롯한 중소 블록에 대한 영공침투 정찰에 대해 미국이 얼마나 많은 노력을 기울였는지 그리고 국가안전보장위원회NSC에도 알리지 않고 극비사항으로 묶어 두기 위해 얼마나 많은 노력을 기울였는지를 이 책은 보여 준다. 적어도 2003년까지는 비밀정찰 활동에 관한 비밀 정보가 해제되지 않아서 인터뷰와 증언을 통해서 추론하고 있다.

[7] 한국전쟁이 진행되는 동안 미군은 선양, 안둥을 비롯한 만주 지역과 상하이 인근의 중국 지역, 그리고 블라디보스톡 소련 해군기지 등에 대한 정찰비행을 수행했다. 전쟁 중에 벌어진 희비극 중 하나겠지만, 항공정찰을 맡았던 한 조종사는 심지어 하얼빈까지 날아갔다가 미그기들과 격전 끝에 혼자 김포공항까지 돌아온 경우도 있었다. 전쟁이 종료된 뒤에도 블라디보스톡, 사할린 인근 소련 지역에 대한 정찰활동이 계속되었으며, 소련 영토 내부로 150킬로미터 이상 침투하기도 했다. R. Cargill Hall and Clayton D. Laurie, 앞의 책에 수록된 Robert J. "Jerry" Depew, Mele Vojvodich, Jr., Howard S. Myers, Jr., Robert E. Morrison 등의 인터뷰 참조.

[8] "소련에 대한 영공 침범 항공정찰은 1956년 7월부터 시작되어 이후 30회 동안 별 사고 없이 성공적으로 진행"되다가 1960년 5월 1일 파워Power가 몰았던 U-2기가 추락되면서 전면 중단되었다. 당시 CIA에서는 U-2기를 대체하기 위한 개발 계획을 준비 중이었다. "1960년 U-2기 추락 이후 본격적으로 소련의 방공망을 벗어날 수 있는 새로운 정찰항공기인 S-12기 개발을 록히드사와 계약"했다고 하지만, 이미 U-2기를 대체할 항공기 제작이 완성 단계에 있었다. 이에 대해서는 다음을 참조. Clarence L. Johnson, "History of the OXCART Program", 1 July 1968; 〈헬름즈Helms 가 대통령에게 보내는 전문: CIA의 마하 3의 속도를 가진 정찰 비행기(S-12)〉, 4 December 1966. (https://www.cia.gov/library/readingroom/docs/DOC_0001471750.pdf)

[9] 당시 북한 정찰의 주요 목표물이 어딘지는 알 수 없지만 "정보기관에서 추가 정찰이 필요한 북한의 세부 목표물을 모두 59개 선정하여 제출"하고 있으며 이 중 "절반 정도(50퍼센트)를 매년 2회에서 4회 정찰하는 것을 시도 중"에 있다고 보고했다. 나머지 50퍼센트 정찰 목표는 관심 밖에 있는 것이 아니고 태평양지역 최고사령부에서 관할 중이라는 의미였다. 물론 예산 문제로 이 절반의 목표를 모두 수행하는 데 어려움을 겪었다. "북한에 대한 마지막 항공정찰은 작년 7월 31일 U-2기 정찰이 마지막"이라면서 예산 문제가 조속히 해결되어야 한다고 지적했다. 북한에 대한 '블랙쉴드 작전'에 관해서는 다음의 자료를 참조. "Reconnaissance Coverage of North Korea", 27 September 1967.

[10] RG 263, Records of the Central Intelligence Agency, 1894-2002, Extracted Documents with Keyword "Korea" OR "Korean" from FY 2002 Records (5 of 7). (국사편찬위원회 전자사료관 http://archive.history.go.kr/image/viewer.do?system_id=000000042453) '대규모Giant Scale 작전' 관련 보고서는 다음을 참조. (국사편찬위원회 전자사료관 http://archive.history.go.kr/image/viewer.do?system_id=000000042454) 블랙쉴드 작전에 대해서는 다음을 참조. "Project Oxcart and Operation Black Shield Briefing Notes", 20 October 1965; Clarence L. Johnson, 앞의 자료.

[11] CIA, Directorate of Science & Technology, "Black Shield, Reconnaissance Missions, 1 January-31 March 1968", 30 April 1968. (https://www.cia.gov/library/readingroom/docs/DOC_0001472531.pdf)

[12] 애초 케네디는 중간선거가 곧 있을 예정이었기 때문에 쿠바의 미사일 배치와 관련해서는 "외교적으로 별다른 문제가 발생하지 않을 국내적인 문제일 뿐"이라고 생각했고, 이를 "상자 속에 조용히 묻어 두라"고 CIA 부국장에게 지시했다. 맥나마라 국방부 장관과 딘 러스크 국무부 장관도 케네디와 같은 입장이었다. Max Holland, "Politics and Intelligence: The "Photo Gap" that Delayed Discovery of Missiles", *Studies in Intelligence : Journal of the American Intelligence Professional,* VOL. 49, NO. 4, 2005. 이 논문은 CIA 홈페이지에서 열람할 수 있다. (https://www.cia.gov/library/center-for-the-study-of-intelligence/csi-publications/csi-studies/studies/vol49no4/Photo_Gap_2.htm#_ftnref32)

[13] 1960년까지 미국은 소련에 대한 영공침투 비행을 통해 확보한 사진으로 "130만 평방마일의 영토에 대한 정보"를 입수했다. 전체 영토의 15퍼센트에 해당하는 지역의 사진정보를 확보했다는 의미다. 이를 토대로 작성한 내부 보고서도 5,500개가 넘는다. 이에 대해서는 Gregory W. Pedlow and Donald E. Welzenbach, 앞의 책, p. 195, pp. 315 316 참조.

[14] Peter S. Usowski, "John McCone and the Cuban missile crisis: A persistent approach to the intelligence-poicy relationship", *International Journal of Intelligence and Counter Intelligence* Vol. 2, Issue 4, p. 553. 피터 우소우스키Peter S. Usowski는 정보책임자가 정책결정자를 상대로 어떤 역할을 하는지를 특히 쿠바 미사일 위기를 토대로 충실히 설명하고 있다. 당시 쿠바가 미국을 상대로 장거리 핵무기 기지를 건설 중이라고 1962년 9월 중순까지 주장했던 인물은 CIA 국장 맥콘John McCone이 유일했다.

[15] Dino A. Brugioni, *Eyeball to Eyeball: The Inside Story of the Cuban Missile Crisis,* Random House, 1992, p. 185.

[16] 미국이 MRBM에 대한 사진 증거를 최초로 확보한 것은 1963년 10월 14일 항공촬영에서였다. 한데 재미있는 것은 10월 14일 사진 촬영을 검토했던 미국 최고위급 모임ExComm에서 이 사진이 MRBM 사진이라는 걸 아는 사람이 사진분석실 전문가들 말고는 없었다는 점이다. 로버트 케네디조차 "나는 그저 사진 전문가들이 그렇다고 하면 그런 줄 아는 수밖에 없었다. 내가 보기에는 지하실 입구거나 아니면 농사짓기 위한 농장뿐이었는데 말이지"라고 고백했다. Peter S. Usowski, 앞의 논문, pp. 560-562.

[17] 쿠바 항공정찰에 나섰던 U-2기는 10월 27일 오전 11시 16분에 쿠바 영토로 추락했다. 쿠바 미사일 위기 동안 발생한 유일한 미군 전사자였다. 쿠바의 방공 미사일 SAM 체제는 일찍부터 갖추어져 있었지만 소련제 레이더는 아직 작동하지 않았다. 방공미사일을 가져다 놓았지만, 모스크바의 지시에 따라 레이더도 꺼 놓고 발사 스위치도 봉해 버린 상태였다. 왜냐하면 흐루쇼프가 미국과의 우발적인 충돌 가능성을 두려워했기 때문이다. 한데 이제 그 인내심을 넘어서는 사태가 벌어진 것이다. 위기가 고조되면서 상부의 지시에 따라 레이더가 가동되기 시작한 것이 10월 26일 밤부터였고, 발사 스위치에도 녹색등이 들어온 상태였다. 이튿날 아침에 영공을 침범한 U-2기가 포착되어 격추되었다. 참고로 이 U-2기는 쿠바 상공을 침범하여 1시간 이상 지상의 목표물들을 촬영하던 중이었다. 이 목표물 속에는 소련제 핵미사일도 포함되어 있었다. 이제 쿠바 미사일 위기는 핵전쟁으로 옮아 가기 직전이었다. Michael Dobbs, *One Minute to Midnight,* Random House, 2009, pp. 222-233, p.237.

[18] U.S. Army, G-3, "Employment of Atomic Bombs in Korea", 14 July 1950. RG 319, Records of the Army Staff, 1903-2009, Top Secret Correspondence, 1941-62, 1950 091. Alaska to Korea Entry 4, Box 2. (국사편찬위원회 전자사료관 http://archive.history.go.kr/image/viewer.do?system_id=000000043513)

[19] 딘 러스크, 《냉전의 비망록》, 홍영주 옮김, 시공사, 1991, 192쪽.

[20] Jonathan Schell, "The Case Against the War-The revival of nuclear danger means we have already loast, whatever happens later", *The Nation*, February 13, 2003. 누구든 원자폭탄을 개발하면 "깡그리 박살"내겠다는 것이, 미국이 핵독점을 시작했던 시기부터 지금까지 줄곧 변함 없이 유지해 온 정책임을 이제 우리는 알고 있다. 유엔에 공정한(?) 핵무기 감독을 제안했다는 '바루크 플랜Baruch Plan'에 대해 수정주의자들이기는 하지만 혹평하는 사람들도 많다. "소련의 핵 개발을 저지하고 미국의 핵독점을 보장하겠다는 것"과 별반 다를 게 없는 소리라는 것이다. "미국의 계획안은 모호하면서도 소련 측이 받아들이기 어려운 요구였을 뿐만 아니라, 스탈린의 견해로는 수용 여부와 관계없이 제안 자체가 어불성설이며 그가 원자폭탄 계획을 추진하지 못하게 저지하려는 시도"였다는 것이다. 이에 대해서는 다음 책 참조. 제임스 캐럴, 《전쟁의 집》, 전일휘 · 추미란 옮김, 동녘, 2009, 189~190쪽, 252~253쪽.

[21] 조용암, 《북한일기》, 삼팔사, 1950, 34쪽.

[22] 김일성이 이끌던 동북항일연군 출신이 북한군 태동의 주력이었지만, 이 무렵 북한군에는 여전히 3파가 균형 있게 포진했다. 김광운, 서동만, 김선호 등은 인민군 내부 구성에서 3파 간 연합이 적절하게 이루어졌지만, 군 창건의 핵심 이념은 "일본 제국주의 반대 투쟁에서 조선의 애국자들과 밀접한 련결을 가진 영명한 김일성 장군"이라면서 만주파 중심의 군 건설이 확립되었다고 보았다. 서동만, 《북조선 사회주의 체제 성립사, 1945~1961》, 선인, 2005, 262~264쪽; 김광운, 《북한 정치사연구 I-건당 · 건국 · 건군의 역사》, 선인, 2003, 590~592쪽; 김선호, 〈조선인민군 연구-창설과정과 통일전선-〉, 경희대학교 사학과 박사학위논문, 2016, 217~224쪽.

[23] 김남섭, 《20세기 러시아 현대사》, 사회평론, 2004, 497쪽. 흐루쇼프의 이 연설은 스탈린에 대한 비판이기도 했지만 "서방과의 관계 개선에 대한 희망이" 담긴 일종의 모스크바식 "데탕트" 제스처이기도 했다. 이에 대해서는 제임스 캐럴, 앞의 책, 306쪽 참조.

[24] 니키타 세르게예비치 흐루시초프, 《개인숭배와 그 결과물들에 대하여》, 박성철 옮김, 책세상, 2006, 38쪽.

[25] 수전 손탁, 《사진에 관하여》, 이재원 옮김, 이후, 2005, 18쪽.

[26] 미래를 예측하는 것은 이처럼 항상 긍정적이지는 않다. 당시 야당의 대통령 후보로 박정희에 맞서서 몇 가지 혁신적인 공약을 내놓았던 김대중 후보는 자신이 당선되지 못하면 두 번 다시 대통령선거가 없을 것이라며 총통제가 올지도 모른다고 경고했다. 〈집권을 겨루는 두 정상의 얼굴〉, 《동아일보》 1971년 4월 24일.

[27] 존 루이스 개디스, 《새로 쓰는 냉전의 역사》, 박건영 옮김, 사회평론, 2002, 416쪽.

[28] 미국의 이라크 침공 이전에 사진판독실이 담당했던 역할도 동일했다. 제임스 캐럴에 따르면, "지휘계통의 몇 단계를 거치면서 '혹시'가 '아마도'로, 그리고 '증거가 있다'로 바뀌게 됩니다. 이와 똑같은 일이 3주 전 유엔에서도 일어났습니다. (국무장관) 콜린 파월은 '이동 세균전 실험실이 있습니다. 이것은 오염 제거 트럭입니다'라고 말했죠. 파월은 거짓말을 하지 않았습니다. 파월은 도중에 제거된 몇 가지 경고와 더불어 이라크가 이 모든 것을 하고 있다는 것을 증명하기 위해 광신도들이 이용하기 원했던 것을 전달해 주고 있었던 겁니다. 그건 치밀한 음모였습니다"라며, 미국의 이라크 침공 과정에서 얻은 잘못된 정보들이 어떻게 유엔에서 진실이 되었는지 잘 보여 주고 있다. 제임스 캐럴, 앞의 책, 773쪽.

[29] 셸던 스턴, 앞의 책, 79~80쪽.

[30] 국가 정보를 입수하는 과정과 이를 분석하는 과정은 전혀 별도의 업무다. 또한 분석 과정에서 비과학적인 방법도 흔히 동원된다. 정체불명의 공터, 즉 야구장도 아닌 것이 부대와 아주 가까운 곳에 존재했다는 것을 근거로 "이것은 쿠바군 기지가 아니다! 소련군이다!"라고 판단한 것이 대표적인 사례일 것이다. 슈미트 외, 《국가정보의 이해》, 신유섭 옮김, 명인문화, 1991, 104쪽.

[31] 제임스 릴리, 앞의 책, 201쪽.

[32] 정보가 정책을 결정하는 사람들의 이해관계에 따라 '먹기 좋게' 재생산되는 과정에서 일종의 왜곡이 일어날 가능성을 말한다. 이는 CIA 개혁 논쟁이 있을 때마다 항상 논란이 되었던 문제다. 미국인들은 이런 경우를 대표적인 "정보실패의 사례"로 지적한다. 슈미트 외, 앞의 책, 134쪽.

[33] 윤일균, 《한미합동첩보비화, 6006부대》, 조인스닷컴, 2006, 78쪽. 북한 지역에서 벌어진 '니콜스 부대'의 활동과 한국인들이 겪은 비극에 대해서는 다음 책의 6장 '어떤 수단을 다 써서라도Any Means Necessary' 참조. Blain Harden, *King of Spies : The Dark Reign of American's Spymaster in Korea*, Mantle, 2017.

[34] "U.S. intelligence problems in North Korea-a new story that is very old", *Washington Post*, Oct 13, 2017.

[35] 미군의 야만적인 폭격을 가장 열심히 비판한 것은 북한 정부였다. 외무상 박헌영은 유엔을 상대로 1950년 8월 5일부터 미군이 민간인들을 공격하면서 민간시설, 특히 병원노 폭격 대상이 되었고 심지어는 시계폭탄(투하된 이후 일정 시간이 지난 뒤 폭발하는 무기)까지 투하하여 민간인들을 공포에 떨게 한다고 비판하는 항의 공문을 보냈다. 물론 맥아더가 최고사령관으로 있던 유엔을 상대로 한 항의여서 효과가 있을 것으로 기대하지는 않았을 것이다. 〈유엔 및 전 세계 인민들에게〉 1951년 1월 6일, 이정 박헌영전집 편집위원회 엮음, 《박헌영 전집》 7권, 2004, 역사비평, 61쪽.

[36] 르메이Curtis LeMay 공군참모총장은 이런 식으로 "언론의 욕을 부르는 발언"을 여러 차례 했다. "한국전쟁에서 보여 준 압도적인 공군력"에 대한 신뢰를 바탕으로 그는 공군참모총장이 된 뒤 더 "대중을 경악시키는 발언"을 하곤 했다. 냉전 시대를 배경으로 미국과 소련의 핵무기 전쟁을 다룬 영화 〈닥터 스트레인지 러브〉에 나오는 잭 리퍼 장군의 모델이라고 할 만한 인물이었다. 이 영화의 잭 리퍼 장군은 르메이의 뒤를 이어 1957년 전략 공군사령관이 된 파워Thomas S. Power 장군을 묘사한 것이다. Conrad C. Crane, *American Airpower Strategy in Korea, 1950-1953*, University Press of Kansas, 2000, pp. 175-176.

[37] Jacob Neufeld and George M. Watson, Jr., *Coalition Air Warfare in the Korean War, 1950-1953*, U.S. Air Force History and Museums Program, 2005, p. 171. 미 육군 · 해군 · 공군 · 해병대 역사편찬연구소 연구원들이 진행한 세미나 결과를 출간한 책이다. 본문에 인용한 부분은 크레인의 글에서 따온 것이다. 이 책은 인터넷에도 공개되어 있다. (https://media.defense.gov/2010/Sep/24/2001329764/-1/-1/.../AFD-100924-016.pdf)

[38] 크레인은 육군부 전쟁대학U.S. Army War College 전략연구소Strategic Studies Institute 연구원으로 근무했으며, 육군군사편찬연구소U.S. Army Military History Institute 과장을 역임했다. 2019년 현재 미 육군 헤리티지 연구센터 역사부 부장을 맡고 있다.

[39] 한국전쟁 당시 유엔군의 북한 지역 폭격에 대해서는 다음 책에 상세히 묘사되어 있다. 김태우, 《폭격 : 미 공군의 공중폭격 기록으로 읽는 한국전쟁》, 창비, 2013. 특히 제13장 '항공압력전략'에서 민간인을 상대로 한 무차별적 폭격에 대하여 "무작위적 인명 살상이 미미한 성과만 안겨줄 것이지만 적에게 압력을 행사할 수 있을 것"이라고 한 것을 확인할 수 있다. 특히 마지막 1년간의 폭격작전은 전투 수행과 크게 관련이 없지만 북한 정부에 심리적인 타격을 가할 수 있는 민간인을 주요 목표로 하였다.

[40] 제임스 캐럴, 앞의 책, 35쪽. 이 책에서는 "민간인들을 대상으로 하는 공중폭격" 전략을 처음 공개적으로 제기한 인물로 처칠을 들고 있다. 이에 대해서는 35~40쪽 참조.

[41] 〈국무부와 합동참모본부 회의 비망록〉, 1951년 2월 13일, *Foreign Relations of the United States*, 1951, Volume VII, Korea and China (in two parts) Part 1, 176쪽. (국사편찬위원회 한국사데이터베이스 http://db.history.go.kr/id/frus_007_0020_0120)

42 당시 북한의 핵무기 개발 관련 위성사진은 국제원자력기구IAEA 비공개 이사회 회의에서 공개되었다. 위성사진을 IAEA에 제공해서는 안 된다는 반대가 많았음에도 불구하고, 20여 년 전 쿠바 미사일 위기 당시 U-2기 정찰사진을 공개했던 것이 힘을 실어 주었을지 모르겠다. 이틀 뒤 CIA 국장 제임스 울시는 의회 증언을 통해 북한 핵문제가 우려를 넘어서는 수준에 이르렀다는 위협성 발언을 하기도 했다. 알다시피 북한의 첫 번째 핵무기 실험은 이로부터 무려 10년 뒤에 일어난 일이지만 말이다. 〈북 핵개발, 위험 단계〉,《동아일보》1993년 3월 25일.

43 남한에서 전술핵이 완전히 철수된 것은 1991년 12월 즈음이었다. 이로부터 딱 1년 정도 지난 뒤부터 미국이 북한의 핵무기 개발 의혹을 내놓기 시작했다. 미국은 냉전 기간 동안 한반도에서 발생한 여러 건의 북한 측 도발에 대응하여 "괌에서 B-52 폭격기를 휴전선 인근까지 접근"시켰고, 이 폭격기들은 "남한을 방어하는 그 어떤 재래식 무기도 제압할 수 있을 미국 핵 타격의 분명한 상징"으로 남았다. 그러니까 북한은 자신들이 이런 도발을 일으킬 때마다 핵공격을 받을 위협에 직면해야 했다. 그들이 핵무기를 갖고 있지 않을 때부터. 샐리그 해리슨,《코리언 엔드게임》, 이흥동 · 강태호 · 류재훈 · 이제훈 옮김, 삼인, 2003, 315쪽.

44 〈북한 지역에 대한 옥스카트Oxcart 정찰 비행〉, 일자 미상. RG 263, Records of the Central Intelligence Agency, 1894-2002, Extracted Documents with Keyword "Korea" OR "Korean" from FY 2002 Records (5 of 7). (국사편찬위원회 전자사료관 http://archive.history.go.kr/image/viewer.do?system_id=000000042454)

45 "U-2기가 쿠바 항공정찰 과정에서 혹시라도 쿠바 미사일에 의해 추락당한다면 미국 시민들은 이를 불법적이고 부도덕한 짓illegal and immoral이라고 비난할 것"이었다. Dino A. Brugioni, 앞의 책, 1992, p. 136.

46 돈 오버도퍼,《두 개의 한국》, 이종길 옮김, 길산, 2002, 382쪽.

47 이중구, 〈KEDO의 해체와 북한 핵에너지 정책의 방향 전환: 국제적 핵통제 긍정론에서 국제적 핵통제 부정론으로〉,《한국정치학회보》52집 2호, 2018년 여름, 148쪽.

48 샐리그 해리슨, 앞의 책, 118쪽.

49 1990년대 초반 북한 핵무기 관련 정보실패는 1990년대 CIA의 몰락을 예감할 수 있는 사건이었다. 1998년 5월 11일 인도 역시 핵실험을 했는데 이와 관련하여 "첩보활동의 실패, 사진 분석의 실패, 보고서 이해의 실패, 사고의 실패, 그리고 관측의 실패"라고 평가되었다. 팀 와이너,《잿더미의 유산》, 이경식 옮김, 랜덤하우스코리아, 2007, 726쪽.

50 돈 오버도퍼, 앞의 책, 452쪽.

51 1957년 8월 8일 아이젠하워 대통령은 어네스트 존Honest John 미사일과 280mm 장거리포cannon에 장착한 핵탄두 등을 한국으로 이양하는 것 등의 내용이 포함된 국가안전보장회의 NSC 문건을 승인했다. 〈국가안전보장회의 보고서〉, Foreign Relations of the United States, 1954-1957, Korea, p. 489. (국사편찬위원회 한국사데이터베이스 http://db.history.go.kr/id/frus_010r_0010_2400) 1957년 국무부와 국방부 그리고 백악관에서는 한국 육군 병력 감축과 함께 핵무기를 한반도에 배치하는 문제를 검토했다. 1958년에는 한국 육군을 18개 사단으로 감축하고 대신 첨단무기를 한국에 배치하는 문제를 놓고 한미 간 협상이 진행되었다. 이렇게 해서 한반도에 핵무기가 배치되었고 1972년경 "남한에 배치된 핵탄두는 총 763개로 사상 최고 규모에 달했다." 1958년부터 배치된 핵무기는 1991년 12월 핵무기가 완전히 철수될 때까지 24년 동안 유지되어 왔다. 다르게 표현하자면, 북한이 남한의 핵무기 위협을 견뎌 낸 기간이 무려 24년이다. 돈 오버도퍼, 앞의 책, 384~388쪽.

52 "The World: Getting It Wrong in a Photo", The New York Times, April 23, 2000. (https://www.nytimes.com/2000/04/23/weekinreview/the-world-getting-it-wrong-in-a-photo.

html?searchResultPosition=1)
53 데이빗 할버스탬,《백악관의 무서운 아이들》, 윤헌 옮김, 청사, 1979, 221쪽.
54 통신부대원들의 사진은 아니지만 한국전쟁을 둘러싼 한·미·중 그리고 일본의 사진집들을 대조
하여 어떻게 전쟁이 기억되고 있는지, 동일한 사진에 대해 중국과 미국, 남한과 북한, 일본의 시각
이 어떻게 다르게 재생산되는지를 다룬 다음 연구를 참조할 만하다. 김상미, 〈한국전쟁과 분단 이
미지의 기원과 재생산-사진의 기록성과 예술성의 관계를 중심으로-〉, 이화여대 비교문화협동과
정 박사학위논문, 2010.
55 '역사적 이미지'와 '역사적 사실' 간의 복잡한 관계에 대해서는 다음의 책을 참조. 남수명,《역사
이미지 시대의 기억》, 새물결, 2009.
56 미국은 대외공보처를 사실상의 선전기관, 훌륭한 홍보기관으로 출발시키는 데에 별 거리낌이 없
었다. "미국의 대외공보처는 미국 정부의 선전기관이라고 외국인은 흔히 말한다. 사실 공보처는
그 때문에 설치되어 훌륭한 성공을 거두었다. (중략) 미국 공보처가 개최하는 선시회, 라디오·텔
레비전 방송, 영화, 서적, 팸플릿, 잡지가 이제 설득을 위한 기술에 종사하는 전문가들의 본보기가
되었음을 나는 자랑스럽게 보고할 수 있다." 허버트 실러,《여론조작》, 기린원, 1992, 69쪽.

2. 적을 관통하는 첫 번째 화살, 심리전

1 방첩활동, 정보활동에서 쉽게 지나칠 수 있는 정보의 중요성에 대해 헤인즈 중령은 이렇게 설명
하고 있다. "나의 경험상 한때 아주 사소하게 보였던 첩보들이 아주 중요한 첩보의 한 요소가 되
는 경우가 많다. 이를 잘 증명하는 에피소드가 한 가지 있다. 약 3년쯤 전에 나는 리베리아에서 나
무가 얼마나 높이 자라는지에 대한 정보를 제공해 달라는 요구를 받았다. 나는 그따위 정보가 도
대체 왜 필요한지 알 수 없었다. 다행히 우리 문서들 속에서 리베리아의 나무들이 150~200피트
까지 자란다는 정보를 확인했다. 나중에 미군이 리베리아에 상륙했을 때 미국에서 운송되는 물자
를 하역하기 위한 부두를 건설하려면 미국 목재를 대량 수송해 오는 것과 관련한 계획이 요구되
었다. 나중에 미군 정보처Military Intelligence Service에서 현지의 목재를 사용할 수 있다는 정
보를 제공했다." 정보를 수집하는 사람은 거의 모든 정보를 하나도 빼놓지 않고 보고서를 통해 상
부의 분석관에게 보고해야 한다는 말이다. 이렇게 수집된 정보는 분석관들이 다른 자료들과 함께
전체적으로 봐야만 정확한 의미를 획득할 수 있으며, 이렇게 마련된 정보를 활용하는 사람이 목
적에 따라 최종적으로 이용할 수 있다는 것이다. 전쟁부 정보참모부, 벤 헤인즈Ben P. Haynes 중
령의 연설, 〈해외에서 정보참모부의 적극적인 활동〉, 1944년 7월 19일. RG 319 Records of the
Army Staff, 1903-2006, Assistant Chief of Staff, G-2(Intelligence) Counter Intelligence Corps
Collection, Historians' Source Files of CIC Publications, Box 17.
2 Colonel. Alfred H. Paddock, Jr., *Psychological and Unconventional warfare, 1941-1952: Origins
of a Special Warfare Capability for the United States Army*, 1979 November, "Individual Study
Project", US Army War College, Carliale Barracks, Penn, p. 9. 이 책은 전쟁대학의 요청으로 작
성된 미군 심리전 관련 업무를 모아 놓은 것인데, 미군 내부에서 심리전 관련 업무가 어떻게 도입
되고 어떤 경로를 거쳐 발전했는지 잘 정리되어 있다. 추후에 단행본으로도 출간되었다. 이미 군
조직에 정보참모부G-2가 존재했기 때문에 새로운 조직이 꼭 필요한지 여부를 둘러싸고 논란이
일기도 했다. 결국 이 새로운 부대, 즉 심리전과 비정규전(게릴라전, 특수작전 등)을 담당하는 부

서가 한국전쟁을 거치면서 육군참모부 산하 조직인 심리전처OCPW로 창설되었다.

3 David M. White, "Shakespeare and Psychological Warfare", *The Public Opinion Quarterly*, Vol. 12, No. 1, Oxford University Press on behalf of the American Association for Public, Opinion Research, 1948, pp. 68-72. 고우영에 필적할 만한 영국의 대문호 셰익스피어는 "심리전이라는 말이 나오기도 전부터" 심리전의 핵심을 이해하고 희곡에 묘사했다. 〈헨리 6세〉에서 영국 국왕이 하플루Harfleur 영주를 상대로 심리전을 펼쳐 피 한 방울도 소모하지 않고 평화롭게 항복을 받아낸 것이나, 〈코리올라누스Coriolanus〉에서 메네니우스가 성난 군중들을 효과적으로 설득하고 자신이 코리올라누스보다 더 낫다는 점을 증명해 낸 이야기 등이 그렇다. 셰익스피어의 희곡을 설명하면서 '영혼의 총알mental bullet'이라는 용어가 사용되는데, 이 용어는 제2차 세계대전 당시 군인들이 심리전과 관련하여 자주 활용하였다. 내가 보기에는 묘사로만 따지면, 그리고 그 묘사가 독자의 이해를 충실하게 도와야 한다는 점을 고려하면 고우영의 만화가 몇 수는 더 위라고 생각된다.

4 푸에르토리코 인근에 있던 이 작은 섬 Vieques Island은 중남미 주둔 미군들의 훈련 장소였다. 쿠바 미사일 위기 상황에서도 공습작전을 앞두고 미군들의 훈련이 비밀리에 진행했는데, 당시 이 작전은 "오트삭Ortsac이라는 가상의 독재자로부터 섬을 해방시키는 것"이었다. 오트삭은 "카스트로Castro의 철자를 뒤집은 이름"이었다. 셸던 스턴, 앞의 책, 141쪽.

5 이바 토구리Iva Toguri의 활동과 체포에 대해서는 다음 자료에 상세하게 등장한다. 이바 토구리와 도쿄 로즈에 관한 단행본도 여러 권 출간되었다. 연도 불명, *CIC History 1945-1948*. RG 319 Records of the Army Staff, 1903-2006, Assistant Chief of Staff, G-2(Intelligence) Counter Intelligence Corps Collection, Historians' Source Files of CIC Publications, Box 14; Yasuhide Kawashima, *The Tokyo Rose Case: Treason on Trial*, University Press of Kansas, 2013; Frederick P. Close, *Tokyo Rose /An American Patriot : A Dual Biography*, Scarecrow Press, 2009; Charles River Editors, *Tokyo Rose: The History and Legacy of Iva Toguri and Japan's Most Famous Propaganda Campaign during World War II*, Create Space Independent Publishing Platform, 2017. 이 중 마지막 책이 당시 자료를 일부 포함하고 있으며 제일 짧다.

6 〈이명박 대통령 인터뷰, "두번의 경제위기 극복…지금은 아니라도 세상의 판단 있을 거라 생각"〉, 《조선일보》2013년 2월 5일.

7 Paddock, 앞의 책, p. 34. .

8 비록 전쟁에서 패하기는 했지만 히틀러의 대중선전술은 대성공이었다. "우리가 1945년 이후, 독일이 전쟁에서 패배했기 때문에 쉽게 기억하지 못하는 것이 있다. 나치의 선전술은 독일에서는 물론이고 그들이 점령한 어느 곳에서든 성공을 거두었다는 사실이다." Garth S. Jowett & Victoria O'Donnell, *Propaganda and Persuasion, Fifth Edition*, Sage Pub., 2012, p. 249. (https://hiddenhistorycenter.org/wp-content/uploads/2016/10/PropagandaPersuasion2012.pdf)

9 극작가 셔우드Robert E. Sherwood는 루스벨트의 가까운 친구였다. 정보조정국Coordinator of Information은 OSS가 생기기 전인 1941년 7월 11일 도노반의 제안으로 만들어진 정보기관인데, 이 기관에서 심리전을 담당하는 대외정보단Foreign Information Service 책임자로 셔우드가 임명되었다. 진주만 공습 직후부터 "매주 3백 분 이상 여러 언어로 된 방송을 유럽과 아시아에 송출"하며 "민주주의라는 성가聖歌를 널리 퍼뜨리고 라틴아메리카를 제외한 전 세계를 향해 미국의 목표를 설명하는 업무를 담당"했다. Daugherty and Morris Janowitz, *A Psychological Warfare Casebook*, Baltimore, The Johns Hopkins Press, 1958, p. 127.

10 Charles Callan Tansill, *Back door to war: the Roosevelt foreign policy, 1933-1941*, Henry Regnery, 1971, p. 603.

[11] Sarah-Jane Corke, *US Covert Operations and Cold War Strategy : Truman, secret warfare and the CIA, 1945-53*, Routledge, 2006, p. 13.

[12] 김종필은 쿠데타 직후 주한미군 최고사령관인 매그루더 장군을 만나 쿠데타 세력 구성과 준비 과정을 설명하면서 "그동안 귀 측에게 배운 것이 많습니다"라며 감사를 표했다. 특히 김종필은 중앙정보부 수립 문제를 쿠데타 이전부터 구상하고 있었는데 매그루더와의 대화에서 그런 속셈이 잘 드러난다. 〈朴正熙·金鍾泌-매그루더 비밀회담기록〉,《월간조선》1991년 5월호. 한국 정보기관들(방첩대, 중앙정보부)이 만들어지는 과정에서 미국의 역할은 거의 드러나지 않았지만, 여러 자료를 통해 미국이 중요한 역할을 했다는 것만큼은 밝혀져 있다. 중앙정보부가 만들어지기 전인 1951년 당시 미군 방첩대 문건에서는 "평화시와 전시에 한국군 방첩대는 군인은 물론 모든 시민에 대해서도 관할"하지만 "시민에 대한 조사는 통상 다른 기관들이 맡아야 한다"면서 10여 년 뒤 김종필이 할 일이 무엇인지 정확하게 지적하고 있다. 주한미군사고문단, 〈한국군 CIC의 조직과 기능〉, 1951년 3월 14일 작성. RG 319, Assistant Chief of Staff, G-2(Intelligence) Counter Intelligence Corps Collection, Historians' Source Files of CIC Publications, Box 6; 김종필,《김종필 증언록 1》, 미래앤, 2016, 135쪽.

[13] Thomas F. Troy, *Wild Bill and Interepid; Donovan, Stephenson, and the origin of CIA*, Yale University Press, 1996, p. 20. 전략첩보국은 1942년 6월 13일 대통령 지시에 따라 정보조정국을 대체하게 된다. 정보조정국은 창설된 지 1년 만에 그 기능을 전략첩보국에 넘긴 셈이다. 트로이는 이 책에서 도노반과 함께 미국 정보기관 창립에 결정적 역할을 했던 영국의 정보원 스티븐슨William Stephenson의 업적을 기리고 있다. 스티븐슨은 캐나다인이었지만 영국 정부가 파견한 미국 주재 정보원 책임자였다. 그가 미국 정보기관 창립에 기여한 바는 이 책 2장 'The Coordinator of Information and British Intelligence: An Essay on Origins'에 자세하게 설명되어 있다.

[14] Paddock, 앞의 책, p. 8.

[15] 영화에 흔히 등장하기도 하지만, 정보 관련 업무 분장을 통해 미국 국내에서 발생한 주요 사건은 FBI가 국외 사건은 CIA가 담당한다고 알려져 있다. 이는 CIA가 만들어진 1947년 10월 30일 대통령 특별명령에 의해 정해졌다. 군부에 속한 CIC를 포함한 정보기관의 관할권은 여러 차례에 걸쳐 지침으로 다시 확정되었다. CIA 창립 이후 CIC를 비롯한 군부 내 정보기관들과 FBI의 새로운 방첩 관할권에 대한 내용은 다음을 참조. Special Regulation 380-320-1, "Military Security. Counterintelligence Investigative Agencies", 5 April 1949, Dept of Army. RG 319, Records of the Army Staff, 1903-2006, Assistant Chief of Staff, G-2(Intelligence) Counter Intelligence Corps Collection, Historians' Source Files of CIC Publications, Box 1. CIC가 만들어지기 전인 1940년 무렵에는 국내 방첩활동은 전적으로 FBI가 관할하고 있었다. 영국이나 캐나다 정보기관에서는 미국 내 적국 간첩활동에 대한 정보를 독자적으로 수집했다. 이런 업무는 미국 정부와의 협력을 통해서도 진행되었는데, 미국 정부를 대표해서는 FBI가 이 역할을 맡았다. 이에 대해서는 Thomas F. Troy, 앞의 책, pp. 36-40.

[16] 박정희가 가장 두려워했던 인물이자 한국의 제18대 대통령이었던 김대중은 1963년 두 차례 암살 위기에 처했다. 하나는 잘 알려진 대로 도쿄에서 납치당했다가 심청이가 될 뻔한 사건이고, 다른 하나는 그해 미국 방문 당시 중앙정보부KCIA가 그를 암살하려 했던 사건이다. 두 번째 사건은 잘 알려지지 않았다. 미 상원 정보위원회, 〈"우호적인" 외국 정부의 정보기관이 미국 내에서 진행하는 활동에 대하여: 사례연구〉, 1978년 7월 22일. RG 263, Records of the Central Intelligence Agency, 1894-2002, Extracted Documents Relating to Korea from FY 2002 Records. (국사편찬위원회 전자사료관 http://archive.history.go.kr/image/viewer.do?system_id=000000042449)

17 고지훈, 〈증권파동과 지배 엘리트 연합〉,《내일을 여는 역사》, 34호, 2008. 1962~1963년 증권시장에서 발생한 일종의 '소매치기' 현상에 대해 아주 훌륭하게 잘 정리하였다. 김종필은 자신의 증언록에서 '어떻게 하면 이 사건을 나와 무관한 사건처럼 설명할까'라는 관점에서, 마치 누군가 써놓은 글을 읽듯이 잘 증언하고 있다.《김종필 증언록》에서 이 부분은 아예 읽지 않는 편이 낫겠다.

18 이런 사건들은 무수하게 많은데 2007년 국정원에서 과거의 실수들을 자진(?)해서 고백한 적이 있다. 물론 그 뒤로 다시 까먹긴 했지만. 국정원과거사건 진실규명을 통한 발전위원회,《과거와 대화, 미래의 성찰-학원·간첩편(VI)-》, 국가정보원, 2007.

19 루스벨트는 가까운 친구들을 개인적인 특사로 채용하여 외교정책을 편 것으로 유명하다. 도노반도 루스벨트의 "오랜 친구"라고 알려졌지만, 1940년까지 둘 사이에 별다른 교류가 없었다는 증언도 있다. Thomas F. Troy, 앞의 책, p. 28.

20 크리스토퍼 심슨,《강압의 과학》, 정용욱 옮김, 선인, 2009. 크리스토퍼 심슨은 커뮤니케이션학을 "커뮤니케이션을 구성하는 시스템의 주변이나 아래로부터 보기보다 권력 중심의 관점에서 보는 것이 적합"하며, 그렇기 때문에 군 정보기관이나 선전기관들이 이를 "대상 집단을 지배하거나 설득하는" 일종의 도구 전술처럼 이해해 왔다는 것을 잘 설명해 준다. 1930~60년대까지 미국 커뮤니케이션 학계와 군부·정보기관의 유착, 커뮤니케이션 학문이 처음 태동되던 시기의 분위기, 지배커뮤니케이션의 의미, 선전·심리전과 관련한 훌륭한 입문서다.

21 Sarah-Jane Corke, 앞의 책, p. 13.

3. 조숙한 냉전의 전사들

1 Robert T. Holt, Robert W. Van De Velde, *Strategic Psychological Operations and American Foreign Policy*, Univ of Chicago Press, 1960, P. 6.

2 정보기관인지 아닌지를 결정할 수 있는 거의 유일한 증거자료가 아마 '영수증이 필요 없는 예산의 집행 권한'일 것이다. 대한민국의 정보기관은 물론이고 출범 당시 전략첩보국이 요구한 세 가지 가운데 하나도 바로 이것이었다. 이를 흔히 '도노반식 스타일'이라고 부른다. 한데 재미있는 것은 이 '도노반식 스타일'을 이후 거의 모든 정보기관들이 그대로 흉내 내곤 했다. 남한을 점령했던 주한미군의 방첩대CIC 역시 영수증 처리가 따로 필요 없는 거의 유일한 미군 부대였다.

3 Sarah-Jane Corke, 앞의 책, p. 15.

4 클라크 역시 극단적인 반공주의자이자 반소주의자였다. 맥아더와 호형호제할 만큼 공산주의를 싫어했다. "현장에서 소련인들과 협상을 해 본 사람만이 소련 사람을 다룰 수 있다"는 클라크의 표현은 한국인들 사이에서도 자주 활용된다. "너네가 공산주의를 아냐? 그놈들은 대화가 안 되는 부류야!" 마크 클라크,《다뉴브 강에서 압록강까지》, 김형섭 옮김, 국제문화출판공사, 1981, 47쪽.

5 정병준,《한국전쟁: 38선 충돌과 전쟁의 형성》, 돌베개, 2006, 30쪽.

6 "조숙한 냉전의 전사들"이란 표현은 흔히 사용되는 구문으로 냉전이 막 형성될 무렵 미소 간 대결 국면을 격화시켰던 인물들을 가리킨다. 주한미군 사령관 하지를 비롯해서 38선 이남을 점령했던 미군들부터 유럽에서 활동하던 첩보전사들까지, 다양한 국면에서 냉전이란 단어가 만들어지기 전부터 소련 혹은 공산주의를 격퇴할 것을 외치던 사람들이다.

7 〈'칼럼 : 비밀 누설자' 남재준, 그대로 둘 것인가〉,《한겨레신문》2013년 7월 9일.

8 김기삼,《전직 국정원 직원의 양심 증언: 김대중과 대한민국을 말한다》, 비봉출판사, 2010, 199쪽.

9 Paddock, 앞의 책, p. 68. 특히 와이먼이 경계한 것은 "노동문제"였다. 그는 제2차 세계대전이 끝
   난 뒤에 발생한 노동문제는 "공산주의라는 탐욕스러운 존재를 살찌우게 하는 우리의 약점" 가운
   데 하나라고 지적했다. 그가 정보참모장을 맡고 있었다는 사실을 눈여겨 볼 만하다. 제2차 세계대
   전 종전과 함께 적군이 아니라 점령 지역의 사회적 문제와 마주해야 했던 미군들 사이에서 이런
   생각은 자연스러운 것이었다. 와이먼은 이 발언을 했던 1946년 1월 정보요원들에게 '파업'과 관
   련하여 각별한 주의를 기울이라고 지시했다. 물론 미 제24군단의 2인자인 정보참모장은 그보다 5
   개월이나 빠른 점령 직후부터 '파업labor strike'이란 용어를 '정치politics'에, 그것도 조선공산당
   으로 분류된 좌익과 관련한 항목 바로 밑에 배치했다.
10 Burton Hersh, *The Old Boys: The American Elite and the Origins of the CIA*, New York: Charles
   Scribner's Sons, 2002, p. 171. 허쉬는 이 책에서 당시 이탈리아와 독일, 오스트리아에서 활동했
   던 요원들을 잘 묘사하고 있다. 이들은 전략첩보국이 해산된 뒤에도 도노반식의 활동을 지속했
   다. 이런 활동은 유럽뿐 아니라 남한과 같은 좌우대결이 심각했던 제2차 세계대전 이후 거의 모
   든 지역에서 이루어졌다.
11 Sarah-Jane Corke, 앞의 책, p. 22.
12 Burton Hersh, 앞의 책, p. 165.
13 팀 와이너, 앞의 책, 81쪽.
14 군 정보 관련 부처가 일반참모부의 하나로 정착될 무렵인 1918년경, 이제 막 출발한 군사정보처
   가 어떤 방향으로 나아가야 할지를 잘 보여 주고 있다. 1918년 4월에 새로 만들어진 정보참모부
   산하의 부서인 'MI-4'의 명칭은 '노동 및 사보타주'로 결정되었다. "이 부서(MI-4)가 담당했던
   업무는 추방 사건들, 조직된 노동자들의 파업 행위sabotage, 적국의 재정 및 무역행위 그리고 간첩 잡는 업무 같은
   일들"이었다. 군 정보부처가 유럽의 파견대로부터 입수되는 보고서 정리 작업에만 그치지 않고
   "국내의 심각한 문제들" 특히 노동자 파업 같은 문제를 "적국의 정보만큼이나 중요한 국내의 위험
   분자들의 문제"로 규정하고 있었다. 이에 대해서는 John Patrick Finnegan, *Military intelligence*,
   Center of Military History, United States Army, 1998, pp. 28-29. 참조. '노동 및 사보타주' 부서
   는 미국의 노동운동단체와도 긴밀한 관계를 맺고 있었다. 새뮤얼 곰퍼스Samuel Gompers가 지도
   한 미국노동총연맹American Federation of Labor도 그중 하나였다. 미국노동총연맹AFL은 냉전
   이 모습을 드러내던 시기부터 FBI · 군 정보기관 등 공산주의를 분쇄하려던 정부기관들과 각별한
   협력관계를 유지했던 대표적인 보수적인 노동운동 단체다. 이들은 파업이 예고된 사업장에 "직
   접 공문을 보내 전쟁 수행 중에 이런 활동을 해서는 안 된다"고 경고했다. 파업은 시작되기도 전
   에 무산되었다. 뿐만 아니라 '노동 및 사보타주' 부서는 한국의 서북청년단과 비슷한 단체인 미국
   보호연맹American Protective League과도 함께 일했다. 미국보호연맹은 "전쟁에 도움이 안 되는
   미국인들"을 찾아서 "심지어 죽이기까지 했던" '반급진주의적인anti-radicalism' 단체였다. 이외에
   군 정보부처의 민간단체 활용과 관련해서는 James L. Gilbert, *World War I and the Origins of U.S.
   Military Intelligence*, The Scarecrow press, 2012, pp. 88-90. 참조.
15 Colonel Leslie R. Forney, G-2, War Department General Staff, "Domestic Positive Intelligence
   and Counter-Intelligence". RG 319 Records of the Army Staff, 1903-2006, Assistant Chief of
   Staff, G-2(Intelligence) Counter Intelligence Corps Collection, Historians' Source Files of CIC
   Publications, Box 17. 노동분쟁이 미국 정부를 와해시킬 위험이 있다는 생각은 제2차 세계대전이
   종료되기 이전 미군의 정보 전문가들에게는 상식처럼 받아들여졌다. 1944년 7월 14일 미국 뉴욕
   에서 개최된 정보회의 석상에는 전쟁부 차관보와 정보참모장을 비롯하여 약 90명의 육군 및 해군
   의 정보 관련 전문가와 군부 인사들이 모였다. 사흘간 여러 내용이 발표되었는데, 이 중 특히 전
   쟁부 정보참모부 소속 포니Leslie R. Forney 대령의 발표는 군 내부의 냉전적 사고방식을 대표한

다. "공산주의자들의 정치적 침투에 가장 비옥한 토양을 제공하는 것은 조직노동자들이다. (중략) 노동문제는 우리에게 두 가지 점에서 관심을 끈다. 전쟁 수행과 관련한 중요성 때문이고 두 번째는 노동 분야 내에 전복적인 그룹이 침투해 있다는 것이다." 노동문제에 관한 군 정보기관 수뇌부들의 인식은, 노동은 곧 공산주의의 비옥한 토양이라는 것이었다. 때문에 노동 분야에서 문제가 발생하면 언제나 공산주의자들의 소행이라는 단순명쾌한 결론이 났다. 이때는 아직 냉전주의자들이 활보하기 이전이지만, 이처럼 핵심 요직을 차지하고 있던 인물들은 냉전을 조금씩 준비하고 있었다. 포니는 "이데올로기적 측면에서 극우(국내외의 파시즘)부터 극좌(국내외의 공산주의나 집산주의)까지 모든 그룹의 목표와 활동과 관련한 전반적인 정보가 필요"하다며, 사상에 관한 모든 정보의 '군사적 필요성'을 역설했다. 이쯤 되면 군의 정보 계통이 '사상 통제'로 나아가는 데딱 한 발만 더 디디면 되는 분위기다. 군인들을 비롯하여 FBI 등 다른 보수적 관료들이 왜 이런 '반노동주의적' 시각을 가졌는지는 좀 더 검토해 보아야 할 사안이다. 1920,30년대 미국 사회에서 '근본주의(=공산주의)에 반대하는 세력'들의 시각은 여러 자료에서 확인되고 있다. 예를 들어 1920년대에는 "이것은 하딩 정부의 정책 중 하나였다. 국가의 주요 산업에서 파업이 발생할 경우 FBI를 호출하여 정부의 주요 관리들이 파업 사태에 대해 정확하게 파악하게 하는 것과 파업 관련 폭력행위가 발생하는 경우 언제든지 보고하도록 하는 것"이라고 하여, 파업을 경제활동의 일부가 아닌 체제 안정을 위협하는 '반체제 행위'로 이해했다. Ivan Greenberg, *Surveillance in America : Critical Analysis of the FBI, 1920 to the Present*, Lexington Books, 2012, pp. 53~71. 그린버그의 책은, 기밀로 처리된 FBI의 민간인, 특히 노동계급 사찰 기록들이 공개되면서 본격화된 연구서다. 특히 1920년대 민간인 정보 사찰을 상세하게 검토하고 있다. 1920년대 FBI는 "이민노동자들을 사찰하기 위해 무려 5백 개가 넘는 외국어로 작성된 신문을 검토"했고, "거리의 선동가들과 전쟁에 있다"고 판단했으며, 시위꾼들의 "대오columns"가 행진하는 것을 "침범invasion이라는 군사적 용어를 사용"하면서 우려했다. 이런 모습들은 사실상 남한을 점령한 미 점령군의 정보참모부G-2의 역할과 별반 다를 바 없다.

[16] 점령한 지 꽤 시간이 지나긴 했지만 하지의 다음과 같은 발언에서 냉전적인 '파업관'이 잘 드러난다. "정보참모부는 전평의 활동을 공산당 활동의 일부로 기록하고 있습니다. 전평은 공산당의 잔가지에 불과한 조직입니다. 전평은 노동조합도 아니고 한국에서 그에 걸맞는 지위를 갖고 있지도 않습니다. 전평은 직업 공산주의자들로 구성된 완강한 선동가 집단이며 그들의 공공연한 목표는 소비에트식 공산주의를 수립하는 것에 불과합니다." 남한의 공산주의의를 파괴하려면 그 토양이 되는 노동운동을 장악하지 않으면 안 된다는 주장이다. 하지가 이 전문을 보낸 시기가, 남한의 가장 대규모 노동운동 조직이었던 경성전기회사 노조 선거에서 우파가 지지했던 대한노총이 승리한 직후임을 기억할 필요가 있다. 〈하지가 전쟁부 공보처 파크 소령에게 보내는 서신〉, 1947년 5월 5일. RG 554, Records of General Headquarters, Far East Command, Supreme Commander, Allied Powers and United Nations Command, Unites States Army in Korea Entry 1370, Box 2.

[17] "자본가계급이 공장에서, 그리고 정치생활에서 노동자계급에게 행사하는 지배는 자본주의체제를 떠받치는 기본적인 '사회관계'다. 이 사회관계는 물질적인 생산구조보다도 더욱 심각하게 전쟁의 파괴에 의해 훼손"되었다. "(미국의 경우) 총 1억 1,600만 노동일이 1946년 한 해 동안 손실되었으며, 이러한 사실은 노동통계국으로 하여금 이 해를 역사상 파업의 물결이 가장 집중적이었던 해로 평가"하게 만들었다. 이 무렵은 미국을 비롯한 영국, 독일, 프랑스, 이탈리아, 일본 등 제2차 세계대전에 참전했던 주요 국가에서 자본-노동의 관계가 새롭게 변질될 가능성이 매우 높았던 시기였다. 이는 한국도 비슷했다. 비록 노동운동이 좌파와 함께 역사의 저쪽으로 사라진 뒤였지만, 우리의 제헌헌법 논의 과정에서 '이익균점법'이나 '노동자의 경영에 대한 참여' 등이 진지하게 토론되었음을 기억해야 한다. 필립 암스트롱 · 앤드류 글린 · 존 해리슨, 《1945년 이후의 자본

주의》, 김수행 옮김, 동아출판사, 1993, 34~50쪽.

[18] RG 319, Assistant Chief of Staff, G-2(Intelligence) Counter Intelligence Corps Collection, Historians' Source Files of CIC Publications, Box 6. 주한미군은 이미 전쟁부의 지침에 따라 1946년 8월경부터 군 내부의 좌익 그룹 축출 작업을 진행 중이었다. 이러한 활동은 주로 CIC에서 담당했다. 이는 다음 자료들을 참조. Intelligence Division of War Department, "Disposition of Subversive and Disaffected Personnel", 9 August 1946; Inter-Staff Routing Slip, "Loyalty Group", 2 Oct 1947. RG 554 Records of General Headquarters, Far East Command, Supreme Commander, Allied Powers and United Nations Command, Unites States Army in Korea, Adjutant General Files, Entry 1370, Box 36.

[19] Richard Aldrich, *The Hidden Hand: Britain, America and Cold War Secret Intelligence*, Woodstock : The Overlook Press, 2002, p. 139.

[20] 이냐시오 라모네, 《소리없는 프로파간다》, 주형일 옮김, 상형문자, 2002, 63쪽. '우리 정신의 미국화'라는 부제가 달린 이 책에서는 블립버트 광고에 대해 이렇게 설명한다. "이러한 잠재의식적 영향력의 생명력은 대단히 짧다. 1000분의 200초 후에 이 효과는 사라진다고 블로뉴-빌랑쿠르의 실험심리학연구소 소장 주앙 세기 교수는 말한다. 이것은 코카콜라를 사기 위해서는 빛의 속도로 슈퍼마켓에 가야 한다는 것을 의미한다."

[21] Sarah-Jane Corke, 앞의 책, p. 26.

[22] 기껏해야 미국 문서나 뒤지는 현대사 학계의 직무유기(?)를 탄하면서, 최근 현대사의 여러 문제들을 다룬 흥미로운 연구를 소개한다. 권보드래·천정환, 《1960년을 묻다: 박정희 시대의 문화정치와 지성》, 천년의상상, 2012. 문화예술인의 활동 지원에 대해서는 7장 《《사상계》가 사랑한 세계의 지식》 참조. 그 외 4장 "'내 귀에 도청장치'-간첩의 존재론과 반공영화 텍스트의 문화정치', 10장 '아프레걸 변신담 혹은 신사임당 탄생설화-1950~1960년대, 성과 세대 표상의 정치학'도 흥미롭다. 7장에 소개된 유럽의 문화자유회의는 CIA가 자금을 지원한 대표적인 단체였다. 이 단체의 한국지부가 설립되는 과정에서 USIS의 역할이나 한국 CIA의 기능은 아직 제대로 연구된 것이 없지만, 이 주제에 관심을 가진 분들이 조만간에 밝혀 주시리라 믿는다.

[23] Sarah-Jane Corke, 앞의 책, p. 26.

[24] Samuel Liss, "Revival of Free Labor Organizations in the United States Occupation Zone in Germany: A Preview", *Southern Economic Journal*, 1 January 1947, Vol. 13(3), p. 247. 제2차 세계대전 후 독일 노동정책과 관련해서는 다음을 참조. 박상욱, 〈미국의 독일노조정책 1944~1945: 독일 점령 이전의 정책형성을 위한 전제와 계획을 중심으로〉, 《한성사학》 16집, 2003.

[25] 이후 독일과 일본의 점령정책은 이 방향을 걷게 된다. 이에 대해서는 Tony Smith, *America's Mission: The United States and the Worldwide Struggle for Democracy in the Twentieth Century*, Princeton University Press, 1991, "Chapter 6. Democratizing Japan and Germany" 참조.

[26] 헨리 모겐소는 자신의 이름을 딴 '모겐소 플랜Morgenthau Plan'에서 독일에 대한 전후 개혁 조치들을 내놓았다. 개혁이라기보다는 독일을 봉건체제로 후퇴시킨다는 이 계획들은 모겐소가 재무부 장관직을 내놓은 트루먼 정부 하에서 전면수정되어 '라인강의 기적'이라는 새로운 방향으로 길을 틀어 버렸다. "독일을 농업이 지배하는 사회로 후퇴시켜야만 한다"는 나치즘에 대한 복수심은 '반소비에트주의'라는 새로운 목표물을 택했다. '모겐소 플랜'보다 더 강력하게 독일의 산업 해체를 주장했던 소련은 "독일 산업의 80퍼센트를 해체"해야 하며, 이를 연합국의 전쟁배상 정책에 집어넣으려고 루스벨트를 설득했다. 물론 루스벨트는 이를 거절했지만. 독일에 대한 철저한 응징이 '반소비에트주의'로 이동하는 과정은 다음을 참조. Frederick H. Gareau, "Morgenthau's Plan for Industrial Disarmament in Germany", *The Western Political Quarterly*, Vol. 14, No. 2, 1961.

미국의 역사를 '새로운 제국주의의 확장'으로 흥미 있게 서술한 니알 퍼거슨은 독일 점령정책을 "모순된 입장"이라고 지적한다. 모겐소 플랜과 같은 "가혹한 보복적 성격이 짙은 산업 역량 제거 계획"이 제출되는 동시에, "독일이 가난해진다면 유럽의 재건은 늦어질 것"이라는 상반된 입장이 점령 직후 동시에 터져 나온 것이다. 니알 퍼거슨, 앞의 책, 141~150쪽.

27 이탈리아에서 미국 정보기관이 개입한 심리작전에 관해서는 Sarah-Jane Corke, 앞의 책, 2장 "A strategy monstrosity" 및 Robert T. Holt, Robert W. Van De Velde, *Strategic Psychological Operations and American Foreign Policy*, Univ of Chicago Press, 1960, 6장 참조. CIA는 이탈리 아공산당 측의 서신과 문서들을 날조하고 이탈리아 공산당원들의 섹스 스캔들을 다룬 전단지도 만들어 배포했다. 이런 조치들은 점심식사 후 읽을거리를 찾는 성인들을 대상으로 한 것으로 "공산당 당수에 대한 불신을 조장하기 위해 계획된 것"이었다. 정당, 특히 공산당 당수의 위신에 흠집을 낼 목적으로 정보기관이 개인 서신을 조작하는 것은 우리에게도 낯선 일이 아니다. 1946년 3월경 조봉암이 자신이 박헌영에게 보낸 서신이 수사 과정에서 위조되었다고 주장했고, 이 편지로 인해 조선공산당 당수였던 박헌영의 위신이 "놀랄 만큼 실추"된 것은 아주 유명한 사건이다. 위조지폐, 서신 위조, 문서 조작 같은 업무는 미군 CIC의 훈련 과정에서 반드시 거쳐야 할 필수 과정이다. 윌리엄 브럼, 《미군과 CIA의 잊혀진 역사》, 조용진 옮김, 녹두, 2003, 231쪽.

28 미 제24군단 정보참모부, 〈일일정보고서〉 94호, 1945년 11월 13일.

29 1964년 아디다스에 대항하기 위해 만들어진 나이키 로고는 일본의 신발회사를 인수한 필립 나이트Philip Knight의 머릿속에서 나온 아이디어였다. 1968년 멕시코 올림픽에 내놓을 신발을 구상하던 나이트는 "절대 삼선(아디다스의 상징 무늬)과 비슷하게 보여서는 안 된다"고 했지만, 그는 사실 '삼선 마니아'였다. "아디다스와 비슷하기는 하지만 절대 비슷해 보여서는 안 된다"는 디자인 철학을 바탕으로 3주 간 작업한 끝에 나온 것이 현재의 '스워시' 마크다. 당시 포틀랜드주립대학을 다니고 있던 캐롤린 데이빗슨Carolyn Davidson은 나이키 로고를 제작하고 35달러를 받았다. J.B. Strasser, *Swoosh : Unauthorized story of Nike and the Men who played There*, Harper Business, 1993, p. 122; 위키피디아 "Swoosh"

30 Robert T. Holt, Robert W. Van De Velde, 앞의 책, p. 170.

31 해방 후 쌀 밀수출은 밀수군들에 의해 선박으로 이루어졌는데, 언론에서도 여러 차례 관련 보도가 나왔다. 주로 일본을 목적지로 하는 밀수였지만, 가끔 미국으로 쌀이 몰래 수출된다는 루머도 횡행했다. 예를 들어, 남한 점령 미군 서신검열 당국에서 이런 류의 편지들이 왕래되는 것을 종종 발견했다. 1946년 12월 한 서신에 "들리는 소문에 목포항에서 통행금지 이후 쌀을 선적하여 미국으로 보내고 있다고 한다"는 내용이 나온다. 점령한 지 1년이 훨씬 넘은 시점에도 쌀값이 폭등함에 따라 그 원인을 미국에게서 찾으려는 한국인들이 여럿 있었음을 알 수 있다. 〈군정장관 아놀드, 미가 대책, 간상배 대책, 운반 대책, 밀수출 대책 회견〉, 《서울신문》 1945년 12월 12일; 〈식량행정처장, 미국 대외수출설 부인〉, 《조선일보》 1946년 10월 8일; 미 제24군단 정보참모부, 〈일일정보고서〉 409호, 1946년 12월 19일.

32 5 · 16 쿠데타 때 방송국 장악이 쿠데타 세력의 첫 번째 과제였듯이, 러시아 10월혁명 때에는 라디오를 통해 러시아 국내는 물론 유럽을 상대로 레닌의 연설이 낭독되었다. "모든 사람들에게To all, 모든 이에게to all… 케렌스키가 지도하던 정부가 타도되었다.… 모든 정부기구는 이제 소비에트 정부가 장악했다" Garth S. Jowett & Victoria O'Donnell, 앞의 책, p. 129.

33 장영민, 〈해방 후 '미국의 소리(Voice of America) 한국어방송'에 관한 연구(1945~1950)〉, 《한국근현대사연구》, 50집, 2009; 장영민, 〈한국전쟁기 '미국의 소리(Voice of America) 한국어방송'에 관한 연구〉, 《역사와 경계》, 제90집, 2014. 장영민의 논문은 '미국의 소리'를 본격적으로 연구한 최초의 논문이다. 저자의 설명대로 "기본 자료 조사와 수집에 충실"하며 "해방 이후 활동을 대

상으로 한 최초의 논문"이라는 점에서 의의가 있다. 그러나 저자가 "이 (연구) 결과를 토대로 더욱 정밀한 연구가 나오기를 기대"한다고 밝혔듯, 본격적으로 냉전정책을 비판적으로 분석하는 연구는 시간이 좀 더 필요할 것 같다. 한편 논문에서 소련에 대해 "8월 9일 (한국전쟁 발발을) 명령한 주범으로 지칭하는 것이 허용"되었다고 언급하고 있는데, 왜 이 시점에서 이런 중요한 결정이 대려졌는지와 관련해서는 별다른 설명이 없다. 이 무렵은 국무부에서 38선 돌파가 이미 결정된 시점이었고, 이에 따라 이런 종류의 방송이 허가된 것은 아닐까? 이외에도 여러 문제에 대해 좀 더 검토해야 할 것들이 많은 주제이다.

34 심리전이 워싱턴 관료조직 내부에서 어떻게 토의되었으며 그것이 최고 정책문건인 NSC로 결정되었는지는 Sarah-Jane Corke의 책 전반에서 설명하고 있다.

35 크리스토퍼 심슨, 앞의 책, 219쪽. 1950년대를 지배했던 커뮤니케이션 학자들은 지금으로 따지면 '일베', '다음 아고라', '메갈리아' 등 여론을 주도해 나가는 개인 혹은 집단을 "사회적 중계지점"이라고 불렀으며 심리선 기관들은 이러한 사회적 중계지점을 장악하는 것이 중요하다고 지적했다.

36 Robert T. Holt, Robert W. Van De Velde, 앞의 책, pp. 33-35.

37 Robert T. Holt, Robert W. Van De Velde, 앞의 책, p. 50.

38 한국군의 미국 유학은 정부 수립 직후부터 시작되었지만, 본격적인 유학 방안은 한국전쟁이 발발하면서 검토되기 시작했고, 1954년 한미군사협정이 체결된 이후 본격적인 유학생 파견이 진행되었다. 이후 "미 병과학교의 군사교육을 이수한 장교는 동급의 국내 병과학교를 수료한 것으로 인정"받게 되면서 일종의 한국군 장교 대체 교육기관이 되었다. 김민식, 〈1950년대 한국군의 미국 군사유학 시행과 그 영향〉, 《군사》 98집, 2016.

39 포트 브래에 유학 간 사람들의 면면을 보면 이들이 귀국 이후 어떤 활동을 했을지 충분히 상상할 수 있다. 납치, 암살, 협박, 고문 등, 이들은 보고 배운 것을 활용하여 때로는 국경을 넘어 서로 협력하며 "반체제 세력"을 진압하는 국제적인 노력을 아끼지 않았다. 포트 브래에 관한 것은 아니지만 1960년대 남미 공산주의를 어떻게 탄압할지와 관련해서는 J. Patrice McSherry, *Predatory States: Operation Condor and Covert War in Latin America*, Rowman & Littlefield, 2005, "Chapter 2. Cold War Security Coordination : The Global Context" 참조. 미국의 "콘도르 작전이 새로운 냉전정책 하에서 진행된 광범위한 반공 전략의 일환"이었다는 점을 유럽과 남미 등에서의 활동을 통해 잘 설명하고 있다. 특히 유럽과 남미 지역에서 진행된 "적 후방의 요원 구축 작전"에 "헨리 키신저, 윌리엄 콜비(전 CIA 국장)" 등 미 정부의 유력 인사들이 대거 관여하였으며, CIC도 "예전의 파시스트들을 다시 복귀시키는 데 큰 공"을 세웠다고 지적한다. 남미에서 1960년에 진행된 '콘도르 작전'을 검토하고 있는 이 책에서는 "반공을 위한 남미 국가들의 연합"이 미국의 적극적인 주도 하에 이루어졌으며, 남미의 반공 세력 훈련과 "공산주의, 정보전, 체제 전복에 대한 대응, 심리전, 게릴라전 수행, 심지어는 암살과 고문" 활동 교육을 미국이 주도했다고 설명한다. 남미 지역 군 지도자들을 양성하기 위해 설립된 '아메리카 학교School of the America'에 대해서는 다음을 참조. Lesley Gill, *The School of the Americas: Military Training and Political Violence in the Americas*, Duke University Press, 2004.

40 Robert T. Holt, Robert W. Van De Velde, 앞의 책, p. 40.

41 Robert T. Holt, Robert W. Van De Velde, 앞의 책, p. 5.

42 다른 단행본의 표지를 붙인 좌익 전문지가 대구에서도 발견되었다. CIC에서는 "대구 지역 남로당 비밀기관지인 "Forward(前進)"가 배포 중이라고 한다. 경찰과 CIC가 조사를 진행 중"이라고 기록했다. 정용욱 편, 《해방 직후 정치사회사 자료집》 9권, 다락방, 1994, 15쪽.

43 주한미군 정보참모부가 작성한 보고서들을 보면 출판 관련 검열과 단속이 수시로 이루어졌음을 알 수 있다. 가장 대표적인 사례는 1946년 3월 16일자 보고서에 실린 "공산주의 선전책자가 신

문 판매대에 등장"했다는 보고다. '좌익들이 무엇을 읽고 어떤 생각을 하는지'에 대해 주한 미군 정은 점령 직후부터 매우 높은 관심을 보였으며, 직접 읽을거리도 제공했다. 주한미군 정보참모 부는 1945년 11월부터 방송 편성은 물론이고 한국 신문에 대한 사전 검열 및 사후 번역을 담당하 고, 미군정 공보과에서는 약 30만 부에 달하는 신문(《Digest》)을 발행했다. 또 이동연설팀Mobile Public Address Units을 통해 연설 활동도 꾸준히 전개했다. 이런 업무를 담당한 기관은 군정장 관 직속의 공보과였지만, 세부적인 작업에는 언제나 CIC 같은 군 정보기관 요원들이 개입했다. Secretary of Intelligence and Information, "Weekly Report Number Five", 13 October 1945. RG 319, Records of the Army Staff, 1903-2009, Historical Manuscript Files, 1943-1948, Public Information Section, Box 165. (국사편찬위원회 전자사료관 http://archive.history.go.kr/image/viewer.do?system_id=000000354418)

4. 과장된 여성성과 거세된 여성성

[1] 대한변호사협회 편, 《1986년 인권보고서》, 대한변호사협회, 1987, 155~158쪽. 이 재판의 변호인 단의 한 사람으로 참가했던 박원순의 책에는 문귀동의 범죄 사실이 좀 더 상세하게 설명되어 있 다. 박원순, 《고문의 한국현대사: 야만시대의 기록 3》, 역사비평사, 2006, 194~199쪽.

[2] David Haward Bain, *Aftershocks: A Tale of Two Victims*, Methuen, 1980, p. 83. 베트남 참전용사 들이 제대하여 사회로 복귀한 이후 이들의 범죄율이 꽤 높았던 것은 사실이다. 약물중독이나 자 살 같은 일탈행위도 자주 일어났다. 카한은 베트남 참전 해군 상병 출신으로 제대 이후 1977년 4 월 16일 17세의 베트남 여성을 강간한 뒤 살해한 혐의로 체포되었다. 그는 체포 직후 "별 다를 거 는 없었어요. 그저 훈련받은 대로 베트남 여성을 강간하고 또 제거해 버린 거죠"라고 무덤덤하게 진술했다. 재판 결과 카한은 심리적 불안 상태였다는 이유로 "자신의 죄를 확인하기 어려운 상황" 이라면서 무죄를 선고받았다.

[3] 이 자료는 노근리 자료의 일부로 국사편찬위원회에서도 수집하였다. 〈한국에서 방첩대의 활동〉, 방첩 학교The Counter Intelligence Corps School, 1951년 11월 15일. RG 319 Records of the Army Staff, 1903-2006, Assistant Chief of Staff, G-2(Intelligence) Counter Intelligence Corps Collection, Historians' Source Files of CIC Publications, Box 1.

[4] 월남 화가 김병기 씨는 한 언론과의 인터뷰에서 1954년 피카소에 대해 쓴 글(〈피카소와의 결별〉, 《문학예술》 1954년 4월호)과 관련하여 "(피카소의 '한국에서의 학살'이란 작품은) 극심한 선전미 술이었다"고 회고했다. 김병기는 종군화가단의 부단장 역할을 지녔으며 들라크루아 그림을 모사 한 '문제작'을 그린 유력한 용의자(?) 중 한 명이다. 〈손주에게 들려주는 광복 이야기-김병기 화 백이 겪은 '남과 북의 미술계'〉, 《조선일보》 2005년 8월 24일. "부유한 집안에서 태어나 혈기왕성 한 30대"의 김병기는 토지개혁을 보며 불안감을 느꼈고 월남을 시도하다가 북한 당국에 발각되기 도 했다. 〈'반동' 낙인찍힌 나를 구해 준 은인은 김일성의 외척〉, 《한겨레신문》 2017년 2월 17일.

[5] 당시 국방부 정훈국 미술대 책임자는 강경모 대위다. 당시 이 그림 작업, 들라크루아의 〈민중을 이끄는 자유의 여신〉을 베끼라는 명령은 정부지침으로 하달된 것이라고 최태만은 추정하고 있다. 최태만, 〈한국전쟁과 미술-선전 · 경험 · 기록〉, 동국대학교 박사학위논문, 2008, 82~86쪽.

[6] 조은정, 〈대한민국 제1공화국 권력과 미술의 관계에 대한 연구〉, 이화여자대학교 박사학위논문, 2005, 99쪽.

7 〈트루먼 대통령이 대한민국 대통령(이승만)에게〉, 1952년 6월 2일, *Foreign Relations of the United States*, Vol. XV Korea, part 1, p. 286. (국사편찬위원회 한국사데이터베이스 http://db.history.go.kr/id/frus_008_0020_0360)

8 국방부 군사편찬연구소 편,《6 · 25 전쟁 여군 참전사》, 2012, 107쪽.

9 미국은 베트남전에서 정규군이 아닌 민간인 복장을 한 게릴라 부대의 위력을 실감했다. 게릴라들을 진압하는 과정에서 베트남 여성에 대한 강간과 폭력이 문제가 되기도 했다. "전쟁에 대한 남성의 욕구는 성욕만큼이나 강력"하다면서 "전쟁이란 남자들이 걸치고 있던 가림막 같은 걸 날려버리는 효과가 있다. 전쟁은 남자들에게 집단적인 파워가 뭔지 일깨워 주었고, 그 집단적 힘이란 다름 아닌 동물적 본능과도 같은, 그런 아우라를 제공"해 주었다고 했다. Jacqueline E. Lawson, "'She's a pretty woman for a gook': The Misogyny of the Vietnam War", *Journal of American Culture*, September 1989, Vol. 12(3), pp. 55-56. 이 책에서는 대부분 '마타하리적 좌파들'을 주로 다루지만 '전투적인 라라'형에 가까운 경우도 많았다. 적국이 선전의 대상물로 삼기 좋은 '잔혹한' 전사류와 같은 존재들이 그렇다. 나는 아직도 왜 '여순반란' 사건 당시 정부의 진압군에 저항하기 위해 대낮에, 그것도 혼자서 국군 여럿이 행진하고 있는 와중에 여성이 달려와 총을 쏘았는지 이해가 가지 않으며, 그 권총을 왜 하필이면 "스커트 밑에 감추었"는지도 납득이 되지 않는다. '전투적인 라라'형 좌익 여성전사들이 어떻게 선전도구로 이용되는지, 이런 종류의 심리전이 어떤 역할을 하는지에 대해서는 다음을 참조. 김득중,《빨갱이의 탄생》, 선인, 2009, 416~439쪽.

10 클린턴은 프랭클린 루스벨트 이래로 군복무를 하지 않은 첫 번째 대통령이었다. 때문에 그는 대통령 당선 이후에도 '병역기피자'라는 비아냥을 들었다. 1992년 클린턴이 대통령 선거전에 도전할 무렵 "1969년 가을 로즈장학생 과정을 마치기 위해 다시 영국으로 출국"했던 전력이 드러나면서 병역기피 문제가 논란이 되었다. 출국 이유가 베트남전쟁에 참가하지 않으려는 의도 아니냐는 의혹이 제기된 것이다. 당시 대학원생들을 대상으로 징병 유예 조치가 취해졌기 때문에 충분히 의심을 받을 만했다.《뉴욕 타임스》는 "당대의 다른 학생들과 비교해 보면" 그다지 심각한 애국심 결핍 증상은 아니었다고 결론지었다. "Bill Clinton's Vietnam Test", *New York Times*, 1992년 2월 14일.

11 당시 떠돌던 소문과 관련한 정보인데, 사실 여부를 확인할 수는 없지만 "상당히 신뢰도가 높다 Usually Reliable"는 정보판단을 내리고 있다. 미 8군,〈전쟁일지〉 1950년 9월 20-21일. RG 338, Organizational History Files, 1959-1973, Records of HQ, U.S. Army, Pacific Military Office, Classified Organizational History Files. (국사편찬위원회 전자사료관 http://archive.history.go.kr/image/viewer.do?system_id=000000730060) 이런 사례는 많은 자료들 속에 포함되어 있다. 국가가 위기 상황에 빠졌는데 나 몰라라 하면서 유학 과정이 끝났는데도 돌아오지 않던 이들(이들은 60년대 한국에 귀국하여 박정희 시대 테크노크라트가 되기도 했다)을 보면서 미국 대사 무초가 씁쓸한 비판을 내뱉은 바 있다(〈무초가 국무부로 보내는 전문〉, 1951년 1월 9일, *Foreign Relations of the United States*, 1951, Vol. VII. Korea and China Part 1.). "상당수 지배집단은 전쟁 직전에 자녀들을 미국에 유학 보내는 방법으로 피난을 시켰고 이 중 일부는 전쟁 중에도 유학"을 보냄으로써 국가 엘리트들이 "공익의 대변자가 아니라 사적 이익의 추구임을 보여" 주었다. 김동춘,《전쟁과 사회》, 돌베개, 2006, 94쪽.

12 극동사령부 정보참모부 방첩과 편,〈방첩 리뷰〉 2호, 1951년 10월 15일, CIC:K. RG 319 Records of the Army Staff, 1903-2009, Counter Intelligence Review, CIC Field Report: Korea. (국사편찬위원회 전자사료관 AUS009_31_00C0002_002)

13 국방부 군사편찬연구소 편, 앞의 책, 92쪽.

14 제4 방첩파견대 작성,〈한국에서 CIC 배치와 활동에 대한 진술들〉, 1951년 5월 13일. RG

319 Records of the Army Staff, 1903-2009, Assistant Chief of Staff, G-2, Intelligence, Administrative Division, Intelligence Library ("P") File, 1946-51, Army Intelligence Project Decimal File.

[15] Michael McClintock, *Instruments of Statecraft : U.S. Guerilla Warfare, Counterinsurgency and Counterterrosism*, 1940-1990, Random House, 1992, p. 7.

[16] 국방군사연구소 편,《한국전쟁의 포로》, 1996, 233쪽.

[17] 미 육군 군사편찬센터에서 미군의 한국전쟁 참전사를 책으로 간행했는데 그중 두 번째로 집필된 책이 휴전에 대한 것이다. Water G. Hermes, *Truce Tent and Fighting Front*, Center of Military History United States Army, 1992, p. 416.

[18] Water G. Hermes, 앞의 책, p. 514. Appendix B 참조. 이 책에서 정리해 놓은 포로들의 통계가 가장 많이 활용되고 있다. 이 책은 한국전쟁에 참가했던 미군들이 남겨 놓은 자료들을 근거로 하고 있는데, 한국군 측이 작성한 포로 숫자와는 차이가 있다.

[19] 이승만과 박씨 부인(박승선)은 이혼 절차를 따로 밟지 않았으며(물론 태극… 아니 이승만 지지자들은 1907년경 이혼을 했다고 주장하겠지만), 1949년 5월 16일 이승만이 호적 제적신청 소송을 내면서 박승선 씨를 비롯한 일가족 7명이 모두 호적에서 삭제되는 것으로 결론이 내려졌다. 〈밝혀진 이박사 본부인 제적 경위〉,《동아일보》1965년 8월 10일.

[20] '김일성 가짜론'은 1980~90년대 한창 유행했다. 이명영 교수와 허동찬 등의 연구자들이 증언을 토대로 '김일성 가짜론'을 주장했고 이어서 북로당 권력투쟁에서 패배했던 남로당 계열 인물들이 동조했으며, 일부 언론들이 이를 보도하면서 남한에서는 사실로 인정되는 분위기였다. '김일성 가짜론'을 자료, 특히 관헌 자료를 근거로 오류가 있음을 밝혀낸 사람은 일본인 학자 와다 하루끼다. 그는 "만주의 항일유격전쟁은 백마를 탄 노장군이 나오는 세계는 아니었다"면서, 항일무장투쟁에서 오래 살아남기 위해서는 강인한 육체와 싱싱한 젊음이 필요했다는 점을 잘 설명하고 있다. 역사 특히 현대사에서 증언과 자료는 이처럼 서로 모순되는 방향을 가리키기도 하는데, 이 싸움에서 자료가 증언을 이긴 셈이다. 와다 하루끼,《김일성과 만주항일 전쟁》, 이종석 옮김, 창작과비평사, 1992, 180쪽.

[21] 이승만을 공격하는 삐라에서 영부인에 대한 혐오가 종종 등장했다. 1948년 10월 19일 이승만이 일본을 방문했을 때도 비슷했다. 조총련의 모태인 재일조선인연맹은 이승만의 일본 방문을 앞두고 암살 계획을 세우고 있었다. 이 단체가 뿌린 삐라에 "이승만은 미국의 푸들일 뿐이다. 미국인 부인까지 얻어서!"라는 내용이 등장한다. 물론 여기에서도 이중혼에 대한 비난은 빠져 있다. 머리 노란 서양 여자는 모두 미국인이라고 판단한 것은 실수로 보이는데, 어쨌든 외국인 부인을 두면서까지 다문화주의를 제창했던 초대 대통령의 행태를 노골적으로 비아냥거렸다. 제441 방첩대 소속 카나가와 방첩파견대 작성, 〈이승만 한국 대통령의 일본 방문〉, 1948년 9월 21일. RG 263, Records of the Central Intelligence Agency, 1894-2002, Documents Relating to Syngman Rhee, Box 3. 이 문서 외에도 이승만의 일본 방문 당시 암살단을 일망타진하기 위한 일본 경찰의 진압 계획도 매우 흥미롭다. (국사편찬위원회 전자사료관 http://archive.history.go.kr/image/viewer.do?system_id=000000042418)

[22] 리 프랜세스카,《대통령의 건강》, 도서출판 촛불, 1988, 14쪽.

[23] 프란체스카는 1949년 2월 5일 올리버 부인에게 보낸 편지에서도 펄 벅을 "핑크보다도 더 빨간 여자"라면서 "한국과 결코 친해질 수 없는 사람"이라고 힐난했다. 국사편찬위원회 편,《이승만관계 서한자료집 2, 1949-1950》, 국사편찬위원회, 1996, 25쪽.

[24] 〈나라의 폐단을 고칠 일〉,《제국신문》1904년 12월 30일. 이승만은 민영환의 밀사로 미국 대통령을 만나러 갔을 무렵 "한민족의 우수함은 양순하고 성실한 미덕"에 있다는 특별기고문을《제국신

문〉에 기고했다.

25 〈프란체스카가 올리버 부부에게〉, 1947년 1월 3일, 국사편찬위원회 편,《이승만관계서한자료집 1, 1944-1948》, 국사편찬위원회, 1996, 196쪽. (국사편찬위원회 전자도서관 http://library.history. go.kr/dhrs/dhrsXIFViewer.jsp?system=dlidb&id=000000096085)

26 '10월 대구사건'이 발생하기 석 달 전부터 지방 경찰을 순례하면서 문제점을 지적했던 로빈슨 Richard Robinson 미 군사관軍史官의 지적이다. 당시 한국인 경찰의 문제는 식민지 시기부터 해 왔던 습관(?)을 버리지 못하고 해방이라는 환경에 적응하지 못한 것이라는 뜻이다. 주한미군 정 보참모부 군사실 편,《주한미군사》제3권, 4장 "경찰과 공안". (국사편찬위원회 한국사데이터베이 스 http://db.history.go.kr/id/husa_003r_0040_0010_0170)

27 〈프란체스카가 프라이 부인에게〉, 1947년 5월 4일, 국사편찬위원회 편,《이승만관계서한자료집 1, 1944-1948》, 264쪽.

28 물론 이는 "군정이 너무 왼쪽에 서 있다"고 비난했던 이승만이나 프란체스카 같은 분들의 심정 일 것이다. 사실 군정도 이런 점에서 다가올 위기, 예를 들어 '10월 대구사건' 같은 위기를 불안하 게 예측하고 있었다. 주한미군정의 군사관 리처드 로빈슨은 1946년 6월과 7월에 남한 전역을 순 찰하면서 경찰과 관련한 인터뷰를 다수 진행했다. "군정이 이런 경찰 시스템에 스며들어 있는 악 마들을 없애기 위해 별다른 조치를 취하지 않고 있다. 결국 경찰의 이런 잘못은 모두 군정의 잘 못으로 이해되고 있으며, 이런 여론을 검토해 보면 군정에게 아주 위험한 신호가 들어오고 있다 는 점을 기억해야만 한다"며 군정과 한국인들의 충돌을 미리 예견했다. 특히 이런 경찰들 가운 데 일본 총독부 시절 경찰을 지냈던 사람들도 있으며 포항의 경우 "경찰 188명 가운데 28명이 일 제 치하에서 경찰을 지냈던 인물인데 이들이 대부분 고위직을 차지"하고 있다고 우려했다. 리처 드 로빈슨, 〈경찰에 대한 수사〉, 주한 미군정 공보과, 1946년 7월 30일. RG 332, Records of U.S. Theaters of War, World War II, 1939-1948, USAFIK, XXIV Corps, Outgoing Message, 1946- 48, Investigation of the Police. (국사편찬위원회 전자사료관 http://archive.history.go.kr/image/ viewer.do?system_id=000000044632)

29 "일본 점령 마지막 해에 조선 전역에 '3만 명 이상'의 수감자들이 있었으나 그 가운데 대략 46퍼 센트는 북조선의 형무소에 있었다. 1947년의 총합은 이전보다 점점 더 나빠"지고 있었다. 식민지 시기 죄수가 가장 많을 때를 기준으로 "약 3만 명" 정도 되는데, 여기에는 북한도 포함된다. 남한 은 대략 1만 6천 명 정도된다고 할때, 이 기록은 매일 경신되고 있었다. 해방된 지 1년만인 1946 년 8월에 이미 1만 7천 명이었고, 프란체스카가 불만을 토로하던 "1947년 5월에는 2만 명을 넘어" 가고 있었다. 주한미군 정보참모부 군사실 편,《주한미군사》제3권, 5장 "사법부". (국사편찬위원 회 한국사데이터베이스 http://db.history.go.kr/id/husa_003r_0050_0110)

30 국사편찬위원회 편,《이승만관계서한자료집 1, 1944-1948》, 265쪽.

31 〈공당共黨 조종한 혐의-이李 대통령 마산사태에 거듭 담화〉,《동아일보》1960년 4월 16일. 이승 만은 재임 시절 자신의 통치에 반대한 대중운동에 대해 이런 혐의가 있다고 내내 주장했다. 이런 주장은 이날 기사 외에도 엄청나게 많다. 그 이후 대통령들도 비슷하기는 했지만. 미국 외교문서 는 이처럼 "공산당과의 은밀한 동맹"이라면서 정치적 반대파를 공격하는 것을 "한국 정치에서 곧 잘 사용되는" 하나의 전통이라고 평가하기도 했다. 〈작전조정위원회를 위해 부처 간 특별조사위 원회에 의한 참모 연구서〉, 1955년 11월 16일, Foreign Relations of the United States 1955-1957, Volume XXIII, Part 2, Korea, p. 183. (국사편찬위원회 한국사데이터베이스, http://db.history. go.kr/id/frus_010r_0010_0990)

32 〈프란체스카가 올리버에게〉, 1949년 6월 21일, 국사편찬위원회 편,《이승만관계서한자료집 2, 1949-1950》, 74쪽.

33 〈프란체스카가 올리버 부인에게〉, 1948년 11월 23일, 국사편찬위원회 편, 《이승만관계서한자료집 1, 1944-1948》, 488쪽.

34 한복을 입기 싫어했던 것은 이승만도 비슷했던 모양이다. "나도 매일 입기는 싫지만 이승만 박사도 그건 마찬가지에요"라며 영부인 노릇의 어려움을 고백한 바 있다. 〈프란체스카가 올리버 부인에게〉, 1947년 11월 9일, 국사편찬위원회 편, 《이승만관계서한자료집 1, 1944-1948》, 378쪽.

35 〈프란체스카가 올리버에게〉, 1949년 7월 22일, 국사편찬위원회 편, 《이승만관계서한자료집 2, 1949-1950》, 130쪽.

36 〈프란체스카가 제이 제롬 윌리엄스에게〉, 1947년 12월 31일, 국사편찬위원회 편, 《이승만관계서한자료집 1, 1944-1948》, 402쪽.

37 이순자 여사는 백담사로 떠나던 날 슬퍼서 펑펑 울던 모습과는 대조적으로, 그녀가 회장으로 있던 '새세대 육영회'에 대한 수사 여론이 높아져 가던 무렵에는 아직 남을 웃길 힘이 좀 남아 있었던 모양이다. 육영회가 원래 심장병 어린이를 돕기 위한 재단이었는데, 이런 훌륭한(?) 활동을 하는 자신을 몰라 보고 있다며, "나는 그 같은 일(심장병 어린이 치료 활동)을 계속해 오면서도 '왼손이 하는 일을 오른손이 모르게 하라'는 말씀대로 했더니 국민들이 나의 업적을 몰라 준다"고 고백하기도 했다. 〈연희동 이순자 씨, "분하고 원통하다"〉, 《한겨레신문》 1988년 8월 23일.

38 동경의 극동사령부 정보참모부에서는 '방첩대 지구 야전보고서'라는 제목으로 CIC 현장 보고서를 매달 간행했다. 월간 보고서 목차는 일본 CIC 야전보고서, 반란행위 요약(일본·한국·중국·오키나와), 부록, 한국 CIC 야전보고서로 구성되어 있다. 한국 CIC 야전보고서 아래 세부 목차는 1. 전투보고서 및 훈장 2. 간첩 3. 사보타주 4. 폭동, 반역, 반란행위 5. 불만행위, 배경조사 및 충성심, 게릴라 활동 6. 정치 및 선전 및 소문 7. 피난민 및 기타 등으로 구성되어 있다. 극동사령부 정보참모부 방첩과 편, 〈방첩대 지구 야전보고서〉 26호, 1951년 8월 15일, 25쪽. RG 319 Records of the Army Staff, 1903-2009, Counter Intelligence Review: CIC Field Report: Korea. (국사편찬위원회 전자사료관 AUS009_31_00C0002_002)

39 〈방첩대 지구 야전보고서〉가 9월부터는 〈방첩 리뷰Counter Intelligence Review〉로 제목이 바뀌어 발행되었다. 세부 목차는 약간 변경되었지만 전체적으로는 유사하게 서술되어 있다. 극동사령부 정보참모부 방첩과 편, 〈방첩 리뷰〉 2호, 1951년 10월 15일. 출처는 위 자료와 같다.

40 Marguerite Higgins, War in Korea, Country Life Press, 1951, p. 30.

41 〈육군부가 극동 지역 최고사령관에게 보내는 전문〉, 1950년 7월 16일. RG 319, Records of the Army Staff, 1903-2009, Classified Decimal Correspondence, 1950, 311.5, Box 196. (국사편찬위원회 전자사료관 http://archive.history.go.kr/image/viewer.do?system_id=000000042714)

42 한국전쟁 당시 미 극동 공군의 공습작전이 북한 지역에 엄청난 피해를 입힌 것은 사실이지만, 이 작전으로 지상의 군사작전을 효과적으로 진압할 수 있었는지는 논란의 여지가 있다. 1952년 초까지 '차단작전'이라는 이름으로 철도와 교량 파괴에 집중했는데, 이 공중지원 작전으로 지상군 활동을 효과적으로 차단했는지에 대해 불만이 제기된 것이다. 미 극동 공군 내부에서는 그때까지 쏟아부은 폭탄으로도 모자란다고 주장했다. 공산국가에서 비인도주의적 폭격에 대한 맹비난이 매일 쏟아졌지만 말이다. 미 극동 공군 작전담당 부사령관 스마트Jacob Smart 준장은 부하들에게 "미 극동 공군의 모든 자원을 동원해서라도 북한의 지상군을 압박할 수 있는 방안을 마련"하라고 지시했다. 당시까지 미군은 "최소한 1만 5천 개의 철로와 199개의 교량을 파괴"하면서 지상군의 병참을 압박하려고 노력했고, 이를 통해 휴전회담에서 미국 측이 유리하게 협상할 수 있을 줄 알았다. 한데 공산 측이 '무조건 소환방식'을 계속 주장하자 '그래, 어디 한번 두고 보자'란 식으로 새로운 폭격방식을 모색한 것이다. 1952년 7월부터 구체화된 '항공압박전략The Strategy of Air Pressure'이 미 극동 공군의 한층 더 새로운 대응이었다. 스마트 장군은 "사실 전략상 중요한 단어

를 바꾸거나 한 것이 아니며, 강조점을 차단과 지체에서 완전한 파괴작전으로 바꾼 것"이라고 간단히 설명했다. 절반 정도만 죽이던 것을 이제 "최대 한도로 죽이는 것"으로 바꾼 차이랄까? 1952년 7월부터 개시된 새로운 공중폭격 작전에 대해서는 다음 자료를 참조. 이 자료는 인터넷에서 열람할 수 있다. Robert F. Futell, "United States Air Force Operations in the Korean Conflict, 1 July 1952-27 July 1953", *USAF Historical Studies*, No.127, Department of the Air Force, USAF Historical Division, Research Studies Institute, 1956. (https://www.afhra.af.mil/Information/ Studies/) 한국전쟁 폭격 작전을 연구한 김태우는 '항공압박전략'을 담고 있는 "이 짧은 보고서가 1952년 7월부터 1953년 7월까지 1년여 동안 북한 주민들에게 커다란 재앙의 씨앗"이 되었다고 평가했다. 김태우, 앞의 책, 360쪽.

43 Dennis Showalter ed., *History in Dispute, Volume 5 : World War II, 1943-1945*, St James Press, 2000, p. 94.

44 일본은 중일전쟁 때 "중국 인민의 사기를 무너뜨리기 위해 대량살상 및 무차별적 도시 폭격에 대한 죄책감 없이" 여기저기서 공습을 감행했으며 독일 역시 일본과 비슷한 전략을 선택했다. 영국이 먼저냐 독일이 먼저냐를 둘러싸고 논쟁은 있지만, "민간인에 대한 대규모 공습"은 이 무렵부터 본격적으로 시작된 셈이다. "역사상 가장 잔인한 공습"이었던 1945년 2월 드레스덴 폭격과 "아시아인에 대한 인종주의적 증오 때문에 자행된" 3월 10일 도쿄 대공습까지 포함해서 말이다. Dennis Showalter Ed., 앞의 책, pp. 96-99.

45 "Korean Returnee Report", 1952. 6. 4. RG 319, Records of the Army Staff, 1903-2009, Assistant Chief of Staff, G-2(Intelligence) Counter Intelligence Corps Collection, Historians' Source Files of CIC Publications, Box 6.

46 〈이명박 "얼굴 '덜 예쁜' 여자가 서비스도 좋아"-'특수 서비스업' 여성 고르는 법이 '인생의 지혜?'〉, 《프레시안》 2007년 9월 13일.

47 미 제24군단 정보참모부, 〈일일정보보고서〉 561호, 1947년 6월 20일.

48 〈CIC 반월간 보고서〉 3호, 1948년 2월 15일. 정용욱 편, 앞의 자료집 9권, 35쪽.

49 에릭 홉스봄, 《극단의 시대 : 20세기 역사》, 이용우 옮김, 까치, 1994, 541쪽.

50 주한미군 정보참모부 군사실 편, 《주한미군사》 제3권, 276쪽. (국사편찬위원회 한국사데이터베이스 http://db.history.go.kr/id/husa_003r_0040_0010_0030)

51 〈공산 측의 세균전을 탐지하기 위한 작전, 전쟁포로 학대 등〉, 1953년 10월 21일. RG 319, Records of the Army Staff, 1903-2009, Records of the Office of the Chief of Special Warfare 1951-58, Top Secret Correspondence, 1951-58, Entry 339, Box 23. (국사편찬위원회 전자사료관 http://archive.history.go.kr/image/viewer.do?system_id=000000043560)

52 맥스웰 테일러Maxwell D. Taylor 작성, 〈한국의 인력을 활용하는 문제〉, 1951년 4월 23일. RG 319, Records of the Army Staff, 1903-2009, Top Secret Correspondence, 1941-62, Entry 4, CofS (TS), 1951-52, Box 5. (국사편찬위원회 전자사료관 http://archive.history.go.kr/image/viewer.do?system_id=000000043520) 이승만이 한국 청년대와 민간인들을 무장시키기 위해 미국에 계속 압력을 보냈던 것은 프란체스카의 일기에서도 잘 드러난다. "한국전에 처음 투입된 미군 병사들은 풋내기 초년병이 대부분이었다. 이들에게 빨갱이와 이남 사람들을 구분하라는 것은 불가능한 일이었다. 누가 적인지 모르고 덤벙덤벙 총질만 하고 있는 꼴이었다. 차라리 우리에게 무기를 넘겨 달라고 애원하고 싶은 심정"이라고 했다. 프란체스카, 《프란체스카의 난중일기: 6·25와 이승만》, 기파랑, 2010, 51쪽.

53 류춘도, 〈인민군 여자군의관으로 겪은 한국전쟁〉, 역사문제연구소 편, 《역사비평》 51호, 2000, 107쪽.

54 1941년 7월 미국에서 〈May Act〉가 통과되어 미군부대 주변 "적당한reasonable" 지역에서는 매

춘 행위를 하지 못하게 되었다. 이에 대해서는 Na Yong Lee, "The Construction of Military Prostitution in South Korea during the U.S. Military Rule, 1945-1948", *Feminist Studies*, Vol. 33 No. 3(Fall, 2007), p. 462.

[55] C. L. 호그, 《한국분단보고서(상)》, 신복룡 옮김, 풀빛, 1992, 123쪽.

[56] 존 벨튼, 《미국영화, 미국 문화》, 이형식 옮김, 한신문화사, 2000, 254쪽. 할리우드에 불어닥친 빨갱이 사냥에 대해서는 이 책 11장 "헐리우드와 냉전"에 자세하게 설명되어 있다.

[57] C. S. 채플린, 《채플린 자서전》, 장덕상 옮김, 명문당, 1992, 307~317쪽. 채플린의 공산주의 협력 활동에 대해서는 당시 수사를 담당한 FBI가 짧은 문건 몇 편을 공개한 바 있다. 채플린의 공산주의 관련 조사 내용은 FBI 홈페이지와 정반대 사이트인 '추문폭로자CounterPunch' 기사 참조. (https://vault.fbi.gov/charlie-chaplin; https://www.counterpunch.org/2017/07/28/the-fbi-vs-comrade-charlie-chaplin/)

[58] Richard Carr, *Charlie Chaplin : a political biography from Victorian Britain to Modern America*, Routledge, 2017, pp. 210-219.

[59] 자유 진영에 살고 있는 우리는 우익에서 좌익으로 넘어간 사람들의 '뼈를 깎는 후회'가 담긴 회고록 같은 것은 읽을 기회가 없다. 그저 '빨갱이들의 선전전' 정도로 치부하고 만다. 한데, 그 반대의 경우는 회고록이나 고백록으로 출간되고 언론에 소개되기도 한다. 냉전이 한창 성립될 무렵 이런 종류의 책으로 세계적인 명성을 얻은 《실패한 신》이란 책이 있다. 이 책은 미국 언론인이 편집한 '고백록'으로 필자로 참가한 6명은 한국에서는 그다지 유명 인물은 아니었지만, 1950년 당시 유럽과 미국에서는 꽤 저명한 필자들이었다. 어떤 비평가는 이 책을 "지식인들의 저작이었던 것만큼이나 정보전의 산물이기도 했던 셈"이라며 CIA의 출판 지원을 비난했다. 《실패한 신》이 출간되는 과정에서 CIA의 역할에 대해서는 프랜시스 스토너 손더스, 《문화적 냉전: CIA와 지식인들》, 유광태 · 임채원 옮김, 그린비, 2016. 4장 "민주주의 진영의 데민포름"을 참조.

5. 방역선 너머의 사람들

[1] 미국의 의도는 "나치의 범죄행위에 대한 분명한 증거자료들을 모아서, 두 번 다시 이런 체제가 등장하지 않도록" 만들려던 것이었다. 인용한 부분은 루스벨트가 사망한 직후, 전후 나치의 전쟁범죄 재판에 참가하는 두 명의 법률가 중 한 명인 로버트 잭슨이 트루먼 대통령에 전한 보고서에 들어 있던 말이다. Stephan Landsman, *Crimes of the Holocaust: The Law Confronts Hard Cases*, University of Pennsylvania Press, 2005, pp. 6-7.

[2] 〈한국 점령 기간 동안 방첩대〉, March 1959, US Army Intelligence Center, Fort Holabird. 정용욱 편, 앞의 자료집 10권, 15쪽.

[3] 미군도 처음에 어떤 단어가 적절한지를 두고 고민했던 모양이다. 그중에서도 첩보information라는 단어를 사용했던 이유는 통합된 첩보부대를 만들 무렵인 1880년대 후반 정보intelligence라는 단어가 당시 신문에서 뉴스 제목으로 흔히 사용되었기 때문이다. James L. Gilbert, 앞의 책, p. 2. 1885년 전쟁부에서 첩보 관련 부처들을 통합하여 첩보 부서MID: Military Information Division 를 설치했는데, 이 부서는 여러 정보들을 취합하는 부대였다. 사실 '기회의 땅'이자 '자유주의의 본산'이며 외국 군대의 침략 위협이 유럽에 비하면 거의 무시해도 될 만한 미국에서 군 첩보기관을 만드는 것은 좀 이상한 일이긴 했다. 유럽에서 일찍부터 군 관련 기구들이 확립되었던 것

과 달리, "군국주의에 대한 경멸"로 인해 미국에서는 "유럽과 같은 군부 기구가 확대되는 것을 우려"하고 있었다. 때문에 1885년에 만들어진 첩보부서도 할 일 없이 있으나 마나 한 기구가 되었다. 19세기에는 그랬다. 그러나 20세기와 함께 새로운 제국주의 시대의 아침이 조금씩 밝아 오고 있었다. 이 부서는 제1차 세계대전과 함께 전혀 새로운 부서로 탈바꿈하게 된다. 이 무렵부터 첩보라는 단어 대신 정보intelligence라는 용어를 써서(Military Intelligence Sections) 이름도 바꾸었다. 새로운 미군 첩보기구 설립에 대해서는 다음을 참조. John Patrick Finnegan, 앞의 책, "Beginnings".

4   궁극적으로 보면, 정보기관의 불법적 활동은 이 개념 자체의 불분명함으로 초래되는 것이다. "누군가에게 불법적인 활동이라면, 또 누군가에게는 그 활동이 해방의 기초"가 될 수도 있다. 즉, 국가안보라는 개념은 그 자체로 정치적이며 상대적인 개념일 뿐이라는 것이다. 이에 대해서는 다음을 참조. Morton H. Halperin, Robert L. Borosage, Jerry J. Berman, Christine M. Marwick, *The Lawless State-The Crimes of the US Intelligence Agencies*, Penguin Books, 1976, pp. 5-8.

5   James L. Gilbert, 앞의 책, p. 111.

6   정용욱, 앞의 자료집 10권, 48~49쪽.

7   슈미트, 앞의 책, 14쪽. 정보기관의 특성을 다루는 이 책에서는 이런 종류의 정보공작의 특수성을 활용한 영리활동의 폐해를 여러 사례를 통해 설명하고 있다. 예를 들어 1971년 11월 프랑스 정보부가 미국의 달러 평가절하 정책을 미리 수집하여 상당수의 활동자금을 마련했던 사건 같은. 이런 종류의 정보기관의 과외활동(?)은 무수히 많이 찾을 수 있다. 중앙정보부의 1962년 증권파동만 보더라도!

8   Admiral Stansfield Turner, *Secrecy and Democracy: The CIA in Transition*, Houghton Mifflin Company, 1985, pp. 91-92. 터너는 CIA 국장으로 임명되기 전 미 해군 제2함대 사령관을 맡고 있었다. 그는 CIA 국장이 되면서 발전된 정보 탐지 기구들을 보고 놀란 눈을 부릅뜨면서 "이제 우리는 어디서든 언제든 무엇이든 간에 탐지할 수 있다"며 감탄했다. 제2함대 사령관 시절에도 이런 탐지 정보들을 받아보기는 했지만, 그것이 어떤 원리로 어떤 기기를 사용해서 어떻게 감지되는지는 전혀 모르고 있었다. 물어보기는 했는데 "모르는 것이 나을 것"이라는 말만 들었다고. 사실 스탠스필드는 '일망원형감시panopticon'는 단 한 곳에서만 모든 것을 관찰할 수 있다는 사실을 잘 몰랐던 모양이다. 정보기관의 구성 원칙이 '중앙집중'과 '집배기관'인데 말이지. 30여 년 전의 CIA 탐지기술에 관한 내용이지만 이 책 8장 "The Quiet Revolution : Machines As Spies"에서는 CIA가 정보 탐색을 위해 어떤 과학기구들을 어떻게 활용하는지 잘 보여 주고 있다.

9   미셸 푸코, 《감시와 처벌》, 오생근 옮김, 나남출판사, 1994, 295쪽.

10   '미사일 갭' 문제는 존 루이스 개디스, 앞의 책, 403~417쪽 참조. 이라크 대량살상 무기 관련 논란은 팀 와이너, 앞의 책, 754~757쪽 참조.

11   RG 319, Security Classified General Correspondence, 1948-1954, 471.6 Tactical Employment of Atomic Weapons, Box 392. 이 기록들은 1951년 3월에 작성된 한국전쟁에서 핵무기 사용 도상실험 내용에 관한 것이다. 한국전쟁에서 핵무기 사용이 검토되기 시작한 것은 전쟁 발발 직후이긴 했지만, 그것은 "미군이 활용할 수 있는 군사적인 수단 가운데 하나"로 검토되었을 뿐이고, 구체적으로 어느 시점에 어떤 지역에 투하할지 등 광범위한 내용은 아니었다. 한국전쟁 초기 핵무기 사용에 대해서는 1장 미주 18 참조. 이 자료는 실제 원자폭탄이 투하될 지역을 토대로 한 도상실험 계획의 첫 번째 사례로 보인다. 이 실험보고서에서는 철원, 대전, 황해도 지역 등에서 핵무기를 사용했을 경우 어떤 결과가 나왔을지에 대해 여러 가지 자료를 동원하여 설명하고 있다. (국사편찬위원회 전자사료관 http://archive.history.go.kr/image/viewer.do?system_id=000000829819)

12 슈미트, 앞의 책, 55쪽.

13 "거의 모든 파견대들이 자신의 정보원들이 이중간첩일 가능성을 '상당히 심각하게' 생각하고 있다. 오직 두 군데 파견대만이 그 반대의 결론을 내리고 있다." 방첩대 학교 편, 〈한국에서의 방첩대 활동〉, 1951년 11월 15일, 27쪽. RG 319, Assistant Chief of Staff, G-2(Intelligence) Counter Intelligence Corps Collection, Historians' Source Files of CIC Publications. Box 6. 방첩대 학교에서 사용할 계획으로 발간된 자료로, 수록된 내용은 1951년 4월에서 5월까지 한국에서 활동 중인 방첩대 파견대원들을 인터뷰한 내용을 모아 놓은 것이다. 국사편찬위원회에 노근리 자료의 일부로 들어와 있다.

14 이 용어는 고우영 화백의 《삼국지》에서 인용한 것이다.

15 이런 종류의 희생자들은 과거사위원회에서 한국전쟁 당시 민간인 희생자 사건을 조사한 보고서 곳곳에 등장한다. 예를 들어 "여름철이기 때문에 마을 사람들이 주로 흰 옷을 입고 생활"하고 있었는데, 주로 "소에게 풀을 먹이러 들에 가거나 집에서 모여 있다가 (중략) 남쪽에서 폭격기가 날아와 약 1시간 동안 폭격과 기총소사"를 당했다. "뒷집에 살던 이하진의 조카(7세)가 기총소사에 사망"하는 일은 다반사로 일어나는 '전쟁 중의 불가피한 피해'에 불과했다. 당시 지상군을 지원하는 전투기들은 소형이기 때문에 실어 오는 폭탄이 한 발이거나 두 발인 경우가 많았다. 대부분 기총소사로 지상군을 공격했는데, 저 사진에 나오는 "흰 옷" 입은 사망자 역시 기총소사로 사망한 경우일 수도 있겠다. 진실화해를 위한 과거사정리위원회, 《2008년 하반기 보고서》 3권, "의령 미군폭격 사건" 375, 383쪽; 김태우, 앞의 책, 8장 "흰옷을 입은 적들".

16 국방군사연구소, 《한국전쟁(상)》, 1995, 459, 474쪽.

17 한국전쟁 기간 중 사망한 민간인의 상당수가 이렇게 살해당했을 가능성이 있다. 미군 방첩대가 남긴 증언 가운데 이렇게 민간인의 이동 통제 과정에서 상당수 피살자가 발생했음을 보여 주는 것이 많다. 예컨대 "피난민들이 검문소를 피하기 위해 산악로를 이용하면서 전방 부대나 항공기에서 이들에게 무차별적으로 사격을 가하는 일이 잦았다. 또한 부모들이 자식들을 길에 버려 두고 도망가는 일도 많았다. (중략) 우리가 죄 없는 피난민들을 잘못 체포하여 포로수용소로 넘긴 사례도 많았다." 〈제3 방첩파견대 소속 조셉 파렐Joseph H. Farell 인터뷰〉, 1952년 4월 11일. RG 319 Assistant Chief of Staff, G-2(Intelligence) Counter Intelligence Corps Collection, Historians' Source Files of CIC Publications, Box 6.

18 Joachim J. Savelsberg, *American Memories: Atrocities and the Law*, Russell Sage Foundation, 2011, p. 35. "20세기가 저물던 무렵" 책을 쓰기 시작한 저자는 서문에서 "미국이 개입된 전쟁 참극에 대해 미국인들 스스로 어떻게 생각하고 있는지" 궁금했다고 고백했다. 대부분의 미국 사람들은 잘 모르겠지만, 저자는 여러 재판과 관련 기록들을 토대로 미국이 참전했던 많은 전쟁에서 벌어진 비극을 검토하고 있다. 3장에서 다루는 미라이학살은 그중 대표적인 사건이다. 미라이학살의 희생자 수는 미국에서 벌어진 재판, 저널리스트들이 남긴 기록, 그리고 미라이학살기념관 모두 다르게 기록되어 있다. "기껏해야 22명"(군사위원회)에서부터 "502명"(손 마이Son My의 기념관)까지 차이가 크다. 전쟁을 기록하려면 여러 기록들을 찾아야 하지만, "이런 일이 미래에도 발생하지 않도록 하려면" 억울한 죽음을 기록하는 것이 첫 번째로, 다른 어떤 기록보다 정확하게 발굴되어야 한다. 저자는 제2차 세계대전, 베트남전쟁, 이라크 전쟁, 유고슬라비아 등 많은 전쟁을 다루고 있는데, 미군이 세 번째로 많이 희생된 한국전쟁에 대해서는 별다른 언급을 하지 않았다.

19 북한의 권력기관에 대한 연구, 특히 군부의 방첩 관련 연구는 제대로 진행된 것이 별로 없다. 북한군 내부 동향을 파악한 몇 가지 연구가 있다. 김선호, 앞의 논문, 제3장 "보안기구의 창설과 군대의 원형". 군부는 아니지만 북한 인민위원회 보안국(이후 정치보위국) 활동에 대해서는 다음 논문을 참조. 연정은, 〈북한 정치보위국의 형성 과정〉, 《사림》 61호, 2017. 이 논문에서는 남한의 정보

원과 비슷한 북한의 통심원에 대해 상세하게 설명하고 있다.

[20] 제10군단 〈일일정보보고서〉 187호, '적 간첩 활동'. RG 319, Assistant Chief of Staff, G-2, Intelligence, Administrative Division, Intelligence Library ("P") File, 1946-51, Army Intelligence Project Decimal File, 1951-52, Entry 97, Box 163. (국사편찬위원회 전자사료관 http://archive.history.go.kr/image/viewer.do?system_id=000000042687)

[21] 미 제24군 산하에서 활동했던 방첩대원들은 자신들의 기록, 특히 정보원과 관련된 기록들도 모두 상부기관에 송부했는데, 도쿄의 제441 방첩대 역시 그중 하나였다. 남한 점령 4년간의 기록이 도쿄의 제441 방첩대에 있었기 때문에, 한국전쟁 당시 한국에 파견된 방첩대원들은 이런 기록들을 파견받기 전에 미리 검토했다. 이를 토대로 필요한 자료들, 예를 들어 블랙리스트, 화이트리스트 등을 작성하고 정보원망도 이러한 기록을 토대로 다시 구축했다. 조셉 고먼Joseph P. Gorman 인터뷰, 〈한국에서 방첩대의 작전〉, 1952년 2월 4일. RG 319, Assistant Chief of Staff, G-2(Intelligence) Counter Intelligence Corps Collection, Historians' Source Files of CIC Publications, Box 6.

[22] 이 문건은 제971 방첩파견대가 제출한 문서를 바탕으로 작성되었다고 기록하고 있다. 제24군단 정보참모부 작성, 〈소련 공산당의 사주를 받은 간첩 활동〉, 1947년 8월 14일. RG 332, Records of U.S. Theaters of War, World War II, 1939-1948, Politics in Korea, 1945-1948, Historical Section, U.S.-U.S.S.R.: The Communist, the Russians and the American thru Rightist Plots & Miscellaneous Politics, 1946-1947 (3 of 5). Box No. 77. (국사편찬위원회 전자사료관 http://archive.history.go.kr/image/viewer.do?system_id=000000087353)

[23] "Communist in the U.S.A.: 100 Things You Should Know", The Sojourner, November 1949. RG 319, Records of the Army Staff, 1903-2009, Decimal Files, 1949-1950, Box 6. (국사편찬위원회 전자사료관 http://archive.history.go.kr/image/viewer.do?system_id=000000604448)

[24] 군 정보부가 "비밀리에 민간인을 사찰"하는 나라도, "증거자료라고는 오로지 군 정보 관련자들의 인터뷰"뿐인 고발기사가 나온 나라도 다름 아닌 미국이었다. 민주주의 선진국인지 후진국인지 분간이 잘 안 되긴 하지만, 당시 한 월간지(Washington Monthly, January 1970)에 "CONUS Intelligence: The Army Watches Civilian Politics"라는 제목의 고발기사가 실렸다. 베트남 반전 운동이 한창이던 워싱턴 정가에서는 곧바로 청문회를 조직하여 관련 사안을 조사하기 시작했다. 1971년부터 시작된 하원 청문회에서 관련자들이 한 명씩 불려 나와 증언이 진행되었고, 미국 정부에서 관련 자료를 모두 출간했다. 기사 작성자 크리스토퍼 파일은 군 정보부처에서 근무하던 전직 정보장교로, 이 무렵 박사논문 작성을 위해 불법사찰 관련 증거들을 하나씩 모으는 중이었다. 그는 4년 뒤인 1974년에 박사논문을 완성했다. Christopher H. Pyle, "Military Surveillance of Civilian Politics, 1967-1970", Columbia University, 1974. 당시 민간인 사찰 관련 조사활동은 1995년 출간된 William Conrad Gibbons, The U.S. Government and The Vietnam War : Executive and Legislative Roles and Relationships. Part IV: July 1965-January 1968, Princeton University Press, 1995. Chapter 20 "Crucible" 참조.

[25] 제201 방첩파견대 작성, 〈한국에서 CIC 활동과 작전에 대한 현장 인터뷰 보고서〉, 1951년 5월 12일. RG 319, Army-Intelligence; Project Decimal File ("P" File), Filed Comments on CIC Employment and Deployment in Korea, Box 163. (국사편찬위원회 전자사료관 AUS009_16_00C0038_001)

[26] 제201 방첩파견대 작성, 앞의 자료.

[27] 제116 방첩파견대 작성, 〈한국에서의 방첩대 활동〉, 1952년 4월 11일. RG 319, Records of the Army Staff, 1903-2009, Assistant Chief of Staff, G-2(Intelligence) Counter Intelligence Corps

Collection, Historians' Source Files of CIC Publications. Box 6.

[28] 조셉 고먼Joseph P. Gorman, 〈한국에서의 방첩대 활동〉, 1952년 2월 4일. RG 319, Records of the Army Staff, 1903-2009, Assistant Chief of Staff, G-2(Intelligence) Counter Intelligence Corps Collection, Historians' Source Files of CIC Publications. Box 6.

[29] 잭 샐즈Jack D. Sells 인터뷰, 〈한국에서 방첩대 활동〉, 1952년 2월 7일. RG 319, Records of the Army Staff, 1903-2009, Assistant Chief of Staff, G-2(Intelligence) Counter Intelligence Corps Collection, Historians' Source Files of CIC Publications, Box 6. 잭 샐즈는 1940년 11월 24일 군에 입대하여 제2차 세계대전 중 프랑스, 영국 등에서 벌어진 전투에 참전했다. 이후 1946년 5월 홀라버드의 방첩대 학교에 입교하여 정식 방첩대 요원이 되었다. 입대 전에는 미국에서 경찰로 활동하며 미네소타의 공장 노동자 파업을 비롯한 급진주의자들을 감독하는 업무를 담당하기도 했다. 그는 이런 경력(노동조합에 대한 불타는 적개심과 같은?)을 살려 방첩대 요원이 되었고, 1948년 7월부터 맥아더사령부가 있던 도쿄로 발령받았다. 한국전쟁 발발로 1950년 7월 15일부터 1951년 1월까지 제1기병사단 전쟁포로 수용소 심문센터를 운영하면서 전쟁포로 집결지로 호송되는 모든 민간인들의 심문을 담당했다. 1951년 6월 1일까지 한국에서 근무하다가 미국으로 복귀했다. 이 인터뷰는 미국 복귀 직후에 이루어진 것이다.

[30] 잭 샐즈, 앞의 자료.

[31] 칼 포퍼, 《열린사회와 그 적들 II: 헤겔과 마르크스》, 이명현 옮김, 민음사, 1982, 87쪽.

[32] 국군과 미군의 민간인 학살 문제는 2000년대 과거사위원회 활동으로 주목을 받기도 했다. 이 문제는 북한 측의 한국전쟁 관련 신문기사와 각종 사진첩들로 잘 정리가 되어 있다. 남한에서 벌어진 한국전쟁 초창기 보도연맹 학살과 부역자에 대한 보복은 1990년대에 들어와서야 본격적으로 발굴되기 시작했다. 한국전쟁 기간 동안 희생된 민간인 사망자 수는 국내, 국외 할 것 없이 정확한 진상조사가 이루어지지 못했다. "대략 100만 단위의 민간인이 남북한에서 사망"했고 "전체 사망자 중 70퍼센트 정도가 민간인 희생자"였으며 "이는 그 어떤 전쟁보다도 높은 수치"라는 게 전쟁 연구자들의 결론이다. 한국전쟁 연구로 이름을 알린 브루스 커밍스 역시 한국전쟁 희생자 규모를 어떻게 조사했냐는 질문에 "백과사전 보고 확인한 걸요"라고 간단히 답할 정도였다. Conrad C. Crane, 앞의 책, p. 186.

[33] 〈1950년 6월 27일, 유엔안전보장이사회의 결의안〉, 1950년 6월 27일, *Foreign Relations of the United States*, 1950, Korea, Volume VII, p. 211. (국사편찬위원회 한국사데이터베이스 http://db.history.go.kr/item/imageViewer.do?levelId=frus_006_0020_0730)

[34] 한국전쟁 당시, 특히 7월부터 시작된 미 국무부와 군부 사이의 갈등 혹은 국무부 내부의 전쟁 확산에 대한 논의는 여러 책에서 다루어졌다. 국무부의 동북아시아 국장 앨리슨John Allison은 대표적인 북진론자였다. 그는 7월 말 러스크와 닛체에게 보내는 전문에서 "현재 시점에서 우리가 38선을 돌파할 것이라는 점을 어떤 방식으로도 공식적인 성명 등을 통해 발표하지 말아야 한다"고 강조하며 소련과 중국의 눈치를 보지 말고 38선을 넘어 한국을 통일시켜야 한다고 주장했다. "전쟁 이전 상태로 되돌아가는 것status quo ante bellum은 완전히 비현실적인 대책"이라는 것이었다. 앨리슨을 비롯해서 러스크, 덜레스, 에머슨 등 국무부 인물들과 군부의 장군 대부분은 전쟁을 기회로 한국을 통일시켜야 한다는 점에 동의했다. 〈앨리슨이 러스크에게 보내는 전문〉, 1950년 7월 15일, *Foreign Relations of the United States*, 1950, Korea, Vol. VII, p. 393. (국사편찬위원회 한국사데이터베이스 http://db.history.go.kr/id/frus_006_0030_1100)

[35] 조지 케넌은 한국전쟁이 발발하기 직전 국무부를 떠날 참이었는데, "한국전쟁 문제를 해결할 때까지 국무부에 머물러 달라"는 장관의 요청으로 어쩔 수 없이 국무부에 남기로 했다. 하지만 케넌은 '블레어하우스 회의' 같은 한국전쟁과 관련하여 최초의 그리고 가장 중요한 결정이 내려진 "백

악관 차원의 회의 석상"에는 초대받지 못했다. 조지 케넌은 전쟁 직후 나토 대사 모임에서 한국전쟁과 관련하여 미국이 어떤 조치를 취할 것인지 언급했는데, 이때 "미국은 전쟁 이전의 상태로 되돌아가는 것status quo ante"이라고 간단히 정리했다. 앨리슨이 "전쟁 이전의 상태로 돌아가는 것은 비현실적인 대책"이라며 표적으로 삼았던 사람들 중 케넌이 대표적인 인물이었다. 케넌은 북한의 38선 침입에 대해 "침략aggression"이라는 단어를 사용한 유엔의 판단은 "베트남 사건에 대해 비슷한 용어를 사용했던 것과 같은 실수"라고 지적했다. 한국전쟁을 국가 간 전쟁이라기보다 내부 다툼, 달리 말해 야당과 여당의 싸움 정도로 판단했다. George F. Kennan, *Memoirs, 1925-1950*, Pantheon, 1967, pp. 486-490.

36 〈신성모 국방부장관, 북진하면 하루 안에 북한을 점령할 자신이 있다고 피력〉, 《조선중앙일보》 1949년 7월 19일.

37 〈트루먼이 의회로 보내는 메세지〉, 1950년 7월 19일. RG 218, Records of the U.S. Joint Chiefs of Staff, 1941-1977, Correspondence, Memorandums, Reports, and Other Records, 1953-1970, Entries UD 47, UD 48, UD 50, UD 53, Box 1. (국사편찬위원회 전자사료관 http://archive.history.go.kr/image/viewer.do?system_id=000000350151)

38 한나 아렌트, 《폭력의 세기》, 김정한 옮김, 이후, 1999, 83쪽.

39 "Japanese Atrocities in SOOCHOW", 날짜 불명. RG 226, Records of the Office of Strategic Services, 1919-2002, Washington Registry SI Intel Field Files, WASH-REG-INT-100, YV, Entry 108, Box 391. (국사편찬위원회 전자사료관 http://archive.history.go.kr/image/viewer.do?system_id=000000526812)

40 〈정책기획실 작성 초안〉, 1950년 7월 20일, *Foreign Relations of the United States*, 1950, Korea, Voll. VII, p. 453. 이 초안은 원래 조지 케넌이 실장을 맡고 있던 정책기획실 직원들(조지 버틀러George Butler, 필립 왓츠Philip Watts)이 작성한 문건이다. 한국전쟁이 발발한 시기 책임자는 폴 닛츠Paul Nitze였다. (국사편찬위원회 한국사데이터베이스 http://db.history.go.kr/id/frus_006_0030_1460)

41 〈전쟁부 장관이 국무장관 대리에게 보내는 서신〉, 1947년 4월 4일, *Foreign Relations of the United States*, 1947, The Far East, Vol VI, p. 626. (국사편찬위원회 한국사데이터베이스 http://db.history.go.kr/id/frus_003r_0010_0170)

42 RG 306 NF 12089-4. 제2차 세계대전 중 미국 정부의 선전정책에 대해서는 약간 논란이 있다. 독일의 유대인 학살이나 소련의 카틴대학살 등에 지나치게 소극적으로 대응했기 때문이다. 특히 소련의 1930년대 숙청 문제와 제2차 세계대전 중 동유럽 민족주의자들 처리와 관련해서 미국은 공식적인 대응을 거의 하지 않았다. 나치의 대학살을 비롯한 루스벨트 정부의 선전정책에 대해서는 Garth S. Jowett & Victoria O'Donnell, 앞의 책, "Chapter 5. Propaganda and Psychological Warfare, World War II" 참조.

43 George Sanford, *Katyn-The whole truth about the Soviet Massacre*, Routledge, 2005, p. 162. 저자는 루스벨트가 "카틴대학살을 덮기 위해 갖은 노력을 했다"고 주장하지만, 당시 미국 대통령 입장에서는 이런 정보들이 너무 많았기 때문에 "사실을 덮으려고 갖은 노력을" 했다기보다는 "사실과 다른 (독일 측의) 심리전의 일환"으로 이해했다고 보는 것이 타당할 것이다. 어디 카틴대학살만 그랬던가. 한국 임시정부와 관련한 정보 판단에서도, 여러 사유를 들어 임시정부를 부정했던 것과 비슷하다고 볼 수 있다. 문제는 전시라는 비상 상황이 종료된 이후 카틴대학살은 의회에서 진행된 청문회를 통해 사실 복원 작업이 시작되었지만, 임시정부는 그대로 역사의 뒤편으로 사라져버렸다는 것이다.

6. 경찰국가

1 Franklin D. Roosevelt, "Address at Chicago", October 5, 1937. (캘리포니아대학 대통령프로젝트 American Presidency Project 홈페이지)

2 Carl J. Richard, *When the United States Invaded Russia: Woodrow Wilson's Siberian Disaster*, Rowman & Littlefield, 2012, p. 175.

3 스페인 쿠데타 당시 "히틀러는 프랑코가 조심스럽게 제시한 숫자의 두 배에 달하는 수송기 20대와 전투기 6대 그리고 다양한 전쟁물자들을 보내면서 지원을 개시한다. (중략) 전쟁 기간 중 총 1만 6천여 명의 독일군이 프랑코군에 가담"했다. 무솔리니 정권은 한 술 더 떴다. "스페인에 파견된 전투원은 모두 8만여 명에 이르고 (중략) 인명 피해도 막대하여 약 4천 명의 사망자와 1만 2천 명에 가까운 부상자가 발생"했다. 제2차 세계대전 직전에 발생한 스페인 쿠데타와 관련하여 흥미로운 점은 스페인 쿠데타에 대한 스탈린의 태도다. 스탈린은 "현 단계에서 스페인에 소비에트를 만들거나, 프롤레타리아 독재를 수립하려는 시도는 치명적인 잘못"이라며 적극적인 군사 지원을 하지 않았다. 스탈린은 1945년 8월 15일 북한을 점령한 직후에도 비슷한 지령을 내렸다. 물론 1946년경에는 180도 뒤바뀌지만. 스페인 쿠데타와 히틀러 및 무솔리니 정권의 관계에 대해서는 다음을 참조. 최해성, 〈스페인 내전의 국제사적 고찰-간섭국들의 지원 결정 시점과 의도를 중심으로-〉, 《이베로아메리카연구》 17권, 서울대학교라틴아메리카연구소, 2006.

4 제임스 캐럴, 앞의 책, 29쪽.

5 조지 케넌은 공산주의를 "감염된 세포만 먹고 사는 기생충"에 비유하기도 했다. "The Ideological Foundation of the Cold War-the Long Telegram, the Foreign Affairs "X" Article, the Clifford Report and NSC 68", Online Collections, Harry S. Truman Presidential Library & Museum.

6 이는 파시즘이나 볼셰비키 출현에 대해 전염병학이 기여(?)했던 역할과 비슷했다. 조지 케넌의 '봉쇄이론'이 어떻게 심리전, 비정규전, 게릴라들과의 전투 등을 통해 미국의 국익에 봉사하는지에 대해서는 Michael McClilntock, 앞의 책, 2장, "Toward a Doctrine of Special Warfare" 참조.

7 수전 손탁, 《은유로서의 질병》, 이재원 옮김, 이후, 2002, 216쪽.

8 방첩대 학교, 〈한국에서의 방첩대 활동〉, 1951년 11월 15일. RG 319 Records of the Army Staff, 1903-2009, Assistant Chief of Staff, G-2(Intelligence) Counter Intelligence Corps Collection, Historians' Source Files of CIC Publications, Box 6.

9 신문기사 몇 건만 살펴보자. 〈미군이 소년을 살해, 미화 반환 요구로〉, 《경향신문》 1956년 7월 20일; 〈미군 발포 사건 감정적 태도 삼가자〉, 《경향신문》 1957년 10월 9일; 〈증인 심문 계속, 미군여인살해사건〉, 《경향신문》 1958년 6월 21일; 〈마티니 상병 범행을 자백 장파리 위안부 살해〉, 《경향신문》 1970년 12월 5일; 〈위안부 살해사건 마티니 상병 구속. 범행 모두 자백〉, 《동아일보》 1970년 12월 8일. 이런 종류의 기사는 네이버의 기사 검색을 통해 찾아볼 수 있다. 사건은 무수하게 자주 발생했다. 물론 당시 신문에 보도된 사건들은 극히 일부였다. 최근 보도에서는 "1945년부터 SOFA가 발효된 1967년 전까지는 미군 범죄에 대해 수사나 재판 기록이 일체 남아 있지 않아 얼마나 많은 미군 범죄가 벌어졌는지조차 알 수 없다"고 비판하기도 했다. 〈끊이지 않는 미군 범죄, 해결 방법은 없는 걸까〉, 《오마이뉴스》 2013년 3월 26일.

10 〈한국인 고위 인사들과의 관계에 대한 기록〉, 1945년 12월 16일. RG 319, Records of the Army Staff, 1903-2009, Historical Manuscript Files, 1943-1948, Box 165. (국사편찬위원회 전자사료관 http://archive.history.go.kr/image/viewer.do?system_id=000000354451)

11 John Patrick Finnegan, 앞의 책, p. 7.

[12] 미국은 1898년 스페인과의 전쟁에서 승리하면서 괌·푸에르토리코·필리핀 등의 식민지를 얻었다. 미국-스페인 전쟁 후 미국은 카리브해뿐 아니라 태평양 너머 아시아까지 세력을 뻗치게 된다. 이에 대해서는 다음을 참조하라. 마이클 J. 그린, 《신의 은총을 넘어—1783년 이후 미국의 아시아 태평양 대전략》, 아산정책연구원, 2017, 136~146쪽.

[13] 이 새로운 방첩 및 정보수집 부서의 활동에 대해서는 다음을 참조. James L. Gilbert, 앞의 책, pp. 70-74.

[14] Carl J. Richard, 앞의 책, pp. 71-72. 미국의 소비에트 내전 참가는 소비에트주의자들을 패배시키겠다는 목적 외에 일본이 연해주 지역을 장악하지 못하게 하려는 의도도 있었다. 이에 대해서는 다음을 참조. 마이클 J. 그린, 앞의 책, 192~204쪽.

[15] RG 319, Records of the Army Staff, 1903-2009, Manuscript of "The History of the Counterintelligence Corps in the United States Army" compiled 03/1959-10/1959, documenting the period 1917-1953. Box 1.

[16] James Garrison, *America As Empire: Global Leader or Rogue Power?*, Berrett-Koehler, 2004, p. 87. 책 제목을 보면 짐 게리슨은 '사회주의자 혹은 그 비슷한 사람이 아닐까' 생각되겠지만 그렇지는 않은 모양이다. "지구온난화, 생물 다양성이 점점 더 감소하는 현상, 과도한 조업, 산림 파괴, 물 부족, 지속적인 가난, 조직 범죄, 마약, 테러, 에이즈에 이르기까지" 지구가 망해 가는 현실 앞에서 "미국이 본연의 제국주의의 권한을 가지고 지구를 구해야" 한다며 과거의 복된(?) 제국주의적 이상론자들(루스벨트나 트루먼 같은)의 업적을 잊지 말라면서 특히 '부시Bush'를 강하게 비판한다. "이라크 침략으로 국제적인 질서를 무너뜨린" 부시 대통령이면 귀담아 들을 이야기지만, "제3세계의 인민들"에게는 그다지 도움이 될 것 같지 않다.

[17] James L. Gilbert, 앞의 책, p. 107.

[18] Jonathan Smele, *Civil war in Siberia: the anti-Bolshevik government of Admiral Kolchak, 1918-1920*, Cambridge University, 2006, p. 108.

[19] John Patrick Finnegan, 앞의 책, pp. 22-24.

[20] Brian McAllister Lynn, *The War in Luzon : U.S. Army Regional Counterinsurgency in the Philippine War, 1900-1902*, The Ohio State University, Ph.D., 1985, p. 21.

[21] Timothy Deady, Lessons from a Successful Counterinsurgency: The Philippines, 1899-1902, *Parameters*, Spring 2005, vol.35(1), p. 56.

[22] Brian McAllister Lynn, 앞의 논문, pp. 300-303.

[23] Brian McAllister Lynn, *The U.S. Army and Counterinsurgency in the Philippine War, 1899-1902*, University of North Carolina Press, 1989, p. 155.

[24] Military Intelligence Division, General Staff, *The functions of the Military Intelligence Division*, General Staff, 1918, p. 6.

[25] John Patrick Finnegan, 앞의 책, p. 40.

[26] Military Intelligence Division, 앞의 책, pp. 16-18.

[27] 조셉 캐럴은 원래 사제가 되려고 신학대학교에 진학했다가 포기하고 변호사시험에 합격했다. 이후 FBI에 스카우트되어 간첩 잡는 업무에 종사했다. 공군부가 신설되면서 공군만의 정보수사기관이 필요하다는 요청에 따라 후버가 직접 적임자로 추천한 인물이다. 캐럴은 1948년 10월에 공군 특별수사단 창설을 도맡았고 첫 번째 단장으로 취임했다. 물론 공군 신병이 아니라 준장으로 취임하면서. 제임스 캐럴, 앞의 책, 175~176쪽.

[28] 방첩대가 처음 꾸려지기 1년 정도 전인 1940년 말쯤, 미국은 프랑스가 독일의 공격으로 무너지자 전쟁 참전을 준비하면서 정보수사관학교Corps of Intelligence Police를 창설했다. 이 학

교는 무엇보다 FBI를 모범 삼아 만든 '군인들의 경찰학교'였다. "교육관들과 FBI의 협조가 이루어졌으며, 가능한 경우 FBI 학교를 졸업한 장교들 중에서 교육관이 선발"되었다. "정보수사관학교 설립자들이 처음부터 FBI를 모범으로 생각하고 있었기 때문에, 커리큘럼에 포함된 내용들은 전적으로 범죄와 관련된 것들이었다. 10시간의 수업이 "메트로폴리탄 수사경찰과의 협력을 통한 실무 수업"에 할당되어, 추후 방첩대 수사요원이 될 사람들에게 "강도, 수표 위조, 사기, 살인, 보석이나 의류 절도, 마약 단속, 자동차 절도, 도망자 잡는 법" 등을 교육했다. 이후 이학교는 제2차 세계대전 참전과 함께 이름도 군 방첩대 수사관 학교Counter Intelligence Corps Investigators Training School로 바뀌면서 정식 방첩대 훈련센터로 탈바꿈했다. 이에 대해서는 다음을 참조. HQ U.S. Army Intelligence Center, Counter Intelligence Corps Training During World War II, 8 May 1959. RG 319, Records of the Army Staff, 1903-2009, Assistant Chief of Staff, G-2(Intelligence) Counter Intelligence Corps Collection, Historians' Source Files of CIC Publications. Box 10.

[29] 미국이 '빨갱이 공포'에 휩싸였을 때 수사기관인 FBI가 어떤 역할을 했는지는 다음 책 참조. Regin Schmidt, Red Scare : FBI and the Origins of Anticommunism in the United States, 1919-1943, Museum Tusculanum Press, 2000. 이 무렵 발생한 노동자들의 파업은 "혁명적 봉기가 노동자들 사이에서 준비되고 있다는 공포"가 되어서 미국 전역을 휩쓸었다. 1919년 "혁명이 임박했다는 점을 과장하면서 급진주의자와 체제 불만족자를 대대적으로 수사하는 한편, 반대로 법무부는 거대 기업가들의 신경을 거스르지 않기 위해 조심스럽게, 때로는 법원까지 가지 않고 적당한 협의를 통해, 때로는 아예 사건 자체를 빼먹는 식으로 비위를 맞추"었다. 법무부와 FBI의 이런 수사 태도에 대해 "거대 자본가계급의 손아귀에 나라가 통째로 들어가는 꼴"이라고 비판하면서 자리를 박차고 나온 검사가 있을 정도로 상황이 심각했지만, 태극기 부드… 아니 일반 미국인들은 그다지 큰 관심이 없었다. 한편 이 책 5장에서는 정보원망 운영과 관련된 내용도 나온다. 놀랍게도 당시 미국에서는 정보원들이 "은밀하게 일하기보다는 협박용으로 공개적으로 활동"하는 경우도 많았다. 법무부 장관이 의회 증언에서 "미국에서는 급진주의자들에 대한 철저한, 엄밀한 감독이 현재에도 진행 중"이라고 보고할 정도였다. '빨갱이 공포'가 미국을 휩쓸던 시절에는 정보원informer의 존재가 비밀이 아니었다. 미국에서 공산주의가 몰락한 이유 중 하나로 "이런 정보원이 초래한 내부의 끊임없는 의심"을 꼽는 분도 있는데, 한국도 별반 차이가 없다. 남로당이 망한 이유 중 하나가 "미제의 앞잡이(=정보원)"라는 것 아니었던가. 정보원에 대한 의혹이 미 공산주의의 몰락에 영향을 준 점에 대해서는 James Weinstein, The Decline of Socialism in America, Rutgers University Press, 1984, pp. 230-233(Regin Schmidt, 앞의 책, p. 175에서 재인용) 참조.

[30] Regin Schmidt, 앞의 책, 17쪽.

[31] Goodall, 앞의 책, p. 132-134.

[32] Robert J. Goldstein ed., Little 'Red Scares': Anti-Communism and Political Repression in the United States, 1921-1946, Routledge, 2016, 서문 및 pp. 135-136 참조.

[33] Doug Rossinow, Visions of Progress: The Left-liberal Tradition in America, Univ of Pennsylvania Press, 2009, p. 166.

[34] 로버트 팩스턴, 《파시즘: 열정과 광기의 정치 혁명》, 손명희·최희영 옮김, 교양인, 2005, 29쪽. 팩스턴은 제1차 세계대전 종료 이후 프랑스, 헝가리, 오스트리아, 이탈리아, 독일, 아일랜드, 벨기에 등을 예로 들면서 "파시스트들이 충실한 지지자를 동원하기 위해서는 그들이 맞서 싸울 악마화된 적"을 필요로 했다고 지적한다. 자세한 내용은 2장과 3장을 참조. 미국도 예외는 아니었다. 이 무렵 나치주의자들과 미국의 극우들이 서로 가깝다는 주장도 나오기 시작했다. '공산주의자' 존 스피박John Spivak이 쓴 책도 그중 하나다. 경찰청 출입기자로 시작하여 여러 논문과 책을 쓴 스피

박은 유럽의 파시즘이 미국에도 상륙했다고 주장하면서, "미국에도 이 비밀스러운(파시스트) 군대가 조직"되어 있으며 "이런 위협에 맞서기 위해 노동자들에게 민주주의가 가져다주는 이점을 교육하고 더 신경을 써서 선전해야 한다"고 설명했다. 또한 그는 "1938년 히틀러가 헨리 포드에게 명예훈장을 수여"했다면서, 나치주의자로 나중에 국외로 추방된 프릿츠 쿤Fritz Julius Kuhn 이 포드를 "월급을 받는 나치주의자"라고 했다면서 포드를 미국의 대표적 "파시스트"라고 주장했다. John Spivak, *Secret Armies: The New Technique of Nazi Warfare*, The Starling Press, 1939, pp. 102-117.

[35] 해방 직후 남한의 국가와 시민사회를 연구하면서 서구 학계에서 사용되던 '과대성장국가'라는 용어를 한국에 처음 소개한 사람은 최장집 교수다. 자신의 글인 〈과대성장국가의 형성과 정치균열의 구조〉에 대한 연구사적 정리는 다음을 참조. 최장집, 《한국민주주의 이론》, 한길사, 1993, 35~37쪽.

[36] Alex Goodall, *Loyalty and Liberty : American Countersubversion From World War 1 to the McCarthy Era*, University of Illinois Press, 2013, p. 146.

[37] Martin Halpern, *UAW Politics in the Cold War Era*, SUNY Press, 1988, p. 14.

[38] 미군 방첩대에서는 새로운 신병 모집요강에 "법 집행기관에서 수사관 활동을 했던 자들"에 대한 특별 우대조항을 삽입해 놓았다. Hq U.S. Army Intelligence Center, 앞의 자료, p. 3.

[39] Manuscript of "The History of the Counterintelligence Corps in the United States Army"의 1부 〈방첩대의 선행 역사〉. RG 319, Records of the Army Staff, 1903-2009, Manuscript of "The History of the Counterintelligence Corps in the United States Army" compiled 03/1959-10/1959, documenting the period 1917-1953, Box 1; John Patrick Finnegan, 앞의 책, p. 31.

[40] 방첩대 〈야전매뉴얼〉에서 요원들의 임무를 설명한 내용을 보면 왜 이런 이야기가 나오는지 이해가 될 것이다. 방첩대가 공식 출발한 지 1년쯤 될 무렵인 1942년 11월 20일의 〈야전매뉴얼〉에는 "7. 필수적인 절차. (중략) 이들의 임무는 매우 긴급하고 위험한 것으로, 이들이 이러한 임무에 종사할 때에는 어떤 관례적인 절차의 준수 혹은 금지된 규정 등으로 인해서 방해받아서는 안 된다. 8. 기본정책. 전시에서, 특히 작전 전구에서 방첩대원들은 적을 저지한다는 자신의 임무를 완수하기 위해서 인정된 절차적 수단accepted methods of procedure을 잠정적으로 지키지 않을 수 있다. 따라서 방첩대의 기본 정책은 적의 정보 목표물을 파괴할 수 있는 한 어떤 수단, 방법 혹은 계략이라도 의존할 수 있다." 1960, 70년대 한국의 중앙정보부나 경찰 대공수사팀의 급훈과 비교해도 하나도 어색할 것 없는 문장들이다. "적의 정보 목표물"을 "공산주의", "빨갱이"와 같은 단어로 바꾸기만 한다면 말이다. War Department, Basic Field Manual: Military Intelligence, Counter Intelligence Corps, November 20, 1942. RG 319 Records of the Army Staff, 1903-2006, Assistant Chief of Staff, G-2(Intelligence) Counter Intelligence Corps Collection, Historians' Source Files of CIC Publications, Box 1.

[41] 한국군 방첩대 구성과 관련한 국내 자료는 대부분 증언과 당시 신문에 수록된 것들이 많고, 미국 자료 역시 한국전쟁 당시 미군 방첩대 활동과 관련하여 한국 방첩대의 역사를 간단히 개관한 자료들뿐이다. 당시 미국 자료들을 정리한 내용은 다음을 참조할 만하다. 김학재, 〈한국전쟁 전후 국가정보기관의 형성과 활동-미 국립문서보관청NARA 소재 한국군 CIC 관련 문서를 중심으로〉, 《제노사이드 연구》 2호, 2007; 김득중, 〈한국전쟁 전후 육군 방첩대(CIC)의 조직과 활동〉, 《사림》 36호, 2010.

[42] 조셉 파렐Joseph H. Farell 인터뷰.

[43] 〈한국에서 방첩대의 활동〉, 1951년 11월 15일. RG 319 앞의 자료.

[44] 정병준, 〈한국전쟁 초기 국민보도연맹원 예비검속, 학살 사건의 배경과 구조〉, 《역사와 현실》 54,

2004, 95쪽. 정병준은 전쟁 초기 민간인 학살을 다루면서 장석윤이 "이승만의 그림자 손"이었다고 설명한다. 장석윤은 정보조정국과 OSS의 단원이었으며 이후 남한 점령 미 제24군단 G-2에서 근무했다. 이 최초의 학살에 누가 책임을 져야 할지 아직 밝혀지지 않았지만, 정병준은 정보기관, 특히 미국 정보기관(한국연락사무소KLO, 미 공군 특별수사단OSI) 등을 의심하고 있다. 한국연락사무소와 공군 특별수사단은 중요한 정보 관련 업무를 담당하고는 있었지만, 이런 종류의 공작(개전 직후 보도연맹원에 대한 예비검속과 처형 관련 결정들)을 펼치기에는 수적으로도 또 남한 점령 당시의 활동도 현재까지 알려진 것이 없으며, 공작의 무대가 주로 38선 이북 지역이었음을 감안하면 곤란했을 것이다. 차라리 주한미군사고문단KMAG에서 관련자를 찾거나 공군특별수사단 소속이었지만 공산주의자들을 찾아내는 업무에 몰두했던 니콜스 같은 인물들이 관련되어 있을지도 모른다. 뒤에 등장할 베어드 대령 같은 인물이나 한국인들 중 정보활동을 오래했던 인물들(김창룡이나 장석윤 같은)도 가능성이 높다. 공군 특별수사단의 니콜스는 이 무렵 김창룡과 "매주 한 번씩 만남을 가질 정도로 가까운 사이"였다. 김창룡은 전후 연쇄적인 학살 문제에 깊이 관여했을 가능성이 매우 높다. 니콜스의 활동에 대해서는 다음을 참조. 양정심, 〈한국전쟁기 미 공군의 대북첩보활동-도널드 니콜스를 중심으로-〉, 《사림》 제46호, 2013, 427~429쪽 ; Harden, 앞의 책, pp. 33-42.

7. "누가 그 여자를 그러캐 맨드런냐?"

[1] Leo Huberman, *The Labor Spy Racket*, Bobbs-Merrill Company, 1966, p. 138.

[2] 베어드와 김수임 관련 설명에서 등장하는 인용 문구나 관련 정보들은 특별히 각주를 달지 않는 한 대부분 이 자료를 토대로 하고 있다. 이 보고서는 국사편찬위원회에서 수집하여 서비스하고 있다. RG 159, Records of the Office of the Inspector General (Army), 1814-1917, Decimal Files, 1947-1962, Report of Investigation Regarding Alleged Misconduct of Colonel John E. Baird, o-188461, CMP, Box 1015.

[3] 존 다우어, 앞의 책, 146쪽.

[4] 〈베어드 수사보고서〉 중 스미스Samuel A. Smith 대령의 증언.

[5] 미국의 남한 점령 기간 동안 정보 팀이 어떻게 편성되고 운영되었는지에 대한 자료는 아직 나온 것이 없다. 남한 점령으로부터 약 2년의 시차를 두고는 있지만 우리가 참조할 법한 자료는 여러 곳에서 발견된다. 예를 들어 한국전쟁 동안 10군의 방첩대 활동을 맡았던 제210 방첩파견대가 작성한 다음과 같은 자료가 그중 하나다. "(우리가 활용하고 있는 정보원망은) 모두 63명의 정보원으로 구성되어 있으며 각 7명씩 한 팀으로 구성되어 있다. 이 팀들은 다음과 같이 구성된다: 팀장, 부팀장, 5명의 정보원. 각 팀은 각각 소규모 지역에 대한 책임을 맡고 있는 우리 파견대의 특별요원Special Agent이 통제한다. 각 팀은 특별요원에게 직보report directly한다." 각 팀의 팀장(김수임)이 직보하는 특별요원의 역할을 베어드가 맡았다고 보면 될 것이다. 제210 방첩파견대 사령부 작성, 〈특별작전명령〉 1호. RG 319, Records of the Army Staff, 1903-2009, Army-Intelligence; Project Decimal File ("P" File), Box 163.

[6] 정보원의 신상과 관련하여 육군부가 제작한 교범에서는 다음과 같이 설명하고 있다. "정보원의 정체는 보통 에이전트 보고서Agent Report에 밝혀 놓는다. 정보원의 이름, 주소, 직업 등 기타 정보들을 공개하는 것이 방첩작전에 해가 된다고 판단될 경우 정보원의 이름과 정체는 빼놓

을 수 있다. 하지만 정보원에 대해서는 기호, '정보원 T-1'과 같은 형태로 표시한다. 필요한 보안 조치를 감안하면서 이런 식으로 소스의 정확한 출처를 기록한다. 이 첩보는 필요한 경우 다른 사건을 위해서 활용될 수 있어야만 한다." Department of Army, Technical Manual 30-218, CIC Investigations, 1947. 10. RG 319 Records of the Army Staff, 1903-2006, Assistant Chief of Staff, G-2(Intelligence) Counter Intelligence Corps Collection, Historians' Source Files of CIC Publications, Box 1.

7 〈한국에서 방첩대의 활동〉, 1951년 11월 15일. RG 319 앞의 자료.

8 〈베어드 수사보고서〉 중 스테판 네메스Stephen Nemeth, Jr. 헌병사령부 재무담당 장교 인터뷰.

9 Alex Goodall, 앞의 책, p. 139.

10 〈베어드 수사보고서 중〉 에드워드 롤러 소령 인터뷰. 에드워드 롤러Edward J. Lawler는 인터뷰에서 소속 부대에 대해 설명하지 않았지만, 범죄수사대CID 소속 요원이었을 것으로 추정된다. 범죄수사대는 헌병대가 맡은 수사를 진행하는 역할을 했는데, 1946년 '대구사건' 당시에도 직접 대구에 파견되어서 수사를 진행하고 용의자를 체포하는 등의 활약을 했다. 미국인과 한국인이라는 대상자의 차이만 있었지 사실상 하는 역할은 비슷했던 모양이다.

11 베어드의 흔적은 미군 점령 문서들 중 여러 곳에서 발견되는데, 대구 사건 당시에도 보고 전문을 작성하여 참모들에게 보고하고 있었다. 헌병사령관 작성, 〈대구 상황 보고〉, 1946년 10월 24일. RG 332, Records of U.S. Theaters of War, World War II, 1939-1948, Historical Section of the Intelligence Division (G-2) of HQ, USAFIK, XXIV Army Corps, 1945-48, Politics in Korea, 1945-48, Political Activities: Coalition Committee, Box 77. (국사편찬위원회 전자사료관 http://archive.history.go.kr/image/viewer.do?system_id=000000044046)

12 팀 와이너, 앞의 책, 77쪽.

13 국정원 과거사 진실규명을 위한 발전위원회 편, 《과거와 대화 미래의 성찰-학원·간첩 편(VI)》, 2007, 국가정보원, 49~61쪽. 당시 국정원이 보고한 바에 따르면 "(정보)'망'은 정보수사관의 설득에 의해 당사자가 자발적인 협조의사를 밝힘으로써 형성되는 협조자로, 일정한 보수를 받고 정보수사관으로부터 부여받은 임무를 수행"하는 학생망이 60년대부터 90년대까지 폭넓게 운용되었다. 학생망 외에도 대학교 교직원이나 교수들을 "협조자"로 활용하여 필요한 정보를 얻어 내기도 했는데, 이는 미군 정보망이 활용했던 "정보제공자informer"와 비슷하다. 즉, 정보원 informant과 달리 정보제공자informer는 정보비 지출 대상이 아니지만 필요한 정보를 수시로 제공해 주는 정보 공급원 역할을 맡았다.

14 정용욱, 앞의 자료집 9권, 86쪽.

15 〈베어드 수사보고서〉 중 제24군단 헌병사령부 윌리엄 루시William G. Lucey 소령 인터뷰.

16 〈베어드 수사보고서〉 중 육군 범죄수사대CID 수석요원 로버트 캐롤Robert E. Carroll 인터뷰.

17 헌병대 사령관의 활동자금 중 정보원 급료로 활용할 수 있는 자금은 Project 416, 방첩대 자금은 Project 432로 분류되었다. 1949년 당시 이 자금은 각각 1만 달러와 4만 달러로 할당되었다. 대부분 비밀정보원 급료로 사용되었을 것이다. 또 다른 자료에서는 각각 4만 3,700달러, 8만 달러로 할당되어 있는데, 어느 쪽이 정확한 액수인지는 알 수 없다. 이 자료들에 실제 한국인의 이름 (혹은 가명)이 등장하지는 않는다. 모두 비밀로 지정되어 공개되기는 어려울 것이다. 자료는 각각 Supplemental Forms C-1 for Korea, Fiscal Year 1949, Form B-Status of Estimates, Fiscal Year 1949, FEC FY 1949 Restatement Submitted to Dept. of Army 31 May 1948이고, 출처는 RG 554, Records of General Headquarters, Far East Command, Supreme Commander Allied Powers, and United Nations Command, 1945-1960, Records Relating to Budget Estimates and Planning, 1948-1950. 앞 두 자료는 Box 5에, 세 번째 자료는 Box 8에 들어 있다. (국사편찬위

원회 전자사료관 http://archive.history.go.kr/image/viewer.do?system_id=000000009339 http://archive.history.go.kr/image/viewer.do?system_id=000000009340 http://archive.history.go.kr/image/viewer.do?system_id=000000009363)

[18] 제2차 세계대전 이후 미국이 점령한 프랑스와 일본에서도 면세물품을 암시장에 팔아 이득을 본 미군들이 체포되는 일이 많았다. 수는 적지만 제24군단에서도 그런 경우가 있었다. Bertrand M. Roehner, *Relations between US Forces and the Population of South Korea*, UPMC Working Report, 2014, pp. 176-177.

[19] 포드 회장은 유명한 금주론자였다. 당시 신문에서는 "애장품이라고는 시계뿐이고, 평생 양복을 다섯 번도 채 입지 않았으며, 먹고 마시는 것도 오로지 건강을 위한 것이었지 결코 즐기기 위한 것은 아니었다"라면서, "진정한 미국주의의 화신"은 이런 삶을 살아야 한다고 극찬했다. 한데 왜 술을 못 마시게 했는지에 대해서는 '개인의 소신이다', '더 많은 이윤을 올리기 위해 솔선수범한 것이다' 등 의견이 분분하지만, 포디즘이 1920년대 "래디칼리즘radicalism 파괴와 노동조합 분쇄를 위해 국가와 손을 잡고 깡패를 동원하여 발본색원"했던 것을 본다면 아마 후자 때문이 아닐까 싶다. Alex Goodall, 앞의 책, p. 138.

[20] 정보원 급료 지불과 관련된 자료가 별로 없어서 구체적으로 어떻게 지급되고 운영되었는지 확인하기 어렵다. 김수임의 사례는 미군정 기간 동안 고용된 정보원들의 급료 지불 방식을 알려주는 몇 안 되는 사례 중 하나다. 다행히 미국에 이런 종류의 정보원망 운영에 대한 조사자료가 남아 있다. '빨갱이 공포'가 날뛰던 1920년대에도 그랬지만, 1935년과 1936년 미국에서 이런 식의 '정보원망'이 대규모로 운영됐다. 물론 FBI나 다른 미국 정보기관의 예산으로 운영된 것이 아니고 이들을 고용한 기업이 지출했으므로 약간의 차이가 있겠지만, 산업 분야에서 운영된 정보원망에 들인 돈이 1년 동안 무려 "8천만 달러"에 달했다. "수백 개의 위장회사가 만들어지고, 수천 명의 스파이들이 산업 분야에서 활동"하며 "노조 설립을 사전에 예방"하거나 "노조를 파괴"했다. 당시에는 이런 활동을 "산업 서비스industrial service"라며 일종의 기업 지출 명목으로 위장했다. 크라이슬러사는 "자회사Corporations Auxiliary Co."란 이름의 희한한 회사를 만들어서 "자동차산업 노동자협회Automotive Industrial Workers Association 초대 의장인 프랑켄스틴을 감시하는 노동스파이의 임금으로 매달 40불씩 지급"했다. 1935년 한 해 동안 이렇게 "노동스파이 단체"에 지불한 돈이 무려 8천만 달러라니! 자본가들이 노동자들의 노동으로 벌어들인 수익금 중 일부를 노동자를 감시하는 스파이들에게 월급으로 준 비용이 이 정도였다. 라폴렛Robert M. La Follette Jr.위원가 "노동스파이"를 운영했던 기업 대표들을 출석시켜 실토하게(?) 만든 증언을 검토해보면 낯이 많이 익다. 어디서 봤지? 신문기사에서 봤던가? TV 뉴스에서 본 건가? 노동자들을 가리키며 "그들은 노조가 아니라 빨갱이 집단입니다. 파괴를 조장하는 빨갱이들 말입니다"라면서 사람들을 어처구니없게 만들었던 그런 문답들 말이다. 문제는 이런 스파이 전문회사 외에도 군인들, 정치인들, 종교인들을 비롯한 미국인들 사이에서도 노동자와 노조를 이렇게 보는 사람들이 꽤 있었다는 것이다. Leo Huberman, 앞의 책, pp. 4-14.

[21] 당시 미군 정보참모부가 작성한 정보보고서 류에도 이런 노력들이 여기저기 등장하고 있다. "첩보기본요소EEI 1)··· 2) 모스크바 회담 중 조선 문제와 관련한 공식적 공보에 대해 조선인들의 반응은 어떠한가? 특히 반응들 가운데 아래와 관련한 증거가 있나? 가) 군정을 전복하려는 시도가 있는가? 나) 미군 장교나 기지를 공격하려는 시도가 있는가? 다) 미군의 작전을 방해하는 행위-파업, 조선인 근로자에 대한 위협이 있는가? 라) 미군이 한 일을 불신하려는 시도가 있는가? 마) 조선 사람이 소련과 비교하여 미국에 갖는 감정은 어떤 것인가? 바) 폭동, 혼란과 싸움이 정당 사이에 있는가? 사) 모스크바회담 이후 라이벌 정당의 지도자를 제거하려고 생긴 조직이 현존하는가?". 미 제24군단 정보참모부, 〈일일정보보고서〉 111호, 1945년 12월 31일.

22 전쟁부, 〈기초 야전매뉴얼: 군방첩, 방첩대〉, 앞의 자료집, Box 1.

23 IMF가 한국 대문을 두드리기 직전의 뉴스가 그랬던 것처럼, 1929년 대공황 직전 미국 신문에도 이런 뉴스가 흔했다. "경제 상황은 기본적으로 건전하다"는 낙관적인 뉴스들 말이다. '검은 월요일'을 겪은 뒤에도 이런 뉴스들, 그러니까 아직 주식을 더 투자해도 된다는, '귀하의 돈을 더 많이 가져가겠다'는 종류의 뉴스가 여전히 실리고 있었다. 그러나 이런 뉴스에도 불구하고, 월스트리트 인근 호텔 직원들은 고객에게 "잠잘 방을 원하는지 뛰어내릴 방을 원하는지 묻"고 다녔다. 투신자살자의 모습을 조망(?)할 수 있는 호텔방에는 추가비용이 붙기도 했고! 대공황 시대 이런 우울한 모습에 대해서는 다음을 참조. 존 케네스 갤브레이스, 《1929 대폭락》, 일리, 2008, 188~194쪽.

24 라폴렛위원회의 속기록은 필자도 모두 검토하지 못했다. 미 의회에서 관련 속기록을 모두 공개하고 있어서 인터넷에서 찾아볼 수 있다. 이 위원회의 속기록은 "1937년 8월, 250만 단어, 8권의 의회 자료집으로 출간"되었으며, "이후에도 두 배 가량의 속기록이 더 출간"될 예정이었다. 리오 후버먼의 책은 1937년까지 나온 자료집을 토대로 집필된 것이며, 나머지 자료들은 인디넷 검색으로 우리도 살펴볼 수 있다. 19세기부터 1937년까지 자본가들의 '노조 파괴하기', '노동 간첩 활동' 등 미국의 노동 탄압 역사에 대해서는 다음 책을 참조. Robert Michael Smith, *From Blackjacks to Briefcases: A History of Commercialized Strikebreaking and Unionbusting in the United States*, Ohio University Press, 2003.

25 도쿄 전범재판 기록에 따르면, 일본군이 포로를 처리하는 과정에서 연합군 포로의 사망률이 무려 27퍼센트가 넘었다. 이는 다른 독일과 이탈리아군에 생포된 영국, 미국 포로 사망률보다 무려 7배나 높은 수치다. 일본군이 운영한 포로수용소의 경우 포로 사망자 비율이 조금씩 달랐는데, 동남아 지역의 경우 포로 사망율이 무려 40퍼센트를 넘는 곳도 많았다. 냉전적인 시각에서 우리의 흥미를 끄는 점은 사로잡은 포로의 국적에 따라 사망률이 달라지기도 했다는 점이다. 소련군의 경우 일본군에 잡히건 독일군에 잡히건 일단 포로가 되면 살아 돌아올 확률이 매우 떨어졌다. 독일군에게 생포된 소련군 포로의 경우 60퍼센트 가까이 사망하기도 했다. 조성훈 외, 《주요 국가 전쟁포로 정책 비교 연구》, 국방부 정책과제 연구보고서, 2010, 8~10쪽.

26 1945년 9월경 연합군 최고사령부에서는 소련 점령 지역에 일본군 포로를 포함하여 일본인 170만 명이 있는 것으로 추산했고. 황선익, 〈사할린 지역 한인 귀환교섭과 억류〉, 《한국독립운동사연구》 제43집, 2012, 442쪽. 민간인의 경우 제2차 세계대전 종료와 함께 일본 귀환 문제가 논의되기 시작했지만 전쟁포로는 달랐다. 1946년 9월부터 일본군 전쟁포로 귀환이 미군과 소련군 사이에서 논의되었고 중간 중간 돌아오기도 했지만 최종적으로는 1953년 샌프란시스코 평화조약이 체결될 때까지 기다려야만 했다. 물론 그때도 모두 돌아온 것도 아니었다.

27 Timothy Barney, *Mapping the Cold War: Cartography and the Framing of America's International Power*, The University of North Carolina Press, 2015, pp. 116~120. 이 사진이 《타임》지에 게재된 이후, 미국의 소리Voice of America 방송에서는 전 세계를 상대로 소련의 굴락에 대한 뉴스를 전파했고, 세계 각지 언론들이 이를 재활용했으며 미군의 심리전 교육에도 자주 활용되었다. "반공적인 문학작품으로 가장 많이 이용되었다"는 평가를 받을 만큼 다양하게 활용되었다. NARA에서는 이 사진을 미 공보처USIS 사진 속에 보관하고 있다.

28 A. 스미디스, 〈1930년대의 미국 경제〉, A. M. 슐레진저, 《뉴딜사상》, 성창출판사, 1992, 129쪽.

29 케빈 필립스, 《부와 민주주의-미국의 금권정치와 거대 부호들의 정치사》, 오삼교 옮김, 중심, 2004, 129쪽.

30 Franklin D. Roosevelt, "Message to Congress on Tax Revision", June 19, 1935. (캘리포니아대학 대통령프로젝트American Presidency Project 홈페이지 https://www.presidency.ucsb.edu/documents/message-congress-tax-revision)

31 Harry S. Truman, "Harry S. Truman's Speech at the 1948 Democratic National Convention", July 15, 1948. (미 의회도서관 https://www.loc.gov/programs/static/national-recording-preservation-board/documents/Truman.pdf)

32 케빈 필립스, 앞의 책, 506쪽.

33 미 공보처에서 운영한 권장도서 목록은 냉전이 시작되던 무렵 대대적인 정비 과정을 겪었다. 뉴딜에서 반뉴딜로, 대소협력 체제에서 대소 적대체제로 변환하는 과정에서 진행된 사상 통제 작업에서 낡은 책들은 폐기되고 새로운 책들이 권장도서에 포함되었다. 이 새로운 냉전 하의 사회문화 정책에 대해서는 크리스토퍼 심슨, 앞의 책, "6장. 병영과 참호 속의 전우들"에 자세하게 설명되어 있다.

34 브루스 커밍스,《한국전쟁의 기원 (하)》, 청사, 1986, 143쪽.

35 허은,《미국의 헤게모니와 한국 민족주의》, 민족문화연구원, 2008, 253~258쪽. 허은은 미 공보처의 냉전전략을 분석한 몇 안 되는 국내 학자 가운데 한 명인데, 공보처가 지원한 번역서적이 어느 정도 되는지 규모는 짐작했지만 구체적인 서명을 모두 확인하지는 못한 것 같다. 그렇지만 자료에서 확인되는 번역서를 중심으로 아시아 지역에서 냉전 지형 구성이 어떻게 진행되었는지를 충실히 설명하고 있다.

36 Jonathan P. Herzog, *The Spiritual-Industrial Complex: America's Religious Battle Against Communism in the Early Cold War*, Oxford University Press, 2011, p. 132.

37 미 제24군단 정보참모부, 〈일일정보보고서〉 4호, 1945년 9월 14일.

38 미 제24군단 정보참모부, 〈일일정보보고서〉 40호, 1945년 10월 20일. '첩보기본요소EEI'는 각 정보원들이 첩보를 수집하는 과정에서 우선적으로 수집해야 할 점들을 하달한 것으로 G-2나 CIC 내부에서 회람되었으며 다른 군부대에도 전달되었다. 이 첩보기본요소는 특정 시기 정보기관이 수집하려는 주제들을 여러 항목으로 정리하여, 이와 관련된 정보들을 집중적으로 수집할 것을 지시하는 지침이었다. 따라서 EEI만 따로 모아서 본다면, 특정 시기 CIC나 G-2에서 어떤 사안에 관심을 갖고 있었는지 알 수 있다. 이외에도 G-2 혹은 CIC가 작성한 다양한 제목의 보고들('조선공산당의 역사', '소련 공산당과의 관계', '한국에서 공산주의자들의 파괴적 활동: 연대기', '중국과 한국 지역에서 공산주의자들 활동' 등)이 3년의 점령 기간 동안 수도 없이 작성되었다. 이 보고서들을 관통하는 공식은 단순하다. 바로 무지한 한국의 농민·노동자를 조선공산당이 지배하며, 조선공산당은 북한과 소련영사관을 매개로 소련공산당의 지배를 받는다는 것이다. 필자가 확인한바, 점령 이후 가장 이른 시기에 나온 공산주의에 대한 힐난은 이렇다. "남한에서 열렬한 소련의 지지자들이 활동하고 있다. 이들은 미군에 대한 불신을 조장하고 도시와 농촌에서 소련이 한국을 통제하는 것을 한국인들이 바라도록 만들고 있다." 하지 전신철, 제목 불명, 수신자: 태평양지역 최고사령관 파견대CINCAFPAC Advance, 1945년 9월 13일. RG 554, Records of General Headquarters, Far East Command, Supreme Commander, Allied Powers and United Nations Command, Unites States Army in Korea, Box 21. 이 전문은 발신인 항목이 비어 있지만 하지가 보낸 것으로 추정된다.

39 〈존 하지 중장이 맥아더 원수에게〉, 1945년 11월 25일; 〈맥아더 장군이 서울의 하지 중장에게〉, 1945년 11월 26일, *Foreign Relation of United States*, 1945, The British Commonwealth, the Far East Volume VI, p. 1134. (국사편찬위원회 한국사데이터베이스 http://db.history.go.kr/id/frus_001r_0010_0770)

40 미 제24군단 정보참모부, 〈일일정보보고서〉 71호, 1945년 11월 20일.

41 미 제24군단 정보참모부, 〈일일정보보고서〉 90호, 1945년 12월 9일.

42 한림대학교 아시아문화연구소 편찬,《CIC 자료집 2권》, 1995, 165~166쪽.

43 미 제24군단 정보참모부, 〈일일정보보고서〉 105호, 1945년 12월 23일.

[44] 5 · 16 직후 남한의 노동단체 지도자들은 대부분 '국가 전체의 경제성장을 위해 적절한 노동 통제가 필요'하며, 그것을 국가가 나서서 하기보다는 노동자 스스로 하는 것이 옳다는 일종의 '코포라티즘적' 세계관을 가진 사람들이 주류였다. 미국대사관은 당시 쿠데타 세력의 노동정책을 "사실상 착취의 한 종류one of exploitation라고 판단"된다며 "이는 군사정부가 임금을 감축하고 최소비용으로 유휴노동력을 동원하는 것을 통해 확인"된다고 설명했다. 사실상 노동쟁의가 금지된 상황이니 이렇게 보지 않는 것이 이상할 정도다. 한데 이 과정에서 여전히 살아 남아 노동운동판을 지배하려던 지도자들의 로비가 계속되었다. 로비라기보다는 돈을 나눠 먹는 방식이라고 하는 게 낫겠다. "대한노총 부의장 김광수 등과 전재구 중정 6국장 등은 김광수가 갖고 있는 노조 기금 5백만 환을 나누기 위해split up 모였다. 이 돈은 김광수가 노조원들에게 걷은 1,300만 환의 일부였다. 중정 간부들의 도움으로 노조 재정장부는 8백만 원만 모금된 것으로 고쳐졌다altered." Record Group 319: Records of the Army Staff, 1903-2009, Correspondence of the Public Affairs 19 Division, 1950-64, J-K, Box 19. (국사편찬위원회 전자사료관 http://archive.history.go.kr/image/viewer.do?system_id=000000043297)

[45] War Department, Technical Manual 30-215, CIC, 1947. 9. RG 319 Records of the Army Staff, 1903-2006, Assistant Chief of Staff, G-2(Intelligence) Counter Intelligence Corps Collection, Historians' Source Files of CIC Publications, Box 1.

[46] 전쟁부, 〈기초 야전매뉴얼 : 군사정보, 방첩대〉, 1942년 11월 20일, 앞 자료군.

[47] 북한군의 한국전쟁 당시 "반동분자" 처분에 대해서는 다음을 참조. 연정은, 〈북한의 남한 점령시기 '반동분자' 인식과 처리〉, 《전쟁 속의 또다른 전쟁》, 선인, 2011.

[48] 국사편찬위원회, 《북한관계사료집》 9권, 1990, 800쪽. 남한의 정보원망과 비슷하게 북한에도 이런 정보망이 존재했는데, 북한임시인민위원회 보안부가 이 업무를 담당했다. 이후 보안부는 내무국(이후 내무성 산하 정치보위국)으로 개편되었는데, 오늘날의 경찰 및 국가정보원과 비슷한 역할을 했다. 한데 자료에 나온 "인구 1백 명당 1인의 비율"이라는 수치는 과장된 것으로 보인다. 정치보위국에서 급료를 주면서 채용한 정보원의 숫자는 이보다 훨씬 적었을 것으로 보인다. 북한 관련 정보는 자료가 매우 제한적이어서 소련 측 방첩대나 북한 군 및 경찰 관련 정보기관에 대해 파악할 수 있는 것이 많지 않다.

[49] 장신, 〈조선총독부의 경찰 인사와 조선인 경찰〉, 《역사문제연구》 22호, 2009, 150쪽.

[50] 〈한국의 점령. 맥티그 William J. McTigue와의 인터뷰〉, 1954년 11월 23일. 펜타곤, 2B-520실. RG 319 Records of the Army Staff, 1903-2006, Assistant Chief of Staff, G-2(Intelligence) Counter Intelligence Corps Collection, Historians' Source Files of CIC Publications. Box 6. 한국 경찰이 동양 특유의 체면 세우기 때문에 그랬는지 모르겠지만 CIC를 바라보는 이들의 태도는 그야말로 신에 대한 예우와 비슷했다. 윌리엄 맥티그는 1946년 초반 971 방첩파견대 '간첩 및 기타과' 부과장 및 과장을 맡아 1948년 12월까지 일했다. 그는 자신의 한국 점령 시절을 떠올리면서 "조금이라도 간첩 관련 혐의가 있으면 경찰들이 언제나 CIC로 사건을 넘겨 왔으며, 적어도 점령 초반 몇 달 동안 한국인들과 한국의 경찰들에게 CIC는 신God과 다름없는 존재였다"고 즐겁게 회상했다. 정보원들informer이 기관 요원들agent을 "신"처럼 대접하는 것은 흔히 볼 수 있는 일이었다. 1960년 미국에서 쿠 클럭스 클랜Ku Klux Klan을 대상으로 정보원을 찾고 있던 FBI 역시 "신God과 같은 사람들이었어요."라고 묘사되었다. '지시하는 자'와 '그 지시를 따라야만 하는 자' 사이에 성립하는 이 신학적(?) 주종관계는 정보원-기관원 사이의 운명을 잘 보여 준다. 베트남에서는 '신의 배역'을 CIA가 담당했다. "그들(베트남의 정보원)은 각 지역의 철수 포인트에 기약 없이 그냥 남아 있었다. '나 미스터 론이오. 당신들과 몇 년간 함께 일했지 않소! 꼭 좀 구해 주시오'라는 낯익은 목소리부터, '나 미스터 호아요, 살려 주시오!'라는 평소 친근했던 정보원들의 목소리

가 이어졌다. 그들은 CIA가 자신들을 버렸다고 말했다." 신이 자신을 버린 상황이지만, 그렇다고 악마에게 호소할 수는 없지 않은가. 비극적인 일이었다. 소설류에 가까운 책이지만 미국에서 발생한 쿠 클럭스 클랜 단원이 범인이었던 살인사건을 다루고 있는 이 책에서는 정보원들을 설득하는 과정을 잘 설명하고 있다. 당시 쿠 클럭스 클랜 단원에게 살해당한 리우조Viola Gregg Liuzzo는 인종차별 철폐 운동 중 첫 번째로 희생당한 "백인 여성"이었다. Gary May, *The Informant : The FBI, the Ku Klux Klan, and the Murder of Viola Liuzzo*, Yale University Press, 2011, p. 6; 마이클 매클레어, 앞의 책, 603쪽.

[51] 적절한 예가 될지 모르지만, 경찰의 이런 잔인한 측면은 오히려 이들에게 가해진 보복행위로도 유추해 볼 수 있다. 특히 '대구사건'에서 경찰에 대한 시민들의 공분은 공포영화에나 어울릴 만한 잔인극들을 여기저기서 만들어 냈다. "경찰에 대한 뿌리 깊은 증오는 폭도들이 보인 야만적인 행태로 잘 설명될 수 있다. 대구에서는 경찰의 얼굴과 몸이 도끼와 칼로 난도질당했다. 경찰관의 손을 등 뒤로 묶고 그가 피를 흘리고 땅에 쓰러질 때까지 뾰족하게 깎은 돌을 던졌다. 그런 다음 큰 돌을 머리에 던져 알아볼 수 없게 했다. 왜관에서는 경찰서장이 맞아 죽기 전 눈과 혀가 낫에 잘렸다. 상주에서는 경찰관 5명이 심하게 맞은 후 산 채로 매장"당하기도 했고, 병원에서는 부상당한 경찰들의 치료를 거부하거나 심지어는 "병원에 수용된 부상당한 경찰은 치료를 위해서가 아니라 실제로는 구타당하고 때로는 죽기도 한다"는 소문이 나돌았다고. 주한미군 정보참모부 군사실 편, 《주한미군사》 제3권, 4장, 경찰과 공안. (국사편찬위원회 한국사데이터베이스 http://db.history.go.kr/id/husa_003r_0040_0020_0020)

[52] 만약 미군들이 직접 저런 고문행위에 가담한 경우라면, 이런 종류의 범죄행위들은 대부분 미 군사재판에서 다루어진다. 미군 점령기 군사재판 기록의 일부가 국내에도 들어와 있지만 미군 특히 방첩대가 저지른 범죄행위에 대해서는 별로 기록이 남아 있지 않다. 헌병재판소나 군사위원회에서 다루어진 미군 범죄들은 주로 총기오발, 절도, 강간, 폭행, 살인 등과 관련한 사건들이다. 예를 들어 고문 같은 실제 전쟁범죄와 관련된 사건기록은 아직 발견되지 않고 있다. 비록 한국은 아니지만 미군들의 전쟁범죄, 물고문, 포로 학대 등과 관련한 군사재판 관련 기록들은 다음을 참조. Louise Barnett, *Atrocity and American Military Justice in Southeast Asia : Trial by army*, Routledge, 2010. 좀 오래된 전쟁이기는 하지만 이 책에서는 필리핀전쟁, 베트남전쟁에서 미군들의 전쟁범죄가 군사재판에서 "전적으로 전승자戰勝者 입장"에서 간소하게 처리되고 있음을 알 수 있다. 물론 일본 야마시타Yamashita 장군처럼 패전자인 경우는 별다른 변호권도 주어지지 않고 사형판결을 받았지만 말이다. 한국전쟁이나 한국 점령기에 행해진 미군들의 전쟁범죄에 대해서는 아직 이렇다 할 연구가 없다.

8. 미 헌병사령관의 은밀한 사생활

[1] 미 육군 심리전처 작성, 〈미군 포로의 행동〉, 1954년 4월 2일. RG 319, Records of the Army Staff, 1903-2009, Top Secret Correspondence, 1951-1958, Entry 339, Box 22. (국사편찬위원회 전자사료관 http://archive.history.go.kr/image/viewer.do?system_id=000000043557)

[2] 방첩대 본부는 한국에서 방첩대 활동을 했던 장교들의 인터뷰를 진행하고 "이 인터뷰 프로그램을 통해서 한국에서의 CIC 작전과 관련된 책을 발간할 예정"이라고 서술해 놓았다. 관련 책은 곧바로 출간되었는데, "이 책은 목격한 그대로를 옮긴 것"이라며 현장에서 방첩대 요원들이 활동한 경

험을 있는 그대로 활용하고자 했다. 인터뷰 프로그램의 이름은 'CIC Operations in Korea'였으며, 방첩파견대 13개 부대의 장교 전원이 대상이 되었다. "한국에서 방첩대의 활동"이란 제목으로 발간한 뒤에도 추가적으로 인터뷰는 계속 진행되었고, 이는 다시 "1950~1953년 한국에서의 방첩대 역사"란 제목으로 수정, 발간되었다. 후자의 자료는 정용욱이 상세하게 분석한 바 있다. 정용욱, 〈한국전쟁 시 미군 방첩대 조직 및 운용〉,《군사사 연구총서》1, 2001; RG 319, Records of the Army Staff, 1903-2009, Assistant Chief of Staff, G-2(Intelligence) Counter Intelligence Corps Collection, Historians' Source Files of CIC Publications, Box 6.

3 미 제24군단 정보참모부, 〈일일정보보고서〉 191호, 1946년 4월 2일; SCAP, Legal Section, "Case Analysis: In Re: Kap Chin Song". RG 331 Records of Allied Operational and Occupation Headquarters, World War II, 1907-1966, SCAP, Legal Section. Administration Division, Miscellaneous File, compiled 1945-1952, Box 1224B.

4 공준환, 〈해방된 전범, 붙잡힌 식민지-전후 미국의 선범 재판과 조선에서의 전범 문제 논의〉,《사회와 역사》제112집, 한국사회사학회, 2016.

5 RG 319, Records of the Army Staff, 1903-2009, Assistant Chief of Staff, G-2 (Intelligence); Incoming and Outgoing Messages, Entry NM3 57, Box 37. (국사편찬위원회 전자사료관 http://archive.history.go.kr/image/viewer.do?system_id=000000068730)

6 필자가 확인한 바에 따르면, 한국전쟁 중 방첩대원으로 활동했던 요원 인터뷰에서 "우물에 독을 타는 사건" 관련 내용이 몇 개 있다. 그러나 대부분 복 정도의 가벼운 증상을 보였으며, 누군가가 아이와 여성들을 협박하여 발생한 사건이었다. 빈센트 사라스 인터뷰, 〈한국에서 방첩대의 작전〉, 1952년 2월 20일. RG 319, Records of the Army Staff, 1903-2009, Assistant Chief of Staff, G-2(Intelligence) Counter Intelligence Corps Collection, Historians' Source Files of CIC Publications. Box 6. 다른 방첩대 장교들의 인터뷰에서도 "우물에 독을 타는" 경우가 몇 가지 사례로 나오고는 있지만 대부분 "별 이상이 없는 사건"이라고 넘어가고 있다. 〈10군단 예하 제210 방첩파견대〉, 1951년 4월 20일. RG 319, Records of the Army Staff, 1903-2009, Assistant Chief of Staff, G-2, Intelligence, Administrative Division, Intelligence Library ("P") File, 1946-51, Army Intelligence Project Decimal File, 1951-52, Entry 97, Box 163. (국사편찬위원회 전자사료관 http://archive.history.go.kr/image/viewer.do?system_id=000000042691)

7 〈제2차 세계대전 중 정보원 조직망〉, 날짜 불명; 〈제109 방첩파견대 장교 숙소에서 진행된 에드워드 퀼스Edward H. Quarles와의 인터뷰〉, 1955년 5월 26일. RG 319 Records of the Army Staff, 1903-2006, Assistant Chief of Staff, G-2(Intelligence) Counter Intelligence Corps Collection, Historians' Source Files of CIC Publications, Box 14, 16.

8 피어드 실바,《서브로자-미국 CIA 비밀공작부》, 인문당, 1983, 54쪽.

9 Eiji Takemae, *Inside GHQ*, Continuum Intl Pub Group, 2002, 161~162쪽.

10 Takemae, 앞의 책, 166쪽.

11 특별고등경찰은 1911년 일본에서 만들어진 사상범을 다루기 위한 특별 경찰조직이다. "사회운동을 조사, 통제하며, 과격분자가 위험한 외국 이데올로기를 넓히는 것을 억제하는 임무"를 담당했던 '사상경찰'이었다. 리차드 H. 미첼,《일제의 사상통제-사상전향과 법체계》, 일지사, 1982, 19쪽 참조.

12 Takemae, 앞의 책, 480쪽.

13 정보원의 수당이 어느 정도 되는지는 당시 물가상승률이 워낙 높았기 때문에 정확하게 이해하기는 어려울 것이다. 당시 일반적인 급료 수준에 맞춰서 짐작할 수밖에 없다. 예를 들어 1946년 2월경 공무원들의 급료는 "한 달 보수는 봉급 물가수당 가봉을 통털어서 대강 국장급은 3천 원 과

장급은 2,200원, 계주임係主任이 1,700원, 보통 직원이 1,600원이고 타이피스트가 1,200원이며, 일급인 노무자의 용임은 1,300원, 급사가 1,200원이다. 이상의 부수금은 신분에 따라 다소 차이가 있으나 일제 시대에 조선 사람이 관청에서 싼 월급에 학대당하던 설움을 생각하면 격세의 감"이 있다는 점을 감안하자면, 정보원들의 위험수당(?)은 상당한 수준임을 알 수 있다. 〈군정청, 봉급자 급료 인상〉, 《조선일보》, 1946년 3월 1일. (국사편찬위원회 한국사데이터베이스, http://db.history.go.kr/id/dh_002_1946_02_28_0030)

14 정보원의 임금 지급과 관련한 자료는 미국 방첩대 〈야전매뉴얼〉에 대략적인 운용 방안이 나온다. "특별 자금Special Funds. 모든 제대의 사령부 G-2 혹은 S-2(사단급 정보참모가 아닌 내내, 연대급 참모단의 정보참모)는 방첩파견대 지휘관에게 방첩대 임무를 달성하는 데 필요한 비밀자금을 지급할 수 있다. 이 기금은 통상 다음과 같은 목적을 위해 사용된다: a. 첩보의 구매 b. 정보원의 임금 c. 특수복장이나 위장 물품 구입 d. 용의자 혹은 정보원 접대 e. 달리 획득할 수 없는 장비의 구매 f. 다른 기금에서 할당받을 수 없는 여행 경비". 이 〈야전매뉴얼〉은 1943년 2월 15일 수정되어서 제2차 세계대전 직후 모든 방첩대원들의 기본 활동 지침으로 제공되었다. 즉, 한국에 진주한 제24군단도 이 매뉴얼을 기초로 삼고 있었다. 〈기초 야전매뉴얼: 군사정보〉, 1942년 11월 20일. RG 319, Records of the Army Staff, 1903-2006, Assistant Chief of Staff, G-2(Intelligence) Counter Intelligence Corps Collection, Historians' Source Files of CIC Publications, Box 1.

15 〈러시아 영사와 하지 장군의 대담〉, 1946년 4월 27일, 오후 1시 30분. RG 554, Records of General Headquarters, Far East Command, Supreme Commander, Allied Pwers and United Nations Command, Unites States Army in Korea, Entry 1370, Box 1.

16 한데 당시 CIC 요원이었다면 이런 종류의 로맨스에 아주 조심스럽게 접근했을 것이다. 비록 시기는 남한 점령보다 2년 정도 뒤에 나온 특별규정이지만, "외국인과 결혼하는 방첩대 요원은 육군 장관의 지침에 기초하여서 배치assigned에 제한이 가해질 수 있었기" 때문이다. 만약 베어드가 CIC 요원이었다면 김수임과의 '로맨스'는 곧바로 해고통지서로 연결될 수도 있었다. Department of the Army, "Special Regulations No.380-310-2 : Procedures for Personnel, Administration and Training", 1 August 1952. RG 319 Records of the Army Staff, 1903-2006, Assistant Chief of Staff, G-2(Intelligence) Counter Intelligence Corps Collection, Historians' Source Files of CIC Publications. Box 1.

17 〈베어드 수사보고서〉에 수록된 몰리나Orlando A. Molina 제971 방첩대 대위와의 인터뷰(1950년 7월 28일)에 따르면, 당시 김수임이 공산주의와 관련되어 있다는 정황에 대해 전혀 눈치 채지 못했냐는 질문에 대해서 "전혀!"라고 답했다. 그럼에도 불구하고 이강국에 대해서는 "이강국은 우리가 뒤를 쫓고 있는 아주 중요한 인물이었다. 이강국과 관련한 파일은 끝도 없이 많이 갖고 있었다"면서 1946년 9월 이후 미군 방첩대에서도 이강국은 박헌영과 함께 첫 번째 체포 대상으로 꼽고 있었음을 암시하고 있다.

18 〈베어드 수사보고서〉 중 스미스 Samuel A. Smith 대령의 증언.

19 베어드는 로드 아일랜드Rhode Island 경찰 출신이었다. 그가 경찰 업무를 맡으면서 어떤 역할을 했는지 알 수 없지만, 적어도 1936년 이후 대공황으로 인한 시위 진압에 참가했을 가능성이 꽤 높다. "1936년경에 로드 아일랜드의 경찰이 되었다. 형사과의 수석형사가 되어 관련 사건들을 전담하고 있었다. 그는 당시 제대군인협회 회장직도 맡고 있었다." 그가 점령과 경찰 활동을 하면서 쌓았던 경험, 특히 대공황기의 격변이 찾아왔던 미국에서 시위와 파괴가 진행되던 동안 어떤 고민을 했을지 짐작하기 어려운 일은 아니다. 미국에서는 "시위 군중에게 발포하는 사건이 1930년대에 지속적으로 발생"하고 있었다. 게다가 이런 경우 대부분 "대배심에서 무죄가 선고되어 피고들이 즉시 석방"되는 경우가 많았고. 혼란기에 경찰이 맡아야 할 역할이 무언지에 대해 베어드는

일종의 확신 같은 것을 갖고 있었다. 〈베어드 수사보고서〉에서; Alex Goodall, 앞의 책, 147~148 쪽, 183쪽.

[20] 《주한미군사》에서는 점령 직후 "아무런 무기도 없던 경찰들에게" 일본군 소총을 지급하기로 결 정했으며 "세 명당 한 정의 총기가 지급"되었다고 기록했다. 40사단 참모부가 군정장관에게 보 낸 서한, 〈민간 직원에 대한 무장Arming of Civilian Personnel〉, 1945년 12월 14일, 주한미군 정 보참모부 군사실 편, 《주한미군사》 제3권, 296쪽. (국사편찬위원회 한국사데이터베이스 http:// db.history.go.kr/id/husa_003r_0040_0010_0110) 이렇게 3인당 1정씩 총기를 지급하다가 시위가 격화되면서 점차 1인당 1정씩 지급하기 시작했다. "이전에는 경찰 2명에 소총 1정을 지급했지만, 전라남도 경찰국에서는 경찰 1명당 소총을 각각 지급하기로 하고 8월 27일 여수, 순천, 광양, 구 례, 곡성에서 지급했다. 소총은 16발을 넣을 수 있는 미국산이다." 전남 경찰이 경찰 1인당 1정의 소총을 지급하기로 한 것이 대략 1947년 12월경이다. 시위와 진압의 악순환이 '폭동'으로 전환하 는 시기에 중요한 역할을 했던 총기 사용 문제와 관련하여, 대부분의 경찰들이 실탄을 지급받았 고 또 거의 모든 시위 대열을 향해 발포했다는 점은 기억할 만하다. CIC, Semi-Monthly Report No. 24, 15 December 1947. 정용욱 편, 《해방후 정치사회사자료집》 9권, 다락방, 1994. 54쪽.

[21] 〈하지가 극동군 사령부로 보내는 전문〉, 1947년 11월 23일. 이 전문에서는 "한국 경찰을 신속하게 무장시킬 필요가 있음"이라면서 미군이 보유하고 있던 잉여 무기들을 "비밀리에 한국 경찰로 이 관"하길 희망한다고 보고했다. RG 554, Records of General Headquarters, Far East Command, Supreme Commander Allied Powers, and United Nations Command, 1945-1960, 091. #1, Korea [Nov. 1946 - 26 Apr. 1948], Box 53. (국사편찬위원회 전자사료관 http://archive.history. go.kr/image/viewer.do?system_id=000000015551)

[22] 방첩대 〈기초 야전매뉴얼〉에서는 안전가옥에 대해 다음과 같이 설명하고 있다. "정보원들과의 접 촉은 몇 군데의 접촉 지점rendezvous points 가운데 한 군데에서 이뤄져야만 하며 이러한 접촉 지 점은 방첩대 제대의 사령부 근처에 위치해서는 안 된다."

[23] 프란체스카는 "마포장은 군정 소유이기 때문에, 담당자가 우리에게 퇴거해 줬으면 하고 물어 왔어 요. 아마 누군가 다른 사람을 위해서 그 집이 필요했던 모양이에요. (중략) 이 박사도 마포장에 있 을 때 보다는 훨씬 더 건강이 좋아졌어요. 감기도 잘 안 걸리고. 이번 겨울은 좀 더 따뜻하게 보낼 수 있을 거 같아요."라고 기록했다. 〈프란체스카가 올리버 박사에게〉, 1947년 11월 9일. 국사편찬 위원회 편, 《이승만관계서한자료집 1, 1944-1948》, 376~377쪽.

[24] "지점과 지점 사이를 거리가 아니라 항공으로 도달하는 시간으로 판단"하게 되었으며, 이는 양극 화 시대, 즉 냉전이라는 새로운 세계관을 정착시켜 준다. 예전에는 소련으로 가려면 대서양도 건 너고 유럽의 여러 나라 국경도 거쳐야 하는, 아주 복잡하고 먼 거리를 지나야 했지만 이제는 아 니라는 것이다. 월트 디즈니 같은 대중매체의 지도 단순화(?) 방식도 대중들의 세계관이 바뀌 는 데 큰 영향을 주었다. 그리고 진주만 공습도 큰 충격을 가져다주었다. 이에 대해서는 Timothy Barney, 앞의 책, "Introduction : The Rhetorical Lives of Cold War Maps" 참조.

9. 테러의 계절

[1] 〈주한미군 사령관이 국무부로 보내는 전문〉, 1947년 12월 13일. 국사편찬위원회, RG-9, Collection of Messages (Radiograms), 1945-1951, RG 9, Radiograms, Microfilm No. 246-253,

주한미군의 남한 사정에 대한 보고서(9). (국사편찬위원회 전자사료관 http://archive.history.
go.kr/image/viewer.do?system_id=000000621749)

[2] 〈박근혜, 테러방지법이 없는 나라는 우리나라를 포함한 4개국에 불과〉,《매일경제》 2016년 1월 13일.

[3] 미 제24군단 정보참모부, 〈일일정보보고서〉 699호. 1947년 12월 3일. 이날 보고서에서는 "장덕수
가 왜 암살 대상이 되었는지 동기를 전혀 찾을 수 없는 상황이다. 암살 배후자에 대해 세 곳의 정
보출처source가 각기 다른 인물을 지목하고 있는데, 한 명은 좌익 지도자, 한 명은 경찰 고위간부,
나머지는 저명한 한국의 언론인, 즉 이승만이 배후조종finger man인 것으로 추정"한다면서, 유일
하게 이승만만 실명을 언급했다. 하지 역시 이때까지만 해도 이승만을 의심하고 있었다. "나는 이
승만이 이와 관련되어 있다고 여전히 믿고 있다. 희생자를 준비 중이었고, 또 이미 이승만에 대해
서 책임을 묻는 발언도 한 바가 있다"면서 이승만을 여전히 암살 배후범이라고 확신했다. 한데 이
"배후조종finger man" 혐의가 사건 발생 이틀 뒤인 4일부터 임정 관련 인물들(엄항섭)로 옮겨 갔
으며, 9일 뒤인 12월 13일에는 다시 김구로 정정되었다. 당시 하지는 "한국 경찰이 확보한 자백의
진실성에 의문의 여지가 있지만, 나는 범죄수사대CID와 방첩대CIC의 조사관을 투입하여 사건과
관련된 사실들을 미국 법원의 절차에 맞도록 조사하도록 조치했으며, 만약 김구를 포함하여 유죄
임이 증명된다면 사형을 비롯하여 관련자 모두에게 중형을 내릴 것을 준비"했다. 국사편찬위원
회, 주한미군의 남한 사정에 대한 보고서 (9), Information from Police Chief Chang Reveals that
Confessions of Assassins of Chang Duk Soo Implicate Kum Ku as Instigator of Assassination;
박태균·정창현,《암살 : 왜곡된 현대사의 서막》, 역사인, 2016, 149~151쪽.

[4] 미 제24군단 정보참모부, 〈일일정보보고서〉 545호. 1947년 6월 1일.

[5] 정병준,《몽양 여운형 평전》, 한울, 1995, 416쪽.

[6] 미 제24군단 정보참모부, 〈일일정보보고서〉 529호, 1947년 5월 13일.

[7] Bruce Cumings, The Origins of the Korean War Vol.II : The Roaring of the Cataract, 1947-1950,
Princeton University Press, 1990, 194쪽. 남한의 경찰에서는 실제 1946년 10월 대구 사건이 있
을 무렵부터 서북청년단을 비롯한 우익 청년단원들을 경찰의 보조조직으로 등록하여 활용하고
있었던 것으로 보인다. 미군 방첩대 역시 이 청년단체들이 "경찰의 지시에 의해서만 행동"해야 한
다며 이들의 활동을 주목하고 있다. 미 제24군단 정보참모부, 〈일일정보보고서〉 326호, 1946년
10월 30일.

[8] Michael McClintock, 앞의 책, 11쪽.

[9] 러치 Archer L. Lerch가 하지 John R. Hodge에게 보내는 서신, 1947년 7월 20일. RG 554
Records of General Headquarters, Far East Command, Supreme Commander, Allied Powers
and United Nations Command, Unites States Army in Korea, Adjutant General Files, Entry
1370, Box 2.

[10] 미 제24군단 정보참모부, 〈일일정보보고서〉 261호, 1946년 6월 24일.

[11] 물론 이 통계는 시국 사건으로 사망한 한국인의 숫자를 말한다. 시국 사건을 제외하더라도 미군에
게 잘못(?) 보여서 억울하게 총을 맞은 사건은 점령 직후부터 꾸준히 발생했다. 정확한 통계는 제
시하지 못하고 있지만 하지는 남한을 점령한 지 반년도 채 안 된 1946년 1월 4일의 지침에서 다
음과 같이 경고했다. "최근 군인들의 총격으로 사망하는 한국인의 숫자가 늘어나고 있는데 이는
진정으로 우리 사령부의 걱정거리"라며 "군인의 총격으로 사망 사건이 일어난 경우 그 군인은 살
해manslaughter 죄로 재판받을 것"이라고. 그러나 남한 점령 당시 미국인이 한국인을 살해했다
고 사형선고를 받은 기록은 아직 발견된 것이 없다. RG 554, Records of General Headquarters,
Far East Command, Supreme Commander, Allied Pwers and United Nations Command, Unites
States Army in Korea, Entry 1370, Box 152.

[12] 미 제24군단 정보참모부, 〈일일정보보고서〉 478호, 1947년 3월 13일.

[13] 미 제24군단 정보참모부, 〈일일정보보고서〉 482호, 1947년 3월 18일.

[14] 미 제24군단 정보참모부, 〈일일정보보고서〉 476호, 1947년 3월 11일. 이 정보문서에서는 북한의 물가 동향을 검토하면서 "매일 매일 물가가 오르고 있으며 인민들의 생활이 처참하여 날로 비관적"으로 바뀌고 있고, "월남민이 10만에서 100만 정도까지 예측되는데 월남민들의 진정한 러시는 봄과 함께 시작될 것"이라고 추측했다.

[15] 미 제24군단 정보참모부, 〈일일정보보고서〉 477호, 1947년 3월 12일.

[16] 〈CIC 반월간 보고서〉 477호, 1948년 3월 15일. 정용욱, 앞의 자료집 9권, 66쪽.

[17] 미 제24군단 정보참모부, 〈일일정보보고서〉 480호, 1947년 3월 15일.

[18] 〈주한미군 최고사령관이 국무부로 보내는 전문〉, 1948년 3월 1일. RG 218, Records of the U.S. Joint Chiefs of Staff, 1941-1977, Geographic File on Korea (Korea Section), 1946-1958, Box 36.

[19] 미 제24군단 정보참모부, 〈일일정보보고서〉 517호, 1947년 4월 29일. 이 보고서에서 "모호한 암살계획에 대한 정보가 계속 들어오고 있다. 하지만 거의 아무런 조치도 취하고 있지 않다. 지난 4월 12일 진해에서 135마일이나 떨어진 평창의 암살계획과 비슷한 측면이 있다"면서 코멘트를 달아 놓았다. 주한미군 정보참모부에서는 우익의 암살 관련 계획에 대해서는 언급을 자제(?)하면서, 좌익 측에 대해서는 하나라도, 단 하나라도 절대 놓치지 않으려는 노력을 보여 주고 있다.

[20] 〈볼드윈이 한국 점령군 사령관 하지에게 보내는 서한〉, 1947년 5월 28일. RG 554 Records of General Headquarters, Far East Command, Supreme Commander, Allied Powers and United Nations Command, Unites States Army in Korea, Adjutant General Files, Entry 1370. Box 2. 볼드윈은 미국의 유명한 인권운동가였지만 '종북 좌파'라고 불리기에는 아까운 사람이다. 오른쪽에 더 가까운 사람이다. 예를 들어 "좌우가 격돌하는 지역에서 우파를 옹호하는 것은 자연스럽고 또 어떤 때는 필요하기도 하지만"이라면서 우파의 손을 들어 주는 것이 어쩔 수 없는 자연스러운 현상이라고 했다. 제1차 세계대전에 반대하여 징병 소집을 거부했던 양심적 병역거부자인 볼드윈은 미국 내 인권운동뿐 아니라 한국을 포함하여 여러 국가를 돌아다니며 국제적인 활동도 펼쳤다.

[21] 〈맥아더가 하지에게 보내는 서신〉, 1947년 10월 25일. 이 서신에서 맥아더는 한국에서 발생하는 정보 관련 업무들 중 극동사령부로 제대로 보고되지 않는 사건들이 많다면서 '8월 공세'를 예로 들었다. 당시 동경의 극동사령부에 좌익 체포 관련 내용이 보고된 문건은 '24 Corps Daily Intelligence Summary No. 606(1947년 8월 13일)'였는데, 여기에서는 "약간의 체포가 이루어졌음"이라고만 보고되었다. 한데 미소공동위원회에서 소련 측이 8월에 집중되었던 대대적인 좌익 체포에 대해 항의하면서 미국이 곤란을 겪었던 점을 하지에게 질책하기도 했다. 정보참모부의 〈일일정보보고서〉에서는 관련 내용을 좀 더 상세하게 보고하고 있다. "남한 전역에서 공산주의 단체들에 대한 전면all out 공격이 개시되었다. 주요 목표물은 서울이지만 남한 전역에서 이와 유사한 계획이 진행 중이며, 대량의 공산당 문건이 압수되고 몇몇의 공산주의 지도자들several secondary leftist leaders이 체포되었다"면서 CIC 요원에 따르면 "8월 공세로 체포된 좌익 관련 인물은 대략 2,000여 명" 정도 된다고 추정했다. RG 554, Records of General Headquarters, Far East Command, Supreme Commander, Allied Pwers and United Nations Command, Unites States Army in Korea, Entry 1370, Box 3; 미 제24군단 정보참모부, 〈일일정보보고서〉 606호, 1947년 4월 29일; 〈한국의 점령. 매리온 파넬Marion R. Pannell 소령 인터뷰〉, 홀버드. RG 319, Records of the Army Staff, 1903-2006, Assistant Chief of Staff, G-2(Intelligence) Counter Intelligence Corps Collection, Historians' Source Files of CIC Publications, Box 6.

[22] 미 제24군단 정보참모부, 〈일일정보보고서〉 509호, 1947년 4월 19일; 미 제24군단 정보참모부, 〈일

일정보보고서〉 516호, 1947년 4월 28일. 워싱턴에서 미소공동위원회를 포기하고 유엔을 통한 남한 정부의 수립으로 나아가야 한다는 논의가 비밀리에 진행 중이던 무렵인 1947년 2월경부터 서북청 년단의 활동이 테러행위 항목에서 자주 확인된다. 여기에 인용된 것 외에도 446호(1947년 2월 3일), 447호(1947년 2월 4일), 456호(1947년 2월 14일), 467호(1947년 2월 28일), 468호(1947년 3월 1일) 등 일일이 옮겨 놓기 힘들 정도로 많다.

[23] 〈주한미군 최고사령관이 연합군 최고사령부에 보내는 전문〉, 1947년 12월 4일. 국사편찬위원회, 맥아더도서관, RG-9, Collection of Messages (Radiograms), 1945-1951, RG 9, Radiograms, Microfilm No. 246-253, 주한미군의 남한 사정에 대한 보고서 (9).

[24] 〈경성전기주식회사 노동쟁의 조정성안 마련〉, 《동아일보》 1947년 6월 9일.

[25] 이 발언은 1946년 7월 1일 하지가 CIC로 보내는 특별서한의 내용이다. 불과 1년도 되지 않은 시점인데도 CIC의 역할에 대해 "CIC는 남한의 정치활동에 대해 가치 있는 평가를 했으며, 하지가 중요한 결정을 내리는 데에 활용할 수 있는 유일한 정보출처source는 대개 방첩대가 작성한 이 정치 관련 보고서들"이었다고 서술하고 있다. 정용욱 편, 앞의 자료집 10권, 23~24쪽.

[26] 미 제24군단 정보참모부, 〈일일정보보고서〉 564호, 1947년 6월 24일. 주한미군정청 공보과에서 1,149명의 시민을 대상으로 여론조사를 실시했는데, "'가까운 장래에 남한에서 선거가 실시되어야 한다고 생각하는가'란 질문에 76.6퍼센트가 긍정적으로 답했으며, 12.5퍼센트는 부정적"으로 답했다.

[27] 이 비상계획Alert Plan은 최종적으로 1947년 12월 10일에 완성되고 1947년 4월 24일 수정보고서가 검토되었다. 주한미군 최고사령부, 〈주한미군 비상계획〉, 1947년 12월 10일. RG 338, Records of U.S. Army Operational, Tactical, and Support Organizations (World War II and Thereafter), 1917-1993, General Correspondence Files, [RG 554, Entry A-1 1370~1405], Box 82. (국사편찬위원회 전자사료관 AUS004_25_00C0080_021)

[28] 〈북진통일의 선봉이 되겠다〉, 《경향신문》 1953년 4월 23일.

[29] 〈전 가족 팔 명이 휴전반대 단식〉, 《경향신문》 1953년 5월 8일.

[30] 〈극동군 최고사령관이 합동참모본부로 보내는 전문〉, 1947년 5월 1일. 하지의 계획에 따라 합동참모본부에서는 북한군이 남침할 경우에 대비한 문서를 마련하기 시작했고, 이는 국무부와 백악관까지 회람되었다. RG 218, Records of the U.S. Joint Chiefs of Staff, 1941-1977, Geographic File on Korea (Korea Section), 1946-1958, Box 38. (국사편찬위원회 전자사료관 http://archive.history.go.kr/image/viewer.do?system_id=000000459368)

10. 화이트 타이거 '폐기' 작전

[1] 미 제24군단 정보참모부, 〈일일정보보고서〉 379호, 1946년 11월 13일.

[2] 정병준, 앞의 책(2006), 263쪽.

[3] 〈환영 행사〉 1947년 2월 12일. RG 554 Records of General Headquarters, Far East Command, Supreme Commander, Allied Pwers and United Nations Command, Unites States Army in Korea, Adjutant General Files, Entry 1370, Box 23. 미국 기자들이 하지를 방문하여 개최된 행사의 내용을 기록하고 있는 문서로, 속기용으로 작성된 것으로 보인다. 하지는 연설 뒤 기자들과 가벼운 문답을 주고받았는데, 아마 하지의 본심을 가장 잘 드러내는 자료일 것이다. 미국 기자들만

모였기 때문에 그랬는지 혹은 대담 중에 술도 곁들였는지 알 수 없지만, 그는 한국을 점령한 최고 사령관답지 않은 발언도 했다. "소련이 북한 지역에 20만에서 25만 가까운 병력을 유지하고 있다"거나 "임시정부의 행정 능력은 아마 내 손자의 그것과 비슷할걸?"이라는 허무맹랑한 소리야 술에 취해 그랬으려니 하더라도 대담 마지막 즈음에는 노골적인 발언도 서슴지 않았다. "만약 우리가 집안 청소를 깨끗하게 해 놓지 않았는데 소련이 위쪽에서 모든 것을 완벽히 제거한, 그런 상태로 동시에 철수를 하게 된다면 그건 한국에 커다란 골칫거리를 남겨 놓게 되는 것이오. 나는 그럴 생각이 없소. (만약 국내의 심각한 무질서에 대처하는 방법을 택하라면) 경찰, 맨 앞에는 경찰이 있고, 그 뒤는 국방경비대가 있지. 그리고 마지막에는 군대가 있고"라고. 남북한 간에 전쟁이 혹은 남한 내부에서 거대한 내전이 발생하게 될 거란 예상을 이미 이 무렵부터 했던 것 같다.

4 〈환영 행사〉, 앞의 자료.

5 이런 문건들은 해방 후 미군 정보기관원들이 남한의 주요 정치인들을 검토하면서 살펴보았던, 많지 않은 자료들 가운데 포함되었을 것이다. 선략첩보국이 작성한 임정 인물들의 약력을 징리한 보고서("Korea Independence Movement sketches for Leading Korean")에는 "사립학교를 졸업한 적이 있다"고 기록되어 있다. 김규식을 비롯하여 신익희, 조소앙, 엄항섭, 김약산, 유동열, 조완구, 차리석, 장건상, 김붕준 등 해방 후 귀국하는 임시정부 인물들의 약력을 기록하고 있는데 이 중에서 학력 관련 기록이 없는 사람은 김구와 박찬익 두 명뿐이다. RG 226, Records of the Office of Strategic Services, 1919-2002, Washington Registry SI Intel. Field Files, WASH-REG-INT-93 Y China, Box 374.

6 〈주한 미대사관이 국무부에게 보내는 서신 : 김구의 암살 이후 상황 ; 안두희에 대한 재판과 선고〉, 1949년 8월 9일. RG 263, Records of the Central Intelligence Agency, 1894-2002, The Murphy Collection on International Communism, 1917-58, Entry Murphy Papers, Box 69. (국사편찬위원회 전자사료관 http://archive.history.go.kr/image/viewer.do?system_id=000000042465)

7 "Korean Press Reports of Conversations in C.G.'s Office." 1947년 3월 11일. RG 554, Records of General Headquarters, Far East Command, Supreme Commander Allied Powers, and United Nations Command, 1945-1960, Box 312.

8 〈金九 장례식을 중계하던 아나운서, 너무 비분강개한다 하여 교체〉, 《경향신문》 1949년 7월 9일.

9 〈프란체스카가 올리버 박사에게〉, 1947년 11월 9일. 국사편찬위원회 편, 《이승만관계서한자료집 1, 1944-1948》, 1996.

10 〈24군단 최고사령관이 육군부로 보내는 전문〉, 1947년 12월 13일. 국사편찬위원회, 맥아더도서관, RG-9, Collection of Messages (Radiograms), 1945-1951, RG 9, Radiograms, Microfilm No. 246-253, 주한미군의 남한 사정에 대한 보고서 (9).

11 미 제24군단 정보참모부, 〈일일정보보고서〉 710호, 1947년 12월 16일.

12 국사편찬위원회, 맥아더도서관, RG 9, Radiograms, Microfilm No. 246-253, 주한미군의 남한 사정에 대한 보고서 (16).

13 CIC, Weekly Information Bulletin, #34, 11 December 1947. 정용욱 편, 앞의 자료집 8권.

14 '테러의 시기'는 1947년 12월보다 훨씬 전부터 착착 준비되고 있었다. 1947년이 시작되면서부터 서울을 비롯하여 전국에서 들려오는 정보에 따르면 "대부분 경찰과 군정 공무원들의 집에 동그라미 안에 'T'자가 들어간 기호가 그려져 있다"고 했는데, 미국인들은 이 새로운 현상을 주목하고 있었다. "코멘트 : 자신들이 반대하는 사람들의 집 앞에 이렇게 표시를 해 놓는 것은 최근 몇 주 동안에는 없던 새로운 현상이다. 이것이 공무원들을 상대로 한 신경전의 일환인지 아니면 행동을 위한 프로그램의 일부인지는 알 수 없다." 암살 대상 인물의 집 앞에 이런 기호를 표시했다는 것은 현재로서는 장덕수가 유일하게 확인되고 있다. 미 제24군단 정보참모부, 〈일일정보보고서〉

458호와 열흘 뒤인 468호 등 1947년 초기부터 이런 내용이 본격적으로 등장한다.

15 〈경무부장 조병옥, 장덕수 암살사건에 대해 견해 피력〉,《서울신문》1947년 12월 11일.

16 〈주한미군 최고사령관이 국무부로 보내는 전문〉, 1948년 4월 17일. 국사편찬위원회, 맥아더도서관, RG-9, Collection of Messages (Radiograms), 1945-1951, Microfilm No. 246-253, 주한미군의 남한 사정에 대한 보고서 (24).

17 〈임정 선전부장 엄항섭, 환국 후 임정의 활동 발표 기자회견〉,《중앙신문》1945년 11월 25일. (국사편찬위원회 한국사데이터베이스 http://db.history.go.kr/id/dh_001_1945_11_24_0070)

18 선우진,《백범 선생과 함께한 나날들》, 푸른역사, 2009, 50쪽.

19 '대구 사건'과 관련해서 하지는 이렇게 설명하기도 했다. "서양 기준으로는 그들을 사형시키는 것이 마땅했지만, 정치적 반발이 있을 것"이기 때문에 무기징역으로 감해 버렸다고. 하지가 실제 한국인들을 공식적으로 사형하도록 지시한 기록은 아직 발견되지 않았다. (국사편찬위원회 한국사데이터베이스 http://db.history.go.kr/id/husa_003r_0040_0020_0010)

20 〈하지John R. Hodge가 맥클로이John J. McCloy 전쟁부 차관보에게 보내는 서신〉, 1945년 12월 6일. RG 554, Records of General Headquarters, Far East Command, Supreme Commander, Allied Pwers and United Nations Command, Unites States Army in Korea, Adjutant General Files, Entry 1370, Box 1.

21 미 제24군단 정보참모부, 〈일일정보보고서〉 86호, 1945년 12월 5일.

22 〈하지John R. Hodge가 합동참모본부Joint Chief of Staff로 보내는 전문〉, 1947년 9월 8일. RG 218, Records of the U.S. Joint Chiefs of Staff, 1941-1977, Geographic File, 1946-1947, Box 38. (국사편찬위원회 전자사료관 http://archive.history.go.kr/image/viewer.do?system_id=000000459370)

23 〈김구, 실정을 견문한 후 책임 있는 발언을 할 것임을 언명〉,《자유신문》1945년 11월 24일. (국사편찬위원회 한국사데이터베이스 http://db.history.go.kr/id/dh_001_1945_11_24_0020)

24 〈국민의회에서 이승만과 김구가 남조선총선에 의한 정부수립 촉구〉,《경향신문》1947년 12월 1일. (국사편찬위원회 한국사데이터베이스, http://db.history.go.kr/id/dh_005_1947_12_01_0040)

에필로그

1 CIC, 〈주간정보회람〉 1호, 1947년 4월 23일. 정용욱 편, 앞의 자료집 8권, 13쪽.

2 미 제24군단 정보참모부, 〈일일정보보고서〉 500호, 1947년 4월 9일. 이외에도 김두한과 대한민청은 우익 청년단의 테러가 증가하던 시점인 1947년 봄 무렵에 〈일일정보보고서〉에 자주 모습을 드러내고 있었다. 1947년 2월 28일 김두한이 CIC에 체포되었을 때 "나를 풀어 주지 않으면 3월 1일 CIC 본부를 폭탄으로 박살내 버리겠다"고 협박하기도 했지만 별다른 일은 없었다. 이날 친구 정진룡을 살해하면서 CIC에 다시 체포된 김두한의 패기는 더 강력해졌나 보다. "이번에 나를 석방시켜 주지 않으면 네놈을 바로 죽여 버리겠다"고 협박했다. 미 제24군단 정보참모부, 〈일일정보보고서〉 510호, 1947년 4월 21일.

3 이 사건은 한국법원에서 결정이 내려졌지만, 다시 미군 군사위원회로 이관되어 '일사부재리double jeopardy'의 원칙을 어기게 된 몇 안 되는 사건 중 하나였다. 이 때문에 고등법원 판사가 공동 사직서를 내면서 한때 언론의 관심이 쏠리기도 했다. 결국 김두한은 군사위원회에서 사형

을 언도받았지만 집행되지는 못했다. 미 군사위원회 재판 과정에서 사진이 특별히 증거로 채택되었을 가능성이 있을 것이다. 주한미군 정보참모부 군사실 편,《주한미군사》제3권, 5장 "사법부" 참조. 대한민청의 백색테러에 대한 CIC의 간략한 조사 내용에 대해서는 김봉진,〈미군정기 김두한의 '백색테러'와 대한민주청년동맹〉,《대구사학》제97집, 2009. 참조. 미 군정 내부에서 일어났던 '일사부재리' 위반 관련 논란에 대해서는 Major Denny F. Scott,〈Opinion #339-20 December 1947, Double jeopardy under Korean Law〉, 한림대학교 아시아문화연구소 편,《미군정기정보자료집 : 법무국·사법부의 법해석 보고서(1946.3~1948.8)》, 1997, 106~108쪽 참조.

[4] 미군은 한국전쟁에서 공산군이 저지른 전쟁범죄를 조사하기 위해 '전쟁범죄조사단War Crimes Division in Korea'을 창설했다. 이와 관련해서 많은 연구가 진행된 것은 아니지만 다음의 연구를 참조할 만하다. 양정심,〈한국전쟁기 미군의 전쟁범죄 조사와 처리〉,《전쟁 속의 또 다른 전쟁-미국 문서로 본 한국전쟁과 학살》, 선인, 2011; 양영조,〈북한의 남한 점령기 민간인 학살〉,《한국전쟁기 남북한의 점령정책과 선생의 유산》, 선인, 2014. '전쟁범죄조사단'이 남긴 문서와 사진들을 국사편찬위원회에서 일부 수집했다. 전쟁 기간 동안 북한 측이 저지른 학살에 관심이 있다면 참조할 만하다. (국사편찬위원회 전자사료관 http://archive.history.go.kr/image/viewer.do?system_id=000000449400)

[5] 윌리엄 리William D. Leahy 미군 합참의장Joint Chief of Staff은 일본에 대한 원폭 투하를 반대한다면서 이런 말을 남겼다. "아마, 이 폭탄은 머지 않은 미래에는 우리 적의 손에도 들어가게 될 것 같다. 결국 그들은 우리를 향해서 이 폭탄을 사용할지도 모를 일이다. (중략) 그 폭탄을 첫 번째로 사용하면서 우리는 야만의 시대에나 있을 법한 윤리적 기준들을 채택한 셈이다." William D. Leahy, *I Was There: The Personal Story of the Chief of Staff to Presidents Roosevelt and Truman Based on His Notes and Diaries Made at the Time*, Whittlesey House, 1950, p. 441.

[6] 〈Explanatory statement for appeal to the superior court〉, 1947년 6월. RG 554, Records of General Headquarters, Far East Command, Supreme Commander, Allied Powers and United Nations Command, Unites States Army in Korea, Adjutant General, General Correspondence(Decimal Files), 1945-1949, Entry 1370, Box 50.

[7] 〈CIC History 1945-1948〉, 연도 불명. RG 319, Records of the Army Staff, 1903-2006, Assistant Chief of Staff, G-2(Intelligence) Counter Intelligence Corps Collection, Historians' Source Files of CIC Publications, Box 14.

[8] 미 제24군 사령부,〈G-3 활동보고서 No. 15〉, 1945년 9월 18일. RG 319, Records of the Army Staff, 1903-2009, XXIV Corps G-3 Operations Reports-No.1, Box 159. (국사편찬위원회 전자사료관 http://archive.history.go.kr/image/viewer.do?system_id=000000351480)

[9] Roy E. Appleman, *South to the Naktong, North to the Yalu*, Center of Military History United States Army, 1961, p. 69. 미 군사편찬위원회에서 간행한 이 책에서는 이 장면을 다음과 같이 기록하고 있다. "적의 전차 대열이 우리 보병들이 대기하고 있는 위치 700야드 전방으로 열을 지어 진격하고 있었다. 우리의 무반동소총이 사격을 가하기 시작했다. 모두 탱크에 명중했지만 별다른 피해를 주지는 못했고 탱크는 곧이어 85mm 캐논과 7.62mm 기관총포로 반격을 시도했다. (중략) 적의 선두에서 대열을 지휘하던 두 대의 탱크가 105mm 고사포 공격으로 그 자리에 멈춰 섰다. 대열이 계속 전진하도록 두 대의 파손된 탱크가 길 옆쪽으로 비켜 섰다. 이 두 대의 탱크 중 한 대에서 불이 나기 시작했다. 탱크에 타고 있던 적군 두 명이 손을 든 채 문을 열고 탱크에서 내렸다. 세 번째 적군이 손에 소형 기관총을 들고 갑자기 탱크에서 뛰어내리는 동시에 우리 측 기관총 대열을 향해 사격을 가했다. 기관총 소총 사수가 전사했다. 이 신원 불명의 기관총 사수가 아마 한국에서 희생된 첫 번째 병사라고 판단된다." 이 전투에서 박격포 부사수였던 케네스가 아닌 신원

불명의 기관총 사수가 첫 번째 미군 사망자라고 적고 있다.

[10] 케네스 세드릭Kenneth Shadrick 사망 1주년 기념식 관련 뉴스가 언론에 여러 차례 보도되었다.(국사편찬위원회 전자사료관 http://archive.history.go.kr/image/viewer.do?system_id=000000378501)

[11] 〈무장한 군인 10여 명이 오늘 새벽 법원에 침입〉,《경향신문》1964년 5월 21일.

[12] 박태균, 〈베트남 파병을 둘러싼 한미 협상 과정-미국 문서를 중심으로〉,《역사비평》74, 2006. 베트남전 파병은 한국군 병력을 재조정하는 과정에서 박정희가 주도적으로 제안한 대표적인 정책이다. 이승만 정부 때부터 한일회담을 적극 권고(?)하던 미국 정부는 쿠데타 성공 이후부터 회담 재개를 적극적으로 요구했다. "분명한 것은 미국은 양국의 공식 협상 과정에 능동적으로 참가하지는 않을 것이라는 점을 설명할 계획이지만, 양국이 협정을 마련하는 과정에서 미국은 기폭제 역할을 할 준비가 되어 있다는 점을 분명히 기억"해야 한다면서, 한일회담에서 미국이 중요한 역할을 할 것임을 암시했다. 한 · 미 · 일 외교관들의 머리를 피곤하게 만들었던 이런 문제들은 1967년 대선을 준비하는 과정에서 대부분 해결된 뒤였다. "Record of National Security Council Action No. 2430", 1961년 6월 13일. Foreign Relation of United States, 1961-1963, Volume XXII, Northeast Asia.

[13] 〈국가안전보장위원회National Security Council 로버트 존슨Robert H. Johnson이 대통령 국가안보담당 특별 부보좌관President's Deputy Special Assistant for National Security Affairs 로스토우Rostow에게 보내는 비망록〉, 1961년 6월 28일, Foreign Relations of the United States, 1961-1963, Volume XXII, Northeast Asia, Korea, pp. 490-493. (국사편찬위원회 한국사데이터베이스 http://db.history.go.kr/id/frus_012r_0010_0330)

[14] 〈경부선 내판역內板驛에서 열차 충돌, 사상자 191명〉,《서울신문》1948년 9월 16일, 〈사망死亡또수數〉,《자유신문》1948년 9월 17일. (국사편찬위원회 한국사데이터베이스 http://db.history.go.kr/item/imageViewer.do?levelId=npfp_1948_09_17_v0002_0280)

[15] 〈수도경찰청 최란수崔蘭洙 경감, 내판역內板驛 열차충돌 사건의 진상 보고〉,《국민신문》1948년 9월 30일. (국사편찬위원회 한국사데이터베이스 http://db.history.go.kr/id/dh_008_1948_09_30_0140)

[16] 임시민사단 사령부, 〈1948년 9월 14일 발생한 열차 추돌사고에서 보인 영웅적 활동에 대한 조사보고서〉, 1948년 9월 30일. RG 338, Records of U.S. Army Operational, Tactical, and Support Organizations (World War II and Thereafter), 1917-1993, Records of United States Army Force in Korea, Lt. Gen. John R. Hodge Official File, 1944-48, Entry No. 11070, Box 75. (국사편찬위원회 전자사료관 http://archive.history.go.kr/image/viewer.do?system_id=000000046187)

[17] RG 332, Records of U.S. Theaters of War, World War II, 1939-1948, USAFIK, XXIV Corps, G-2, Historical Section, Box 28. (국사편찬위원회 전자사료관 http://archive.history.go.kr/image/viewer.do?system_id=000000098590)

[18] 극동사령부, 라머Lahmer 소령, "Korean Train Wreck Not Sabotage", 1948년 10월 14일. RG 319, Records of the Army Staff, 1903-2006, Project Decimal Files, compiled 1946-1948, documenting the period 1945-1948, Box 244.

첩보 한국 현대사

2019년 11월 15일   초판 1쇄 발행

지은이 | 고지훈
펴낸이 | 노경인 · 김주영

펴낸곳 | 도서출판 앨피
출판등록 | 2004년 11월 23일 제2011-000087호
주소 | 우)07275 서울시 영등포구 영등포로 5길 19(양평동2가, 동아프라임밸리) 1202-1호
전화 | 02-336-2776   팩스 | 0505-115-0525
전자우편 | lpbook12@naver.com

ISBN 979-11-87430-78-0

* 이 도서는 한국출판문화산업진흥원의 '2019년 출판콘텐츠 창작 지원 사업'의 일환으로
  국민체육진흥기금을 지원받아 제작되었습니다.